河南安阳殷墟鸟瞰

河南安阳殷墟遗址

《合集》10405 正

武丁时期占梦卜辞

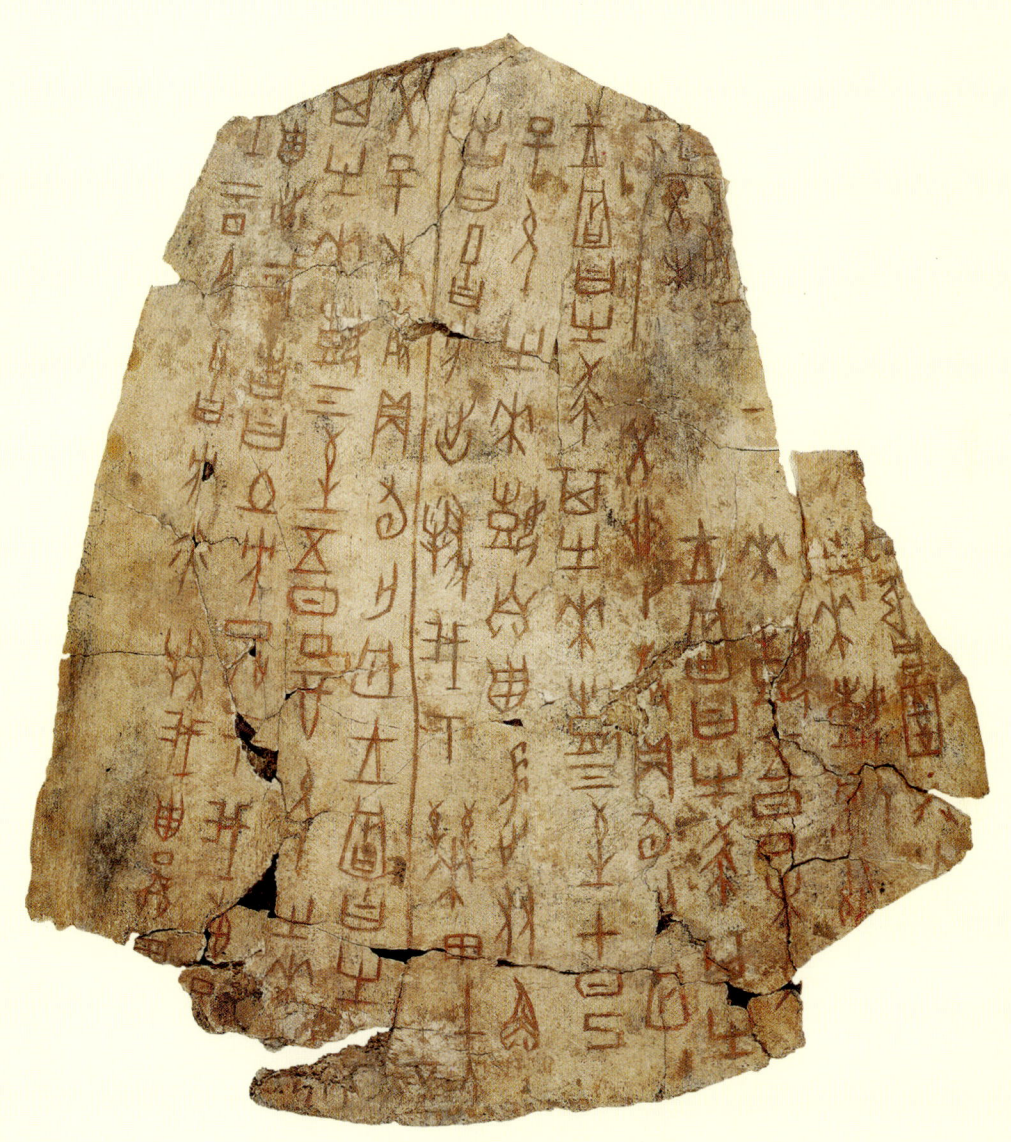

《合集》6057 正

武丁时期征伐卜辞

《郭店楚墓竹简》之《成之闻之》章节选

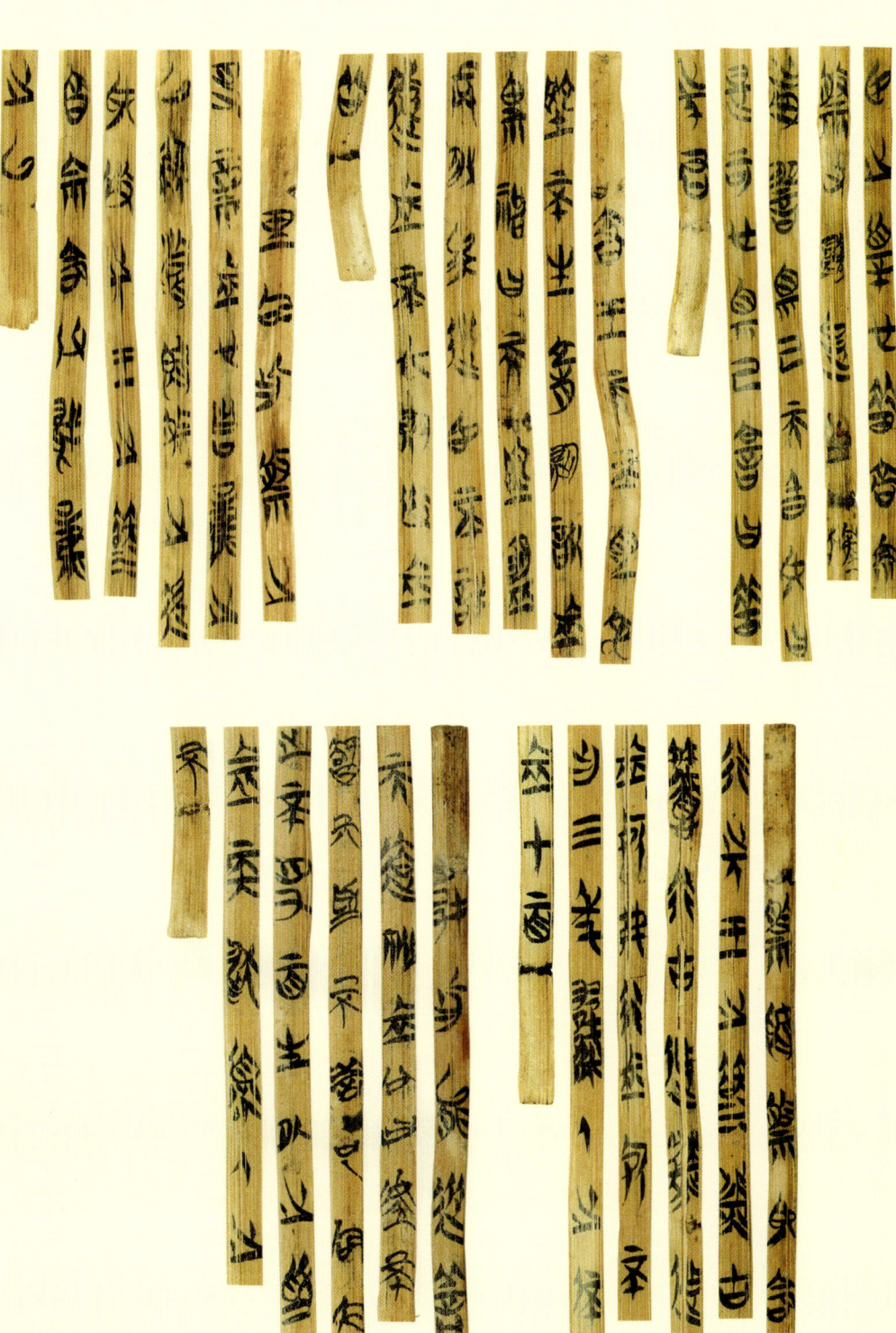

《上海博物馆藏战国楚竹书》之《竞建内之》章节选

大口尊

1号圆鼎

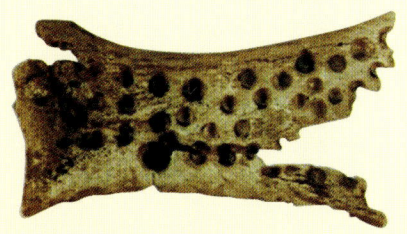
卜骨

石磬

山西平陆前庄商代前期遗址出土文物

山西平陆古遗迹

已坍塌的粮宿商城城墙

黄河古栈道

锁阳关遗址

黄河古栈道

或爭相代立比九世亂於是諸侯莫朝帝陽甲崩弟盤庚立是爲帝盤庚帝盤庚之時殷巳都河北盤庚渡河南復居成湯之故居迺五遷無定處殷民咨胥皆怨不欲徙盤庚乃告諭諸侯大臣曰昔高后成湯與爾之先祖俱定天下法則可修舍而弗勉何以成德乃遂涉河南治亳行湯之政然後百姓由寧殷道復興諸侯來朝以其遵成湯之德也帝盤庚崩弟小辛立是爲帝小辛帝小辛立殷復衰百姓思盤庚迺作盤庚三篇帝小辛崩弟小乙立是爲帝小乙帝小乙崩子帝武丁立帝武丁即位思復興殷而未得其佐三年不言政事決定於冢宰以觀國風武丁夜夢得聖人名曰說以夢所見視羣臣百吏皆非也於是迺使百工營求之野得說於傅險中是時說爲胥靡築於傅險見於武丁武丁曰是也得而與之語果聖人舉以爲相殷國大治故遂以傅險姓之號曰傅說帝武丁祭成湯明日有飛雉登鼎耳

宋百衲本《史記·殷本紀》篇節選

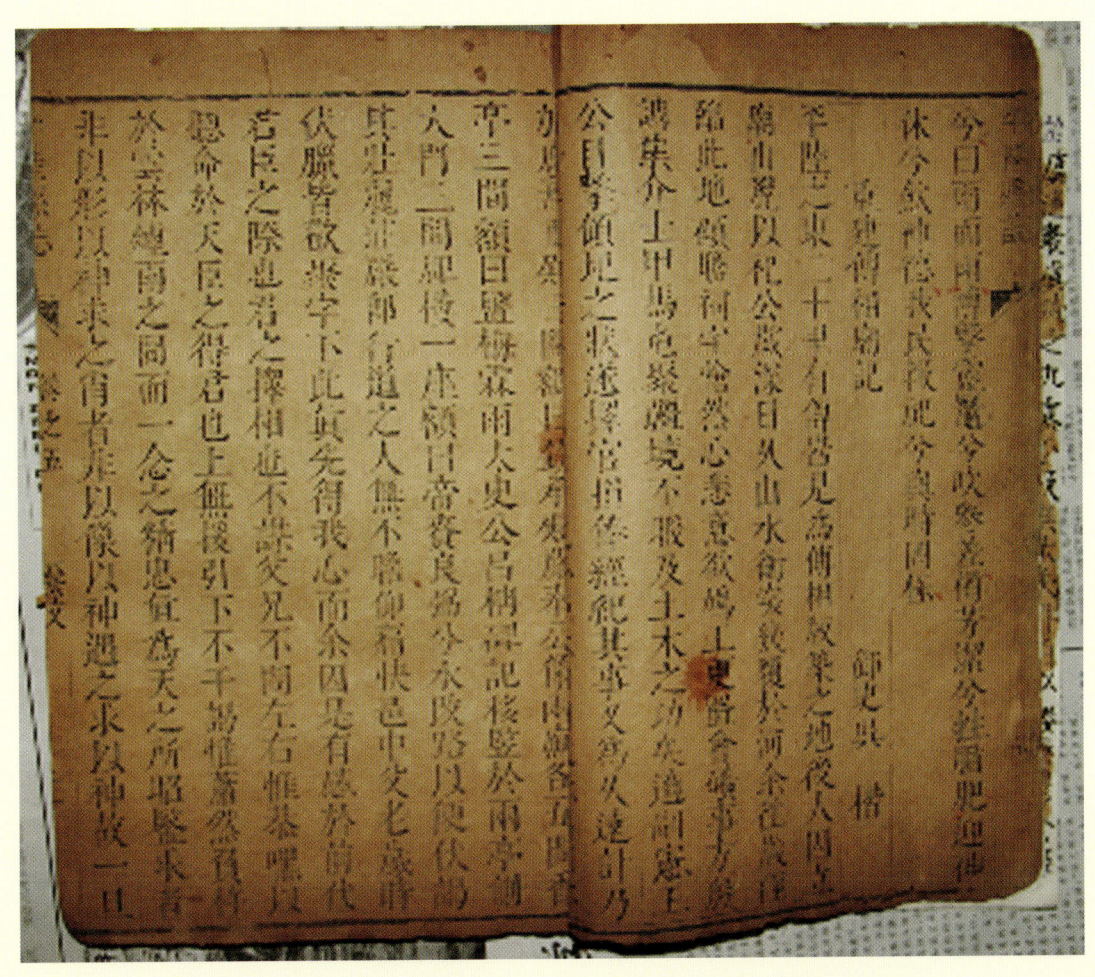

　　《平陆县志》康熙版艺文栏中，明朝吴楷在《重建傅相庙记》中写到："平陆之东二十里有傅岩，是为傅相版筑之地，后人因立庙山麓以祀公，岁深日久，山水冲突，几覆于河。……增修于原庙五丈之外，距水口稍远，视旧制亦加广焉。……"

金代碑刻

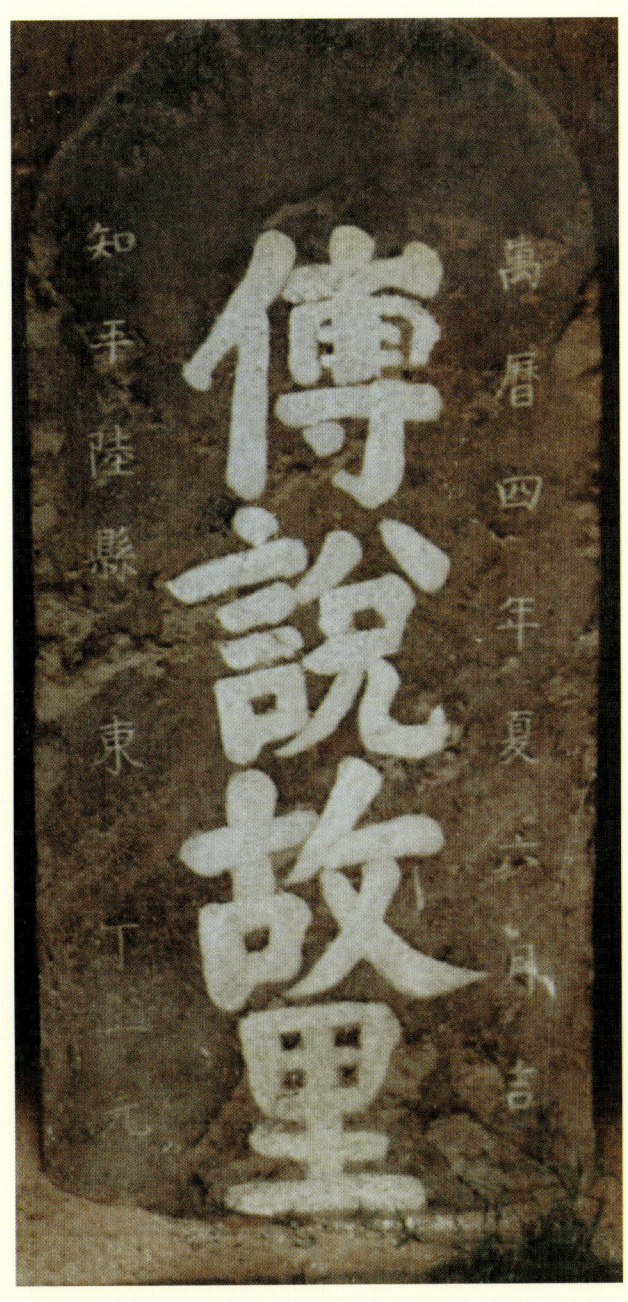

明代万历四年碑刻

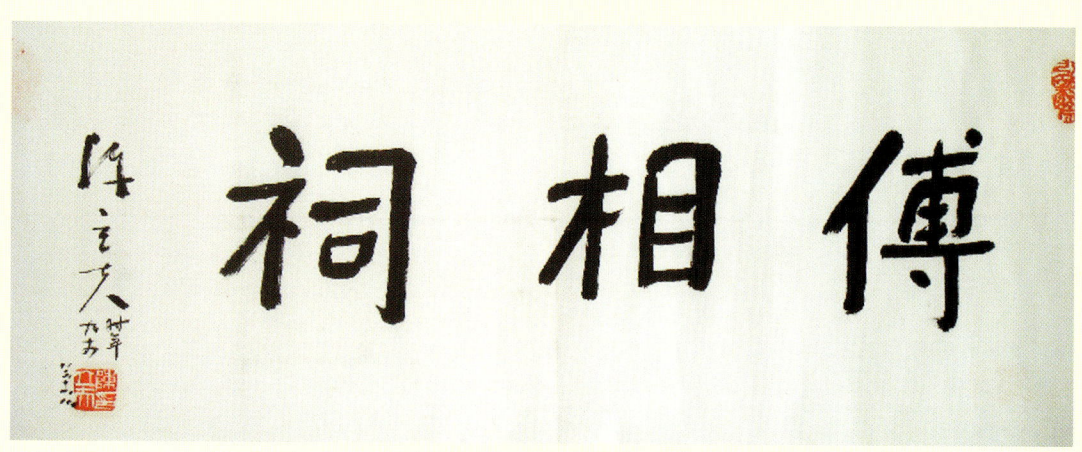

陈立夫题词

赵朴初题词

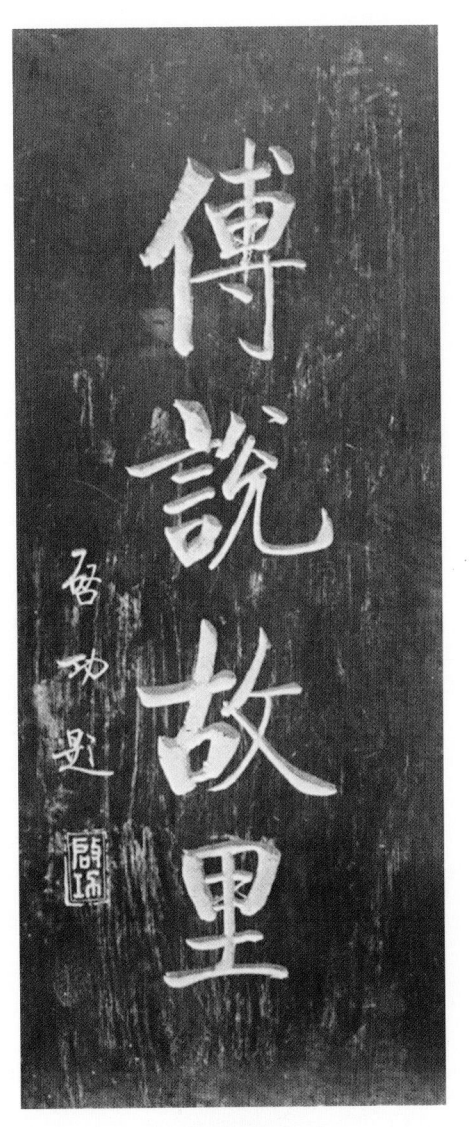 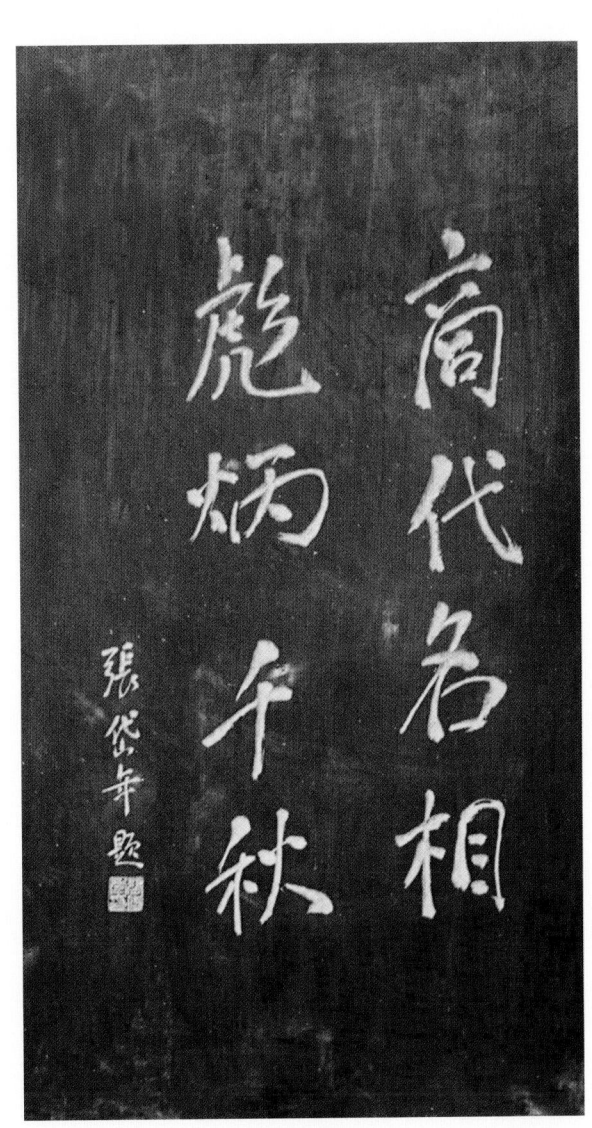

启功题词　　　　　　　　张岱年题词

全国首届傅圣文化学术研讨会会场

全国第二届傅圣文化学术研讨会会场

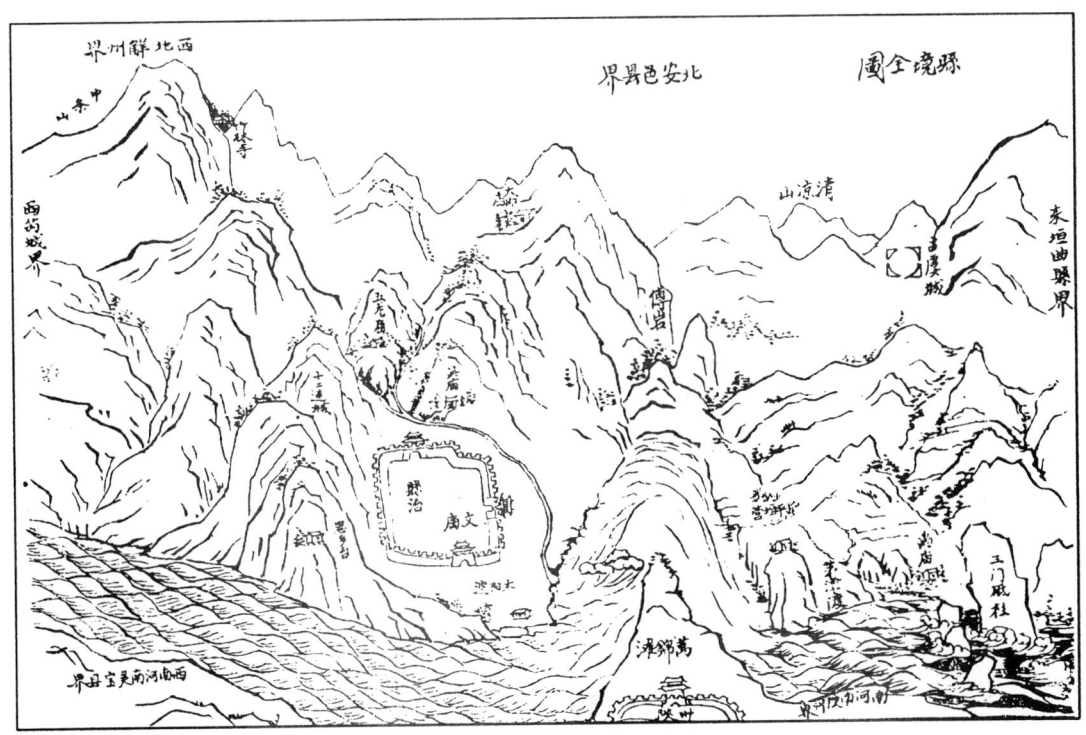

傅岩图（即现在平陆县城）

老县城的清代傅相祠图

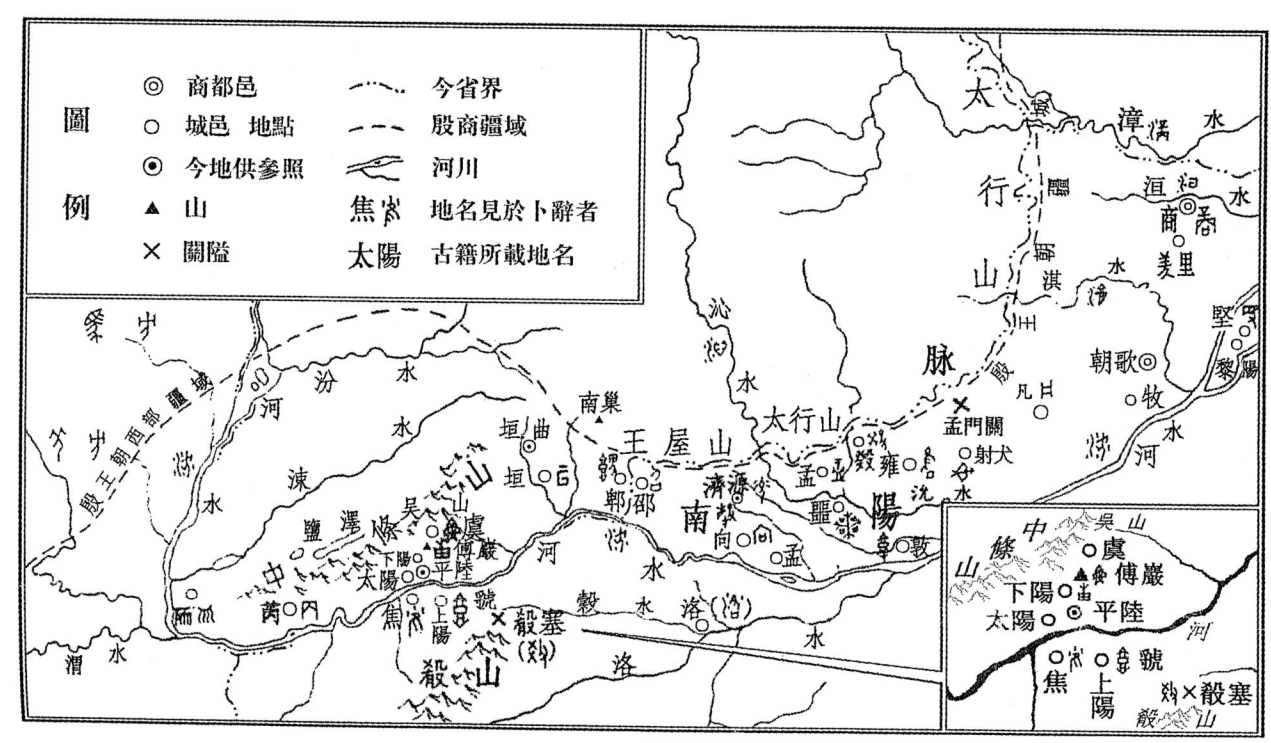

《卜辞傅说事迹考》附图

中华傅圣文化研究文集

宋镇豪　宫长为　主编

文物出版社

封面设计：周小玮
责任印制：王少华
责任编辑：赵　磊

图书在版编目(CIP)数据

中华傅圣文化研究文集 / 宋镇豪,宫长为主编. ——
北京：文物出版社,2010.5
ISBN 978－7－5010－2964－8

Ⅰ．①中… Ⅱ．①宋… ②宫… Ⅲ．①傅说(前
1335～前1246)—人物研究—文集　Ⅳ．①K827＝23

中国版本图书馆CIP数据核字(2010)第079353号

中华傅圣文化研究文集
宋镇豪　宫长为　主编
＊
文 物 出 版 社 出 版 发 行
北京市东直门内北小街2号楼
http：//www.wenwu.com
E—mail：web@wenwu.com
北京盛天行健印刷有限公司印刷
新 华 书 店 经 销
787×1092　1／16　印张：17.25
2010年5月第1版　2010年5月第1次印刷
ISBN 978－7－5010－2964－8　定价：90.00元

本书出版得到世界傅氏宗亲联谊总会理事长傅秀平先生、会长傅文山先生鼎力支持!

中华傅圣文化研究文集
编委会

主　任
李学勤、孟世凯

副主任
姚十保、任秀红

委　员
王贵民、魏嵩山、罗　琨、张永山、曹定云
杨善群、郑杰祥、刘　桓、钱宗范、蔡运章
杜　勇、印　群、廉广锋、王引平、吴　宣
杨世昌、傅秀平、傅文山、何巧珍、胡康福

主　编
宋镇豪、宫长为

序

　　这部书的编集,是为了从文献史传、地下出土文字材料、考古发现等多个层面,钩沉探颐一位三千三百年前的贤圣——傅说。这位在中国历史上众口皆碑的名人,是殷商时期辅弼武丁,使殷道中兴、国家咸欢的股肱良臣,他早于儒家学派创始人孔子约八百年,曾被孔子赞为"见德之有报"的名相;道家学说的主要创始人庄子誉其"骑箕尾而比于列星";足见他对于中国传统文化的生成与发展产生过多么大的影响力。

　　傅说其人载见于各种文献古籍,由于年代久远,片言只语,说法纷纭,扑朔迷离而难辨其真。本书编集,旨在集众家的史识,以现代学术的眼光,率厥旧章,诠释新发现,拨开历史的云雾,寻觅有关傅说事迹的信史成分,发掘傅说史传的真相,聚焦傅说文化的光彩,发扬蹈厉中华民族的历史文化精髓。

　　傅说的史迹以《国语·楚语上》记载最为详细,文云:

　　　　昔殷武丁能耸其德,至于神明,以入于河,自河徂亳。于是乎三年默以思道。卿士患之,曰:王言以出令也,若不言,是无所禀令也。武丁于是作书曰:以余正四方,余恐德之不类,兹故不言。如是,而又使以象梦,求四方之贤圣,得傅说以来,升以为公,而使朝夕规谏。曰:若金,用女作砺;若津水,用女作舟;若大旱,用女作霖雨。启乃心,沃朕心。若药不瞑眩,厥疾不瘳;若跣不视地,厥足用伤。若武丁之神明也,其圣之敷广也,其知之不疚也,犹自谓未乂,故三年默以思道。既得道,犹不敢专制,使以象旁求圣人,既得以为辅,又恐其荒失遗忘,故使朝夕规诲箴谏,曰:必交修余,无余弃也。

原载说是出于"史老"之口,看来是有史传来源的。《尚书·说命上》有相似的记载:"(高宗武丁)梦帝赉予良弼,其代予言。乃审厥象,俾以形旁求于天下。说筑傅岩之野,惟肖,爰立作相。"述说了商王武丁求贤如渴,借梦象而把精于版筑工程技术的傅说,举以为相;傅说的品行才智和安邦定国的施政方略使得衰落的殷国得到了大治。

　　傅说在中国古代国家治理上的贡献,大略说来有三。

　　一是发扬商汤时司空咎单制定的"明居民之法",进一步推行建邦设都,规划都邑邦鄙体系,任命百官治理其民。此即《尚书·说命中》傅说"进于王"建言的:

　　　　建邦设都,树后王君公,承以大夫师长,不惟逸豫,惟以乱民。惟天聪明,惟圣时宪,惟臣钦若,惟民从乂。(近清华大学入藏战国竹简中有《傅说之命》,据说可与传世《尚书·说命》互相印证,可知传世《尚书·说命》是有所本。)

　　今从当时所建的殷墟王都考古发现来看,都邑的规划中贯彻构建了以大小族邑为主体的分层集群的"大杂居、小聚居"的经济生活架构,有利于实施行政管理。这一营国制度后在《周礼·地官》中得到继承,有所谓"大司徒之职,掌建邦之土地之图与其人民之数,以佐王安扰邦国"。其在《礼记·王制》中也有重申:"凡居民,量地以制邑,度地以居民,地邑民居,必参相得也,无旷土,无游民,食节事时,民咸安其居。"将都邑邦鄙规划为多层架构的具有行政建制性质的社会组织体系,计量或标示一定的人与地相结合的社会结构载体,这是非常了不起的营国施政模式,极具创造性,而傅说提出的"惟天聪明,惟圣时宪,惟臣钦若,惟民从乂(治)"四维思想,更为后世所传承发扬。

二是纠矫官场风气。《尚书·说命中》记傅说之说：

> 惟治乱在庶官,官不及私昵,惟其能。爵罔及恶德,惟其贤。虑善以动,动惟厥时,有其善。丧厥善,矜其能,丧厥功。惟事事乃其有备,有备无患。无启宠纳侮,无耻过作非。惟厥攸居,政事惟醇。黩于祭祀,时谓弗钦。礼烦则乱,事神则难。

傅说防治官场腐败风气,强调"官不及私昵","无启宠纳侮,无耻过作非",而以德、能、贤、善、功作为做官的量才标准。同时傅说又大力提倡当政者要自戒自律,自我学习,自我完善。《说命下》载傅说告诫商王武丁云："王,人求多闻,时惟建事,学于古训乃有获。事不师古,以克永世,匪说攸闻。惟学逊志,务时敏,厥修乃来。允怀于兹,道积于厥躬。惟敩学半,念终始典于学,厥德修罔觉。监于先王成宪,其永无愆。惟说式克钦承,旁招俊乂,列于庶位。"这种"有备无患"的政治忧患意识,"人求多闻"善于听取各种意见以及"务时敏"、"道积于厥躬"的学习态度,即使在今天,也是有其积极意义的。

三是"修先王之法",推行赋役及关市轻重的税法。《上海博物馆藏楚竹书》(五)《竞建内之》有云：

> 高宗[按即武丁]命傅鸢(说)量之以祭。既祭,安(焉)命行先王之瀍,发古(故)簠(助),行古(故)籍;癹(废)籍者死,弗行者死。不出三年,狄人之怀(附)者七百邦。

《大戴礼记·少闲》也有一段有关武丁"修政行德"的记载,云：

> 成汤既(一本作卒)崩,殷德小破,二十有二世乃有武丁即位,开先祖之府,取其明法,以为君臣上下之节,殷民更服,近者说(悦),远者至,粒食之民昭然明视。

傅说推行"发故簠(助),行故籍"的具体条款中,"簠(助)"类似《孟子·滕文公上》说的"殷人七十而助,周人百亩而彻",谓田赋民力的役使。"籍"同于《上海博物馆藏楚竹书》(二)《容成氏》第36简"汤乃尃为正(征)籍以正(征)关市"之籍,谓民生关市轻重之法。赋役与税法的推行,保证了殷商王朝财政来源和社会经济生活秩序的运作,国力由弱转盛,"殷国大治","天下咸驩,殷道复兴"(《史记·殷本纪》)。

本书汇集了众多学者对于傅说其人其事及有关傅说遗迹的考订,使我们能够穿过历史的时空隧道,清楚地了解了他的才华和业绩,领受了他的思想境界和道德风范,看到了他的营国安民方略和政治智谋。这位"股肱惟人,良臣惟圣"的历史名贤,垂纪史河,光照后世,不愧为中华民族优秀文化的代表人物。

近些年来,在山西平陆县委、县政府以及世界傅氏宗亲联谊总会的大力推动下,与中国先秦史学会合作,先后举办两届全国傅圣文化学术研讨会,取得了可喜的成果。我们相信随着时间的推移,傅说文化这份沉甸甸的中华传统文化精髓,一定会聚集和放射出更大更多的复兴能量。

宋镇豪
于中国社会科学院历史研究所
甲骨学殷商史研究中心

目 录

卜辞傅说事迹考 ………………………………………………… 詹鄞鑫(1)
关于殷代武丁的辅弼之臣傅说的考证 …………………………… 刘　桓(12)
从甲骨文、金文论傅说、傅邑和傅氏源流 ……………………… 曹定云(24)
从版筑刑徒到辅弼重臣
　　——关于傅说的几个问题 …………………………………… 范毓周(33)
傅说的传奇性和历史性 …………………………………………… 王贵民(41)

甲骨文断代研究例(节录) ………………………………………… 董作宾(44)
商周史料考证(节录) ……………………………………………… 丁　山(47)

试说楚简中的《说命》佚文 ……………………………………… 李学勤(52)
《说命》考信 ……………………………………………………… 黄怀信(55)
古文《尚书·说命》真伪与傅说身份辨析 ……………………… 杜　勇(64)
《说命》三篇注译 ………………………………………………… 王安溪(70)
古文《尚书·说命》篇今注今译研究 …………………… 郭永琴　潘庆梅(76)

说儒(节录) ………………………………………………………… 胡　适(83)
论甲骨文中所见的儒 ……………………………………………… 徐中舒(91)
论商王武丁与傅说、祖己
　　——兼论中国古代第一代文化人诸问题之二 ……………… 张碧波(100)
古文《尚书·说命》与傅圣思想研究 …………………………… 杨善群(107)
中国历史上最早的"圣人"——傅说 …………………………… 杨善群(113)
由《尚书》兑读而比较伊尹与傅说 ……………………………… 孙敬明(120)
"惟甲胄起兵"与中国古代军事思想传统 ……………………… 罗　琨(126)
傅说在平陆的遗迹及傅说的历史功绩 …………………………… 卫　斯(130)
傅说的历史功绩 …………………………………………………… 郑杰祥(137)
试论武丁时殷商社会的特点和傅说的历史贡献 ………………… 钱宗范(140)

从武丁梦傅说谈到甲骨文中的梦与占梦	宋镇豪(146)
傅岩与商代兵要地理	张永山(158)
傅说与巅轹坂道的修筑	魏嵩山(161)
从"若作酒醴,尔惟曲蘖"说到商代饮酒及其酿酒业	朱彦民(163)
由西周三公说到武丁时期的傅说	宫长为(172)
高宗谅阴	顾颉刚(175)
高宗"亮阴"与武丁之治	李 民(178)
上博藏竹书所载殷高宗政令及相关问题	刘信芳(181)
试论商王武丁	彭邦炯(184)
武丁本纪	严一萍(191)
武 丁	周鸿翔(199)
山西平陆前庄商代遗址清理简报	李百勤(206)
山西平陆前庄商代遗址分析	张崇宁(211)
商"先王"昭明之都"砥石"初探	
——砥柱东部山区考古调查随想	卫 斯(215)
山西平陆前庄村商代遗址及青铜方鼎铸造的研究	陶正刚 范 宏(222)
垣曲商城与商人经略晋南	
——兼谈傅说相武丁	印 群(224)
全国首届傅圣文化学术研讨会情况总结	杨善群(232)
全国第二届傅圣文化学术研讨会综述	蔡运章(234)

附录

(一)文献简帛资料	(237)
(二)历代诗词选萃	(240)
(三)百年论著目录	(247)

卜辞傅说事迹考

詹鄞鑫

《史记》等史籍中所载的商代王室系谱及王室旧臣，陆续在甲骨文中获得证实而成为信史。几十年来，经过甲骨学界的前赴后继，商王世系已差不多完全构建复原，如今已成为史学界的常识①。然而，令人奇怪的是，古文献中所记商代名臣如太乙时的伊尹，太甲时的保衡，太戊时的伊陟、巫咸，武丁时的甘盘等人物都在甲骨文中被找出来了②，唯独赫赫有名的殷高宗武丁王的贤相傅说，却至今未被发现。难道傅说偏偏是一个子虚乌有的人物？抑或这位使武丁中兴、史籍中有口皆碑的人物却没有在甲骨文中登过台亮过相？在已发现的殷墟甲骨中，属于第一期武丁时期的卜辞在数量上最占优势，在内容上最为丰富，辞中涉及的诸侯名臣也非常多（其中大多数未见于传世文献），因此，上述假设是很难成立的。我们认为，傅说在武丁卜辞中确实是一位重要人物。这便是本文力图解决的问题。

一

有关傅说的传说，见于《国语》、《孟子》、《墨子》、《尸子》、《荀子》、《庄子》、《韩非子》、《楚辞》、《吕氏春秋》、《尚书》、《史记》、《汉书》、《论衡》等许多传世典籍中。其中时代最早，且所载事迹最详的当推《国语·楚语上》的一段：

> 昔殷武丁，能耸其德，至于神明，以入于河，自河徂亳。于是乎三年默以思道。卿士患之，曰："王言以出令也。若不言，是无所禀令也。"武丁于是作书，曰："以余正四方，余恐德之不类，兹故不言。"如是，而又使以象梦，旁求四方之贤，得傅说以来，升以为公，而使朝夕规谏。曰："若金，用女作砺；若津水，用女作舟；若大旱，用女作霖雨。启乃心，沃朕心。若药不瞑眩，厥疾不瘳；若跣不视地，厥足用伤。"

这段话的语言风格与《国语》常例不同，而与《尚书》相类，似出于先秦之《书》。今本《尚书·说命上》的记述与《楚语》及韦注大同小异：

---

① 甲骨文先公人物仍有不少疑点，尚待研究。
② 陈梦家：《殷虚卜辞综述》，科学出版社，1956年。

> 高宗梦得说，使百工营求诸野，得诸傅岩，作《说命》三篇。（书序）
>
> 王宅忧，亮阴三祀。既免丧，其惟弗言，群臣咸谏于王。……王庸作书以诰，曰："以台正于四方，惟恐德弗类，兹故弗言，恭默思道。梦帝赉予良弼，其代予言。"乃审厥象，俾以形旁求于天下。说筑傅岩之野，惟肖，爰立作相。王置诸其左右，命之曰："朝夕纳诲，以辅台德。若金，用汝作砺；若济巨川，用汝作舟楫；若岁大旱，用汝作霖雨。启乃心，沃朕心。若药弗瞑眩，厥疾弗瘳；若跣弗视地，厥足用伤。……"

旧署孔安国《传》解释云：

> 盘庚弟小乙子名武丁，德高可尊，故号高宗。梦得贤相，其名曰说，使百官以所梦之形象，经营求之于野，得之于傅岩之溪。
>
> 傅氏之岩，在虞虢之界。通道所经，有涧水坏道，常使胥靡刑人筑护此道。说贤而隐，代胥靡筑之，以供食。

《说命》三篇虽然过去被定为伪古文，但至少《说命上》这部分内容确本于先秦真《书》佚文。《史记·殷本纪》中有关傅说的记载，看来也本于先秦《尚书·说命》。其文曰：

> 武丁即位，思复兴殷而未得其佐，三年不言，政事决定于冢宰，以观国风。武丁夜梦得圣人，名曰说。以梦所见视群臣百吏，皆非也。于是乃使百工营求之野，得说于傅险中。是时说为胥靡，筑于傅险，见于武丁。武丁曰，是也。得而与之语，果圣人。举以为相，殷国大治。故遂以傅险姓之，号曰傅说。

南朝宋裴骃《集解》引徐广曰："《尸子》云，傅岩在北海之洲。"唐司马贞《索隐》云："旧本作'险'，亦作'岩'，也。"又唐张守节《正义》引《地理志》云：

> 傅险即傅说版筑之处。所隐之处窟名圣人窟。在今陕州河北县北七里，即虞国虢国之界。又有傅说祠。《水经注》云，沙涧水，北虞山，南经傅岩傅说隐室前，俗名圣人窟。

《集解》又引孔安国《尚书传》，与上文所引《说命》孔《传》同。又《墨子》于《尚贤中》和《下》两处述及傅说故事，内容相似，而《下》篇稍详：

> 昔者傅说居北海之洲，圜土之上，衣褐带索，庸筑于傅岩之城。武丁得而举之，立为三公，使之接天下之政，而治天下之民。是故昔者尧之举舜也，汤之举伊尹也，武丁之举傅说也，岂以为骨肉之亲，无故富贵，面目美好者哉？

《墨子》的材料来源显然与《尚书》系统不同，不仅未提及武丁三年不言梦得傅说之事，傅说居北海之洲的说法也与他书不同。孙诒让《墨子间诂》对此有所论说：

> 毕云：《书正义》云：《尸子》云，傅岩在北海之洲。孔《传》云：傅岩在虞虢之界。洲当为州。诒让案：虞虢界近南河，距北海绝远。《墨子》《尸子》说盖与汉晋以后地理家异。

《间诂》又于《尚贤中》讨论了有关地理问题：

> 毕云：孔安国《书传》云：傅岩在虞虢之界。《史记索隐》云：在河东太阳县。（詹按：今山西平陆县。）又夏靖书云：猗氏六十里河西岸吴坂下便得隐穴，是说所潜身处也。案（此毕氏案语）：今在山西平陆县东二十五里。

《墨子》所说的"北海之州"不详。考诸地理著作，如《后汉书·地理志》、《水经注》乃至顾祖禹《读史方舆纪要》等，皆谓傅说所居的傅岩在河东郡汉太阳县今平陆县附近，与孔《传》及张守节所引《地理志》"虞虢之界"说相合。北魏郦道元《水经注·河水四》"又东过太阳县南"下云：

> 河水又东，沙涧水注之。[沙涧]水出北虞山，东南经傅岩，历傅说隐室前（孙星衍曰：在今平陆县），俗名之为圣人窟。孔安国《传》"傅说隐于虞虢之间"，即此处也。傅岩东北十余里，即颠軨坂也，《春秋左传》所谓"入自颠軨"者也。有东西绝涧，左右幽空穷深地，鏨中则筑以成道，指南北之路，谓之为軨桥也。傅说佣隐，止息于此，高宗求梦得之，是矣。桥之东北有虞原，原上道东有虞城，尧妻舜以嫔于虞者也。周武王以封太伯后虞仲于此，是为虞公，《晋太康地记》所谓"北虞"也。城东有山，世谓之五家冢。冢上有虞公庙，……即宫之奇所谓"虞虢其犹辅车相依，唇亡则齿寒，虢亡虞亦亡"矣。其城北对长坂二十许里，谓之虞坂。

郦氏所记出于实地考察，既有当地傅说及俗名"圣人窟"之类为据，又有史籍以为印证，应该是可信的。这样看来，旧说傅说所居的傅岩在虞虢之界今平陆县附近，应该是可以作为定论的。其他文献所记事迹，如先秦诸子及地理书之类，大要不出上引诸说，不须赘述。

综上所述，传世文献所载傅说事迹大致可以归纳如下：傅说出身低微，原先并非殷王室贵族，曾在傅岩之野隐居，并为谋生而从事佣筑（一说以奴隶身份佣筑），后来被武丁王看中，立为三公，引以为相。此其一。武丁王三年不出政令，自得傅说，朝夕纳诲，天下大治，殷室中兴。此其二。傅说以所居傅岩为氏。傅岩又叫傅险，地处于虞虢之间。具体地说，今山西南部平陆县其南为黄河，北部有虞山，山南有虞城，建于虞原上。傅岩即处于其坂原之间。此其三。至于有关武丁王梦得贤相，令百工画像寻觅的故事，事涉诞妄，姑妄听之而实难考查。

二

傅说以傅岩为氏，这是春秋以前氏族社会的常例。上古时氏与姓有别，姓承于先祖而代代相传，百世不变；氏则因于所居之国、邑、地、官、职等，只为族称，分族则异。在甲骨卜辞中，可以发现大量国名、地名、人称（实为氏称）三位一体即采用同一个字的现象，其道理正由于此。甲骨文中屡见的"甫"，正是这样一个兼为地名、国名和人称的字眼，与傅说出于傅岩的传说相似。甫傅为古今字关系，不过，要证明卜辞的"甫"就是传说的傅说，除了必须确认"甫"字的考释之外，还必须符合两个条件：一是作为地名的"甫"，其地理位置必须在虞虢之间；二是作为人名的"甫"，其时代和事迹必须与武丁时代、辅弼之职、三公之位相当。在这里，我们先讨论甲骨文"甫"字的考释。

古文字表①

甲骨文中有一个像田上生苗之形的字（见字表1—2）。此字罗振玉据金文"圃"字所从（字表6）相似而释为"甫"，并说它"象田中有蔬，乃圃之最初字，后又加囗，形已复矣。"② 今按，早期金文中的"甫"（字表3—5）和"圃"（字表6—7）、"博"（字表8—10）、"搏"（字表11—13）、"尃"（字表14—16）等字所从之"甫"也均与甲骨文写法相同或相似。这些金文不可能是误释，例如字表16的原辞为地名兼国名的"尃古"，与典籍中周公所伐的"薄姑"正相吻合。"甫"字在上古时代常常假借为"父"，所以字形也逐渐讹变为从用从父（字表17—18）③。"田"演变为"用"，就跟商和周初的"周"字从"田"而后来讹变为从"用"同例。可见，罗氏所释是完全正确的。事实上这个结论已获得古文字学界的广泛认同④。过去曾出现过不同的认识，或把它作为未识待考字⑤，或释为"苗"⑥，或把它等同于从田丰声的"邦"字（字表19）⑦，笔者过去还曾把它等同于从田从四木的"囿"字⑧，诸说终因依据不足而涉于臆说。现在通过从甫诸字的形体比较，不仅可以确认"甫"字的认识，而且还可以认识"甫"字形体演变的轨迹。这样，我们就可以放心地进一步研究地名"甫"的地理位置了。

---

① 为便于排版，本应于正文中出现的古文字集中于《古文字表》中，可依编码查检。表中的金文，3—5采自《金文常用字典》第400页，其余均采自《金文编》，分别见第426、135、776、209页。
② 罗振玉：《增订殷虚书契考释·中》（1914年）第八页。《甲骨文字集释》卷三，第1119页。
③ 把表意字的某一局部改造为跟它形体相似的表音符号，这是形声字产生过程的常见形式。参看裘锡圭：《文字学概要》（商务印书馆，1988年），第153页；詹鄞鑫：《汉字说略》（辽宁教育出版社，1991年），第186—187，194—195页。
④ 笔者所见的著作如：郭沫若《卜辞通纂》717版考释、李孝定《甲骨文字集释》第1119页、（日）岛邦男《殷墟卜辞综类》298页、徐中舒主编《甲骨文字典》第355页、《汉语古文字形表》第129页、方述鑫等《甲骨金文字典》第271页、陈初生《金文常用字典》第400页、刘兴隆《新编甲骨文字典》第195页、姚孝遂主编《殷墟甲骨刻辞类纂》第817页、《汉语大字典》第一册第20页，等。
⑤ 《甲骨文编》（1965年版）将它列入《附录》，第129页。此书"甫"字下所收的甲骨文写法下部作枣核状（字表20），在卜辞中用为虚词，与通常所认的"甫"字并非同一个字。
⑥ 陈梦家：《殷虚卜辞综述》，第260页。
⑦ 赵诚：《甲骨文简明词典——卜辞分类读本》，第126页。
⑧ 詹鄞鑫：《读〈小屯南地甲骨〉札记》，《考古与文物》1986年第6期，第65页。

三

卜辞地名的地理考证，前人主要有两种方法：一种是在确定音读的基础上，寻求古籍中用字或读音可以相通的地名，然后据旧注或地理志查其位置，是为对音比附法。另一种是按卜辞内容本身所提供的内证考查若干地名之间的相互位置关系；在此基础上，只要其中有一两个地名的位置已有结论，其余的地名也就可以大致地考定其范围，是为地名系联法。前者落实而不可靠，后者可靠而不落实，各有其长短利弊。倘若能两法配合，考证的结论便能确凿无疑，但须以释字的正确和卜辞正好提供有效内证为条件，机会并不太多。有关卜辞地名"甫"的材料，恰恰在这两方面都颇具线索，确实是一件令人开心的事。下面先以地名系联为线索来讨论相关的地名关系。

甲 "甫"与"鱼"极近

在卜辞中，"甫"与"鱼"两个地名常常连在一起并提，例如①：

1. 贞，其风？十月，在甫鱼。（合集 7894）
2. 贞，今日其雨？十月，在甫鱼。（合集 14591）
3. 贞，今[日]其雨？在甫鱼。（合集 7896）
4. 辛未卜，贞，今日兪庸？十二月，在甫鱼。（合集 24376）

又下文例（8）亦称"在甫鱼"。这里有两个问题必须讨论。一是"在甫鱼"之"鱼"有一例写作"鲁"（合集 7895），如非刻写之误，不妨把"鲁"读为"鱼"，而不宜反过来把"鱼"释为"鲁"②。二是卜辞中"甫"和"鱼"作为地名有时也单独出现，如"庚寅卜，翌日辛王兑省鱼不遘雨"（屯 637），"鱼"为王田驻地；"庚辰卜，在甫[贞]，王步于郸[亡]灾"（合集 36962），"甫"亦为王田驻地；所以不宜把"甫鱼"视为双音节地名词③。"甫""鱼"并称，证明这两地极其相近，或者竟可理解为隶属于"甫"的"鱼"。

乙 "甫"与"郸"相去为一日之程

甲骨文"郸"字原文从郭（字表 21），与《说文》"陣"的籀文相同。今按，从郭与从邑同意，作为地名，释为"郸"更合适。

5. 庚辰卜，在甫[贞]，王步于郸[亡]灾？（合集 36962，五期）
6. 辛巳卜，在郸贞，王步于盂，[亡]灾？（合集 36775，五期）
7. 壬午卜，在盂贞，王田[于□]，往[来]亡灾？（合集 37797，五期）

这三辞是庚辰、辛巳、壬午连续三日所卜，由日期和卜地的变化可知从甫到郸、从郸到盂均为一日之程。又由例（7）可知为田猎之事，必为行车之程。又例（5）例（6）

---

① 本文引甲骨卜辞凡例：释文采用宽式。凡遇难刻之字，引文中用字母代替，原形可查书末所附《古文字表（二）》。甲骨文断代，凡第一期武丁卜辞一概不标，其他各期在括号内标示。断代据《甲骨文合集》。

② 《殷墟甲骨刻辞类纂》将"甫鱼"释为"甫鲁"，不妥。在甲骨文中，"召"、"石"、"鼓"、"启"、"商"、"兴"等字都有不从口的写法，所谓"鲁"字也有可能是"鱼"的异体。鱼鲁古音同韵而声纽远隔，同音假借的可能性很小，笔误或异体的可能性较大。

③ 郭沫若：《卜辞通纂》三八五版考释将"甫鱼"释为春秋齐地之"夫于"，不可信。

称"步",例(七)称"田"称"往来",可知郭地是从甫到☒地的途中驻地,☒是田猎区扎营地,□是狩猎的山麓之名,那么,郭地距商王田猎区也是一日之程。由此又可推知,甫地绝不属于☒地所在的田猎区,相距为驱车两日之程。☒字不识,但☒地所在田猎区可由同版卜辞推知。辞云:"癸巳卜,在长贞,王迋于射,往来亡灾?""长"可能应是"微"字(字表22),姑不论。"射"地郭沫若以为即《后汉书·郡国志》野王县之射犬聚,在今沁阳县东北①。陈梦家亦把它归于著名的沁阳田猎区②。

丙 "甫"与"垣"相近

"垣"字原文不从土,在卜辞中兼为地名、方国名和卜官名。卜辞云:

8. 乙亥贞,其舄衣,于垣遘雨?十一月,在甫鱼。(合集7897)

卜辞凡称某月在某地,都意味着卜于商王行军或出行的途中。在"甫鱼"而问是否在垣遇雨,垣应是次日将到之地,距甫地大约也是驱车一日之程。

丁 "垣"与"雀"相近

在卜辞中,"雀"兼为地名、国名和听命于王朝的诸侯之名。雀、垣两国的冲突在卜辞中有大量的反映。例如:

9. 癸亥卜,垣其围雀?(合集32393)

10. 辛亥贞,雀摄垣,受佑?(合集32384)

11. 乙巳卜,争贞,雀获垣?(合集6952正)

12. 戊午卜,殻贞,雀追垣,有获?(合集6947正)

13. 癸卯卜,殻贞,呼雀衔伐垣,𢦏?(合集6948正)

14. 癸丑卜,雀、垣受[年]?九月。(合集20175)

辞中殻为武丁时卜官人名;衔从行从戈,有行军之义;𢦏为动词,有战胜之义。雀与垣二国显然是邻国,其都邑雀与垣应该是相近的。

戊 "雀"与"郭"极近

"郭"字原文不从邑,像城郭两边有城楼之形,在卜辞中兼为地名、国名和听命于王朝的诸侯之名。辞云:

15. 癸丑卜,宾贞,于雀郭?

己酉卜,贞,勾郭于丁不?二月。(合集13515)

"雀"与"郭"连称,犹"甫"与"鱼"连称,说明两地极近,或可理解为隶属于"雀"的"郭"。

己 "雀"在"河"边

卜辞的"河"即黄河,是极其重要的山川崇拜之神。商代祭祀河神有就祭与望祭之别:就祭须临河而祭,望祭则可在远方遥望黄河而祭③。由于商都(在今河南省安阳市附近)距黄河甚远,有时委托近河的诸侯祭河神。如:

16. 丁丑卜,争贞,呼雀祀于河。(合集14551)

---

① 《卜辞通纂》716版考释。
② 《殷虚卜辞综述》第260页。
③ 说详詹鄞鑫:《神灵与祭祀——中国传统宗教综论》,江苏古籍出版社,1992年,第322—325页。

17. 己亥卜，内，翌辛丑呼雀酒河，[卅牛]。（合集4141）
18. 贞，呼雀酒于河，五十[牛]。（合集672正）

酒酹于河，如此大量的牛牲也有些须沉于河，可知这些例所说的是就祭河神之事，雀国应在黄河边上。

庚　"雀"与"殻"近

"殻"字原文从爻不从肴，过去或释为"教"①，于此不切。作为地名，在卜辞中有时还写作"爻"。试看下列各辞：

19. 戊戌卜，雀刍于殻？（合集20500）
20. 其殻戍？（合集28008）
21. ……旬亡祸？……[己未，寇]龟刍，拳自爻，圉六人。八月。（合集139正）

寇，义为劫掠。龟为国族名。拳为动词，有执获义。圉，表示囚禁俘虏。刍，本义指养牛羊的粮草，引申亦指牛羊畜牲。《国语·楚语》"刍豢几何"韦昭注："草食曰刍。"例21大意说，某日有敌寇劫掠闽国的粮草（或畜牲），从爻地掠获去，并抓走六人。经过比较，可知例19的大意是"雀"到殻地押解护送粮草（或畜牲）。例20是问要不要到殻地戍守。这样看来，"殻"或"爻"必是要塞关卡之处，应即春秋战国时的殻山，亦称为殻塞。《左传·僖公三十二年》有"晋人御师必于殻"之语，可知殻是东西相通的要道。

由以上分析可以得出如下一些地理关系：甫与鱼极近，甫至郼为驱车一日之程，郼至沁阳田猎区最近处也须驱车一日，从甫至沁阳田猎区最近处则须二日；甫与垣相距大约为驱车一日之程；雀与垣相近，与郭极近，处在黄河与殻山之间。

根据这些线索，再将甫、鱼、郼、垣、雀、郭等卜辞地名与先秦文献古地名相比照，只有一种选择可以同时兼顾各种条件（见所附地图）。今略述如下：

雀，与焦古音相近（雀属药韵精纽，焦属宵韵精纽，药韵为宵韵入声）而通。《说文》"噍"字或体作"嚼"，《集韵》作"噍"；又"燋"字异体作"爝"（爵雀古通用）；皆雀（或爵）与焦通谐之例。《左传·襄公二十九年》："虞、虢、焦、滑。"杜注："皆晋所灭，焦在陕县。"《水经注·河水四》说陕城"其大城中有小城，故焦国也。"故址在今河南三门峡市之东二里。焦国北滨黄河，南近殻塞，与卜辞相合。

郭，即虢。《战国策·秦策》："臣恐王之如郭君。"高诱注："郭，古文言虢也。"《穀梁传·昭元年》："叔孙豹会赵晋武……许人、曹人于郭。"《释文》："郭，左氏作虢。"《集韵·陌韵》："郭，国名，通作虢。"陈梦家以为卜辞之郭即春秋虞虢之虢，称"北虢"，并据《汉书·地理志》以为在河东郡太阳（今山西平陆县）②。按，《水经注·河水四》"河水东过陕县北"下云："咸阳涧水注之，水出北虞山，南至陕津注河。河南即陕城也。昔周召分伯以此城为东西之别，东城即虢邑之上阳也。虢仲之所都为南虢。三虢，此其一焉。"王先谦《合校》引赵一清说，据《穀梁传》及《左传》杜注以

---

① 《卜辞通纂》新15版释文。
② 《殷虚卜辞综述》第295页。

为"陕为虢都，大阳为虢塞邑"。看来，虢与焦实即陕城的东西二城，虢邑本在河之南，属于古焦国。虢与焦极近，与卜辞相合。

垣，陈梦家以为即《汉书·地理志》之垣，"今垣曲县西二十里"①。按，旧所说垣曲县治在今垣曲县东南黄河北岸。垣县古城在旧垣曲县西北二十里，今垣曲县东南，至平陆县百八十里。

郫，郭沫若以为即《左传·文公六年》"赵孟使杀诸郫"之郫，在今河南济源县西百二十里，地与垣曲接壤②。按，顾祖禹《读史方舆纪要》卷四十一解州垣曲县有邵城，亦曰郫邵，以为"赵孟杀诸郫"即郫邵，在垣县东六十里。按顾氏之说，似乎郫即是邵，邵即是郫，故又称郫邵。此说虽可疑，但可知郫与邵极近，在垣县之东。

鱼，应即春秋之虞，战国秦汉时称为吴。侯马盟书"吾"写作"䖝"（古虞字），又写作"吴"或"鱼"③，因知鱼、吴、虞三字古通用。《读史方舆纪要》卷四十一平陆县有虞城，在县东北四十五里，并引东汉应劭曰："吴山上有虞城，周武王封泰伯后于此，为晋所灭，亦曰吴城。"又有虞山，顾氏曰："在〔平陆〕县东北五十里，亦曰吴山，亦曰虞坂，即中条之支阜，《左传》谓之颠軨。《水经注》：颠軨在傅岩东北十余里，东西绝涧，于中筑以成道，指南北之路，谓之軨桥。桥之东北曰虞原，原上道东有虞城。其城北对长坂二十余里，谓之虞坂，亦即傅说所筑处矣。"

甫与鱼并称，看来只能是傅岩之傅。甫与傅古通（傅为后起字）。《史记·郑世家》"郑大夫甫瑕"，《索隐》："《左传》作傅瑕。此本多假借，亦依字读。"又《左传·襄公二十八年》的"石圃"（"圃"是"甫"的后起本字，说已详前），《史记·十二诸侯年表》作"石傅"。《读史方舆纪要》云，傅岩在平陆"县东三十五里，即殷相傅说隐处，俗名圣人窟，其地亦曰隐贤社"。如果沿黄河北岸古道驱马车至沁阳田猎区（即《左传·僖公十二年》"始启南阳"之"南阳"，卜辞《屯》4529 亦称为"南阳"）西部（今河南济源县一带）约需二日，郫地正当其途中，与卜辞完全契合。

绕了许多圈子，只是为了说明卜辞地名之"甫"非傅岩无以当之。不过，卜辞之"甫"或为狩猎处，或为农业区，或为邑名，或为国名，严格地说并不完全等同于傅岩。据《水经注》之说，傅岩在颠軨坂，其东北为虞原，原上道东有虞城，城北对虞坂二十里许。同称为"虞"，而有山、坂、原、城的不同。不言而喻，卜辞之"甫"有可能分别相当于虞山虞坂虞原虞城，未必即是"傅岩"。在地理书中，"傅"与"虞"的名称常常是你中有我我中有你的，这恐怕正是卜辞"甫"与"鱼"常常并称的真正含义。

四

在卜辞中，大凡邑名、国名、人名（氏称）三位一体者，人称因于国名，国名因于地名，这已是上古史的普遍规律。如果上文对"甫"即傅的考查不误，那么，出现

---

① 《殷虚卜辞综述》第 276 页。
② 《卜辞通纂》716 版考释。
③ 见《侯马盟书》，文物出版社，1976 年，第 351 页《字表》。

于武丁卜辞中的重要人物"甫",恐怕也只能是高宗武丁的贤相傅说了。下面让我们看看武丁卜辞中有关"甫"的主要事迹:

22. 戊寅卜,贞,令甫比二侯及,眔（逮）元王循于之,若。（合集7242）

比,有比并、联合之义①。及,行军追上。逮,赶上,指时间来得及。元王,指商王武丁。二侯,具体所指不明。循,巡视。若,顺,表示受到神佑。辞意谓令甫率二路诸侯赶来,以便随从大王巡视某方国。

23. 癸卯卜,宾贞,叀甫呼令企害羌方?十月。（合集6623）

叀,语气副词,大致相当于"唯"。企旧误释为"沚",其实应为"者"字②。在卜辞中兼为地名、方国名和诸侯氏称,是殷商王朝西部汾水流域最强大的诸侯盟国之一,成为遏制西部羌方和西北舌方土方等游牧部落侵扰中土的重要屏藩。"害"字从裘锡圭先生所释,有伤害义③,这里似应读为《诗·民劳》"式遏寇虐"之"遏",义为阻止。

24. 丁未卜,甫令臤。（合集20234）
25. 辛巳卜,王勿呼甫即臤,令戠。十月。（合集20235）

"臤",在卜辞中兼为地名和人名,应即《公羊传·定十四年》"公会齐侯伟侯于坚"之"坚"。《释文》云一本作"掔",左氏作"牵"。杜注:"魏郡黎阳县东北有牵城。"其地在殷都安阳之南（今河南浚县境）。戠读为识,义为志记,大约指记于史册。即,就,往也。从这两例看,商都南部坚城受甫的直接指挥,甫在商都时,有时还亲往坚城处理要事（从"令识"可知为要事）。

看来,甫的地位是不同寻常的:远者可以令诸侯,连者国这样的西部大侯国也要听从甫的"呼令"而调遣去遏阻羌方;近者控制着殷都附近的城市,且亲往处理大事。这跟傅说为三公的传说是相符的。商周时代的所谓"三公",通常都是由三位最有权势（或功绩最大）的诸侯方伯组成。如殷末有九侯（鬼方伯）、鄂侯（鄂方伯）、西伯（周方伯,即后来的周文王）被称为纣之"三公"（《史记·殷本纪》）;周初的"三公"除周公为武王胞弟外,有召公和毕公,实为召国毕国的方伯。甫从甫地擢至中央王朝以后,其地位便在一般诸侯之上了。

26. 贞,甫弗其冓舌方?（合集6196）
27. 丁酉卜,宾贞,令甫取🐾伯戋,及?（合集6）

冓,遇也。舌方是居于河套一带的游牧民族,是殷商西北方的大患。🐾为国名,戋为🐾方伯人名。从这两例看,甫有时也亲自率军参与军事活动,所率当为甫本国的军队。这里的甫也显示出他的一般诸侯身份。

28. 丁酉卜,争贞,呼甫祀于妌,受有年?（合集13505正）
29. 丁酉卜,殻贞,我受甫耤在妌年?

   丁酉卜,殻贞,我弗其受甫耤在妌年?王占曰,我其受甫耤在妌年。（合集900正、反）

---

① 说详林沄《甲骨文中的商代方国联盟》,《古文字研究》第六辑（1981年）,第69—74页。
② 拙作《殷代者方考》对此有详论。[补记,见《释甲骨文"者"字》。]
③ 裘锡圭:《释害》,《古文字论集》,中华书局,1992年,第11—16页。

30. 甲戌卜，宾贞，甫受黍年？（合集10022甲）

"姄"是殷商王朝的重要农业基地，其地理位置待考。秜，《说文》释为"稻今年落，来年自生谓之秜"；《广韵·脂韵》："秜，稻死来年更生。"卜辞中"秜"的意义是否指再生稻尚待研究，但可推知必与水稻栽培有关。耤，《说文》释为"帝耤千亩也"。字形象踩耜耕田，表示翻耕天子所收的公田。前二例显示甫曾经负责商王朝的农业生产，例30所指大约是甫本国的农业生产。

31. 丁巳卜，……令甫兽（狩）……丁丑启。（合集20749）

32. 庚申卜，翌辛酉甫又启。十一月兽（狩），允启。（合集20989）

33. 丁巳卜，甫兽（狩），获鹿、虎十。（合集20752）

34. 辛巳卜，白贞，甫往［狩］，豸、虎、鹿，不其……（合集20715）

卜辞凡"兽"字均读为狩猎之狩。启，阴转多云或晴。从这几例看，甫有时还受令率众狩猎。在卜辞中，"狩"绝大多数由商王亲自率领，"令甫狩"同样反映了甫不同寻常的高级身份。

35. 贞，令徜保甫？六月。（合集6）

徜为人名，在商王朝中任要职。"保甫"指保护甫的安全。

36. 贞，甫其有疾？（合集13762）

这是卜问甫是否有疾病。从以上两例看，商王很关心甫的安全和健康，反映了甫的重要地位。

37. 甲寅卜，争贞，翌癸卯令甫归？（英1151）

在卜辞中，"来"指自外来商都，"归"通常指诸侯回归其本国。看来，甫平时在王室任职，有时候受令回归本土，大约是让他处理本国的事务。

从上述事迹来看，武丁卜辞中的甫既是甫国的君长（相当于诸侯），又是商王朝的重臣（相当于三公）。他曾经指挥有关王朝外交、军事、农业、狩猎、行政等各方面事务，如调遣大国诸侯阻遏外患，会合诸侯随从商王巡狩，前往商都附近的城邑处理政事，管理王朝的重要农业基地，代替商王出外狩田等等，有时也兼管本国的军事和农业。这些记载与传世文献中傅说为武丁王三公，辅佐王室中兴的说法是相符的，看来，也唯有高宗贤相傅说才能当得起卜辞中的"甫"。当然，由于甲骨文的记载，我们对傅说的事迹也了解得更为具体而生动，而不再是抽象的"圣人""贤相"了。至于甫的出身，也就是他在成为武丁王贤相之前的身份和事迹，卜辞中没有也不可能提供什么资料，因为甲骨文只是卜事之辞，而不是历史记述。文献中有关傅说出身低微的传说应该是有一定依据的，但传说免不了不断被加工和神化，不可能完全真实。我们推测傅说原先是傅国的没落贵族，不太可能是真正的奴隶。关于这一点，当然还有待进一步研究。

卜辞中有关甫的记载还有很多，但大多数为残辞，辞意不明；也有少数完整的卜辞，因训诂未通，姑且不论。在非武丁卜辞中，"甫"作为人名仅从第三期卜辞中见到一例，辞云："令甫……麋，禽。十月。"（合集28359）如果断代无误，这位廪辛康丁时期的"甫"应是武丁时期的"甫"的子孙。不过，仅见一例，终究可疑，记以待考。

本文立论的关键在于地理方面的考证。这方面笔者实为外行，不免有所疏漏，敬祈赐教。

附　记

  文章交编辑部后，蒙运城苏杰同志提供有关乡土资料。兹补记如下：一、平陆县北二十公里张店镇古城村古虞城遗址于一九五九年曾被列为山西省第二批文物保护单位。二、县东圣人涧村旧有傅相祠，过去每年四月初八日傅说诞辰日官民前往奉祀。唐建旧祠于明嘉靖间因地震而毁，于是增建，清康熙间重修。一九九二年起又于傅岩冈上重建新祠。三、据一九九二年新版《平陆县志》卷二十六，城关镇油房沟马跑泉北有傅说冢。四、平陆县一带历来有关于傅说的传说故事，载于新《县志》卷三十三。由以上资料，可以确信傅说所隐傅岩在平陆县古虞城附近。

原文出处：原载《学术集林》卷七，第130—151页，上海远东出版社，1996年4月。
作者单位：华东师范大学文学院

关于殷代武丁的辅弼之臣傅说的考证

刘 桓

殷代武丁初期的辅弼之臣是傅说,古书如《书序》、《国语·楚语上》、《孟子·告子下》、《墨子·尚贤中》、《楚辞·离骚》、《庄子·大宗师》及《史记·殷本纪》中都有明确记载,然而在甲骨文中却难以实指。《书·君奭》中提到武丁时的甘盘,显然就是甲骨文的"𠂤(师)般"①,但师般职官为师,是为军事之官,考之卜辞尚看不出他是武丁的辅弼之臣。丁山先生考证武丁的"几位贤佐"时,说"代甘盘辅相武丁者,就是傅说"。又说:"我尝疑《殷虚书契菁华》三见的'㞢希㞢寐父',即是侑傅说的纪事。由此观之,寐父是傅说死后的尊号,所以用侑(即㞢)礼;其生也甲骨文则通称为甾。"又举出商代宰甫毁,说宰甫就是傅说②。对于丁氏的这一考证,可能因为其论证不多,长期以来未能得到学者的重视。

前辈学者尝试在甲骨卜辞中考证傅说,在商史研究方面十分重要,我们继踵接武,定然会有所得。个人近来研读武丁卜辞,经反复论证之后,认为"甫"就是寻找已久的傅说。试说于下,不当之处,尚希读者惠予指教。

一

甲骨文有𡇒、甾、甶(《甲骨文编·附录一二三》),罗振玉依吴大澂说释为圃,他考释说:"御尊盖有圃字,吴中丞释圃。此作𡇒,象田中有蔬,乃圃之最初字。后又加口形,已复矣。"③ 罗氏释出字义尚是,但字应释甫。王襄纠正罗释为"古甫字,圃字重文"④。王襄释甫是正确的。战国文字从甫的字,如敷作 ("玺汇"3122),博作

---

① 董作宾《甲骨文断代研究例》,中央研究院历史语言研究所集刊外编第一种,《庆祝蔡元培先生六十五岁论文集》上册,1933年。
② 见丁山:《商周史料考证》,中华书局,1988年,第75、76页。
③ 于省吾主编《甲骨文字诂林》(三),第2119页。
④ 同上。

("玺汇"1837)，春秋文字石鼓文搏作 禣 （《石鼓文·銮车》）①，均可证甫有作甾的写法，字形流传有自，故从字形方面可证释甫有据。过去有一种说法，以为此字会意为苗②，由于战国《中山王礜方壶》庿作庿形，可见甾释苗是缺乏字形依据的，不可信从。从字义来说，甾即甫，其本义为圃。《说文》六篇下囗部："圃，所吕穜菜曰圃。从囗、甫声。"（段注本）段玉裁注："'所吕'二字今补。《齐风·毛传》曰：'圃，菜园也。'马融《论语注》曰：'树菜疏曰圃。'玄应引《仓颉解诂》云：'種樹曰园，種菜曰圃。'"《论语·子路》："樊迟请学稼。子曰：'吾不如老农。'请学为圃。曰：'吾不如老圃。'"这里第一个"圃"为使动用法，意为种蔬菜；"老圃"则为名词，意为"老菜农"③。凡此可证成圃的菜园之意，而这正是甫字本义。殷代《卸篡》有"小囷（圃）"（《三代》6、48、5），可见另有圃字。

甫在甲骨文中大多数是做人名，少数做地名，这是学者逐渐认识到的。甫做人名的用法，丁山先生曾经提到，他已能分辨出人名的甫，谓甫即傅说，惟列举卜辞偏少，而将晚殷《宰甫殷》的"宰甫"说成是傅说④，则年代明显不合。到黄天树先生研究卜辞断代，又明确指出"甫是自组和宾组中常见的一位人物"⑤。同时列举了关于甫去田猎和耕作的多条卜辞。此后也有一些学者注意到"甫"这个人名，例如杨升南先生研究商代经济史、彭邦炯先生研究殷代农业，都曾列举关于"甫"其人的卜辞，不过前者将人名隶定为甫⑥，后者将人名隶定为甾⑦，但都将此人作为武丁时的一位重要人物。至于"甫"做地名，则有许多学者作过研究。例如钟柏生、郑杰祥先生先后在各自的商代地理研究著作中考证过甫地的方位，彭邦炯先生也在他的著作中考证过该地的方位⑧。凡此使笔者颇受启发。说到学者引用甫作为人名或地名的卜辞，有正确的隶定的，论著颇为不少，本文无法一一指出，必要时只能在下文有关论述中提及。

根据殷墟武丁卜辞，可以判定甫的身份是有封地的贵族，并且是武丁朝的重要朝臣，辅佐商王武丁，地位在沚戓、自般之上。古代甫字通傅，《左传·庄公十四年》有"傅瑕"，《史记·郑世家》作"甫假"。《左传·襄公二十八年》"石圃"，《史记·十二诸侯年表》作"石傅"⑨。因此，甫可读傅。上古人名的构成是由方国部族之名加私名，或者封地氏族名加私名而成。卜辞有雷 ，可省称为雷。如：

    1. 戊寅卜，㱿，贞：雷 其来。

---

① 以上所举三字分别见汤余惠主编《战国文字编》，福建人民出版社，2001年，第197、133、792页。
② 陈梦家：《殷虚卜辞综述》，第533页。
③ 杨伯峻：《论语译注》，中华书局，1980年，第135页。
④ 见丁山：《商周史料考证》，第75、76页。
⑤ 黄天树：《殷墟王卜辞的分类与断代》，台湾文津出版社，1991年。
⑥ 杨升南：《商代经济史》，第189、311页。
⑦ 彭邦炯：《甲骨文农业资料考辨与研究》，吉林文史出版社，1997年，第369页。
⑧ 钟柏生：《殷商卜辞地理论丛》，台湾艺文印书馆，1989年；郑杰祥《商代地理概论》，中州古籍出版社，1994年。彭邦炯书同上，第620～621页。
⑨ 高亨：《古字通假会典》，齐鲁书社，1989年，第915、916页。

雷🦌不其来。

戊寅卜，㱿，贞：沚䤴其来。

贞：沚䤴不其来。　　（《合集》3945 正）

2. 戊寅卜，㱿，贞：雷其来。

贞：雷不其来。

戊寅卜，㱿，贞：沚䤴其來。

贞：䤴不其来。　　（《合集》3946 正）

两相对照，可知雷🦌，可省称为"雷"，即只称其方国部族名或者封地的族名。

沚䤴可称其私名"䤴"，但也应可以称为"沚"（详后）。同理，傅说亦可称为傅"即甫，其私名"说"所以卜辞中未见，可能与其人身居辅弼之位，地位甚尊，商王甚为倚重，故自商王以至卜人皆不称其私名有关系。《诗·小雅·十月之交》："皇父卿士，番维司徒，家伯维宰，仲允膳夫。聚子内史，蹶维趣马。楀维师氏，豔妻煽方处。"郑笺："番、聚、蹶、楀皆氏。"所以如此，也是因为西周社会等级森严，番、聚、蹶、楀四人身居高位要职，诗人不敢称他们的私名，只能称其民族名。由西周《驹父盨盖》的"南中（仲）邦父"，知《小雅·出车》"王命南仲，往城于方"的"南仲"，也是以氏名代人名。西周《中方鼎》："佳（唯）王令（命）南宫伐反虎方之年。""南宫"也是氏名，"南宫括"、"南宫忽"才是氏族名加私名构成的人名。可见西周仍沿袭商代的以称氏名为对贵族人物的尊称的习俗。由氏名与封地的对应关系，知卜辞"甫"为甫（傅说）的封地：

3. 甲戌卜，宁，贞：甫受黍年。

贞：甫受黍年。

甫弗其受黍年。二告。

……〔甫〕〔受〕黍年。

（以上分别见《合集》10022 甲、乙、丙、丁）

4. 庚辰卜，才（在）甫〔贞〕：王步于鄩，亡巛。　　（《卜通》717）

3 辞的甫指甫（傅说）的封地，大意贞问甫地的黍是否收成好。4 辞是庚辰这天占卜，在甫地贞问：商王步行去鄩地，是否无灾。郭沫若先生于《卜通》716 片考释，谓"鄩当即《左传·文六年》'晋赵孟杀公子乐于鄩'之鄩，在今河南济源县西百二十里。地与垣曲接埌，故襄公三十年言'齐伐晋，戍郫邵'也"①。甫即傅，《史记·殷本纪》："得说于傅险中。"《正义》："《〔括〕地志》云：'傅险即傅说版筑之处，所隐之处窟名圣人窟，在今陕州河北县北七里，即虞国虢国之界。……'"郭释鄩方位与此较为相近，傅地应在垣曲附近。郑杰祥先生也认为甫在今山西省垣曲县附近，谓在县南旧城关镇以西地带，又说"卜辞甫地后世可能已音变为蒲地，此蒲地应当就是后世浦原城"②。其所说地望与拙文相接近，但其论述是本人所不赞同的。钟柏生先生以为"甫地可能

---

① 郭沫若：《卜辞通纂》，《郭沫若全集·考古编》第二卷，科学出版社，1983 年，第 520 页。
② 郑杰祥：《商代地理概论》，第 311 页。

即《史记·秦本纪》所言的'蒲坂',其地望在今山西永济县东南"①。彭邦炯先生认为甫可能即《左传·庄公二十八年》之蒲,地在今山西湿县东北②。本文没有采用这些意见。

甫的社会地位很高,与商王武丁关系较为密切,卜辞对这方面亦有所反映:

5. 甲寅卜,争,贞:翌乙卯令甫归。　　(《英》1151)
6. 甫入。　(《合集》9369)
7. □□卜,𠀁,王……即甫……　　(《合集》20142)
8. ……令甫复止。　(《合集》20221)
9. 贞:甫其㞢(有)疒。　(《合集》13762)
10. 贞:甫弗其㞢……　(《续》3、7、2)

5辞大意是说甲寅这天贞问,明天乙卯日商王命甫(由某地)返回如何。6辞的"甫人",人应读纳,指贡纳。7辞大意是说商王……到甫那里去如何。8辞文意不甚明白,大意似为商王命甫报告某事。9、10两辞贞问甫是否生病。

以上卜辞说明,这位有自己封地的甫,地位应为侯伯而供职于商朝,并且与商王武丁关系密切。种种迹象表明,此人应该就是我们所要寻找的武丁朝辅弼之臣傅说。

二

商王武丁出于维护商朝统治的目的,大胆举用了正在傅岩庸筑做苦工的傅说,这在当时一定是轰动朝野的事情。在先秦典籍中,此事屡被提及,从而成为后代追述商代武丁之治时很突出的一件事。

《书序》:"高宗梦得说,使百工营求诸野,得诸傅岩,作《说命》三篇。"《国语·楚语上》:"昔殷武丁能耸其德,至于神明,以入于河,自河徂亳,于是乎三年,默以思道。卿士患之,曰:'王言以出令也,若不言,是无所禀令也。'武丁于是作书,曰:'以余正四方,余恐德之不类,兹故不言。'如是而使以象梦旁求四方之贤,得傅说以来,升以为公,而使朝夕规谏,曰:'若金,用女作砺(韦昭注:"使磨砺也。")。若津水(韦注:"喻遭津水。"),用女作舟。若天旱,用女作霖雨。启乃心,沃朕心。若药不瞑眩,厥疾不瘳(韦注:"以药喻忠言也。瞑眩顿瞀,攻己之急也。瘳,愈也。")。若跣不视地,厥足用伤。'"《孟子·告子下》记孟子语,"傅说举于版筑之间"。《墨子·尚贤中》:"傅说被褐带索,庸筑乎傅岩,武丁得之,举以为三公,与接天下之政,治天下之民。"《楚辞·离骚》:"说操筑于傅岩兮,武丁用而不疑。"《说文》四篇上旻部㝢字引《商书》曰:"高宗梦得说,使百工㝢求得之傅岩。"《庄子·大宗师》:"夫道有情有信,无为无形,可传而不可受,可得而不可见……傅说得之,以相武丁,奄有天下,乘东维,骑箕尾而比于列星。"

《史记·殷本纪》记述此事经过为:"帝武丁即位,思复兴殷,而未得其佐。三年不言,政事决定于冢宰,以观国风。武丁夜梦得圣人,名曰说。以梦所见视群臣百吏,

---

① 钟柏生:《殷商卜辞地理论丛》,第280~281页。
② 彭邦炯:《甲骨文农业资料考辨与研究》,第620~621页。

皆非也。于是迺使百工营求之野，得说于傅险中。是时说为胥靡，筑于傅险。见于武丁，武丁曰是也。得而与之语，果圣人，举以为相，殷国大治。故遂以傅险姓之，号曰傅说。"

通观文献并根据甲骨卜辞研究，可知殷武丁时征伐频繁，国势较为强盛。古书上说武丁即位后曾发生"亮阴"、"三年不言"之事，与举用傅说事前后相因。《书·无逸》："其在高宗，时旧劳于外，爰即小人，作其即位，乃或亮阴，三年不言，言乃雍。"（《史记·鲁世家》、《礼记·檀弓》、《礼记·坊记》"雍"皆作"讙"）"亮阴"亦作"谅阴"，《论语·宪问》记："子张曰：《书》曰：'高宗谅阴，三年不言，何谓也？'子曰：'何必高宗，古之人皆然。君薨，百官总已以听于冢宰三年。'"顾颉刚先生认为"亮阴"本不牵缠三年之丧，亮阴三年就是《国语·楚语》的殷武丁"三年默以思道"。他还根据上文"不言"之义判断"阴"应读"喑"或"瘖"，字义取《论语》何晏集解引孔安国曰："谅，信也。阴，犹默也。"又，邢昺疏："谓信任冢宰，默而不言也。"① 顾说大致可从。不过孔子所说"百官总己以听于冢宰"尚存在一个问题，从武丁卜辞看商王的辅弼之臣并不是宰而应是尹，武丁时虽有宰这一职官的设置，然宰为辅弼当是晚殷时期的事。武丁"三年不言"，是默以思道，明察暗访，谋求复兴之策。当武丁了解到傅说确有才能，堪任辅佐后，苦于傅说身为胥靡，不能委以重任，才假称做梦梦见了一位贤人，从而举用了傅说。武丁应是以傅地封给傅说，傅说由此得称傅氏。《史记·殷本纪》说"故遂以傅险姓之"，是误把傅氏当成了姓。

傅说被举用后，即为武丁出谋划策，武丁对他言听计从。傅说的一些言论，见于《书·兑命》，可惜大都未能流传下来②。

三

在甲骨卜辞中要证明甫即傅说，仅仅说甫作为氏名可读傅，为傅说的尊称，甫有自己的封地，甫与商王关系密切，那当然是不够的。傅说作为商王的辅弼之臣，其政治地位必然具有在一人之下、众臣之上的特点，其职掌必然是承上启下，能传达、贯彻王命，在某些场合能代替商王，独当一面。这些情况在甲骨卜辞关于甫的记载中均有所反映。为了进一步证明甫即傅说，本文将从以下几方面引用卜辞，加以考述。

（一）甫能发布、传达商王之命，命令沚、㠱戈、叒、子叒等诸侯或贵族，贯彻王命。特别是命令沚（沚戓）去征伐，足以说明甫任军政要职，地位在群臣之上。卜辞载：

11. 癸卯卜，宕，贞：叀（惠）甫乎，令沚䖵（害）羌方，十月。　　　（《合集》6623）

12. 丁未卜，争，贞：令⺼（择）卓，甫乎㠱戈⺼……　　　（《合集》5899）

---

① 顾颉刚：《史林杂识初编》，中华书局，1963年，第100—103页。"亮阴"还作"梁闇"（《尚书大传》）、"谅闇"（《礼记·丧服四制》）。

② 《书·兑命》的佚文，见《国语·楚语上》、《孟子·滕文公上》，《礼记》中的《文王世子分》、《学记》、《缁衣》等篇。详见刘起釪《尚书学史》（订补本），中华书局，1996年，第27～28页。

13. 丁未卜，争，贞：令◇（择）卓，甫乎✦戈◇……　　　（《合集》5900）

14. 辛子（巳）卜，王弓乎甫即✦令戬，十月。　　　（《合集》20235）

15. 丁未卜，甫令✦。　　（《合集》20234）

16. □寅，甫令子✦（叔）。　　（《合集》20042）

以上均为甫传达王命的卜辞。11辞的鱼，裘锡圭先生释为害①。古害字通割。《广雅·释言》："害，割也。"王念孙《广雅疏证》卷五下释为："《尧典》：'汤汤洪水方割。'传云：'割，害也。'《释名》云：'害，割也，如割削物也。'害割古同声而通用。《大诰》'天降割于我家'，马融本作害。"可证害可读割。"害（割）羌方"的说法，犹《书·多士》的"割殷"，已有译注训割为取②。故11辞是说癸卯这天占卜，卜人宁贞问，商王召呼甫，（命他）传令沚（指沚戬）去取羌方，时在殷历十月。12、13辞都是丁未这天占卜，卜人争贞问，商王命令择卓人（去从事征伐或其他工作），甫就叫✦去择……14辞是反贞之辞，大意是说商王是否不叫甫到叟③的领地去传达王命，时在殷历十月。15辞是说，丁未这天占卜，甫对叟有所命令（实际上也是传达王命）。16辞是□寅这天，甫对子叔有所命令。

从典籍来看，发布和传达王命应是大宰的职责，这也是上古时期王的辅弼之臣施政的重要举措。《周礼·天官·大宰》："作大事，则戒于百官，赞王命。"郑玄注："助王为教令。《春秋传》曰：'国之大事，在祀与戎。'"于省吾先生说："《毛公鼎》：'麻自今，出入尃命于外，毕非先告父瘖，父瘖舍命，毋又敢惷尃命于外。'是父瘖主尃命，其职事当即后世之宰辅。《管子·君臣上》：'制令傅于相。'"④甫能发布和传达王命，在武丁卜辞中还未见其他人能相比，这点说明甫是商王武丁的辅弼之臣。甫传达王命命沚（沚戬）伐羌方，可见甫比沚方首领、著名将领沚戬地位要高。

（二）甫执行王命或秉王命行事，其施政对象常是方国诸侯，涉及到商朝对朝臣的处置。商王出行巡狩，甫也先行做准备工作。卜辞：

17. 贞：令✦保甫，六月。

　　　丁酉卜，宁，贞：令甫取✦白（伯）。　　　（《合集》6）

18. 乙酉卜，甫允夲沚。　　（《合集》5857）

19. ……甫允夲……　　（《合集》5858）

20. 戊寅卜贞：令甫比二侯及罙元，王值（读"陟"）于之，若。（《合集》7242）

21. 癸亥贞，令多尹禹甫于西。

　　　乙酉贞，令禹甫于京　　　（《书道》1、10、3）

---

① 裘锡圭：《释鱼》，《古文字论集》，中华书局，1992年，第11—16页。
② 江灏、钱宗武译注，周秉钧审校：《今古文尚书全译》，贵州人民出版社，1990年，第333页。根据是《战国策·齐策》"然后王可以多割地"注。
③ 唐兰：《西周青铜器铭文分代史征》将此字释取（挖），见该书，第322页。
④ 于省吾：《双剑誃殷契骈枝续编》。对毛公的官职持类似看法的还有张亚初、刘雨《西周金文官制研究》，中华书局，1986年；朱凤瀚：《商周家族形态研究》，天津古籍出版社，1990年。后两书论述较详。

17辞贞问商王命☒去保卫甫，时在殷历六月。又于丁酉这天占卜，卜人宁贞问命甫去捕取✦伯，如何。18、19两辞是占卜，甫果然梏执沚（应指沚戓）。20辞是说戊寅这天占卜贞问，商王命甫与二侯一起追赶到元地，商王在那里陟方（巡狩）①，顺利吗？21辞的"多尹"，应该如李学勤先生所说，就是"多君"，指商朝朝臣②，而有别于各族的族尹。再读称，称有相称（chèn）义，引申义为随。《礼记·檀弓上》："子游问丧具。孔子曰：'称家之有无。'"孔颖达疏："称，犹随也。言各随其家计丰薄有无也。"此辞先是卜问商王命多尹随甫于西，后又卜问命多尹随甫于京。京是农业区，他们此行可能是为了垦荒，这表明甫从事内政工作。

甫执行王命，涉及到对朝臣的处置，应与其职官职掌有关。典籍中宰辅的职掌正与之相合。《周礼·天官·大宰》："以八柄诏王驭群臣，一曰爵以驭其贵，二曰禄以驭其富，三曰予以驭其幸，四曰置以驭其行，五曰生以驭其福，六曰夺以驭其贫，七曰废以驭其罪，八曰诛以驭其过。"甫幸沚、取✦伯，涉及的是侯伯，实际上是辅佐商王实行对朝臣的惩罚处置，涉及到对群臣的处置，由辅弼之臣出面，实因他是一人之下、群臣之上的大臣，上古朝廷设官分职如此分工，旨在保证王者的威严权力得到体现。

（三）甫参加耤（籍、藉）田，并且奉商王命在外独自主持耤田的典礼。有时，甫还到外地视察种黍情况。

22. 丁酉卜，争，贞：乎甫秜于姐，受㞢（有）年。

〔丁〕酉卜，争，贞：弗其受㞢年。

甫耤于姐，受年。一告。

贞：弗其受㞢年。二告。

受年。

弗其受。

贞：受年。

弗其受㞢年。　（《合集》13505正）

23. 丁酉卜，殻，贞：我受甫耕才（在）洎年，三月。

丁酉卜，殻，贞：我弗其受甫耤才姐年。二告。（《合集》900正）

22辞的"秜"为使动用法，秜本指一种野生稻，此处指栽野生稻③，大约与甫在驳地耤田是一回事。应该指出，武丁时参加耤田的贵族还有雷、犾等人。卜辞载：

24. 雷耤才（在）名，受㞢年。

　……弗受㞢年。　（《合集》9503正）

25. 己卯卜，殻，贞：乎雷耤于名，㞢不替。　（《合集》9505）

26. 壬午卜，殻，贞：乎犾耤。　（《合集》9508）

---

① 唐兰：《用青铜器铭文来研究西周史——综论宝鸡市近年发现的一批青铜器的重要历史价值》一文注⑨，最先指出卜辞"徝（德）方"即"陟方"。拙文《殷代德方说》，曾就卜辞记载的"徝方"有所考述。见《甲骨征史》，第53~73页。

② 李学勤：《释多君多子》，《甲骨文与殷商史》，上海古籍出版社，1983年。

③ 于省吾：《甲骨文字释林》，第251~252页。

《国语·周语上》记述周代籍田礼，籍田之日“王祼鬯，饗醴乃行，百吏庶民毕从。及籍，后稷监之，膳夫、农正陈籍礼，太史赞王，王敬从之，王耕一墢，班三之，庶民终于千亩。”贾逵注：“班，次也，谓公卿大夫也。王之下各三其上也。”《礼记·月令》“孟春之月”载：“是月也，天子乃以元曰祈谷于上帝。乃择元辰，天子亲载耒耜，措之于参保介之御间，帅三公九卿诸侯大夫躬耕帝藉。”由《周语》知周代籍田礼有公卿大夫参加，具体负责礼仪的有后稷、膳夫、农正和太史等官。《礼记·月令》则明言“三公九卿诸侯大夫”随天子参加籍田礼。殷代耤田礼亦当有朝廷各级官员、诸侯参加，雷当指雷〓，乃是诸侯，〓其人待考，雷与〓都是商朝的大臣。甫与此二人耤田的不同之处，在于23辞所贞问的，甫耤于娟，而商王卜我是否“受年”（有好收成），显示出甫的这次耤田是代商王而行的，而雷、〓二人则不见如此贞卜。若非商王武丁授命，若非甫具有辅弼之臣的地位，由甫在外主持耤田礼，那真是不可想象的事。

除了主持耤田礼外，甫还到外地视察种黍之事。卜辞载：

27. 庚辰卜，王，甫㞢（往）黍，受年，一月。（《合集》20649）

殷历一月即夏历四月[①]，正是种黍之时。甫前往种黍，而商王亲自贞问是否受年。实际上，这也是甫代表商王视察黍的播种情况。卜辞记载：“戊寅卜，宾，贞：王㞢（往）以众黍于囧。”“……教，一月。”（《前》5、20、2）“贞：王立（莅）黍。”（《乙》3331）都说商王前往种黍之地，或者莅临种黍之地，视察（众人）播种情况。这是商王勤于农事的表现，有时也由辅弼之臣代劳。

（四）甫常受商王之命参加田猎。其中有一次规模较大的田猎，是由甫自己率众进行的，应该是代商王行猎。卜辞：

28. ……令甫逐麋，毕（擒）。十月。（《合集》28359）

29. □未卜，甫其毕。（《合集》20002）

30. □□卜，□，贞：甫□其毕。（《合集》13643）

31. 辛子（巳）卜，自，贞：甫㞢（往）逐鹿，不其……（《合集》20715）

32. 丙子〔卜〕，甫㞢〔逐〕鹿，其……（《合集》20716）

33. □子〔卜〕，甫㞢獸（狩）〓，又（有）攸（启）……（《合集》20749）

34. 庚申卜，翌辛酉甫又（有）攸。

辛酉卜，翌壬戌〔又〕攸。（《合集》20989）

以上均为甫参加田猎的卜辞。28、33两辞明言商王令甫狩猎。28辞记甫逐麋，31、32辞记甫去逐鹿，则记了狩猎动物名。33辞记有田猎地点〓，该辞和34辞记甫“有启”，乃是说甫去田猎有前行者[②]。

以上卜辞所记载的是甫率众进行的较大规模的田猎。卜辞：

35. □子卜，〔令〕甫獸（狩）□隻（获）鹿□，虎十一。（《合集》20752）

---

① 关于殷历的研究，自常正光：《殷历考辨》（载《古文字研究》第六辑）之后，已有不少论著发表说法不一。本人撰有《关于殷历岁首之月的考证》即主此说，见《甲骨征史》。

② 参看于省吾：《释启》，《甲骨文字释林》，第287～291页。

36. 甲子卜，殻，贞：王疒齿，亡囚。
    〔壬〕申卜，□，贞：甫□其弘（擒）…… （《补编》3987甲）
37. 甲子卜，殻，贞：王疒齿，亡囚。
    壬申卜，殻，贞：甫弜麋，丙子㊉（陷），允弜二百又九。一〔月〕。
    （《补编》3987乙）①

35辞贞问商王一次令甫狩猎，获得鹿若干只，老虎11头。36、37两辞均是先在甲子这天贞问商王患牙病，问牙是否会掉；又在第九天壬申这天贞问甫狩猎的事。37辞记述甫用陷坑法一次擒麋鹿209只。这两次田猎一次获鹿、虎，一次获麋，数量如此之多，堪与商王田猎情况相比，足见是甫单独率人马进行的较大规模的田猎。寻绎卜辞文意，可知后一次田猎是在商王患牙病不便外出的情况下，由甫率众进行的田猎。

商代辅弼之臣在商王田猎中所起的作用，可以在以下卜辞、金文中约略看出。晚殷辅弼之臣是宰，在参加商王田猎的众多官员中，宰无疑是最高级官员，并且其职掌应包括田猎之事。

著名的宰丰骨刻辞载：

38. 壬午，王田于麦䕓（麓），隻（获）商哉兕，王易宰丰寝小舳兄；才（在）五月，佳（惟）王六祀，彡日。（《佚》518）

商代晚期宰甫毁：

39. 王来獸（狩）自豆麓，才（在）
    䢅䢅（读"次"）②，王乡（飨）酉（酒），王娄（光）
    宰甫贝五朋，用乍（作）寶（宝）䵼。（《三代》8、19、1，又8、19、2）

现在已知宰丰骨刻辞是帝乙时之物。郭沫若先生释之为："盖王狩麦麓，宰丰从王，既得犧牲，王以盲祀，宰丰亦得预盲，王以小兕觵锡之饮，宰丰以为荣，故作器以纪之也。"③郭释除"寝小舳兄"作"以小兕觵锡之饮"不合外，所说刻辞大意还是对的。后一金文大意是说，商王自豆麓田猎返回时，在䢅次（驻地）举行飨酒之礼，商王光赏宰甫（甫为私名，是另一人）贝五朋。这两次商王田猎之后都赏赐宰，就是因为宰是朝臣中也是从猎众官中地位最高的，并且职掌田猎之事。《周礼·天官·太宰》："以八则治都鄙……八曰田役以驭其众。"贾公彦疏："'八曰田役以驭其众'者，谓采地之中得田猎，使役于民，皆当不夺民时，使人人善，故云'以驭其众'也。"从甲骨文看，宰不单是参加田猎，也应负责商王田猎的一些安排，其所以受赏赐也与此有关。《太宰》只记都鄙的田役，未免偏而不全。

上古田猎每与军事训练密切相关④。《周礼·春官·大宗伯》："大田之礼，简众也。"郑玄注："古者因田习兵，阅其车徒之数。"因此，大规模的田猎一般均由王者率

---

① 杨升南：《商代经济史》叙述"臣僚自己的狩猎"时，曾举37辞的后一条卜辞（《合集》10349）。见该书，第311页。
② 于省吾：《释弔、䢅》，《甲骨文字释林》，第417~418页。
③ 郭沫若：《殷契余论·宰丰骨刻辞》，《郭沫若全集·考古编》第一卷。
④ 参看钟柏生：《卜辞中所见殷代的军礼之二——殷代的大蒐礼》，载《中国文字》新16期，1992年。

众进行①,至于贵族(如"多子")虽有自己组织的田猎,但据卜辞载其规模不大,猎获物也不多。因此,甫能率众进行大规模的田猎,说明其身份应是商王的辅弼之臣,与殷代晚期的宰大体相当。

(五)甫亦参加征伐等军事行动。卜辞中这方面的记载很少,仅有:

40．甫弗其莍(遘)舌方。　　(《合集》6196)

41．……旬二日辛亥,甫壬(通"廷",往)章(敦)旅……　　(《东》1056)

舌方在商西北,武丁时与商朝处于敌对状态。40辞贞问甫是否会遇见舌方,似乎说明甫与征舌方的行动有关。41辞卜问甫敦伐旅之事。旅是当时的一个方国部族。《补编》6613载:"己酉卜,王……""甲寅卜,王,令𢁥〔史(使)〕于余征。""庚申卜,王,叀(惠)余令白(伯)𢁥史(使)旅。"伯𢁥使旅应与甫伐旅为同时事。

(六)甫在生前官职显赫,备获商王信任,当他去世之后,由于他对商朝统治有种种业绩,故受到商代统治者的祭祀。卜辞:

42．贞:弓……及甫。　　(《合集》10095)

43．□午卜、𠂤……甫牛……求(咎)……　　(《合集》21266)

44．……坐(侑)……十牛于甹(甫字繁文)。　　(《合集》8257正)

45．庚午卜,贞:埜(野)丁至于祈,卣入甫。兹用。

𠦪(襄)乎爵埜,弜于甫。　　(《合集》30173)

42辞所记的及甫,及当读报,即贞问是否报祭甫。43辞说祭甫用牛牲。44辞贞问用10头牛来祭甫。45辞的"丁"应指武丁,祈为地名,卣当假为由,义为因。襄字释读取陈邦怀先生说,此读为禳②。该辞记庚午这天占卜贞问,野祭武丁至于祈地,因之进入甫地如何;又贞问禳祭以爵野祭(武丁),而不在甫地如何。结果决定用前卜。

通过以上40多片关于甫的甲骨卜辞的释读,可以说明甫在殷武丁时期身居高位,他应该就是武丁的辅弼之臣傅说。综上所述,虽然做不到傅说的形象呼之欲出,毕竟勾勒出有关傅说史事的轮廓,从中不难看出傅说在武丁左右活动的一些情况。商王武丁举用傅说为辅佐后,即命他主掌内政。因此,卜辞记载甫(傅说)发布或传达王命,向诸侯下达商王的征伐之命;参与处置朝臣;分管农事,视察种黍及外出主持耤田礼;兼管田猎,代王率众进行大规模的田猎。结合《国语·楚语上》等文献来分析,傅说在职时当以替武丁出谋划策为多,虽然参与朝廷军事、祭祀等大事,但未出任军职。作为非商族的他,能如此也就绝无仅有了。

四

甫(傅说)被武丁举用之前,是在傅岩庸筑的"胥靡",吴荣曾先生说宋代刘敞在《汉书刊误》里已正确指出:"胥靡《说文》作縃縻,拘缚之也。"③可见胥靡属于被奴役者。甫的这种身份地位,当与甫地曾被征服有关。林小安先生曾引武丁早期卜辞:

---

① 大规模的田猎,《周礼》称之为"大田猎"(《地官·山虞》及《泽虞》)或"大田役"(《地官·大司徒》)。
② 关于𠦪字,取陈邦怀说,见《甲骨文字诂林》(一),第740页。
③ 吴荣曾:《胥靡试探——论战国时的刑徒制》,《先秦两汉史研究》,中华书局,1995年。

壬午卜，王步，今日易日？今夕不显甫？
　　乙未卜，今夕不显甫？今夕其显甫？
　　丙申卜，今夕不显甫？今夕其显甫？
　　丁酉卜，今夕不显甫？　　（《珠》648）
　　癸亥卜，弗执缶？
　　……雀亡显甫？　　（《库》987）
　　丁巳卜，……雀……甫？　　（《甲》179）

林氏提出："伐甫之役实由雀行之，此后甫即为殷之领地。"① 林说可以接受，但显从址声，应读拨，有为乱破坏之意，当然是以武力征伐为之②。推想甫这一方国部族被征服之后，傅说就和许多甫人一样沦为被奴役者。卜辞："壬午卜，虫（有）甫才（在）斷东北，隻（获）。"（《京都》3113）说的就是卜问有被奴役的甫人在斷地东北，能否被捕获。不消说，这些甫人当是不堪忍受被奴役的待遇逃跑后被殷人发现的。这就印证了典籍所述傅说的身份、处境，其为信史无疑。

　　傅说为商王武丁的辅弼之臣，其职官应是尹。汉董仲舒《春秋繁露·三代改制质文》说汤时"名相官曰尹"。从甲骨文看，伊尹、黄尹即成汤、太甲时的辅佐之臣。从武丁卜辞中可以看出当时"尹"的权力很大、地位很高，因此我认为傅说的职官是尹。卜辞：

　　46. 壬午卜，㕚，贞：尹其虫因。（《福》35）
　　47. 甲申卜，争，贞：尹以⺈子。
　　　　贞：尹弗其以⺈子。（《合集》9790正）
　　48. 壬午卜，㱿，贞：尹夲罷。王吕曰：其夲。七日戊〔子〕尹允夲。
　　　　（《合集》5840正）
　　49. 令尹乍（作）大甾（畎）。
　　　　朕令尹乍大甾。（《合集》9472正）

此尹应指甫即傅说。商王武丁有时称其官称而不名，就是因为尹实为辅弼之臣，而不同于族尹和其他的尹。此处"尹"的许多情况都与甫一样。如46辞贞问尹是否有忧，可见他被商王武丁所关心。47辞贞问尹是否会带来⺈子（⺈方国部族的首领）。48辞贞问尹是否能梏执罷③（氏名代人名），商王武丁看过卜兆后说，人会梏执到。结果到第七天戊子日果然将罷梏执。49辞的甾即畎字④，该辞说商王（武丁）令尹作大畎。由47、48辞可以判知尹职掌在商王的王命下处置朝臣；49辞表明尹主管农事。凡此，均与前面考述的甫的任事相合。不仅如此，尹在死后也被商王祭祀。卜辞：

　　50. 甲申卜，其又⺈岁于尹。　　（《合集》32103）

---

① 林小安：《殷武丁臣属征伐与行祭考》，《甲骨文与殷商史》第二辑，上海古籍出版社，1986年。
② 关于显甫的卜辞，参看李学勤：《殷代地理简论》，科学出版社，1959年，第89、90页。
③ 罷即罴字，见拙著：《殷契存稿》。
④ 关于此字的隶定及解释，见张政烺：《卜辞裒田及其相关诸问题》，载《考古学报》1973年第1期，又见《张政烺文史论集》，中华书局，2004年。

是商王贞问是否握持①岁祭之物祭尹。这位"尹"身后受到商王如此礼遇，若不释为甫（傅说）则不好解释。当然，要论定甫即"尹"还须更多卜辞资料来证明，本文只是作为个人初步的看法提出来以供讨论。

殷代金文《甫父乙尊》铭文仅有"甫父乙"三字（《三代》11、7、1，《集成》11、5619），"甫"即傅说氏族名，从该铭字体判断，尚早不过武丁时期。父乙为亲属名加庙号，很可能指傅说，疑当是傅说之子祭其父所作。须知傅说毕竟是生前主持过朝政，殁后见于祀典的人物。

附 记

本文完成于 2006 年初，5 月赴山西平陆参加傅圣文化研讨会，会上得读詹鄞鑫先生《卜辞傅说事迹考》一文（刊《傅圣文化》2005 年 11 月第 2 期）。该文考证卜辞甫地相关地名，以卜辞屡见"在甫鱼"，认为甫、鱼二地极近，根据侯马盟书鱼、吴、虞三字通用，谓鱼指平陆县虞城；鱼、甫并称，甫为傅岩之傅，这一地名考证实较旧说及余说为优。附记于此。

原文出处：原载《傅圣文化》2007 年第 4 期。
作者单位：北京大学资源学院

---

① 释丮为巴读把，握持之义。见拙作：《试释丮祭与"某某祊其牢"》，见《甲骨征史》。

从甲骨文、金文论傅说、傅邑和傅氏源流

曹定云

一 文献记载中的"傅说"

商代中期自祖乙之后,其王位继承一直在祖辛系和羌甲(沃甲)系之间轮流进行,权力极不稳定。至盘庚迁殷,权力已移至祖辛系,此前的盘庚之兄阳甲早已即位。盘庚之后,王位又转至小辛和小乙。此段时间其王位一直在祖辛系内,对羌甲系而言,这是一种"不公平"。按照两系轮流执政的规则,在小乙之后,其王位应当传还至羌甲系。其次,对祖辛系而言,在阳甲、盘庚、小辛、小乙之后,其王位应该传给谁,又发生了问题:阳甲、盘庚、小辛、小乙之子,从法理上讲,都有其王位继承权,故此中又不可避免地发生"王位"争夺。因此,小乙之后的王位继承,是殷代统治集团内部所面临的又一个麻烦的问题。武丁是小乙之子,但他并不是法定的王位继承人,因为,羌甲系的后人以及阳甲、盘庚、小辛之子,也都享有王位继承权。这个问题如果处理不好,将会危及商王朝的统治根基。

1991年安阳殷墟出土的花园庄东地H3甲骨,对武丁即位之前的王位争夺的历史状况提供了宝贵的资料。该坑甲骨卜辞的时代是武丁即位之前的,其卜辞主人——占卜主体"子"是羌甲(沃甲)之后,南庚之孙(其世系是羌甲——南庚——父丙——占卜主体"子")。从该坑卜辞的内容看,占卜主体"子"拥有相当高的权力和地位,是"王位"继承中强有力的竞争者。该坑卜辞中同时存在的还有"王"、活着的"丁"以及"太子"[1]。卜辞中活着的"丁"就是武丁,卜辞中"丁"的状况,与武丁之权力和地位完全吻合。如此,卜辞中的"王"只能是武丁之父——"小乙",而其"太子"自然就非武丁,而应是阳甲、盘庚、小辛之子中的一位(很可能是他们中的年长者),是预定的"王位"继承人。根据这条卜辞可以断定:武丁不是法定的"王位"继承者,小乙之后的"王位"至少是在H3占卜主体"子",阳甲、盘庚、小辛之子中的"太子"以及小乙之子"武丁"之间进行争夺[2]。武丁不愧是一位"明君",他采取了"笼络"

---

[1] 曹定云:《殷墟花东H3卜辞中的"王"是小乙——从卜辞中的人名"丁"谈起》,《古文字研究》第二十六辑,中华书局2006年11月;又见《殷都学刊》2007年第1期。

[2] 曹定云:《三论殷墟花东H3卜辞中占卜主体"子"》,《殷都学刊》2009年第1期。

的策略，团结并重用占卜主体"子"，取得了占卜主体"子"的支持和拥护，从而最终夺取了王位①。

由于武丁不是法定的王位继承人，尽管他事实上取得了王位，但统治的根基尚不牢固，心中暗存不满者，可能大有人在。在这种情况下，武丁采取了少言、不言和静观其变的策略；另一方面，他又在寻找强有力的辅佐者，以巩固他的统治。这位辅佐者就是傅说。《史记·殷本记》载：

> 武丁即位，思复兴殷而未得其佐。三年不言，政事决定于冢宰，以观国风。武丁梦得圣人，名曰说。以梦所见视群臣百吏，皆非也。于是乃使百工营求之野，得说于傅险中，是时说为胥靡，筑于傅险，见于武丁。武丁曰，是也。得而与之语，果圣人。举以为相，殷国大治，故遂以傅险姓之，号曰傅说。

武丁因得傅说而实现了殷道复兴，这一基本事实也见于其他的先秦文献，如《尚书·说命上》云："高宗梦得说，使百工营求诸野，得说傅岩，作《说命》三篇"（书序）：

> 王宅忧，亮阴三祀。既免丧，其惟弗言，群臣咸见于王，曰"呜呼，知之曰明哲，明哲实作则，天子惟君万邦，百官承式。王言惟作命；不言，臣下罔攸禀令。"王庸作书以诰，曰："以台正于四方，惟恐德弗类，兹故弗言，恭默思道。梦帝赉于良弼，其代予言。"乃审厥象，俾以形旁求于天下。说筑傅岩之野，惟肖，爰立作相。王置诸其左右，命之曰："朝夕纳诲，以辅台德。若金，用汝作砺；若济巨川，用汝作舟楫；若岁大旱，用汝作霖雨。启乃心，沃朕心。若药弗瞑眩；若跣弗视地，其足用伤。惟暨乃僚，罔不同心，以匡乃辟。俾率先王，迪我高后，以康兆民。"

旧署孔安国《传》云："盘庚弟小乙子名武丁，德高可尊，故号高宗。梦得贤相，其名曰说。使百官以所梦之形象，经求之于野，得之于傅岩之溪。"

《说命》三篇，过去曾被定为伪古文，但《说命上》这部分内容，也见于其他的先秦文献，如《国语》、《孟子》、《尸子》、《韩非子》、《楚辞》等，其内容情节大致相近。如《国语·楚语上》云：

> 昔殷武丁，能耸其德，至于神明，以入于河。自河徂亳。于是乎三年默以思道，卿士患之，曰："王言以出令也；若不言，是无所禀令也。"武丁于是作书，曰："以余正四方，余恐德之不类，兹故不言。"如是，而又使以象梦，旁求四方之贤，得傅说以来，升以为公，而使朝夕规谏。曰："若金，用汝作砺；若津水，用汝作舟；若大旱，用汝作霖雨。启乃心，沃朕心。若药不瞑眩，其疾不瘳；若跣不视地，厥足用伤。"

这段文字所记内容与《说命上》基本相似。可见《国语·楚语上》所记内容应出于《说命》。由此可证，《说命上》所记应不为伪古文，所记事实应该是真实的。

傅说出生于今山西省平陆县太臣村。关于傅说的身世，有不同的说法。其一，认为是胥靡。这出于《史记·殷本纪》："得说于傅险中，是时说为胥靡，筑于傅险……举以为相……故遂以傅险姓之，号曰傅说。""胥靡"，是古代的一种奴隶，因被用绳索

---

① 曹定云：《三论殷墟花东 H3 卜辞中占卜主体"子"》，《殷都学刊》2009 年第 1 期。

牵连着强迫劳动，故名。《墨子·天志下》："不格者则系累而归，丈夫以为仆、圉、胥靡。"按此解释，胥靡实为刑犯而转化的一种奴隶。因为出身低下，故无姓氏。被武丁提升为相后，才以"傅"姓之（按：以邑为氏，傅实为"氏"，而非"姓"）。其二，傅说原本有姓氏。福建泉州傅金星所撰《赖罗傅族谱史籍考证》一文称："因黄帝裔孙大田氏封于傅邑以为氏，说为大田氏之后。"此说出处虽不详，但不会是"空穴来风"，可备一说。按此说法，傅说既是黄帝之后，应是姬姓傅氏。如果这样，傅说原本不为奴隶，很可能是属于没落的贵族之后，因地位低下，得不到重用，可能"生计"都出现了问题，故"代胥靡以供食"，遂与胥靡为伍。

傅说生于太臣（今山西平陆县太臣村）。他的隐居地就在附近的傅岩（又称傅险），即今平陆县圣人洞。该处地方在殷周时期是潞盐运往黄河以南地区的必经之道（按：即今山西运城盐湖所产之盐）。因此段路常受水患侵蚀，道路不通畅，故经常驻有"胥靡"，担负道路的维修。从《说命》三篇所表现出来的傅说具有非凡的治国理论看，他是一位受过教育，很有学识和修养的人，在为相之前，已具备了相当深厚的文化素质。在殷周时代，受教育是贵族子弟之事，真正的奴隶很难受到这种教育的。因此，傅说很可能属于没落的贵族子弟。

傅说的出生地太臣和他的隐居地傅岩，相距很近。傅说被武丁提升为相后，这个地方自然成了他的封邑。他辅佐武丁50余年，实现了"武丁中兴"，后荣归故里，89岁高龄时谢世，葬于今平陆县中条山麓马跑泉上。故以"傅岩"为中心的平陆县一带，应是傅说的封邑，是他为官俸禄源泉之所在。

二 甲骨文中的"傅说"

傅说是"武丁中兴"中的首功之臣，而且辅佐武丁的时间也最长（50余年）。傅说事迹在各种文献中也有充分的记载。按理，这样一位武丁时代的重要人物，在武丁时代的甲骨文中，应该有所反映。但是，在很长时间里，人们不知道文献记载中的"傅说"是甲骨文中的何人。直至上世纪60年代，丁山先生撰《商周史料考证》，提出武丁卜辞中的人名甾即为"甫"，"孳乳为甫，为傅，所谓傅说者，当是甫氏之君"[①]这一论断，基本上是正确的。这就为我们讨论甲骨文中的"傅说"创造了条件。

人们长期不识甲骨文中的"傅说"，究其原因，是由于"傅"字的写法古今不同。甲骨文中的"甾"实为"甫"亦即"傅"。这一问题的解决，实归功于吴大澂和罗振玉。清人吴大澂在《古籀补》中，对所谓《御尊盖》中的"王在圃"释为"王在圃"。他说："圃，古圃字，从中在田从口，象圃种菜形。"[②] 后来，罗振玉在考释甲骨文中的"甾"字时，受吴氏的启发，才说："《御尊盖》有圃字，吴中丞释圃。此作甾，象田中有蔬，乃圃之最初字。后又加口形，已复矣"[③]。可见，将甾释为"甫"，首功应归于吴大澂，是他将"圃"释为"圃"，而罗振玉步其后，才将"甾"释为"甫"。丁山先生是在吴、

---

① 丁山：《商周史科考证》第75—76页，龙门联合书局，1960年1月。
② 吴大澂：《说文古籀补》第三十四页，清光绪十年（1884年）写刻本，台北艺文印影本。
③ 罗振玉：《殷墟书契考释》（中），第8页上。王国维手写石印本，1915年12月。

罗二人基础上，将武丁卜辞中的人名"甫"推定为"傅说"。科学研究就是一种接力赛，有时一个问题的解决，往往凝聚着几代人的努力才能最终完成。

王、罗二人将"𡇒"释为"甫"，有何证据可以证明？是否是王、罗二人一时的突发奇想呢？不是！我们可以列举金文方面的证据。西周早期的《孟卣》，其盖藏于今旅顺博物馆，其铭文云："乍（作）旅𡇒"。此"作旅𡇒"实即周代金文中常见的"作旅甫（盙）"。可见，王、罗将"𡇒"释为"甫"，是完全正确的。

古文中，"甫"又与"傅"相通。《左传·庄公十四年》"获傅瑕"，而《史记·郑世家》傅瑕作甫瑕。《史记·郑世家》："使人诱劫郑大夫甫瑕"，《索隐》："甫瑕，《左传》作'傅'瑕"。

根据以上考证可知，甲骨文中的"𡇒"应释为"甫"，亦通"傅"。但这一问题的解决，不等于甲骨文中的"甫"一定就是"傅说"。要解决这一问题，必须具备两个前提条件：一、时代相合，即必须是武丁时代的人名"甫"；二、地位和事迹相合，即必须是武丁身边的大臣，拥有相当高的权力和地位。二者缺一不可。

综观武丁卜辞中的人名"甫"，其数量不少。今摘其重要列举如下：

1. 戊寅卜，贞：令甫比二侯，及眔元王循于之，若？　　（《合集》7242）[1]
2. 癸卯卜，宾贞：叀甫呼令沚𢦏羌方？七月。　　　　　（《合集》6623）
3. 辛巳卜：王勿呼甫即䢃，令𢦏？十月。　　　　　　　（《合集》6196）
4. 贞：甫弗及冓舌方？　　　　　　　　　　　　　　　（《合集》20235）

上述卜辞证明："甫"的地位相当高。第1辞"令甫比二侯，及眔元王循于之"，其"比"有率领、联合之义，"及眔"即"追上、赶上"，"元王"指武丁，"循"即巡视。该辞意思是：令甫率领二路诸侯，追上殷王武丁，一起随王巡视（某方国）。第2辞"叀甫呼令沚𢦏羌方"，"沚"是殷之"与国"，"𢦏"有"鞭挞"、"攻击"之义，"羌方"是殷西北方主要敌国之一。此辞意是"甫"命令"沚"去攻击羌方，消除西北方之患。第3辞是对贞辞中之"否定词"，其"肯定词"应为"王呼甫即䢃，令𢦏"（目前卜辞未见）。这是"甫"听命于武丁即䢃，令𢦏；"即"有到达之义，"令"是命令；"䢃"为地名，𢦏为人名。其辞意是"王（武丁）是否叫甫到䢃地，命令𢦏（去干某事）。究竟干什么，卜辞未明言。第4辞"甫弗及冓舌方"，也是对贞辞中的"否定辞"。"冓"有遇、接触之义。"舌方"是殷西北今河套一带的游牧部落，也是殷西北方向的大患。"甫弗及冓舌方"，是指甫否已遇上或接触到舌方？

上述四辞（1-4）均与殷王朝的军事行动有关，而且基本上都是听命于殷王（武丁）。"甫"之下属有诸侯、有沚（方国）和𢦏。攻击的对象有羌方、舌方。可见，此中的"甫"是位在一般诸侯之上的重要人物，且握有军事指挥权。我们再看下面卜辞：

5. 丁酉卜，争贞：呼甫秜于姤，受有年？　　　　　　　（《合集》13505正）
6. 丁酉卜，㱿贞：我受甫籍在姤年？
　 丁酉卜，㱿贞：我弗其受甫籍在姤年？　　　　　　　（《合集》900正）
7. 丁巳卜：☐令甫狩，☐丁丑启。　　　　　　　　　　（《合集》20749）

---

[1] 郭沫若主编：《甲骨文合集》（1—13册），中华书局，1978年10月至1983年6月。下同。

8. 辛巳卜，自贞：甫往［狩］，兔、虎、鹿，不其囗？　　　　　　　（《合集》20715）

上述卜辞中，第5、6辞与农业有关。第5辞"呼甫秜于姷"，"秜"是指"自生稻"（亦可理解为"再生稻"），在卜辞中既可作"名词"，也可作"动词"。作动词时，是指管理（或种植）自生稻。"呼甫秜于姷"，是指殷王武丁命令甫去姷地管理自生稻。"受有年"，是指"会有好的收成吧？"第6辞"我受甫籍在姷年？"其中的"籍"是"开垦"之意。这是殷王命令"甫"去姷地进行"开垦"，以种植再生稻。可见，"姷"地是殷王朝的一个重要农业区，而命令甫去进行管理。"民以食为天"，粮食的生产，关系人民的生活，也关系到殷王朝的安危。这样的大事，武丁命令甫去负责管理。

在殷代，农业生产效率还比较低下，所生产的粮食有限，不足以解决生活所需，因而还需要狩猎，以作补充。而担当此一任务又有甫。上引卜辞中第7、8辞，就是这一事实的反映。第7辞"令甫进行狩"，即"令甫进行狩猎"；第8辞"甫往［狩］"即甫去进行狩猎，获得的猎物有兔、虎、鹿、不其……。可见，收获颇丰。

上述四辞，表明了"甫"是武丁时代王朝中重要的"后勤部长"。他既负责王朝中的农业生产，也要负责狩猎，以保证王朝生活之需的供给。除此之外，"甫"还要负责对殷王朝内一些"违规"和"越轨"的大臣或方国首领实行"抓捕"之职。请看下面卜辞：

9. 丁未卜，争贞：令执卓，甫呼鼗戈执？　　　　　　　　　　　（《合集》5900）
10. 乙酉卜，甫允幸沚？　　　　　　　　　　　　　　　　　　　（《合集》5857）

上述二辞是很有意思的。第9辞中的"执"，即是抓捕，"鼗"是人名，卓是"被抓捕者"；而后是甫叫"鼗戈"实施"抓捕"。"甫"是这次"抓捕行动"中最重要的中间环接。他受命于王，而又发令于"鼗戈"（"戈"为殷王朝的重要与国）去实施"抓捕"。第10辞"甫允幸沚"中的"幸"原本为刑具，在此用为"动词"，其意也是"抓捕"。"沚"本为殷之与国。此言"幸沚"，可能是"沚"国首领有不轨行为，故殷王（武丁）命令甫去抓捕沚。卜辞是在贞问："甫准能抓捕沚吗？"

综观以上二辞，"甫"对殷王朝内部大臣和方国首领中的不轨行为有实施惩罚，抓捕之职，其职责类似于今天的"公安部长"。别人见到他，恐怕也会畏之三分。

由于"甫"的地位如此高，责任如此重，可以说是殷王武丁的"左膀右臂"。故武丁对他特别关心，请看下面卜辞：

11. 贞：令祝保甫？六月。　　　　　　　　　　　　　　　　　　（《合集》6）
12. 贞：甫其有疾？　　　　　　　　　　　　　　　　　　　　（《合集》13762）
13. 甲寅卜，争贞：翌癸卯令甫归？　　　　　　　　　　　　　　（《英》11.51）①

上述三辞，都是武丁关心甫的真实反映。第11辞是指武丁命令"祝"保护甫的安全；第12辞是指殷王武丁贞问甫是否患病。第13辞很值得回味，该辞云："甲寅卜，争贞：翌癸卯令甫归？""翌"一般情况下是指当日后的第二天或第三天，但此中的"甲寅"与"癸卯"相距竟达49天，实为罕见。细细思量，辞中的"癸卯"可能是"乙卯"之误；也有可能是"甲寅"为"壬寅"之误（按：甲骨卜辞中有时也有误刻，

---

① 李学勤、齐文心、艾兰：《英国所藏甲骨集》，中华书局，1985年。

此处不论)。"令甫归"是"命令甫赶快回来",因为这是"王卜辞","令甫归"是殷王命令甫归来,所归之地应是殷都,而非其他。该辞的辞意可能是:殷王朝内可能发生了重要的事情,故武丁命令甫赶快回来处理。这再次表明:武丁离不开甫这一特殊的关系。

综上所述,武丁卜辞中的甫地位甚高,权力大而广:他兼管殷王朝的"国防"、"农业"、"后勤"、"公安",可谓身兼数职。这样的权力和地位,在古代只有"宰相"之职才可相当。而这与文献记载中的"武丁之相"即傅说是十分相合的。因此,武丁卜辞中的人名"甫",应是文献记载的武丁之相"傅说"。

三 甲骨文中的"傅邑"

甲骨文的"甫"不仅为"人名",而且也为"地名"。这个地名"甫"是否就是傅说的"采邑"傅邑呢?要回答这一问题,必须考察卜辞中的"甫"(傅)的地理位置,是否符合"傅邑"的地理条件。为此,引述相关卜辞如下:

14. 贞:其雨?十月。在甫鱼。　　　　　　　　　　　　(《合集》7894)
15. 贞:今日其雨?十月。在甫鱼。
    癸亥卜,争贞:翌辛未王其酻河,不雨?　　　　　　(《合集》14591)
16. 贞:今☐其雨?在甫鱼。　　　　　　　　　　　　(《合集》7896)
17. 乙亥贞:其召衣,于垣遘雨?十一月,在甫鱼。　　　(《合集》7897)
18. 庚寅贞:翌日辛,王兑省鱼,不遘雨?　　　　　　　(《屯南》637)①
19. 庚辰卜:在甫☐王步于郪,【亡】灾?　　　　　　　(《合集》36962)

上述辞中,与"甫"同时一起出现的地名有"鱼""垣""郪"。"鱼"即"虞",有时也写作"虡","鱼"、"吴"相通也。"虞"在何地?《史记·吴世家》:"是时周武王克殷,求太伯、仲雍之后,得周章,周章已君吴,因而封之,乃封周章弟虞仲于周之北,故夏虚,是为虞仲,列为诸侯。"《集解》引徐广曰:"在河东大阳河";《索隐》:"夏都安邑,虞仲都大阳之虞城,在 安邑南,故云夏虚。"后周时改为河北县,其具体位置在今三门峡对岸,旧平陆县之南的大阳渡。故《括地志》曰:"故虞城在今陕州河北县东北五十里虞山上,亦名吴山,周武王封弟虞仲于周之北故夏虚吴城,即此城也。""甫"、"鱼"相连,说明"甫"(傅邑)离此不远。

值得注意的是第15辞同版有"翌辛未,王其酻河,不雨?"这里的"河"是指"河神",亦即"黄河之神"(河伯)。说明"甫"、"鱼"都离黄河很近。殷王武丁在祭祀河神时在"甫鱼"进行占卜,问会不会下雨。在武丁时期的卜辞中,"甫鱼"往往合称,可能是"鱼"(虞)属"甫邑"(傅邑)之地,故称"甫鱼"。但有时也单称"鱼",如上引第18辞:"王兑省鱼",此"鱼"单称,应是"甫鱼"之"鱼"。需要指出的是,该辞是康丁时代卜辞,为论证"甫"地位置,故此借用。

第17辞中的"亘",陈梦家认为即《汉书·地理志》之"垣","今垣曲县西二十

---

① 中国社会科学院考古研究所:《小屯南地甲骨》,中华书局,1980年10月至1983年10月。下同。

里"①。而考古工作者在今垣曲县古城镇南关,发现一座商代古城,其具体位置在亳清河入黄河处两河之间陡起的黄土台地上。"城址南北长约400米,东西宽约350米,周长1470米,总面积约12万余平方米"②。这个古城,应该就是卜辞中的"垣",是商代重要的驻兵之地。

第19辞中的"䣙",其字原从"郭"(𩫏)作𩫖,与《说文》"䣙"字籀文相同。"䣙"字见于先秦文献。《左传·文公六年》:"赵孟使杀诸䣙。"此"䣙"在河南省济源县西百二十里,地与垣曲接壤。"䣙",《读史方舆纪要》卷四十一又作"䣙邵",在今河南省济源市西,春秋时属晋。《左传》襄公二十三年称齐侯伐晋,"戍䣙邵",即此。此说与前解略有抵牾。但不管如何,"垣"与"䣙"相距应较近。

由以上卜辞可知:"甫"与"鱼"、"甫"与"垣"、"甫"与"䣙"相距都比较近。尤其是"甫"与"鱼"常常并称,很可能当时"鱼"属"甫"(傅)邑管辖。值得指出的是,第15辞同版中有"王彭河"。"河"为"河神",而"河"就是今日之"黄河"。可知"甫"地离黄河很近。《水经注·河水》:"河水又东径大阳县故城南……河水又东,沙涧水注之,水北出虞山,东南径傅岩,历傅说隐室前……傅岩东北十余里,即颠岭坂也……桥之东北有虞原,原上道东有虞城。"文献记载与卜辞记述互相吻合。文献记载中的"傅岩"、"大臣"就在今之平陆县,而平陆县又有虞城遗迹。故"傅邑"在今之平陆县,也就十分清楚了。

甲骨文中的"甫"(傅),既是傅说之封邑(采邑),那作为殷王武丁,对"甫"地必然十分关心。而"甫"地也必须尽向王朝贡纳之义务。这也有卜辞为证:

20. 甲戌卜,宾贞:甫受黍年?　　　　　　　　　　　　(《合集》10022甲)
21. 甫弗其受黍年?二告　　　　　　　　　　　　　　　(《合集》10022丙)
22. 贞:甫弗其黍☐。　　　　　　　　　　　　　　　　(《合集》10023)
23. 甫入。　　　　　　　　　　　　　　　　　　　　　(《合集》9369)

上述四辞中的20、21、22辞,贞问的都是"甫受黍年"之事。这是殷王武丁对"甫"(傅)地农业生产关心的真实反映。"甫"属旱地,不能种稻(再生稻),只能种黍。这与当时平陆地理气候条件相吻合。"甫"地不仅是宰相傅说的封邑,也可能是当时殷王朝重要的农业基地之一,故武丁才如此关心,屡屡贞问。

傅邑既是傅说的采邑,是他俸禄的主要来源。而他同时也须向王朝进行贡纳,这是他的义务。第23辞"甫人"就是傅邑向王朝贡纳的真实反映。究竟贡纳何物,卜辞没有明言。

"傅邑"的面积有多大?我们今天无法推断。它当以"傅岩"(傅险)为中心,向外扩展,包括出生地"大臣"和后来傅说之葬地,都应在"傅邑"范围之内。但真实范围,应远不只是这些。从"甫鱼"相连的情况看,"傅邑"之范围,很可能会与今之平陆县范围大致相合。当然,这只是一种推断,是否如此,今日也很难证实。

---

① 陈梦家:《殷墟卜辞综述》第275—276页,科学出版社,1956年7月。
② 中国国家博物馆考古部:《垣曲盆地聚落考古研究》第45—47页,科学出版社,2007年6月。

四　论傅氏源流

我国古代居民的"姓"是比较少的，如黄帝部落的"姬"姓，炎帝部落的"姜"姓，有虞部落的"妫"姓等等，且其字多从"女"旁，与起源于"母系社会"有关。但"氏"就不一样了。"氏"是在"姓"的基础上发展起来的。由于部落的繁衍和分化，部落成员后裔分散于各地，原部落中新的支系发展并强大起来，需要用"新"的"族徽"作为自己这一支的标志，这就是"氏"。"氏"号的来源有多种多样：有以国（封国）为氏；有以邑（采邑）为氏；有以职官为氏；有以职业为氏；有以所居具体地名为氏；有以祖父之字为氏等等，不一而足。"傅"不是"姓"，而是"氏"。"傅氏"的起源，自然是因为傅说封食于"傅邑"之故。《史记·殷本纪》记载，傅说本无姓氏，因隐居于傅岩，被武丁发现提升为相，"遂以傅险姓之，名曰傅说"。此文中的"姓"实际是"氏"，傅说之后人自然就是"傅氏"之后了。这是典型的"以邑为氏"。另外一种说法：傅说是黄帝裔孙大田氏之后，大田氏封于"傅邑"以为氏。按此说法，傅说是"姬"姓，且为大田氏（因封于傅邑以另立为傅氏）之后。故傅说出生时，已属"傅氏"。但傅说之前，傅氏中无有可"名"者；傅说是"傅氏"中可"名"者第一人，威望最高，故傅说也就成了"傅氏"之始祖。总之，不管傅说原先是否有无姓氏，傅说都是"傅氏"之始祖。这应该是历史的结论。

殷代甲骨文和金文中出现的"人名"，往往是"氏名"而非"私名"。例如"傅说"，他在甲骨文中出现的是"甫"（傅），而不是"说"。"甫"（傅）既是"人名"，又是"地名"。这一情况在甲骨文中屡见不鲜。但一个词究竟是"人名"，还是"地名"，要看该词在卜辞中的具体情况而定。由于卜辞中的"人名"实际是氏名，因而在不同时期的卜辞中会有相同的"人名"出现，这就是卜辞中的"异代同名"问题。"甫"（傅）氏亦不例外，请看下面卜辞：

24. □卜：令甫逐麋，擒？十月。　　　　　　　　　　（《合集》28359）

上辞所引是殷王命令"甫"逐麋，贞问是否有擒获。该卜辞属甲骨文第3期，此中的"殷王"早已不是武丁，而是康丁；故此中的"甫"（傅）已不是"傅说"而是"傅说"的后人了。殷周时代的爵位和官职一般情况下都是世袭的（因重大过失而杀或削职为民者除外）。此辞中的"甫"实为"傅说"之后人，但仍在朝中供职，故殷王命令"甫"去逐麋。更有意思的是，在殷代晚期的金文中出现了"宰甫"之称。这就是有名的《宰甫卣》，其铭文曰：

王来兽自豆麓，在𣄰𠂤（次）王乡（飨）酉（酒），王光宰甫贝五朋，用乍（作）宝䵼。①

此器现藏于山东菏泽市文物展览馆。文中的"宰甫"，丁山先生认为是"大宰傅氏的省称，也就是傅说的官衔"②。这一解释就明显地欠妥了。因为，此器是殷代晚期器，

---

① 中国社会科学院考古研究所：《殷周金文集成释文》10.5395器。香港中文大学中国文化研究所出版，2001年10月。
② 丁山：《商周史科考证》第75—76页，龙门联合书局，1960年1月。

距离武丁时代甚远。文中的"宰"是职官之称,"甫"是"氏号"。"宰甫"联称,是此"宰"者为"甫"(傅)氏之人,亦即"傅说"之后人,而非"傅说"本人。此人距离"傅说"至少在四五代以上。这件铭文证明:傅说之后人中,在殷代晚期仍有人在朝中任"宰"之职。这是职官世袭的又一佐证。

到了西周时代,"傅氏"这一族系得到了进一步的发展。这从西周的金文族徽中得到了证实。西周早期的金文中,有两件以"甫"为族徽的铭文,今引征如下:

甫,母丁。鼎　　　　　　　　　　　　　　　　　　　　(《集成》1704)①
甫,父乙。尊　　　　　　　　　　　　　　　　　　　　(《集成》5619)

上引二器,《甫母丁鼎》属西周早期;《甫父乙尊》属西周中期,现藏于台湾故宫博物院。这两件器铭中的"甫"都具族徽的性质,亦即"氏族徽号"。这是"甫"为族徽的有力证据,也是"甫"(傅)为氏族之号的有力证据。

西周中期以后,金文中"族徽"形式基本上不再使用,而且文字结构也发生了很大变化;"甫"不再作"峀"形,而作甫形,给我们考查傅氏来源带来了困难和阻隔。但今日之文字考证证明:"峀"就是殷代和西周早期之"甫","甫"又通"傅",使傅氏之源追溯至殷武丁时代的傅说,此中无任何间隔,也无任何断流。傅氏一支是汉民族中文化悠久,有文字可考的一个族氏。

原文出处: 原载《考古所集刊》第 18 辑。
作者单位: 中国社会科学院考古研究所

---

① 中国社会科学院考古研究所:《殷周金文集成释文》10.5395 器。香港中文大学中国文化研究所出版,2001 年 10 月,见 4.1704 和 11.5619 器铭文。

从版筑刑徒到辅弼重臣

——关于傅说的几个问题

范毓周

傅说是商代后期武丁时期的重要历史人物,史载他原是从事版筑的刑徒,为武丁发现后得到重用,成为辅佐武丁成就大业的重臣。然而关于傅说的有关记载十分简要,为了有助于深入研究,本文仅就有关傅说的几个问题略谈一些远非成熟的意见,提供大家参考。

一 传世文献中所见的傅说

传世文献中记述傅说事迹较详首推《国语》一书。《国语·楚语上》中记白公子张谏楚灵王事云:

> 灵王虐,白公子张骤谏。王患之,谓史老曰:"吾欲已子张之谏,若何?"对曰:"用之实难,已之易矣。若谏,君则曰:'余左执鬼中,右执殇宫,凡百箴谏,吾尽闻之矣,宁闻他言?'"白公又谏,王若史老之言,对曰:"昔殷武丁能耸其德,至于神明,以入于河,自河徂亳,于是乎三年默以思道。卿士患之,曰:'王言以出令也,若不言,是无所禀令也。'武丁于是作《书》,曰:'以余正四方,余恐德之不类,兹故不言。'如是而又使以象梦旁求四方之贤,得傅说以来,升以为公,而使朝夕规谏,曰:'若金,用女作砺。若津水,用女作舟。若天旱,用女作霖雨。启乃心,沃朕心。若药不瞑眩,厥疾不瘳。若跣不视地,厥足用伤。'若武丁之神明也,其圣之睿广也,其智之不疚也,犹自谓未乂,故三年默以思道。既得道,犹不敢专制,使以象旁求圣人。既得以为辅,又恐其荒失遗忘,故使朝夕规诲箴谏,曰:'必交修余,无余弃也。'今君或者未及武丁,而恶规谏者,不亦难乎!"

这是楚灵王在位时(前528—516),白公子张举出商王武丁即位后三年默以思道,并在得道后求得圣人傅说为辅、使其朝夕规谏、对其劝谏的记载。其中的武丁"三年默以思道",是本于《尚书·无逸》。《尚书·无逸》依照《史记·鲁世家》的说法是周公告诫成王勿沉湎于淫逸的文献。尽管对于《尚书·无逸》的撰作时代,学者间还有异议,但其内容反映的是周初周公告诫成王则是大家所共同认可的。武丁"三年默以思道"

在《尚书·无逸》中称为"亮阴",其文曰:

> 周公曰:呜呼!我闻曰:……其在高宗,时旧劳于外,爰暨小人。作其即位,乃或亮阴,三年不言;其惟不言,言乃雍。不敢荒宁,嘉靖殷邦。至于小大,无时或怨。肆高宗之享国,五十有九年。

周公以商代后期名王武丁为例劝诫成王勿沉湎于淫逸,所讲内容如同今日讲近代史,其于当时应有所本。其中虽未言及傅说事迹,但文中说到"不敢荒宁,嘉靖殷邦。至于小大,无时或怨。"对照前引《国语·楚语上》中白公子张谏楚灵王讲到的"三年默以思道。既得道,犹不敢专制,使以象旁求圣人。既得以为辅,又恐其荒失遗忘,故使朝夕规诲箴谏"可知,武丁在求得傅说后方"不敢荒宁,嘉靖殷邦",从而达到"至于小大,无时或怨"。

傅说的事迹在《墨子》中也有论及,其《尚贤中》篇云:

> 昔者傅说居北海圜土之上,衣褐带索,佣筑于傅岩之城。武丁得而举之,立为三公,使之接天下之政而治天下之民。

此说亦见于《孟子·告子下》,孟子主张生于忧患,死于安乐,在论述天降大任需经磨砺时即列举傅说为例:

> 舜发于畎亩之中,傅说举于版筑之间,胶鬲举于鱼盐之中,管夷吾举于士,孙叔敖举于海,百里奚举于市。故天将降大任于斯人也,必先苦其心志,劳其筋骨,饿其体肤,空乏其身,行拂乱其所为;所以动心忍性,增益其所不能。人恒过,然后能改。困于心,衡于虑,而后作。征于色,发于声,而后喻。入则无法家拂士、出则无敌国外患者,国恒亡。然后知生于忧患,而死于安乐也。

庄子在《庄子·大宗师》中更进一步讲道:

> 傅说得之,以相武丁,奄有天下,乘东尾,骑箕尾,比于列星。

《荀子·非相》中讲到圣贤的才具不以大小、美丑决定时,也举傅说为例:

> 长短小大,美恶形象,岂论也哉!且徐偃王之状,目可瞻马。仲尼之状,面如蒙夫。周公之状,身如断菑。皋陶之状,色如削瓜。闳夭之状,面无见肤。傅说之状,身如植鳍。伊尹之状,面无须麋。禹跳汤偏。尧舜参牟子。

屈原在《楚辞·离骚》中则讲道:

> 说操筑于傅岩兮,武丁用而不疑。

可见,有关武丁启用从事版筑的傅说的历史传说在战国时已经普遍流行。

传世文献今本古文《尚书》中另有《说命》三篇。自南宋以来,尤其是清代乾嘉以来,学者多以东晋梅颐所献古文《尚书》为伪书[1],最近学者间有意见认为今本古文《尚书》传承有绪,不能视为伪书[2]。更有学者据以论证《说命》三篇不伪,并认为是真实、生动的传记作品,其珍贵的价值在古代历史上不可多得[3]。但就《尚书·说命》本身讲,说它是传记作品是无法令人信服的。至于其传承,力主古文《尚书》不伪

---

[1] 张心澂:《伪书通考:上册》,商务印书馆,1957:187—250。
[2] 李学勤:《竹简〈家语〉与汉魏孔氏家学》,孔子研究,1987,(2)。
[3] 杨善群:《古文〈尚书·说命〉与傅圣事迹研究》,傅圣文化,2007,(4)。

的学者就曾指出,《说命》三篇不见于《史记》[①],其在汉代的传承就有疑问,因而本文不拟作为讨论傅说的史料。

上述《国语·楚语上》中白公子张谏楚灵王讲到的武丁"三年默以思道","使以象梦旁求四方之贤,得傅说以来,升以为公,而使朝夕规谏",《尚书·无逸》中讲到"嘉靖殷邦。至于小大,无时或怨",及《墨子》诸书中论及"傅说衣褐带索,佣筑于傅岩","傅说举于版筑之间","说操筑于傅岩兮,武丁用而不疑",均为《史记·殷本纪》所采纳。《史记·殷本纪》综合诸书所记而谓:

> 帝武丁即位,思复兴殷,而未得其佐。三年不言,政事决定于冢宰,以观国风。武丁夜梦得圣人,名曰说。以梦所见视群臣百吏,皆非也。于是乃使百工营求之野,得说于傅险中。是时说为胥靡,筑于傅险。见于武丁,武丁曰是也。得而与之语,果圣人,举以为相,殷国大治。故遂以傅险姓之,号曰傅说。

傅险,即傅岩。《史记集解》引徐广之说谓在北海之洲,《史记正义》引述《汉书·艺文志》和《水经注》谓在虞、虢之界,并云其地有傅说祠和"圣人窟"。虞、虢之虞,史称西虞,即历史上著名的"假虞伐虢"之虞,其地在今山西平陆县东,虢违北虢其地也在今平陆一带。傅岩既在虞、虢之界,其地当在今山西平陆县境。

根据以上文献记载可知,商王武丁于今山西平陆境内的傅岩发现"衣褐带索"从事版筑的傅说而举为重臣,使殷王朝获得大治,这是自周初至战国间人所共知的史实。

二 武丁与傅说

商代后期,自盘庚迁殷之后,商王朝开始进入稳定发展的阶段。经过小辛、小乙两位商王的短暂过渡,就由商代后期最有作为的商王武丁即位为王,商王朝进入一个空前发展的历史时期,史称"高宗中兴"。

上述传世文献《国语·楚语上》中记载:

> 昔殷武丁能耸其德,至于神明,以入于河,自河徂亳,于是乎三年默以思道。卿士患之,曰:"王言以出令也,若不言,是无所禀令也。"武丁于是作《书》,曰:"以余正四方,余恐德之不类,兹故不言。"如是而又使以象梦旁求四方之贤,得傅说以来,升以为公……

由此可以看出,武丁求得傅说是为了"正四方",得傅说之后"升以为公",依照《史记》的说法是"举以为相,殷国大治",足见傅说在武丁时期的殷商王朝的发展过程中是起了关键作用的。

武丁时期殷商王朝是否如文献所言是一个"殷国大治"的时期,显然是考量上述文献记载的重要前提。

首先,文献中讲武丁求傅说是为了"正四方","正四方"的"正"实即甲骨文中常见的"正",甲骨文多用为征伐之"征",故知所谓"正四方",应即"征四方",也就是征伐四方。殷墟出土的甲骨文约有15万片,其中可以判定为武丁时期的甲骨文约占将近一半之多。根据甲骨文记载,武丁时期曾先后征伐过周边的60多个方国、部

[①] 刘建国:《先秦伪书辨证》,陕西人民出版社,2004:57。

族,这显然就是文献所说的"征四方"。

实际上,武丁时期正是通过"征四方"使得商王朝的疆域空前拓展,经济、文化都得到迅速发展的。武丁时期经济发展的一个重要表现是青铜器的大量铸造和铸造技术的高度发展。青铜器在龙山文化晚期出现后,在二里头文化所代表的夏代,其器物种类和数量都还有限,器形造型、纹饰和铸造技术也还处于初级阶段。到了商代前期的二里冈文化阶段,器物种类和数量虽已有了一定增加,器物造型和铸造技术也有较大的发展,但和武丁时期的殷墟文化一期相比,远远不可同日而语。

青铜器是商代的核心手工业,青铜礼器又是青铜器铸造的主要产品。我们可以从青铜礼器的变化探讨武丁时期的经济发展水平。从殷墟历年出土的大量青铜礼器和商代前期的二里冈文化青铜器的比较可以看出,属于武丁时期的殷墟文化一期青铜礼器在二里冈文化的鼎、斝、觚、爵基础上新增加了簋、卣、壶、罍、盉、彝、觯等新的器物类型。在纹饰上则出现了新的复层花、躯体上折、尾部下卷的兽面纹,器形造型上整体风格完全摆脱了二里冈期的影响,形成了新的成熟风格①。

商代后期的另一个突出发展就是大型宫室、宗庙的建设。近年在安阳殷墟花园庄一带发现了可能属于盘庚至小乙时期的洹北商城,其规模和武丁时期奠定基础的殷墟相比显然要小得多。殷墟自武丁以后的后期宫室、宗庙建筑群主要分布在小屯村东北地的恒河西侧的南岸,根据目前已发掘的资料,这些建筑遗址东、北两面濒临恒河,现有遗址南北长约600米,东西宽约450米,总占地面积约为27万平方米。石璋如先生根据20世纪30年代历年发掘的53座建筑基址的分布特点和相互关系,把它们分成甲、乙、丙三组。其中,甲组基址可能为宗庙,根据石璋如先生的研究,"甲组基址的时代最早,可能与第一期的甲骨相当。"②看法已被甲组基址附近的部分考古现象所部分证实③。乙组基址可能为宫室,其年代也可能始自武丁晚期④。显然,武丁时期是大型宫室、宗庙开始规划建设的重要时期。

根据今天我们所见到的甲骨文和考古资料可知,武丁时期的确是通过"征四方"促使殷商王朝空前发展的时期。因此,我们可以说,如果传世文献记载不误,武丁时期殷商王朝的发展应是由于武丁任用了傅说这样的贤臣才得以实现的。

三 傅说与版筑

如前所述,根据《墨子》记载,傅说被武丁发现时"衣褐带索,佣筑于傅岩"。《史记·殷本纪》也讲:"是时说为胥靡,筑于傅险。"可见傅说是长于版筑技术的。

所谓版筑,是中国早期建筑的一项重要技术,直到今天仍在沿用。版筑施工,先在要建的墙体两侧树立挡土木板,这种挡土板就是版,也叫榦,又名栽;前端的挡土板名桢,在汉代又名牏。为了防止挡土板移动,须在板外立桩固定位置,并绕过桩用

---

① 岳洪彬:《殷墟青铜礼器研究》,中国社会科学出版社,2006:50—68。
② 石璋如:《殷墟建筑遗存》,台北:中央研究院历史语言研究所,1959:326。
③ 中国社会科学院考古研究所:《殷墟的发现与研究》,科学出版社,1994。
④ 同上。

绳将板缚紧。此绳名缩。将桢、榦等物缚植完毕，即可填土夯实。夯土的动作名筑。夯实填土多用夯杵，夯杵多为木制，有时加上石质夯头，亦名筑，故夯土亦名夯筑。夯筑完后砍断缩绳，拆去墙板，称为斩板。夯筑高墙时，须搭脚手架，要在夯层中安置插竿。施工完毕，拆去脚手架，压在夯土中的插竿还能起到加固作用。

版筑技术起源甚早，早在仰韶时代晚期的中原地区已经出现，例如距今5300~4800多年前的郑州西山古城仰韶文化城址即已使用版筑技术[①]。龙山文化时期版筑技术应用更为普遍，例如著名的山东章丘城子崖、邹平丁公、淮阳平粮台、新密古城寨、登封王城岗等龙山文化时代城址均是应用版筑技术建成的城垣。版筑技术的出现是中国古代建筑发展中的一件大事。这种技术不但可以提供坚固的墙体，而且可以就地取材，但在早期主要应用于筑造大规模的防御性城垣。进入夏代以后，版筑技术开始用于建筑宫室宗庙大型建筑的墙体，例如著名的偃师二里头遗址的大型宫殿遗址就是应用版筑技术建成的[②]。到了商代后期版筑已是非常成熟的技术，在当时大规模的宫室宗庙建设中是一项核心技术。

20世纪30年代以来，考古工作者在殷墟小屯村东北一带先后发现80多座大型建筑基址群，其中，除了上述30年代发现的被分为甲、乙、丙三组的53座建筑基址外[③]。1981年，在乙组基址南约200多米处新发现3座一组的夯土建筑基址，1989年考古工作者经过发掘，确认这是一组由三排房基连成一体的大型建筑基址。这组建筑基址由南面一横排、北面一横排和西面一纵排三排建筑基址组成，构成一个凹字形建筑群体，其缺口朝东面向恒河，占地约有5000平方米。1991年考古学者进一步进行发掘和清理，基本上揭示出这一建筑基址的全貌。2004年为配合殷墟申报世界文化遗产，为了进一步搞清楚宫殿宗庙区的布局，中国社会科学院考古研究所安阳工作站又对殷墟宫殿区进行了大规模钻探。经过钻探发现，原来的甲组基址中的甲一四基址和甲一五基址应是一个基址，它们是与甲一一基址对称的一个建筑基址。丙组基址则应是乙组基址向南延伸的附属部分。而甲组基址和乙组基址中有几个四合院式建筑。并在甲组西侧的灰土堆积区发现有附属于甲组的制玉作坊和祭祀坑，同时发现甲、乙、丙三组基址的西侧还有面积约为45000平方米的巨大池苑[④]。目前，在宫殿宗庙区已发现大型夯土建筑基址80余座。这些建筑基址都是应用版筑技术建设的。前已述及这些建筑中比较重要的甲组建筑基址群和乙组建筑基址群都始建于武丁时期。武丁时期殷商王朝的重臣中曾经"操筑于傅岩"的傅说应是最精通版筑技术的。因而就当时的情况而论，主持这些建筑群的建设当非傅说而莫属。也许他正是在武丁营建殷墟宫室宗庙大型工程中显示其才能的。

值得注意的是，殷墟的宫室宗庙建筑群体形制阔大、气势恢弘、布局严整，已经按照中国古代宫殿建筑"前朝后寝、左祖右社"的格局，依次排列，分布在以宫殿区

---

① 杨肇清：《试论郑州西山仰韶文化晚期古城址》，华夏考古，1997，(1)。
② 中国科学院考古研究所洛阳发掘队：《河南偃师二里头遗址发掘简报》，考古，1965，(5)。
③ 石璋如：《殷墟建筑遗存》，台北：中央研究院历史语言研究所，1959：326。
④ 王立早：《殷墟发掘一处大型宫殿基址》，中国文物报，1990-02-20。

为中心的范围内。其基址群不仅分布条理，相互呼应，而且功能各异，整体统一，在建筑前无疑是经过严密规划的①。能够进行这种规划的在武丁王朝的群臣中似乎也只有精于版筑熟悉建筑的傅说最有可能。

如果说傅说对于武丁时期殷商王朝的贡献多已难寻觅到确切的遗迹，至少还可以在殷墟的宫室、宗庙大型建筑群中看到他的卓越贡献。上述推断如果无误，可以说始建于武丁时期的殷墟宫室宗庙建筑是傅说遗留给世人的杰出文化遗产。傅说作为商代后期的一位具有重要影响的历史人物，虽然书缺有间，无法确知其详，但在传世文献中，一直被当作著名的圣贤被后世景仰称颂，显然并非空穴来风。透过殷墟的考古发现可以看出，这位商代后期的圣贤是值得人们崇敬的。

四　从甲骨文资料看有关傅说的推断

傅说作为商代后期武丁时期的著名历史人物，本应在殷墟出土的甲骨文资料中有所反映，但是迄今为止我们很难在甲骨文中找到有关他的任何记载。

丁山先生曾据甲骨文中有关"甫"和"梦父"的卜辞，推断甲骨文中的"甫"即傅说，并推断"寷父是傅说死后的尊号"，并又举出商代《宰甫簋》的"宰甫"就是傅说②。这一说法又得到刘桓先生依据更多的甲骨文资料进行论证，是颇具影响的。郑杰祥先生则依据甲骨文资料认为卜辞中出现甚多的"小臣毕"应为傅说③。

另有学者认为傅说的名字应为"兑"，而甲骨文中的"兑"字并非人名，而是表示尖锐地用字。又根据《开元占经》卷六十八所引《春秋元命苞》有"傅说，盖女巫也，主王后之内祭祀，以祈子孙广求胤嗣"，和《黄帝占》有"傅说星主后宫祈神明保子孙，主章祝，以求福庆"，以及卷九十六所引《云气犯列宿占》有"赤气入傅说，巫祝之官受戮"等为说，以"傅"与"妇"二字双声音近，提出傅说的"傅"本来应该是"妇"，并以甲骨文中的"帚妥"就是"小臣妥"，甲骨文中有"小臣冥（娩）嘉"（南坊5·46）为据，推断妇妥为武丁之小臣，就像伊尹为汤之小臣，都是后来所说的"相"，与傅说为武丁之相的说法很吻合。并云，后来的傅岩或傅险，可能是妇妥的封地④。这种推断看似有理，但却颇有问题。首先，甲骨文中的"帚妥"是否就是"小臣妥"，二者是否一人，是很难断定的。甲骨文中既有"帚妥"、"小臣妥"，还有"妥"和"子妥"。例如：

辛丑卜：御妥？（合集20039）

辛丑……御子妥多妣？（合集20038）

"妥"依甲骨文例应是方国或部族名，"子妥"则是商王诸子之一而封于"妥"地者，也即"妥"方国的首领，故子妥也可简称为妥。我们显然不能把这个"子妥"看作也是"妇妥"。实际上，甲骨文中的大多私名都是当时的方国、部族名，无论是"帚

---

① 杜金鹏：《殷墟宫殿区建筑布局和性质简论》，中国文物报，2005－03－04。
② 丁山：《商周史料考证》，中华书局，1988：75－76。
③ 郑杰祥：《傅说的历史功绩》，傅圣文化，2007，（4）。
④ 王宁：《商王武丁问题述略》【BD/OL】，http：//www.zgxqs.cn。

妥"、"小臣妥"还是"妥"、"子妥"都是来自"妥"方或受封于"妥"方的"妇"、"小臣"和"子",不能因为他们都有称为"妥"的私名而认定他们是同一个人。因此,把"帚妥"和"小臣妥"当作一人是缺乏依据的,把商王武丁的配偶诸妇之一的"帚妥"推断为曾经"衣褐带索,佣筑于傅岩"并因辅佐武丁使殷商王朝得到迅速发展而被后世敬仰为圣人的傅说显然是很难为大家接受的。

依照甲骨文中商代人物命名的原则,有职官者多以其职官名加其方国或部族名合称,如"小臣毕"、"小臣妥"均为职官名"小臣"加上方国或部族名"毕"和"妥"构成其名。文献中傅说之"傅"或为其职官名,"傅"当为"保"、"傅"之"傅",太傅在传世文献中为三公之一,甲骨文中只有"尹"与之相当。"尹"在甲骨文中是主管政务的执政之官,地位相当重要[①],这与傅说在武丁时的地位是相当的。因此,在无确证可以确定甲骨文中的人物为傅说的情况下,我们宁可把傅说看作是武丁卜辞中的"尹"。

五 傅说传说的影响

傅说作为商代历史上一位中兴名臣,在数千年的历史传承中曾被很多文人志士奉为圭臬,以为楷模,受到长期顶礼膜拜。

从上引传世文献可知,春秋时楚灵王的臣属即以傅说为武丁时的圣人,而谓"昔殷武丁能耸其德,至于神明,以人于河,自河徂亳,于是乎三年默以思道。……使以象梦旁求四方之贤,得傅说以来,升以为公,而使朝夕规谏……既得道,犹不敢专制,使以象旁求圣人。既得以为辅,又恐其荒失遗忘,故使朝夕规诲箴谏……"春秋时楚国偏处荆蛮,中原诸国尚以蛮夷视之,而其臣属即以傅说为圣贤,用以规谏楚灵王,足见其影响之广。直到战国时期,出生于楚地的道家大思想家庄周在《庄子·大宗师》中更进一步讲道:"傅说得之,以相武丁,奄有天下,乘东尾,骑箕尾,比于列星。"傅说甚至可以与苍穹中的列星相比美,其受人崇敬远远超过其他历史人物。这种影响一直持续到战国后期,在楚国常存而未衰,著名的爱国诗人屈原在其名篇《楚辞·离骚》中以傅说自况,而慨叹"说操筑于傅岩兮,武丁用而不疑"。而《庄子》中所言傅说"比于列星"还可以从《楚辞·远游》讲"奇傅说之托辰星兮"看出其传承有绪。由此可见其影响在楚国传承之久。

不仅如此,傅说的传说在中原地区更是流传甚广,作为战国诸子中最为令人瞩目的思想家墨子和孟子,在其著作中都作为圣贤典范备加推崇。《墨子》在《尚贤中》篇中把傅说作为其提倡尚贤主张的贤人典型,而谓"昔者傅说居北海圜土之上,衣褐带索,佣筑于傅岩之城。武丁得而举之,立为三公,使之接天下之政而治天下之民。"孟子主张生于忧患,死于安乐,在论述天降大任需经磨砺时列举傅说为例,而谓"傅说举于版筑之间。"甚至把他视为与舜一样能够肩负天下重任的伟大圣贤。足见傅说在当时的影响。

由于孟子的极力推崇,在后世儒家思想占据统治地位之后,几乎历代都有歌颂傅

[①] 范毓周:《甲骨文中的"尹"与"工"》,史学月刊,1995.(1)。

说的文学艺术作品涌现。例如唐代大诗人李白曾以极大的热情讴歌傅说,他的名篇《纪南陵题五松山》中就有"圣达有去就,潜光愚其德。鱼与龙同池,龙去鱼不测。当时版筑辈,岂知传说情。一朝和殷羹,光气为列星"的动人词句。绘画中,处于逆境的明代著名画家唐寅曾作《傅说版筑图》用以自励,流传至今。

实际上,傅说在先秦时期是儒家、墨家、道家诸学派共同认可的圣人,他比儒家独尊的圣人孔子还要早800多年,而且可以与舜这样的千古圣王相提并论,足见其影响之巨。道家思想家庄子甚至把他"比于列星"。秦汉以后,他甚至真的位列群星,成了以他命名的可以"保子孙,主章祝,以求福庆"的星宿。其影响也是其他圣贤所无可比拟的。因此,他在历代文学艺术成为文人志士歌颂的千古圣人也就不足为怪了。

原文出处: 原载《先秦史研究动态》2000年第2期。
作者单位: 南京大学历史系

傅说的传奇性和历史性

王贵民

傅说,作为商代武丁朝的一位辅弼,和上古时期别的历史人物一样,生平事迹的记述,史实与传说并存。有关他的文献记载,经、史、诸子都有,述说均应较为可信,这是他的历史性;同时,这些记载中也有一些传说的东西,且传奇色彩相当浓厚,如:武丁的"梦象"求贤,贫苦劳作甚或奴隶身份的傅说,居然一旦升为宰辅,可谓一步登天,事涉神奇,就不免使人置疑。凡此,都应该认真研究,作出合理的解释。本文试作几点探讨,不正确之处请方家予以指正。

一

傅说的历史性基本上是可信的。有关记载傅说事迹的文献有早有晚,内容有所出入,形迹的梗概并没有大的变异乃至彼此矛盾之处。一些内容的变化,一般表现为由抽象到具体,如:武丁求贤的精神状态由"默以思道"、"恭默思道",到"宅忧"、"亮阴";而傅说的生存状态,也由在"野"到居"圜土"、为"胥靡"而"庸筑于傅岩之城"。这种描述的变化是正常的,一是史迹总是不断地被发现,一是不同的叙述者思想观念不同而有异。比如:墨子和孟子都是从尚贤的角度说事,墨子说为在"圜土"的刑徒(《墨子·尚贤中、下》),而孟子只说"举于版筑之间"(《孟子·告子下》),不说刑徒,这和孟子一贯的思想相关,他也否定伊尹是"割烹要汤"的"小臣",说是"耕于有莘之野"、"汤三使人聘之"(《万章下》)。所以他把伊尹、傅说与大舜、膠鬲、管仲等圣贤视为一流,是清高的隐者,不会是一个奴隶身份。至于道家学派则以为傅说得"道","乘东维,骑箕尾而比于列星"(《庄子·大宗师》),后来为楚辞和汉人所承说。

比较各种文献,恐怕还是《国语·楚语上》为早,它只讲武丁"三年默以思道",没有讲"宅忧"和"亮阴三祀",也没有指实傅说的身份,比较平实,当是原始的样本。在商代也难说便有三年守丧的制度。《史记·殷本纪》继承以前的"象梦"、"胥靡"之说,但也只说"三年不言",不及守丧一事。古文《尚书·说命》集中、全面地记述傅说的事迹与言论,似乎综合了存在的史迹及各家说法。观其铺张扬厉,属词比事,有不少是成文时代的东西。倒不是说商代不应出现长篇大论的记述,看《盘庚》

三篇可知，而若把二者加以比较，则文字语言的早与晚，区别是很明显的。尽管如此《说命》如同《楚语》，都保存了商代一些原本的语言文字，像下面这个系列排比句：

若金，用汝作砺； 若济巨川，用汝作舟楫； 若岁大旱，用汝作霖雨；
若药弗瞑眩，厥疾弗瘳； 若跣弗视地，厥足用伤。

对此，唐兰先生早在七十年前所写《卜辞时代的文学和卜辞文学》（《清华学报》十一卷三期）就认为：这种取譬式的格言本是当时流行、存留下来的，是商代的文学语言，是《说命》里面最精彩的部分。他还将这前后的文献连起来，可以看出一个系列：《太甲》（礼祀·缁衣引）云："若虞机张、往省，括于度，则释。"《盘庚》云："若网在纲，有条而不紊；若农服田力穑，乃亦有秋。""若乘舟，汝勿济，臭厥载。"《微子》篇云："若涉大水，其无津涯。"在《尚书》的"周书"中这类文句也不少见。今于殷墟卜辞中也发现类似的句式如："日若兹晦，其惟年祸。"（《甲骨文合集》10145）证明当时的确习用此类语句。

二

身为武丁朝的一代重臣，傅说在商代这段历史的卜辞里也有踪迹可寻。甲骨文有个"甾"字，被隶定为"甫"字，用为人名、地名，也用为园圃之圃字，而"傅"字主要偏旁即是从"甫"。当然，从古文字衍变规律细分，今所见东周金文及小篆，"甫"字则是由父用两部分构成，变从"父"声，与甲骨文原篆"甾"所隶定的"甫、圃"字并非一事。但是，从这个字的实际使用看，由原篆"甾"作偏旁的搏、薄、博等字，在西周金文中却是经常所见的。这就是说：傅字是可以从甲骨文的"甫"而来，"甾"即是"傅"的原初字。以"甫"为傅说的氏名，已故丁山先生在所著《商周史料考证》中就早有这一看法，他认为甫孳乳为傅，所谓傅说者就是甫氏之君。当时他就拣出了有关"甫"的一些卜辞。

关于记录"甫"的卜辞，是能够看出与文献所描述的傅说身份相称的活动，如：他有封地的农业——占卜"甫受黍年"；负责为王田开耕——"我其受甫耤在妌年？"并其他的耕种活动——"呼甫秜于妌"；他曾受命会同其他侯伯巡视地方——"令甫从二侯……王循于之"；他受命督率征战——"甫冓邛方"，"惟甫呼沚壹羌方"；他参与作为军事训练的田猎，以及其他的王事活动如：占卜他的出入往来；商王也关心他而为之卜问；"甫其有疾？""甫亡祸？""呼克保甫"等。凡此荦荦数端（详见岛邦男著《殷墟卜辞综类》第298—299页所辑"甫"字条），已可见他与同期卜辞记录的武丁大臣、侯伯的地位相类，只是还不可能全面反映他的宰辅身份。后来有一《宰甫毁》铭文，其云："王来獸自豆麓，在菚次，王飨酒，王光（貺）宰甫贝五朋。"这是明确称甫为"宰"官的，在飨礼上受王赏赐，规格也是相当高的。丁山以为是"太宰傅氏"的首称的；他并认为是武丁时代的"珍贵史料"，则失之偏早，实则是商代末期的器铭，可能是傅说后裔。不过，由此更让人确信商朝有一个"甫"氏宰官的存在。

由甫——傅的考定，而多见文献记载与传注的"傅岩"的所在地——今山西平陆，也就易于考定了。

三

傅说的传奇色彩比较浓厚，是可以寻绎出合理解释。凡远古乃至上古三代的人物，经历长期传述，大多免不掉这一色彩，一是出于后人对其功德的敬重而加以神化，一是对其生平的特行与发迹的奇遇的不理解而造作故事。关于傅说由刑徒而一跃为王朝辅弼，是最为奇特之事，周代以下的人都不好理解。现代学者认为是奴隶的大解放，"奴隶解放的始祖"！（丁山语）虽然可以这么说，但还是道其然而未道其所以然。实则早期国家官制中存在一种"臣仆用事"的特征，这源于父家长制历史阶段，家族内包含非自由人即家内奴隶，奴隶中善于管事的就能得到家长的青睐和提拔。在商代已有显著的先例，既有史册记载，还有周代青铜器铭文的实录："伊小臣惟辅"，说的就是辅佐成汤灭夏立国的伊尹，他本是"有莘氏媵臣"。在商代后期，甲骨文记录王室职事中，就有不少的"臣"和"小臣"在活动，有的职务还并不低。以后在西周前期的金文记录，也有所反映。这在古代世界是一个较为普遍的现象，所以恩格斯曾说："在法兰克人中间，国王的奴隶和被释放者，起初在宫廷里，后来在国家中，都起了重要作用；新的贵族有很大一部分是从他们当中产生的。"（《家庭、私有制和国家的起源》）马克思曾指出："一个统治阶级越是能把被统治阶级中的优秀分子吸收进来，他的统治就会越是巩固，越是险恶。"（《资本论》第三卷）由此可见，罪徒苦役、奴隶的发迹升迁，原是历史演进的一种情况，并没有违背阶级论的原理，傅说的这一传奇遭遇终究不足为异。

至于武丁以"象梦"方法求贤，也比较符合那时的状况。商代人迷信鬼神，重视梦境，迄今仍留下不少占卜梦幻的卜辞；武丁又是一位有为之王，思图中兴，多忧患意识，做梦也离不开求贤，以致长期"不言"而多梦；及至所求的又是这般特异的"圣人"，而使"殷国大治"。种种因缘际会，弄得当时的人、下及后代都不甚明白，乃逐渐演绎出这些故事，也是很自然的。

既然史称傅说为"圣人"，武丁也恳切要求他对自己"朝夕规谏"，这也不是空言。今见《说命》篇中一系列的政治理论：为王者应尊贤纳谏，奉天治民，任官去私，授爵唯能，戒佚乐，慎用武，恒于学而重力行；为臣者应该同心辅佐，承命守职，及时敢谏，为政淳厚，致祭尽敬，不居功矜能，不争宠饰非；等。简直是一篇政治伦理的箴言。其中有些内容颇合商代当时的政治要求，有些则出于后世的不断完善，但是作为一种政治箴言，千秋之后仍具有现实的意义与价值，应予以重视而加以研究。

原文出处： 原载《傅圣文化》2007年第4期。
作者单位： 中国社会科学院历史研究所

甲骨文断代研究例（节录）

董作宾

子，武丁的师傅

先说武丁的老师甘盘。《尚书君奭》：

> 公曰"君奭！我闻在昔成汤既受命，时则有若伊尹，格于皇天；在太甲，时则有若保衡；在太戊，时则有若伊陟，臣扈，格于上帝，巫咸乂王家；在祖乙，时则有若巫贤；在武丁，时则有若甘盘。率惟兹有陈，保乂有殷，故殷礼陟配天，多历年所。"

这是周公告召公的一段故事，所举殷代贤臣六人，伊尹、巫咸皆见于卜辞，伊尹或单称伊，巫咸则作咸戊（详王静安《古史新证》）。据分期整理的结果，武丁时代有"师盘"其人，我以为也就是甘盘。伪《书·说命》云：

> 王曰："来，汝说！台小子旧学于甘盘，既乃遁于荒野，入宅于河，自河徂亳，暨厥终罔显。"

疏云："旧学于甘盘，谓为王子时也。"《史记·鲁周公世家》《集解》引郑曰"为其父小乙将师役于外也。"又引马曰"武丁为太子时，其父小乙使行役有所劳苦于外。"可知《说命》所谓遁野，入河，徂亳，不无史实为之背景，而"学于甘盘"一事，也有相当的真实了。《汉书·古今人表》于商代列有甘盘，在上中栏，注"师古曰，武丁师也"。这也同《说命》所述为近，《说命》称"学于甘盘"，此称"武丁师"，必有所本。卜辞中甘盘正作师盘。称师，如吕尚称"师尚父"，以示尊崇贤臣之意。卜辞师作𠂤，盘作般，与盘庚之作般同。据现在所见而可定为武丁时的卜辞者，有以下各辞：

(223) 贞：王命师盘。（卜.705）

(224) 贞：命师盘从（缺）东（龟1.28.3）

(225) 命师盘。（铁.24.3）

(226) 庚午卜，韦贞：乎师之盘出王于 下缺 （凡将斋藏片）

(227) 戊辰卜，宾贞：乎师盘祭大 下缺 （后上11.7）

(228) 贞：乎师盘。（征.人.64）

(229) 乎师盘取。（前1.48.4）

(230) 壬戌卜，宾贞：师盘。（征.人.65）

(231) 贞：今二月师盘至　下缺（征.人.66）
(232) 贞：师盘氏（缺）勿於（缺）臺。（征.人.67）
(233) 贞：师盘其出囚。（北大国学门藏片）

由命，乎，祭，至等事，可证师盘为生人；由王字，干支字，贞人韦，宾等，可证师盘为武丁时人；由称谓如父，母，兄皆对时王而言，则师当为时王之师，可证师盘即武丁之师甘盘了。所谓"命师盘"，也见于今本《竹书纪年》，《纪年》载：

武丁元年，命卿士甘盘。

乎即呼，即呼诏之意，卜辞两见"乎师盘"，三见"命师盘"，可知师盘确曾立于武丁之朝，并且受他的诏命了。一个时期的人物，见于卜辞的本属偶然之事，竟有甘盘其人，足为武丁时代信史添一新证，不可谓非契文研究的过程中，一件小小的幸事了。

卜辞中不但有武丁时的甘盘，并且有武丁时的傅说。一朝的良师贤傅，在三千年下，重复会面于残甲断骨片上，不能不推丁山先生发见之功。他认识了卜辞中的𦑜为寐，举了占梦之辞二十余条（详本所《集刊》一本二分《说冀》附录二《释梦》245—247页）。又举《殷虚书契菁华》第六页𦑜，谓即梦父合文，疑即傅说，其说云：

寐父应作人名解，《尚书序》言"高宗梦得傅说，使百工营求诸野，得诸傅岩，作《说命》三篇。"今伪《说命》曰：王宅忧，亮阴三祀，梦帝赉予良弼，其代予言。"《殷本纪》亦谓"武丁夜梦得圣人，名曰说，以梦所见，视群臣百吏，皆非也。于是乃使百工营求之野，得说于傅险中，举以为相，殷国大治。"寐父，岂犹伊尹之称保衡，师保之称保父，亦傅说之尊称与？

丁山先生的见解极对，所惜的是证据薄弱。我在初以贞人定时代的时候，曾跑去告诉他，《菁华》中有梦父的卜辞，贞人㱿和𠂤，正是武丁时代的史官，是帮助他的梦父即是傅说说成立的一个绝好的证据。傅说疑即父说，傅，从尃，从甫，从父，与父本是一字，古者尊师如父，故名为傅。太公之称尚父，即是一例。我们既知道父即是傅，就可以知道梦父即是梦傅了。傅说之来，由于一梦，所以呼为梦傅。是梦父之称，在武丁时代，舍傅说别无他人了。殷人卜梦，确有其事。关于武丁梦得傅说的传说甚多，如《国语·楚语》：

如是而又使以象梦求四方之贤圣，得傅说以来，升以为公而使朝夕规谏。

丛刊本卷十七，十三页

更合以伪《说命》、《史记·殷本纪》、《书序》的记载，可知殷高宗寐得傅说的传说，是如何的普遍了。至于尊之为父，名之曰梦，并非不可能者，《史记·齐太公世家》称："西伯将出猎，卜之，曰'所获非龙非彲，非虎非罴，所获霸王之辅'。于是周西伯猎，果遇太公于渭之阳，与语大说，曰：'自吾先君太公曰：'当有圣人适周，周以兴'。子真是耶！吾太公望子久矣'。故号之曰 太公望。"因为太公望之，就可号之曰太公望，那末因寐而得的贤傅，号曰寐父，当然也算不得离奇了。

卜辞所见寐父凡三处，皆大字，长篇，载在《殷虚书契菁华》中。分举如下：

(234) 癸酉卜，㱿贞：旬亡囚，王二曰王固曰"俞！出求出寐父"。五日丁丑，王嫔中丁，示降，在名阜。十月。（菁.3）

(235) 癸丑卜𠂤贞：旬亡囚，王固曰"出求出寐父"。甲寅，允出来嬉，又告曰

"止往匆自盗，十人止二"。(菁.5)

(236) 王固曰"止求止寮父，其止来娘"。七日己丑，从止来娘自缺戈﹝缺﹞乎﹝缺﹞方征于我示　下缺（菁.6）

卜辞中有不易索解者如"止求"（䍩姑释求，未确）一语。下多接"其止来娘"，《菁华》中各版略同，言"其有戎人来"之意。上列辞，（234）有"王固曰俞"之语，如《尚书·尧典》"帝曰俞！往，钦哉"！俞乃命令臣下的发语辞，《史记》作然，此俞下即接称寮父，当是命寮父之语。辞（235）"又告曰"当是寮父来娘所告，与他辞言某国某人来娘报告，文例相同。辞（236）也是寮父来娘报告征伐之事。观以上三辞，可以大略知道的：一，是命寮父从王去祭祀中丁，是十月的丁丑日，在名阜那地方。一，是寮父来娘报告，有十二人从盗往匆的事。一，是寮父来娘报告邻国征伐的事。这与寮父有关系的三辞，两件是征伐（匆牧也属于征伐），一件是祭祀，"国之大事，惟祀与戎，"所以都要谋之寮父的。

原文出处：原载《中央研究院历史语言研究所集刊外编》第一种，《庆祝蔡元培先生六十五岁论文集》上册，1933年1月。

作者单位：中央研究院历史语言研究所

商周史料考证（节录）

丁 山

安阳出土既丰富、又绚烂的文物，但就甲骨文看，其时代都属于武丁以后的。尤其武丁时代的文治武功，但从甲骨文的材料考察，确为中国铜器时代吐出万丈的光芒。所以周初文献还是一再称道武丁的功烈道：

在武丁，时则有若甘盘。《书·君奭》。

其在高宗时，旧劳于外，爰暨小人。作其在位，乃或亮阴，三年不言；其惟不言，言乃雍。不敢荒宁，嘉靖殷邦，至于小大。无时或怨。肆高宗之享国五十有九年。书、毋逸○鲁世家作五十五年，熹平石经作百年。

高宗伐鬼方，三年克之。易、既济，九三爻辞。

"高宗亮阴"的故事，尝见于《论语》的称引。武丁庙号高宗，周公、孔子以来的传说就如此；所以汉后经师俱无异辞。证之甲骨文，那就颇有问题了！

武丁不得为高宗 祖有功，宗有德，祖宗之庙不毁，周以来传统的经说，都是如此。《毋逸》所称的大宗、中宗、高宗，说《尚书》者总认为是有德之君，其庙永远的不毁。我在《宗法考原》中曾已说明商无毁庙之制，故晚期的甲骨文犹时见"中丁宗"（续、1、12、6），"祖辛宗"（甲编2771）等，不独"中宗祖乙"，例在不毁也。"大宗"，非大甲专庙，我在上文《伊尹放大甲》节已加辨正；若"高宗"，非武丁庙号，在甲骨文则有更多的坚证了。武丁本是庙号，康丁以后的祭奠，记载分明。

丙戌卜贞，武丁、日、其牢。（前、1、17、3）

丁未卜贞，王宾武丁，肜日，亡尤。（前、1、18、3）

戊子卜贞，王宾武丁，奭妣戊，裸、亡尤。（后、上、4、8）

辛巳卜贞，王宾武丁，奭妣辛，裸、亡尤。（后、上、4、7）

癸丑卜贞，王宾武丁，奭妣癸，裸、亡尤。（前、1、17、4）

即称"武丁宗"者，就今已刊布的甲骨文看，尚未之见；其以"高宗武丁"连文者那更是绝对的不能有。何也？"高宗"即是"高祖"，所见于卜辞者，有高祖夔，高祖王亥，高祖上甲，高祖乙等，只限于大乙以前的先帝。大丁以后的先王，绝没有称"高祖"的，武丁自然不能例外。辞云：

丙申，其告高祖，奉、以祖辛。（邺、三、下、45、6）

癸卯贞，弜□高祖，王□酉，更夒。（后、下、21、13）
　　于高祖求，又匄。○于毓祖，求，又匄。（粹、401）
　　……高祖，奉、……（甲编、834）

凡此"高祖"，当是夒与王亥、上甲、大乙的祫祭之称；所谓"毓祖"，才是指大丁以后的先王（假定"毓祖"是后祖乙的省称，则"高祖"宜即高祖大乙了）。"高祖"，有时又省称为"高"云：

　　贞，御妇好于高。（续、4、30、3）
　　……高，酒、夒，五牛。（后、上、24、1）
　　……奉高，王受又。（甲编、585）
　　乙卯卜，奉禾于高，卯九牛。（甲编、785）
　　□申贞，其奉于高，卯牛。（甲编、551）
　　癸亥卜，彭贞，虞高。（甲编、2807）

省"高祖"而称"高"者，偶见于武丁时代的卜辞，而以廪辛以后的为较多。从时代先后与辞例繁省两面看，绝不能用"高"来附会高宗即是武丁的庙号。周公作《毋逸》，所以称武丁为"高宗"者，盖全由《商书》的《高宗肜日》误会而来。《殷本纪》说这篇史料的来源，是：

　　武丁祭成汤。明日，有飞雉，登鼎耳而呴。武丁惧。祖己曰，王勿忧，先修政事。祖己乃训王曰，唯天监下，典厥义，降年，有永，有不永。非天夭民，中绝其命；民有不若德，不听罪。天既附命正厥德，乃曰，其奈何？呜呼，王嗣敬民，罔非天，继常祀，毋礼于弃道。
　　武丁崩，子祖庚立。祖己嘉武丁之以祥雉为德，立其庙为高宗。遂作《高宗肜日》及《训》。

《汉书·五行志》及《书序》均改首句为"高宗祭成汤"，以迁就《商书》的命题，表面看来，就不大合理了。所以金履祥《尚书表注》，与《通鉴前编》，又疑《高宗肜日》为祖庚祭武丁之辞，最初，我认为金说较为合理。盖《高宗肜日》所见的祖己，显即甲骨文所常见的祖庚、祖甲之兄，也即武丁之子孝己。孝己卒于野，来不及教训祖庚，也不能以子训父，如《殷本纪》言训武丁也。今按，甲骨文有云：

　　丁亥卜，己贞，子商妾孟娩，不其妫。（粹、1239）
　　……王固曰，己其出胯。（征、游田、31）

武丁时代，确有己氏其人，则高宗肜日训王之祖己，当是己氏传诵之误。以言"高宗"，当为"高祖"；高祖肜日者，当是"王窑高祖，肜日亡尤"的省文，如卜辞云：

　　甲寅卜，其又岁于高祖乙，一牢、三牢。（粹、165）
　　乙未卜，□贞，王窑大乙，肜日，亡尤。（粹、159）

若将"大乙"与"高祖乙"互易，更省去"乙"字，不成为"高祖肜日"吗？高祖即高宗，我认为"高宗肜日"，正是"王窑高祖乙"传闻之误。王窑高祖乙，本是后王祭祀武汤的纪事。可是，武汤讹为武丁，汉初传本的《商颂》，即已如此。以武丁冒称"高宗"或"高祖"，至少是由孔子传诵之误；远一点说，可能自周公误读"高宗肜日"而即误"高祖"为武丁。这是三千年来一件小的公案，非得大量甲骨文的祭典与文例参证，谁也不能发其覆；故不惮烦琐，我要在此一论《商书》见的高宗，决非武丁，武丁之误称"高宗"，最晚始于孔子。《论语·宪问》，"子张曰：《书》云，高宗谅阴，三年不言，何谓也？子曰：何必高宗？古之人皆然。君薨，百官总己，以听于冢宰，三年"。此言诸侯以上的丧礼，都是三年不言的。谅阴，今本《毋逸》作"亮阴"，《殷本纪》作"黑闇"，《尚书大传》作"梁闇"，又释为"居倚庐"。倚庐、梁闇，甲骨文均无征，不知其本谊云何？假定"梁闇"确如郭沫若先生说，说是犯失言症①，那么，"三年不言"，可能属于祖庚。试看祖庚时代的卜辞，屡见：

　　……卜，旅贞，今夕，囚言王。（文录、49）
　　甲午卜，㲋贞，今夕，囚言王。（七集、W.22）
　　戊申卜，旅贞，今夕，王囚言。（文录、51）
　　壬寅卜贞，今夕，囚言。（文录、22）

囚，挚乳为思，为细；此"囚言"，如读为细言，正是一种"失言症"的现象。去年在沪，当举此以语郭氏，郭氏即疑此祖庚时卜辞，不能拍合"高宗梁闇"。今既证明高宗决非武丁，那么，"梁闇"本事，即如金履祥说，附诸祖庚，也无不可了。

几位贤佐　《君奭》称："在武丁，时则有若甘盘"。甘盘，《燕世家》作甘般，甲骨文则作自般，云：

　　贞，令自般。（前、1、49、1）
　　贞，勿令般□告。（前、6、62、5）
　　贞，今二月，自般至。（续、5、28、4）
　　自般以匕于北奠自。（后、下、24、1）
　　贞，甶般乎取。（珠、144）
　　辛酉卜，宁贞，乎自般取朋，不左。（金璋1）
　　乎般伐吉□。（前、6、58、4）
　　戊辰卜，宁贞，乎自般祭于夫。（后、上、11、16）
　　自般见蒚、乎㕚。（前、5、31、5）
　　贞，自般其㞢囚。（佚、193）
　　贞，今般丼。佚、525.丼即死字。
　　……卜亚般岁，兢印自……。（邺、三、下、44、4）

"自般"，一称"亚般"，可见甘般在武丁时官已命为亚旅师氏，所以有伐吉方之命。师氏，或相当于周之太师，故伪古文《尚书·说命下》与今本《纪年》又有"武丁学于甘盘"之说。由于甲骨文所见关于师般事迹之繁，可知甘盘确为武丁初年的重臣；由于"今般死"的发现，我很疑惑他或死于武丁的中年。

师般，在武丁时代，即食土于甘，其子孙因以甘为氏，故周以来文献，通称之为"甘盘"。甘，《秦篆》作㽃，与㘴相似。旨本从甘，在甲骨文则从口作㫖（前4、35、7）；替与鲁，在金文通从甘作㬩（赵曹鼎）㬪（鲁伯盘）甲骨文也都从口作㬪（前、2、5、5）㬪（后、上、31、2）。因此，我认为甘口在商朝本是一字，卜辞所见：

---

① 郭说详：《青铜时代》中《驳说儒》篇。

　　　　□亥卜，口贞，今夕亡囚，在羽。（绩、4、17、7）
　　　　丙子卜，口贞，王其往于田，亡巛。在十二月。（文录、720）
　　　　乙巳卜，叀口令。（后、下、36、6）
　　　　贞，休帝，隹子□岁、其田。（金璋、610）

这位贞人口，当是甘盘之子，而读为甘，金文所见口尊（三代、11、3），正是祖庚时代贞人甘所作，可能也即甘盘。甘，在战国时代，为赵都邯郸，过去经学家指为成周附近的甘邑，那也错了。

　　代甘盘辅相武丁者，就是傅说。《孟子·告子下》曰，"傅说举于版筑之间"。《墨子·尚贤下》也说，"昔者傅说居北海之洲，圜土之上，衣褐带索，庸筑于傅岩之城。武丁得而举之，立为三公，使之接天下之政，而治天下之民"。《吕览·求人》也说，"傅说，殷之胥靡也"。胥靡，即是罪犯。从一名罚做苦工的罪犯，举而任国家的大政；这不能不说是奴隶的大解放。因为奴隶可一中跃而为统治阶级，其时的社会阶级，也必不会像欧洲古代封建制度的严格了。傅说的际遇，在《国语·楚语》上，曾有比较神秘的叙述，云：

　　　　昔殷武丁能耸其德，至于神明。于是乎三年默以思道。卿士患之，曰，王言以出令也；若不言，是无所禀令也。武丁于是作书，"以余正四方，余恐德之不类，兹故不言"。如是，而又使以梦象旁求四方之贤。得傅说以来，昇以为公，而使朝夕规谏曰，若金，用汝作砺；若津水，用汝作舟；若天旱，用汝作霖雨，启乃心，沃朕心，若药，不瞑眩，厥疾弗瘳；若跣，不视地。厥足用伤。

《书序》因此有"高宗梦得说，使百工营求诸野，得诸傅岩，作《说命》三篇"之说。因为傅说以梦征见信于武丁，我尝疑《殷虚书契菁华》三见的"㞢豨，㞢寢父"，即是侑傅说的纪事。由今观之，寢父是傅说死后的尊号，所以用侑（即㞢）礼；其生也甲骨文则通称为甫，云：

　　　　壬申卜，殼贞，甫罕鹿。丙子廪。允罕，二百㞢九。（前、4、4、2）
　　　　……卜，令甫□麋罕。十月。（绩、3、44、2）
　　　　丁巳卜，甫兽获。（铁、230、4）
　　　　庚午卜贞，埜丁至于率，逌入甫。○埜从于甫，褱乎爵。（邺、三、下、38、4）
　　　　贞，甫弗遘吉方。（佚、13）
　　　　乙酉卜，甫允寀昜。（林、1、30、9）
　　　　癸卯卜，宕贞，由甫乎令鱼璿紡方。十月。（前、6、60、6）
　　　　令甫从及，余不告。（前、6、26、7）
　　　　贞，甫其㞢疾。（粹、1269）

甫，篆作岀甾，像田中苗长禾苗形，即圃之本字，亦甫字初文。甫，挚乳为专，为傅，所谓傅说者，当是甫氏之君，其食土或在"郑之圃田"了。甫氏遗物，传于今者，有"甫父乙"尊（宁寿、3、15、续殷上、53），文字简略，无以论定其时代，另一段铭云：

　　　　王来兽，自豆繠，在

　　　　䁔鍊。王卿酉。王光
　　　　宰㞢贝五朋。用作宝鬻。（三代、8、19）
光者，赏也。"宰㞢"，当是"大宰傅氏"的省称，也就是傅说的官衔。《楚语》与《墨子》俱言武丁得傅说，"举以为三公"，而不详其官衔，今本《纪年》遂附会三公道，"武丁六年，命卿士傅说"。今由宰㞢段铭证之，知说为太宰，不是卿士，既可补甲骨文之未备，也可纠正后儒传闻之误；此段正是武丁时代极其珍贵的史料。《庄子·大宗师》，"傅说得道，以相武丁，奄有天下，乘东维，骑箕尾，而比于列星"。屈原《远游》也说，"奇傅说之托辰星兮，羡韩众之得一"。王逸《章句》，"傅说死后，其精著于房尾也"。就因为傅说是奴隶解放的始祖，所以后世的人民总敬之为天神吧！傅说，始终是位神秘的人物！

　　《楚语》下，"颛顼命南正重司天以属神，命火正黎司地以属民；是谓绝地天通。尧復育重黎之后，以至于夏商；故重黎氏世叙天地。其在周，程伯休父其后也。当宣王时，失其官守，而为司马氏"。我们的史学祖师司马迁因取此文为《太史公自序》的发端。甲骨文虽尝见重氏、秡氏，无由论定为商代的天官；而贞人韦，卜辞一称子韦却可征实武丁时代确有豕韦氏。

　　　　癸丑卜，子韦……。（后、下、18、2）
　　　　丙子卜，韦贞，王收人。（珠、781）
　　　　丁卯卜，韦贞，鸠。（北大藏片）
　　　　丁丑卜，韦贞，使人于我。（戬、26、8）

《史记·天官书》曰，"昔之传天数者，高辛之前重黎，于唐虞羲和，有夏昆吾，殷商巫咸，周室史佚苌弘，于宋子韦"。《汉书·艺文志》阴阳家有《宋司星子韦三篇》。原注云，"景公之史"。这位司星子韦，可能是武丁时代子韦氏之裔。盖子与豨豕，皆一声之转。《庄子·大宗师》，"昔豨韦氏得道，以挈天地"。豨韦氏正是古代的天官。豨韦氏，左氏襄公二十四年《传》作豕韦氏，范宣子所谓，"昔匄之祖，自虞以上为陶唐氏，在夏为御龙氏，在商为豕韦氏"，是也。豕韦氏"挈天地"，即《天官书》所谓传天数；以《周官》言之，当即"大史"或"冯相氏"与"保章氏"之属。卜辞有云：

　　　　利令。其隹大史寮令。（前、5、39、8）
　　　　贞，于来丁酉，大史易日。（续、2、6、4）
　　　　乙丑卜，出贞，大史壬酒、先酒，其出匚于丁卅牛。七月。（前、4、34、1）

假定利氏读为重黎氏之黎，即是大史寮；那么，子韦应是大史寮的一员，武丁时历数，应出其手。今本《纪年》云，"武丁五十年，征豕韦，克之"，这硬将武汤的功业列于武丁名下，未免荒唐之至了。

原文出处： 原载《商周史料考证》，龙门书局，1960年3月。
作者单位： 山东大学

试说楚简中的《说命》佚文

李学勤

　　殷商名王高宗武丁时的贤相傅说，《汉书·古今人表》列于"上中仁人"。文献中"傅说"一名，见于《国语·楚语上》、《墨子·尚贤中、下》、《孟子·告子下》、《庄子·大宗师》、《荀子·非相》等，还有今传本《尚书·说命》及《书序》，《史记·殷本纪》所载尤详。其事迹显赫，是关注古史者无不熟悉的，然而在出土古文字里一直没有找到傅说，特别是武丁时卜辞多见"师般"即与傅说并称武丁师的甘盘，更使人觉得傅说应该能够发现。

　　最近出版的《上海博物馆藏战国楚竹书》（五）[①]，首列《竞建内之》，经研究实与其下一篇相联，原有篇题为《鲍叔牙与隰朋之谏》[②]。原排《竞建内之》第二、三、四、八简，记述了高宗与祖己君臣的对话，可释读为：

　　　　昔高宗祭，有雊雉于尸前，召祖己而问焉，曰："是何也？"祖己答曰："昔先君祭，既祭焉，命行先王之法，废故错，行故作，废作者死，弗行者死。不出三年，逃人之倍者七百里。今此祭之得福者也，庸悚之以浸淯，既祭之后，焉修先王之法。"高宗命傅鸢诫之以[③]……邦，此能从善而远祸者[④]。

上博编者已指出"傅鸢"就是傅说[⑤]。这是第一次从古文字中找出傅说。

　　"傅鸢"为什么是傅说，是有古音的道理的。"说"古音在喻母月部，"鸢"则为喻母元部[⑥]，韵部对转，自然可相通假。由此我们得到一个重要的启示，傅说之名"说"在古文字里可能写成元部字，以前这一点是大家不容易想到的。沿着这样的思路，便联想到郭店楚简所谓《成之闻之》里的一条《尚书》佚文[⑦]。

　　《成之闻之》第一、二、三、二四、二五、二六简上的一章，用李零先生所释是：

[①] 马承源主编：《上海博物馆藏战国楚竹书》（五），上海古籍出版社，2005年。
[②] 李学勤：《楚简〈鲍叔牙与隰朋之谏〉的若干问题》，待刊。
[③] 此下有缺简。
[④] 关于简的编排释读，详见同[②]。
[⑤] 同[①]。
[⑥] 陈复华、何九盈：《古韵通晓》，第233、290页，中国社会科学出版社，1987年。
[⑦] 荆门市博物馆：《郭店楚墓竹简》，文物出版社，1998年。

  闻之曰：古之用民者，求之于己为恒。行不信则命不从，信不著则言不乐。民不从上之命，不信其言，而能念德者，未之有也。故君子之莅民也，身服善以先之，敬慎以守之，其所在者入矣，民孰弗从？形于中，发于色，其诚也固矣，民孰弗信？是以上之恒务在信于众。《诰命》曰："允师济德"，此言也，言信于众之可以济德也。①

章末引的显然是《尚书》。《成之闻之》引《书》还有《大禹》、《君奭》和《康诰》。《大禹》即《大禹谟》，所引不见今《孔传》本，是佚文。这里的《诰命》，"诰"字李零先生已说明是"暂时隶定为从言从吕"，并指出此字"不一定从吕"②，《郭店楚墓竹简》释文则未作隶定。

  看《郭店楚墓竹简》释文摹写的这个字③，右半上部似为月牙形，看原简照片则其左还有一竖笔，只是写得纤细一些。承荆州博物馆彭浩先生赐示更清晰的照片放大复印件，该笔更为清楚（附图），所从字右半上部其实作❶，乃是"日"，可参见其他楚文字，如《楚文字编》第 417 页"时"第一字，418 页"睹"第一字，419 页"晨"第一字，421 页"期"第五字，所从的"日"中央都作斜竖。

  再看这个字右半的下部，对照同字左半"言"下部的"口"，这无疑是不一样的，是一个倒的三角形。"日"下加一三角形，战国文字习见，乃是"旦"字④，只不过"旦"下三角形多作填实，这个字右半是勾勒的罢了。同样三角形不填实的"旦"字，见于楚玺⑤。

  因此我们认识到，这一字乃从"言""旦"声，实际上便是"诞"字。"旦"端母元部，"诞"定母元部，通用是自然的。"诞"从"延"得声，"延"是喻母元部，与"鸢"同音。于是可知，《成之闻之》的《诅（诞）命》以音转即读为《说命》，所引是《说命》佚文。

  这条佚文只有四个字："允师凄（济）德"。"允"训为信，"师"训为众，均系《尚书》常见，故《郭店楚墓竹简》注释裘锡圭先生说："'凄'似当读为'济'。济，成也。下'凄'字同。下文'信于众'是对此文'允师'二字的解释。""允师济德"意云信于众而成德，文句古雅，与《尚书》其他篇和谐。

  前几年西周青铜器遂公盨的出现，铭文"随山濬川"全同于《禹贡序》，证明《书序》亦有所本。《说命序》是这样讲的："高宗梦得说，使百工营求诸野，得诸傅岩，作《说命》。"武丁作书，梦得傅说一事，见于《国语》的《楚语上》。

  据《楚语》，楚灵王拒绝白公子张的箴谏，白公说：

    昔殷武丁能耸其德，至于神明，以入于河，自河徂亳，于是乎三年默以思道。卿士患之，曰："王言以出令也，若不言，是无所禀令也。"武丁于是作书，曰：

---

① 李零：《郭店楚简校读记》，第 122 页，北京大学出版社，2002 年增订本。"允师济德"下原补一"何"字。
② 同①第 127 页。
③ 荆门市博物馆：《郭店楚墓竹简》，文物出版社，1998 年，第 168 页。
④ 何琳仪：《战国古文字典》，第 1019 页，中华书局，1998 年。
⑤ 李守奎：《楚文字编》，第 423 页，"旦"第七字，华东师大出版社，2003 年。

"以余正四方,余恐德之不类,兹故不言。"如是而又使以梦象旁求四方之贤,得傅说以来,升以为公,而使朝夕规谏,曰:"若金,用女(汝)作砺;若津水,用女(汝)作舟;若天旱,用女(汝)作霖雨。启乃心,沃朕心。若药不瞑眩,厥疾不瘳。若跣不视地,厥足用伤。"若武丁之神明也,其圣之睿广也,其智之不疚也,犹自谓未义,故三年默以思道。既得道,犹不敢专制,使以象旁求圣人。既得以为辅,又恐其荒失遗忘,故使朝夕规诲箴谏,曰:"必交修余,无余弃也。"

接着,白公又述及齐桓、晋文,最后说:

周诗有之,曰:"弗躬弗亲,庶民弗信。"臣惧民之不信君也,故不敢不言,不然何急其以言取罪也?

所引是《诗·小雅·节南山》。

白公所述武丁、傅说之事,即本于《尚书》。《孟子·滕文公上》有:"《书》曰:'若药不瞑眩,厥疾不瘳。'"① 正足以证明②。值得注意的是,武丁作书,自言"余恐德之不类(善也)",于是求得傅说,请他朝夕规谏,而白公说到箴谏能使民信君,连起来看,同《成之闻之》所说信于众可以济德恰好一致。这说明,关于简文是《说命》佚文的看法应该是可信的。

原文出处:原载《傅圣文化》2007年第4期。
作者单位:清华大学历史系

---

① 赵岐注云:"《书》逸篇也",是由于《说命》当时没有官方师传。
② "启乃心,沃我心"可对照东周初戎生编钟的"启厥明心",见李学勤:《重写学术史》,第325页,河北教育出版社,2002年。

《说命》考信

黄怀信

今本《尚书·说命》上、中、下三篇，分别记殷高宗武丁梦上帝赐良弼，求得傅说，立之为相，命其朝夕纳诲；傅说受命总百官，进良言于武丁；武丁与傅说君臣互勉等事。三篇文字既是研究商代历史的重要材料，也是研究傅说其人的重要材料，更是研究中国传统政治思想文化的重要材料。由于三篇在清人论定的"二十五篇伪古文"——"晚书"之列，所以迄今学人多不敢征引利用。然而学术毕竟要向前发展，一切有悖于"科学精神"的学术成说，最终都将躺倒在历史与"科学"的车轮之下。何况清代学术本来讲求的就是"实"，"疑古"本来就是求真与"科学"的产物，所以其成说更应接受实事求是的科学检验。检验的方法，就是对其成说赖以成立的证据——进行审核辨析，如果其证据能够成立，就说明其结论科学可信；否则，就说明不可信。所以，《说命》晚书说能否成立，必须先具体审核清人赖以定案的各项证据。

一 阎氏伪证辨析

清人"晚书"定谳之作为阎若璩氏之《尚书古文疏证》。其书判全部含《说命》三篇在内的二十五篇《古文尚书》之伪，首先从篇数上进行推断。证据是两汉皆言十六篇，而东晋梅本为二十五篇，数不相合，故而必伪。原说见其书第一条"言两《汉书》载古文篇数与今异"，文曰：

《汉书·儒林传》："孔氏有古文《尚书》，孔安国以今文字读之，因以起其家，逸《书》得十余篇，盖《尚书》兹多于是矣。"《艺文志》："古文《尚书》者，出孔子壁中。武帝末，鲁共王坏孔子宅，得古文《尚书》及《礼记》、《论语》、《孝经》凡数十篇，皆古字。孔安国者，孔子后也，悉得其书，以考二十九篇，得多十六篇。安国献之，遭巫蛊事，未列于学官。"《楚元王传》："鲁共王坏孔子宅，欲以为官，而得古文于坏壁之中。逸《礼》有三十九，《书》十六篇。天汉之后，孔安国献之。"夫一则曰"得多十六篇"，再则曰"逸《书》十六篇"。是古文《尚书》篇数之见于西汉者如此也。《后汉书·杜林传》："林前于西州得漆书古文《尚书》一卷，常宝爱之，虽遭艰困，握持不离身。后出士卫宏等，遂行于世。"同郡贾逵为之作训，马融、郑康成之传注解，皆是物也。夫曰古文《尚书》一卷，虽不言篇数，然马融《书序》则云"逸十六篇"。是古文《尚书》篇数之见于东汉者又如此也。此《书》不知何时遂亡。东晋元帝时，豫章内史梅赜忽上古文《尚书》，增多二十五篇。无论其文辞格制迥然不类，而只此篇数之不合，伪可知矣。①关于孔壁古文的篇数，载记确是"得多十六篇"。以今考之，梅赜所上孔传本以《太甲》、《说命》、《泰誓》各分为上中下三篇，故可多出6篇，为22篇，但仍不足25篇之数。有学者欲以"十六篇"作十六卷解以弥合之，但二十五篇又不能合理区分为十六卷。事实上观察原文"以考二十九篇，得多十六篇"，"十六篇"明显是相对于"二十九篇"而言，所以必不能指卷。孔颖达《尚书正义》以为郑玄以二十四篇为十六卷，《九共》九篇共卷，但孔本二十五篇则不含《九共》。可见篇数确实不可合。然而篇数不合，并不能证明二十五篇全伪。因为25虽不等于16（22），但无疑又大于16（22）。既大于，就不无包括之的可能。可见此一现象最多只能说明，二十五篇之中确有伪作。可见以篇数不合而定其伪，本身存在逻辑错误。所以，《说命》三篇是否伪，必须经过实际论证，而不能简单地根据篇数不合下结论。至于所谓"其文辞格制迥然不类"，也不尽然。因为众所周知，今文之中也有文辞较为浅显之篇；古文之内，也不无"艰深险涩之语"（阎氏语）。何况《书》篇本非一时一人之作，文辞格制不同，理所当然。所以，阎氏此条不能成立，至少不能作为证《说命》三篇之伪的证据。阎氏以此作为第一条，实际上也体现了他的主导思想，就是先定其伪，然后再找证据，显然，这是不科学的辨伪方法。

阎氏判《古文尚书》之伪并直接与《说命》有关的第二条证据，是郑玄称"逸"。如第十六"言《礼记》引逸《书》皆有，今且误析一篇为二"条云：

《小戴礼记》四十九篇，引《诗》者一百有二，引逸《诗》者三，引《书》者十六，引逸《书》者十八。……逮梅氏书出，而郑氏素所指为逸《书》皆全全登载，无一或遗，其露破绽亦与《左氏》相等。予独怪其不特规摹文辞，抑且标举篇目。如见六引《兑命》，则撰《说命》三篇云。②

意思是郑玄既称逸，后出必是伪作，所以《说命》三篇必是后人据《礼记》所引《兑命》之文而撰。今按阎氏此说，实无道理。首先，郑玄称逸，最多只能说明郑玄之时社会上没有流传；而社会上没有流传，不等于世间无有其书。比如今人家有书稿未出版，就不等于世上无有该书稿。而实际上据我们所考，孔安国后人确实"世传《古文尚书》"（《后汉书·孔僖传》，详另文）。家学传承，外人自不得见。而孔家所传《古文尚书》，又是以"孔传"的形式传承的，那么在其传尚未完全成熟以前，自不可以轻易示人。所以，郑玄或其他学者不得见，是理所当然。总之，郑玄称逸，不能说明世上已无其书。郑玄称逸既不能说明世上已无其书，那么《说命》据《礼记》所引《兑命》而撰的说法也就失去了前提。而事实上我们看到，《礼记》所引，只是片言，如：

《文王世子》篇引《兑命》曰："念终始典于学。"
《学记》篇引《兑命》曰："念终始典于学。"

---

① 阎若璩：《尚书古文疏证》卷一，上海古籍出版社，1987，35—36页。
② 阎若璩：《尚书古文疏证》卷一，上海古籍出版社，1987，121—122页。

《兑命》曰："敩学半。"
　　《兑命》曰："敬孙务时敏，厥修乃来。"
　　《缁衣》篇引《兑命》曰："惟口起羞，惟甲胄起兵，惟衣裳在笥，惟干戈省厥躬。"
　　《兑命》曰："爵无及恶德民。立而正事，纯而祭祀，是为不敬。事烦则乱，事神则难。"①

显然，根据这些片言，是根本无法撰成长达七百余字的三篇有机文字的。即以《文王世子》及《学记》所引"念终始典于学"为例，读《说命下》之文，知其"学"字完全是承前"学于古训乃有获"、"惟学逊志"、"惟敩学半"等"学"而来，而且其下尚有"厥德修罔觉"一句，意思连贯，完全是有机的。单凭"念终始典于学"与"敩学半"，怎么可以伪造出如此有机文字？又怎么知道"敬孙务时敏，厥修乃来"在其前而不在其后？《缁衣》所引，也只是《说命中》所载傅说语之一小部分，怎么可以伪造成长篇对话？可见阎氏之说完全经不住推敲。所以，所有前人关于后人据先秦西汉文献中的零星词句而伪撰"古文"的说法，都不可以据信。

　　阎氏所举其他关于《说命》之伪的具体证据，见于《疏证》者凡五：
　　一、《疏证》第五十"言两以错解为事实"条云：
　　　　传注家有错解之辞要，久而后错始见，论始定，亦朱子所谓后出者巧尔。《无逸》篇"其在祖甲，不义惟王"，孔《传》曰："汤孙太甲也。"唐孔氏亦因之。至蔡氏《集传》出而论始定……下文周公言"自殷王中宗及高宗及祖甲，及我周文王"，"及"云者，因其先后次第而枚举之辞也，则祖甲之非太甲也明甚。祖甲既非太甲，则"不义惟王"之非太甲事也亦明甚。《高宗肜日》序以为高宗祭成汤，蔡《传》则谓其祭祢庙，蔡《传》近是矣。然终至金氏《前编》出而论始定，曰："《高宗肜日》、《高宗之训》，史迁系于祖庚之纪内，则是祖己为祖庚作。"……凡《书》之本序，多称其君之名，或曰王，未有以庙号称者。而此曰'高宗肜日'，则似果若追书之云者。绎之于庙门之外，西室主事以士行，君不亲也。夫君既不亲矣，而曰高宗，且君且以庙号称之，曰"典祀无丰于昵"。详味其辞，安知非祖庚之时绎于高宗之庙而有雊雉之异乎？则二书祖己以训祖庚也明甚。既祖己以训祖庚，则'典祀无丰于昵'之非高宗事也亦明甚。作古文者生于蔡、金两氏之前错解未正之日，故《太甲上》曰"兹乃不义，习与性成"，《说命中》曰"黩于祭祀，时谓弗钦"，若与彼二篇为实相表里者，抑岂料其错解也哉？凡晚出书之以错解为实事，其误如此。②

主要意思是《太甲上》之"兹乃不义，习与性成"与《说命中》之"黩于祭祀，时谓弗钦"是本传注家以《无逸》之"祖甲"为太甲、以《高宗肜日》《高宗之训》为高宗祭成汤之误说而撰。

　　今按：《无逸》篇"其在祖甲，不义惟王"之"祖甲"，诚非太甲。然而其"不义

---
① 孔颖达等：《礼记正义》卷第二十、第三十六、第五十五，中华书局《十三经注疏》，1980。
② 阎若璩：《尚书古文疏证》卷四，上海古籍出版社，1987，270—272页。

惟王"，与《太甲上》之"兹乃不义"并非一事，怎么能说《太甲上》"兹乃不义"是据《无逸》篇"不义惟王"而撰？《高宗肜日》、《高宗之训》二篇，确是祖己为祖庚而作。而《序》之"高宗祭成汤，有飞雉升鼎耳而雊"及经文之"高宗肜日，越有雊雉"，只是讲事情的起因，后面的"祖己训诸王"与"祖己曰"才是纪实。可见其本来就是追书。既是追书，自当称用庙号。"典祀无丰于昵"，明是祖己劝诫祖庚之辞，怎么能是绎于高宗之庙而有雊雉之异？可见《序》、经本皆不误，而阎氏自误。因而，即使《说命》所言高宗事与之有涉，亦不能证其伪作。而关键是《说命中》之"黩于祭祀，时谓弗钦"，与《高宗肜日》、《高宗之训》二篇《序》及《高宗肜日》本文所称"越有雊雉"，以及"典祀无丰于昵"等文根本就没有关系，怎么能说是与之"实相表里"？可见《太甲上》与《说命中》，都没有"以错解为事实"。阎氏此说，完全没有根据，而是他自己没有读懂原书。

二、阎书第七十四"言古人以韵成文，《大禹谟》、《泰誓》不识"条曰：
  古人文字多用韵，不独《周易》《老子》为然。其与人面语，亦间以韵成文。
意思是古人文字多本用韵。而其后按又云：
  传记引书，有本非韵语，却被伪作者或增或删，或窜改，以图与韵叶。若古人文实有如此协比其音者，又得数条，亦不可不察。……《礼记》"《兑命》曰：'惟口起羞，惟甲胄起兵，惟衣裳在笥，惟干戈省厥躬。'"改"兵"字为"戎"，以与下"躬"叶。①
意思是今《说命中》之"惟口起羞，惟甲胄起戎，惟衣裳在笥，惟干戈省厥躬"是窜改《礼记》所引《兑命》而改"兵"为"戎"。

  今按：《说命》"戎"与"躬"叶，自无问题。《礼记》所引，明为改"戎"为"兵"而失韵，怎么能反说《说命》改"兵"字为"戎"以与下叶？本来说古人文字多用韵，见《说命》有韵又说其文本非韵语，如此反复，岂能成理？真可谓欲加之罪，何患无辞！看来还是其晚书必伪、《兑命》早于《说命》的成见在作祟。

三、第九十七条"言商祀周年亦可互称，不必尽如《尔雅》"条云：
  《尔雅》为诂训之书，特少所袭用。《大禹谟》"朕宅帝位三十有三载"，即唐虞曰载。《胤征》"每岁孟春遒人以木铎徇于路"，即夏曰岁。《伊训》"惟元祀"、《太甲》"惟三祀"，商曰祀也。《泰誓》"惟十有三年春"、《毕命》"惟十有二年"，周曰年也。愚及质之今文书，反多未合，如唐虞纯称载不待论，若商必曰祀，何周公告成王曰"肆中宗之享国七十有五年"、"高宗五十九年祖甲三十三年"，及"罔或克寿"者亦俱称年，不等。或曰：此盖以周之年述商在位之数云尔，若对商臣言，则曰"惟十有三祀"，对商民言，则曰"今尔奔走臣我监五祀"，仍不没其故称矣。愚曰：然则《多方》亦有"天惟五年须暇之子孙，诞作民主，罔可念听"，非对商民以言商君者乎？何亦称年？疑祀、年古通称，不尽若《尔雅》之拘。观周公称"高宗三年不言"，参诸《论语》、《戴记》，俱然；及一入《说命》，

---

① 阎若璩：《尚书古文疏证》卷五下，上海古籍出版社，1987，498—499页。

变改称"三祀",亦见其拘拘然以《尔雅》为蓝本而恐或失焉。①

意思是《说命》称"祀"与《尔雅》同,与今文及《论语》、《礼记》不同,说明《说命》本于《尔雅》,而晚于《论语》、《礼记》。

今按此说既无道理,也与事实不符。首先,既然承认"祀、年古通称",则《说命》作"三祀"又怎么一定是"拘拘然以《尔雅》为蓝本"?实际上今文书《无逸》周公告成王曰"肆中宗之享国七十有五年"、"高宗五十九年,祖甲三十三年",及"罔或克寿"者亦俱称年,原因是语皆出周公之口,并非与《尔雅》不合。周公言商事或对商民言商君均称"年"、《论语》《礼记》言商事称"年",与《说命》称"三祀"不同,恰恰证明《尔雅》"商曰祀,周曰年"之说不妄。因为周公非商人,《论语》、《戴记》文亦出周人之口。而《说命》本是商书,自应作"祀",怎么能说是变改?即如《伊训》云"惟元祀,十有二月……",序则曰"太甲元年",原因就是《伊训》为商书,而序则出周人之手。可见商祀周年,在《书》确有区别。《尔雅》之文,明显是本《书》而立说。阎氏所谓今文多未合,实际上全书只有《洪范》"惟十有三祀"与《多方》"今尔奔走臣我监五祀"两处。而两处周称"祀",皆与商人有关,看来或只是偶沿其故称而已,并不足以说明周不称"年"。阎氏未能明晓《书》中言主或有不同,而谓今文书反多未合,实不足为训。

四、第一百十七"言郑氏瑗疑古文二条"条后按云:

陈第季立,近代号左袒古文书者,谓"后儒以今文真古文伪,不过谓其文章尔雅,训词坦明耳。今观于《左》、《国》、《礼记》及诸书传引二十五篇者多至八九章,少亦三四章,皆尔雅坦明,无有艰深险涩语也,岂所引者皆伪乎?夫为诸书所称引者既皆尔雅坦明,而诸书所未称引者必欲其艰深险涩,是一篇而二体也,岂虞夏商周之本经乎?"说亦辩而有理。予请举《礼记》引《兑命》之文"爵无及恶德民,立而正事,纯而祭祀,是为不敬,事烦则乱,事神则难"中二句,非艰深险涩之语乎?岂皆坦明者乎?只观作伪者截首一句,续以"惟其贤"为一段,复截末四句,改作"黩于祭祀,时谓弗钦"为一段,取其类己者置其不类己者,以俾与己文体一类。然则诸书传所称引,幸都得其坦明者耳,非书尽坦明。以此难季立,将何辞以复?②

核心意思是今《说命中》之"爵罔及恶德,惟其贤。虑善以动,动惟厥时。有其善,丧厥善;矜其能,丧厥功。惟事事,乃其有备,有备无患。无启宠纳侮,无耻过作非。惟厥攸居,政事惟醇。黩于祭祀,时谓弗钦。礼烦则乱,事神则难",是作伪者据《礼记》所引《兑命》而改造。

今按:《缁衣》所引,旧读"爵无及恶德,民立而正事",文不成义;"纯而祭祀",何得谓"是为不敬"?可见完全不能通。显然,引文有误。而据此讹误不可通之文,如何能改造成今《说命中》之所见?尤其是《说命》"惟厥攸居,政事惟醇。黩于祭祀,时谓弗钦"之语,岂不较引文合理百倍?"事烦则乱",又何如《说命》作"礼烦则

---

① 阎若璩:《尚书古文疏证》卷七,上海古籍出版社,1917,975—976页。
② 阎若璩:《尚书古文疏证》卷八,上海古籍出版社,1987,1161—1163页。

乱"？引文"事"字，明为误字。显然，《说命》之文要原始得多，怎么能说是"截首一句，续以'惟其贤'为一段，复截末四句，改作'默于祭祀，时谓弗钦，为一段"而成？又怎么见得是"取其类己者置其不类己者"？显然，阎氏颠倒了是非。

五、第一百二十一"言姚际恒攻伪古文有胜余数条载于篇"条后按云：

> 论古文袭今文之误处曰，《无逸》篇"乃或亮阴，三年不言。其惟不言，言乃雍"，《说命上》则"亮阴三祀，既免丧，其惟弗言"，以为相表里矣。不知《无逸》"其惟"二字本是承接上句"三年不言"语气，则上句"不言"二字不可删也。又是唤起下句"言乃雍"语气，则下句"言乃雍"不可删也。今上下皆删，独留此句"其惟"二字，竟无着落，语气不完，何以便住？①

意思是《说命上》"王宅忧亮阴三祀既免丧其惟弗言"袭《无逸》，删"乃或"、"不言"、"言乃雍"，致"其惟"二字无着落。

今按：《说命上》"王宅忧，亮阴三祀。既免丧，其惟弗言"一句，《无逸》作"其在高宗，时旧劳于外，爰暨小人。作其即位，乃或亮阴，三年不言。其惟不言，言乃雍"。显然，两者是不同的叙述，而且《说命》明明还多出"王宅忧"、"既免丧"等文辞，怎么能说是删《无逸》之"乃或"、"不言"及"言乃雍"而成？《无逸》"其惟"二字，本是启下之辞，并非承上之语。《说命上》之"其惟弗言"，既是承上之辞，亦是启下之语，故下句曰"群臣咸谏"。怎么能说"其惟"二字无着落？可见阎氏并没有真正读懂原文，所以此条也不成立。

以上可见，阎氏五条具体证据亦无一能够成立。

二 《说命》不晚之证

阎氏之证既皆不能成立，那么《说命》伪书说自然也就不能成立。但我们也不能就此而简单地论定《说命》三篇就是真书，因为毕竟只是伪证。而要确定其为真书，尚需有正面的证据。关于《说命》不晚的正面证据，我们认为可以归纳为以下诸条：

一、《说命》三篇之文，不管从其文辞还是语法观，都非汉以后人所能仿佛伪撰，这是最基本的事实。我们应该尊重事实而减少推论。

二、高宗三年不言之事，在先秦有广泛流传。如上阎氏所举之今文《无逸》篇及《论语·宪问》篇，均有体现。《礼记·檀弓下》，亦载子张问曰："《书》云'高宗三年不言，言乃讙'，有诸？"仲尼曰："胡为其不然也？古者天子崩，王世子听于冢宰三年。"② 又《吕氏春秋·重言》云："人主之言，不可不慎。高宗，天子也，即位，谅暗三年不言。卿大夫恐惧，患之。高宗乃言曰：'以余一人正四方，余唯恐言之不类也，兹故不言。'"③ 虽言有出入，但基本事实大体相同，说明今《说命上》所记不为杜撰。

三、关于傅说其人，先秦文献多有记载。如《吕氏春秋·求人》："伊尹，庖厨之

---

① 阎若璩：《尚书古文疏证》卷八，上海古籍出版社，1987，1218－1219页。
② 《礼记正义》卷第九，中华书局《十三经注疏》，1980年，1305页。
③ 《吕氏春秋》卷十八，上海古籍出版社《二十二子》，1986年，693页。

臣也；傅说，殷之胥靡也，皆上相天子，至贱也。"①《庄子·大宗师》："夫道，有情有信，无为无形；可传而不可受，可得而不可见……傅说得之，以相武丁，奄有天下，乘东维、骑箕尾而比于列星。"②《荀子·非相》："傅说之状，身如植鳍。"③《韩非子·难言》："伯里子道乞，傅说转鬻。"④《墨子·尚贤下》："昔者傅说居北海之洲，圜土之上，衣褐带索，庸筑于傅岩之城。"⑤ 这些记载与传说，必定有其来源，说明傅说不为虚构之人。

四、《潜夫论·五德志》载武丁敕傅说曰："若金，用汝作砺；若济巨川，用汝作舟楫；若时大旱，用汝作霖雨。启乃心，沃朕心。若药不瞑眩，厥疾不瘳；若跣弗视地，厥足用伤。"⑥ 完全是《说命上》（"时"作"岁"、"不"作"弗"）之文，说明其作者东汉人王符见过《说命上》。

五、《史记·殷本纪》载："帝武丁即位，思复兴殷，而未得其佐。三年不言，政事决定于冢宰，以观国风。武丁夜梦得圣人，名曰说。以梦所见视群臣百吏，皆非也。于是乃使百工营求之野，得说于傅险中。是时说为胥靡，筑于傅险。见于武丁，武丁曰是也。得而与之语，果圣人，举以为相，殷国大治。故遂以傅险姓之，号曰傅说。"⑦ 完全是据《说命上》及《论语》孔子之语等材料而改写，而绝不会相反（比勘原文可知）。《三代世表》言帝武丁"得傅说，称高宗"⑧，《封禅书》称"帝武丁得傅说为相，殷复兴焉，称高宗"⑨，无疑也与今《说命》及其序有关。说明司马迁见到过《说命上》。

六、《离骚》"说操筑于傅岩兮，武丁用而不疑"⑩，无疑本《说命上》而立说，说明屈原见到过《说命上》或与之相同的记载。

七、郭店楚简《成之闻之》引《诰命》曰"允师济德"，"允师济德"疑即隐括《说命中》之义（视原文可知）。然则《成之闻之》作者当见到过内容相同的《说命中》篇。

八、《孟子·告子下》记孟子曰："舜发于畎亩之中，傅说举于版筑之间。"⑪ "版筑"，即《说命上》之"筑"。至少说明孟子之时有与《说命上》相同的记载，而不可能相反，因为孟子只是片言。

九、《墨子·尚贤中》载："傅说被褐带索，庸筑乎傅岩。武丁得之，举以为三公，

---

① 《吕氏春秋》卷二十二，上海古籍出版社《二十二子》，1986年，713页。
② 《庄子》卷三，上海古籍出版社《二十二子》，1986年，27页。
③ 《荀子》卷三，上海古籍出版社《二十二子》，1986年，295页。
④ 《韩非子》卷一，上海古籍出版社《二十二子》，1986年，2110页。
⑤ 《墨子》卷二，上海古籍出版社《二十二子》，1986年，231页。
⑥ 《潜夫论》，河南大学出版社，2008年，258－259页。
⑦ 《史记》，中华书局，2003年，102页。
⑧ 《史记》，中华书局，2003年，498页。
⑨ 《史记》，中华书局，2003年，1356页。
⑩ 《楚辞今注》，上海古籍出版社，1996年，25页。
⑪ 《孟子注疏》卷十二下，中华书局《十三经注疏》，1980年，2762页。

与接天下之政，治天下之民。"① 所谓"三公"，无疑就是《说命上》所云之"相"，说明墨子本《说命上》立说，见到过《说命上》。

十、《缁衣》（所引《兑命》见今《说命中》）传为子思所作，若信，则至少《说命中》在子思之时已有。

十一、《论语·宪问》子张所称《书》曰"高宗谅阴，三年不言"，或出《无逸》可以不论，而子所云"百官总己以听于冢宰"，则极有可能与《说命中》之"惟说命总百官"有关，因为"总百官"之说不见更早的记载。如此，则孔子之时当有《说命中》。

十二、《国语·楚语上》载：

> 灵王虐，白公子张骤谏。王患之，谓史老曰："吾欲已子张之谏，若何"对曰："用之实难，已之易矣。若谏，君则曰：'余左执鬼中，右执殇宫，凡百箴谏，吾尽闻之矣，宁闻他言？'"白公又谏，王如史老之言。对曰："昔殷武丁能耸其德，至于神明，以入于河，自河徂亳，于是乎三年默以思道。卿士患之，曰：'王言以出令也，若不言，是无所禀令也。'武丁于是作书曰：'以余正四方，余恐德之不类，兹故不言。'如是而又使以像梦旁求四方之贤，得傅说以来，升以为公，而使朝夕规谏，曰：'若金，用女作砺；若津水，用女作舟；若天旱，用女作霖雨。启乃心，沃朕心。若药不瞑眩，厥疾不瘳；若跣不视地，厥足用伤。'若武丁之神明也，其圣之睿广也，其智之不疾也，犹自谓未义，故三年默以思道。既得道，犹不敢专制，使以象旁求圣人。既得以为辅，又恐其荒失遗忘，故使朝夕规诲箴谏，曰：'必交修余，无余弃也！'今君或者未及武丁，而恶规谏者，不亦难乎！"②

白公谏周灵王所言"三年默以思道"以下至"厥足用伤"等，无疑皆本于《说命上》篇"王宅忧，亮阴三祀。既免丧，其惟弗言，群臣咸谏于王曰：'呜呼！知之曰明哲，明哲实作则。天子惟君万邦，百官承式。王言，惟作命；不言，臣下罔攸禀令。'王庸作书以诰曰：'以台正于四方，唯恐德弗类，兹故弗言。恭默思道，梦帝赉予良弼，其代予言。'乃审厥象，俾以形旁求于天下。说筑傅岩之野，惟肖，爰立作相。王置诸其左右，命之曰：'朝夕纳诲，以辅台德。若金，用汝作砺；若济巨川，用汝作舟楫；若岁大旱，用汝作霖雨。启乃心，沃朕心。若药弗瞑眩，厥疾弗瘳；若跣弗视地，厥足用伤'"一段；而"必交修余，无余弃也"，又出《说命下》。说明当时有与今《说命上、下》相同的记载。考灵王子公元前571至545年在位，时在孔子之前。

十三、《无逸》所记周公曰"其在高宗……作其即位，乃或亮阴，三年不言"数语，有可能本于《说命上》而不可能相反。因为如《说命上》，高宗"不言"在"亮阴三祀既免丧"之后；而如《无逸》，则"不言"似在"亮阴"期间。相形之下，《说命上》所记似乎更符合情理。而《墨子·贵义篇》载："昔者周公旦朝读《书》百篇。"说明周公有读《书》的习惯，所以其熟悉《说命》完全可能。既如此，则周公之言当

---

① 《墨子》卷二，上海古籍出版社《二十二子》，1986年，230页。
② 《国语》，上海书店，1987年，199—200页。

据《说命上》。

以上诸证，足证《说命》早在梅氏之前以至周公之时已经存在，而且流传有序。所以，今本《说命》当为先秦真书，其属孔壁所出古文当无疑问。当然，个别或部分的文字改造，并非没有可能。就是说，今本之中或有后人手笔，也不足怪。

原文出处：《先秦史研究动态》2008年第2期。
作者单位：曲阜师范大学历史文化学院

古文《尚书·说命》真伪与傅说身份辨析

杜 勇

傅说，近出楚竹书又称傅鸢①，为商朝一代名相。商王武丁继位后，思圣求贤，举傅说于版筑之间，接政治民，朝夕规谏，于是殷道复兴，其国大治。傅说辅佐武丁中兴的功业，为历代史家所传颂。但是，今日研究傅说的学者，或以今传孔传本古文《尚书·说命》言其思想，或以奴隶论其身份，均有可商。本文拟就此略陈管见，以求教正。

一 关于古文《尚书·说命》的真伪问题

研究傅说的思想，当以《说命》为依据，这是毋庸置疑的。只是《说命》完篇今已不存，零星数据保留于《孟子》、《礼记》、《国语》等先秦典籍之中，略可利用。至于今传孔传本古文《尚书·说命》，其为伪作久已定谳，是不适合用作研究傅说思想的文献资料的。

今传本《古文尚书》二十五篇，经宋元明清诸多学者反复探究，已断为伪书，经称伪《古文尚书》，传称伪《孔传》，这在学术界久已达成共识。但随着近年简帛佚籍的不断发现，证明有的古籍未必全是伪书，于是人们对历史上伪书的认识逐渐发生变化。以今传本《古文尚书》来说，即有学者认为它是汉魏孔氏家学的产物②，非一人一时之伪造③，现存诸篇皆为真书④，伪古文《尚书》的定案无法成立⑤。涉及这样严肃的学术大案，非作精密研究不足以回应。这里我们只能就古文《尚书·说命》的真伪略加分析，以见一斑。

《说命》在先秦典籍中被冠名征引，主要见于《礼记·文王世子》、《学记》、《缁衣》诸篇。今出郭店楚简《缁衣》未见引用《说命》之文，不知是否版本不同所致。

---

① 马承源：《上海博物馆藏战国楚竹书》（五），上海古籍出版社 2005 年版，第 170～171 页。
② 李学勤：《竹简〈家语〉与汉魏孔氏家学》，《孔子研究》1987 年第 2 期。
③ 杨善群：《古文〈尚书〉流传过程探讨》，《学习与探索》2003 年第 4 期。
④ 刘建国：《先秦伪书辨正》，陕西人民出版社 2004 年版，第 59 页。
⑤ 张岩：《审核古文〈尚书〉案·序言》，中华书局 2006 年版，第 1 页。

另据学者研究，郭店楚简《成之闻之》"允师济德"一句，当为《说命》佚文①。此外，《国语·楚语上》、《孟子·滕文公上》所引"《书》曰"，因与武丁使求傅说有关，学者亦谓为《说命》之文。是知秦火之前，《说命》曾广为流布。

从文献上看，正式把《说命》纳入《尚书》体系，应为百篇《书序》。百篇《书序》为西汉成帝时东莱张霸所采编，其伪造的古文《尚书》"百两篇"被废黜后，"但所载'百篇《书序》'却流传并盛行起来"②。其后可能有过进一步整编，并经东汉马融、郑玄作注，传布愈广。今传孔传本《百篇书序》与马、郑注本略同③，大体保留了汉儒整编时的原貌。

虽然百篇《书序》是应《古文尚书》之征而提出的，但两汉时期先后发现的《古文尚书》中并不见《说命》的踪影。

最早见于记载的《古文尚书》，为《史记·儒林传》所载的孔氏本。该《传》云："孔氏有《古文尚书》，而安国以今文读之，因以起其家。逸《书》得十余篇，盖尚书滋多于是矣。"比《今文尚书》多出十余篇的这个孔氏家传本，后来又被称为孔壁本，并实定逸《书》为十六篇。如《汉书·楚元王传》附《刘歆传》所载刘歆《移太常博士书》说："时汉兴已七八十年，离于全经，固已远矣。及鲁恭王坏孔子宅，欲以为宫，而得古文于坏壁之中，《逸礼》有三十九篇，《书》十六篇。天汉之后，孔安国献之，遭巫蛊仓卒之难，未及施行。"又《汉书·艺文志》云："孔安国者，孔子后也，悉得其书，以考二十九篇，得多十六篇。"据今传《尚书·尧典》正义所录十六篇篇名，其中无《说命》。

又《汉书·景十三王传》说：河间献王"修学好古，实事求是。从民得善书，必为好写与之，留其真。……献王所得书皆古文先秦旧书，《周官》、《尚书》、《礼》、《礼记》、《孟子》、《老子》之属，皆经传说记，七十子之徒所论。"其古文《尚书》被称为河间献王本，篇目不详。又《汉书·艺文志》说："刘向以中古文校欧阳、大小夏侯三家经文，《酒诰》脱简一，《召诰》脱简二。率简二十五字者，脱亦二十五字，简二十二字者，脱亦二十二字，文字异者七百有余，脱字数十。"刘向所用中古文本（中秘本）不知是否源自孔安国所献，有无其他《尚书》逸篇亦未言明。

东汉所传杜林本《古文尚书》，据学者研究实为"杜林用古文书写的今文本"④。《后汉书·杜林传》载，"（杜）林前于西州得漆书《古文尚书》一卷，常宝爱之，虽遭难困，握持不离身。出以示宏等曰：'林流离兵乱，常恐斯经将绝。何意东海卫子、济南徐生复能传之，是道竟不坠于地也。古文虽不合时务，然愿诸生无悔所学。'宏、巡益重之，于是古文遂行。"杜林所得漆书《古文尚书》仅有一卷，应非古文完本。《隋书·经籍志》说："后汉扶风杜林，传《古文尚书》，同郡贾逵为之作训，马融作传，郑玄亦为之注。然其所传，唯二十九篇，又杂以今文，非孔旧本。自余绝无师说。"这

---

① 李学勤：《试论楚简中的〈说命〉佚文》，《烟台大学学报》2008年第4期。
② 刘起釪：《尚书学史》，中华书局1989年版，第108页。
③ 蒋善国：《尚书综述》，上海古籍出版社1988年版，第72页。
④ 刘起釪：《尚书学史》，中华书局1989年版，第130页。

说明东汉所传《古文尚书》篇目不出今文二十九篇之外,《说命》亦不在其中。

应予说明的是,两汉时期除上述《古文尚书》孔氏家传本(孔壁本)、河间献王本、中秘本、杜林本外,并无民间收藏或传授《古文尚书》的其他记载。《汉书·艺文志》说:"汉兴,改秦之败,大收篇籍,广开献书之路。……至成帝时,以书颇散亡,使谒者陈农求遗书于天下。"又《后汉书·儒林传》说:"及光武中兴,爱好经术,未及下车,而先访儒雅,采求阙文,补缀漏逸。先是四方学士多怀协图书,遁逃林薮。自是莫不抱负坟策,云会京师。"在这种时代氛围下,民间所藏《古文尚书》是不可能不为朝廷所知的。《尚书序》正义引刘向《别录》云:"武帝末,民有得《泰誓》书于壁内者,献之。与博士使读说之,数月皆起,传以教人。"一篇《泰誓》尚且轰动朝廷,一部完整的《古文尚书》流传民间,岂能失诸载籍?可见民间所传《古文尚书》有《说命》篇的看法也是没有根据的。

不仅两汉所出《古文尚书》看不到有《说命》篇的记载,而且经学大师无人见过《说命》全文。《礼记·学记》载:"《兑命》'念终始典于学'。"郑玄注:"兑当为说之误也。高宗梦傅说,求而得之,作《说命》三篇,在《尚书》,今亡。"可见东汉学者郑玄所看到的只是典籍中有关《说命》的引文,至于《说命》完篇则称"今亡"。"亡者,竟亡其文。"① 东汉学者王逸《楚辞章句·离骚》亦云:《说命》"是佚篇也。"这是《说命》早已失传的确证。

令人不解的是,东汉学者明言《说命》亡佚,今有学者却说到了三国时期韦昭还见到过古文《尚书·说命》篇②。其依据是,《国语·楚语上》记楚大夫白公子张谏言云:"武丁于是作《书》,曰:'以余正四方,余恐德之不类,兹故不言。'如是而又使以象梦,旁求四方之贤,得傅说以来,升以为公。"对于"武丁于是作《书》"一语,韦昭的注解是:"贾、唐云:《书》,《说命》也。昭曰:非也,其时未得傅说。"论者以为贾逵、唐固、韦昭大谈《说命》的内容和写作过程,表明"他们是看过《说命》,并对之十分熟悉。"③ 这恐怕是有问题的。

在今传本古文《尚书》中,"以余正四方"数语,正在《说命》上篇。如果韦昭看到过今传古文《尚书·说命》,为什么要对贾(逵)、唐(固)把《书》释作《说命》提出质疑呢?是否他读书有限,不曾见到当时流布于世的《说命》三篇呢?《三国志·吴书·韦曜传》说:"韦曜(昭)笃学好古,博见群籍",曾"为太史令,撰《吴书》",后"为中书郎、博士祭酒",奉命"依刘向故事,校定众书"。可见他绝不是一个见闻有限、学识浅陋的人。如果今传古文《尚书·说命》当时见存于世,作为博士祭酒的韦昭怎么可能把本属《说命》的文句用"非也"二字加以否定呢?合理的解释只有一个,那就是当时既无《说命》篇传世,今传本古文《尚书·说命》亦非真古文。当然,韦昭以为"以余正四方"数语非《说命》篇所应有,其实也有他的考虑。他在后文的注解中引《说命》书序云:"高宗梦得说,使百工营求诸野,得诸傅岩,作《说命》三

---

① 孙星衍:《尚书今古文注疏·书序》,中华书局1986年版,第559页。
② 杨善群:《古文〈尚书〉流传过程探讨》,《学习与探索》2003年第4期。
③ 杨善群:《古文〈尚书·说命〉与傅圣思想研究》,《晋阳学刊》2007年第1期。

篇。"依其文意，《说命》必作于武丁访得傅说之后。而"以余正四方"数语，在《楚语》中却是未得傅说时武丁所言，从逻辑上讲当然不应为《说命》之文。所以韦昭才会对贾逵、唐固以《书》为《说命》的解释表示异议。

那么，贾逵、唐固以《书》为《说命》，是否表明他们看到过《说命》完篇呢？其实，贾逵、唐固与韦昭一样，也是根据《书序》事实的相关性来推断的，并不代表他们真见过今传本古文《尚书·说命》篇。在今文《尚书》中，一些诰命体的篇章，除记录诰命之辞外，相关史事每每连类而及。如《尚书·洛诰》既有"周公曰"，又有"王若曰"，还有"王在新邑烝"等相关叙事。又如《尚书·顾命》书序说："成王将崩，命召公、毕公率诸侯相康王，作《顾命》。"但该篇实际所记，有成王顾命之辞，也有"惟四月哉生魄，王不怿"等背景资料，以及成王殁后丧礼和康王继位仪式。这说明《尚书》中的诰命体，并非仅限于收录诰辞或命辞，相关史事亦时有记录。贾逵、唐固以"以余正四方"数语为《说命》之文，正是依据《尚书》体例作出的判断，并不意味着当时尚有《说命》传世，并为其所亲见。贾逵为古文经学家，但所传《尚书》为漆书杜林本，与《说命》篇无关。至于唐固，与韦昭基本是吴国同一时代的学者。《三国志·吴书·唐固传》载："唐固亦修身积学，称为儒者，著国语、公羊、榖梁传注，讲授常数十人。"如果唐固能看到《说命》篇，学术地位比唐固要高的韦昭又怎么可能不曾知见呢？

从以上分析可以看出，西汉所出各种《古文尚书》内无《说命》篇，自东汉至三国所传《古文尚书》亦无《说命》篇，贾逵、王逸、郑玄、唐固、韦昭等学者均未见过《说命》篇，所以今传孔传本古文《尚书》包括《说命》在内的二十五篇，由梅鹫、阎若璩等学者断为晚出伪作，并非冤假错案。基于此，在目前尚无确凿证据以及考古材料支持的情况下，还不宜轻翻此案。这样，以古文《尚书·说命》作为研究傅说思想的文献资料，也就不甚可取了。

二　关于傅说的社会身份问题

傅说未做商王武丁的宰辅之前，其社会身份据说是相当低贱的。屈原《离骚》云："说操筑于傅岩兮，武丁用而不疑。"此以傅说为傅岩服役的建筑工。《吕氏春秋·求人》云："傅说，殷之胥靡也。"则谓傅说这个建筑工是以胥靡的身份来服役的。继后，西汉贾谊《鵩鸟赋》亦云："傅说胥靡兮，乃相武丁。"又《史记·殷本纪》云："是时说为胥靡，筑于傅险。"表明傅说在入相之前，身为胥靡，是战国以后的流行说法。

何为胥靡？历代注家说法很多，但大体都认为是一种刑罚。如高诱注《吕氏春秋》云："胥靡，刑罪之名也。"胥、靡二字，甲骨金文未见，商周时期有无这种刑罚，情况不明。但银雀山竹简本《尉缭子》云："故今世千金不死，百金不胥靡。"这是说用一百金即可免去胥靡之刑，表明战国后期这种刑罚相当普遍。对刑罪主要的惩罚手段是役作，"刑徒要戴上铁钳釱，脸上施以黥墨，实际上刑徒是被官府当作奴隶一样来役使的。""较重的罪犯必须服满三年之役才有可能获释。"[①] 这是战国时期胥靡的大致情

---

① 吴荣曾：《胥靡试探——论战国时的刑徒制》，《中国史研究》1980年第3期。

形。所谓"傅说胥靡",应是战国时人依其身份的相近性,拿当时制度比况殷制的一种说法。今日学者大都认同此说,称武丁"用奴隶傅说做宰相"①,或谓"傅说是奴隶出身,武丁擢以为相"②均其例。

傅说为奴隶出身,仅就其服刑时的身份来说,或相近似。但是,傅说在行役前是否奴隶,这就需要认真分析了。因为一个处在社会底层的人,没有政治经历,缺少执政才干,一下子从奴隶到宰相,就能担当起辅君治国的重任,恐怕不是一件容易办到的事。这与从奴隶到将军,可以恃其勇武,挥戈沙场,建功立业,是大不相同的。基于这种考虑,我们对文献上关于傅说另一种身份的记载就不能不重视了。

《墨子·尚贤下》说:"昔者傅说居北海之洲,圜土上,衣褐带索,庸筑于傅岩之城。"这里说到的"圜土",即是牢狱。傅说身陷牢狱,则为犯罪之人。"庸筑"之时,"衣褐带索",已无人身自由。《墨子·尚贤中》亦云:"傅说,被褐带索,庸筑乎傅岩。"此"庸"与"佣(傭)"通,是说傅说为人雇佣,代服刑役。《韩非子·难言》称"傅说转鬻",王先慎集解云:"转次而佣,故曰鬻。"也是说傅说受雇于人,代为役作。《史记·游侠列传》云:"傅说匿于傅险"。今传《古文尚书·说命上》伪孔传云:"傅氏之岩在虞虢之界,通道所经,涧水坏道,常使胥靡刑人筑护此道。说贤而隐,代胥靡筑之以供食。"《水经注·河水四》谓"傅说佣隐"。均谓傅说代人行役,是一种聊解衣食之忧的隐匿行为。依此看来,傅说并非真是犯罪的刑徒,而是身怀韬略的隐士,只是归隐的方式较为特别罢了。

把傅说的身份归为隐士,与《史记·殷本纪》称武丁得傅说"与之语,果圣人",有其杰出思想表现是相符合的。这从古籍所引《说命》片断中,即可略见端倪。

《礼记·缁衣》引《说命》曰:"惟口起羞,惟甲胄起兵,惟衣裳在笥,惟干戈省厥躬。"郑注:"'惟口起羞',当慎言语也。'惟甲胄起兵',当慎军旅之事也。'惟衣裳在笥',当服以为礼也。'惟干戈省厥躬',当恕已不尚害人也。"这是说作为君王,口出为令,不能作出蒙羞的决策;甲胄用于伐罪,不要反被兵戎所害;朝服所赐,不可加非其人;兴师征伐,不可妄加无罪。认为君王发号施令,特别是用兵、授命方面,事关大局,尤须谨慎,轻率决策会给国家和民众带来祸殃。

《缁衣》又引《说命》曰:"爵无及恶德。民立而正事,纯而祭祀,是为不敬。事烦则乱,事神则难。"郑注:"言君祭祀,赐诸臣爵,毋与恶德之人也。民将立以为正,言放(仿)效之疾。事皆如此,而以祭祀,是不敬鬼神也。恶德之人使事烦,事烦则乱,使事鬼神又难以得福也。"这是说国君不能对道德败坏之人加官晋爵,否则民众竞相仿效,正不压邪。特别不能让这种人主掌祭祀,亵渎神灵。主张君王治国,要任贤使能,给民众树立一个为政以德的良好形象。

《礼记·学记》凡三引《说命》,一曰"念终始典于学。"孔疏:"言恒思念,从始至终,习礼典于学也。"二曰"学(教)学半。"孔疏:"言教人乃是益已学之半也。"三曰"敬孙务时敏,厥修乃来。"孔疏:"当能敬重其道,孙(逊)顺学业,而务习其

---

① 范文澜:《中国通史》(第一册),人民出版社1978年版,第41页。
② 郭沫若主编:《中国史稿》(第一册),人民出版社1977年版,第163页。

时，疾速行之"，"则其所修之业乃来"。这是说君王要始终重视教育的作用，以学习礼典达到化民成俗的教育目的。施教者的教学活动，半是传道授业过程，半是自我提高途径。受教者要重道逊业，学以时进，知行合一。强调教育在治国方略中的重要地位，主张教与学、知与行的辩证统一。

上述《说命》所体现出的傅说治国思想，即使在今天看来，也都是富有高度和启发意义的。特别是对教育的地位和作用、教与学的有关原则与方法的认识，没有一定的社会地位和阅历是无从体会并加以总结的。而这一切，对于一个身处社会底层的人来说，显然是难以做到的。由此看来，与其说傅说出身奴隶，不如说他是一个隐士更近情理。

《水经注·河水四》云："河水又东，沙涧水注之。水北出虞山，东南径傅岩，历传说隐室前，俗名之为圣人窟。孔安国《传》：传说隐于虞、虢之间，即此处也。傅岩东北十余里，即巅軨坂也，《春秋·左传》所谓入自巅軨者也。"《左传》僖公二年杜注："河东大阳县东北有颠軨坂。"又《史记·殷本记》正义引《括地志》云："傅险即傅说版筑之处，所隐之处窟名圣人窟，在今陕州河北县北七里。"汉置大阳县，北周改为河北县，地在即今山西平陆县。可见傅说行役之地的傅岩，已远在商王畿之外。这里在虞国未建之前，当是商朝所属某方国的辖地，而傅说即为该国隐士。

傅说游离于本国社会上层，甚至跑到刑徒队伍中混饭吃，是何缘故今所不明，不知是否受到相貌方面的影响。《荀子·非相》说："傅说之状，身如植鳍。"王先谦《集解》引郝懿行曰："鳍在鱼之背，立而上见，驼背之人似之。"或许傅说作为驼背之人，不能受到本国上层社会的赏识。这反倒给商王武丁提供了知遇傅说的机缘。

《尚书·无逸》云："其在高宗（武丁），时旧劳于外，爰暨小人。"孔疏："在即位之前，而言久劳于外，知是其父小乙使之久居民间，劳是稼穑，与小人出入同为农役，小人之艰难事也。"武丁被其父小乙置放民间，由此深知稼穑之艰难，并有机会结识民间有识之士。可能就在这个期间，武丁认识了傅说。《史记·殷本纪》说："武丁夜梦得圣人，名曰说。以梦所见视群臣百吏，皆非也。于是乃使百工营求之野，得说于傅险中。"这里说武丁即位后"梦得圣人"，不过是在迷信深沉的社会环境中延揽贤才、以厌人心的一种政治技巧而已。

《国语·楚语上》说：武丁"使以象梦旁求四方之贤，得傅说以来，升以为公，而使朝夕规谏，曰：'若金，用女作砺。若津水，用女作舟。若天旱，用女作霖雨。启乃心，沃朕心。'"武丁把傅说看作磨刀的砺石，渡河的舟楫，天旱的甘霖，事事虚心听取傅说的规谏，以减少决策过程中的过失，这无疑是促成王业中兴的重要因素。傅说以此名垂青史，不亦宜乎！

原文出处：《先秦史研究动态》2009 年第 2 期。
作者单位：天津师范大学科研处

《说命》三篇注译

王安溪

说命上

高宗梦得说,使百工营求诸野,得诸傅岩。作《说命》三篇。

王宅忧,亮阴三祀。既免丧,其惟弗言,群臣咸谏于王曰:"呜呼!知之曰明哲,明哲实作则。天子惟君万邦,百官承式。王言惟作命,不言,臣下罔攸禀令。"王庸作书以诰,曰:"以台正于四方,惟恐德弗类,兹故弗言。恭默思道,梦帝赉予良弼,其代予言。"乃审厥象,俾以形旁求于天下。说筑傅岩之野,惟肖,爰立作相,王置诸其左右。命之曰:"朝夕纳诲以辅台德。若金,用汝作砺;若济巨川,用汝作舟楫;若岁大旱,用汝作霖雨。启乃心,沃朕心,若药弗瞑眩,厥疾弗瘳;若跣弗视地,厥足用伤。惟暨乃僚,罔不同心以匡乃辟。俾率先王,迪我高后,以康兆民。呜呼!钦予时命,其惟有终。"说复于王曰:"惟木从绳则正,后从谏则圣。后克圣,臣不命其承,畴敢不祗若王之休命?"

注释

[高宗] 殷商高宗武丁。

[百工] 百官。《尧典》:"允厘百工,庶绩咸熙。"《孔传》:"工,官。"

[傅岩] 今山西平陆县城。

[王] 指高宗武丁。[宅] 居。[忧] 居父母之丧。这里指武丁居父亲小乙的丧。

[亮阴] 又作"谅阴"、"凉阴"、"亮音"、"梁音"。帝王居丧。《礼记·丧服四制》:"高宗谅阴,三年不语。"又作实在沉默。马融说:"亮,信也。阴,默也。为听于冢宰,信默而不言。"

[明哲] 明智,通晓事理。哲,聪明有才能。

[承] 奉。[式] 法式,法令。

[攸] 所。[禀] 受。

[台] 我。[正] 作为仪表、法式。

[四方] 天下。

[赉] 赏赐。[良弼] 贤良辅弼。

［厥象］梦中人的形象。
［旁求］四处寻求。
［筑］捣土使之坚实。《孟子·告子下》："傅说举于版筑之间。"
［朝夕纳诲］进谏。
［若］如果。［金］金属。这里指铁器。
［砺］磨刀石。
［济］渡河。［川］河流。
［舟楫］船和桨。
［霖雨］久下不停的雨。
［启］开启。［乃］你的。
［沃］浇灌。［朕］我的。
［瞑眩］头昏眼花。
［瘳］病好了。
［跣］赤脚。
［僚］僚属，下属官员。
［匡］匡正，纠正。
［辟］君的过错。
［迪］踏。［高后］指成汤。
［兆］古代指万万，表示极多。
［绳］绳墨。木工做的墨线。
［畴］谁。［祗］恭敬。
［休］美好。

译文

这一段的大意是，武丁以梦得了傅说，君臣遇合。武丁说，你（傅说）早晚要赐教于我，帮助我修法。比如说我是铁器，你就是励铁的磨刀石，使铁器变得锋利；如我要渡大河，你就是大船和桨，把我送过河；如果年岁大旱，你就是霖雨，浇灌我的心田不至于干涸；再打个比方，吃了药若不头晕眼花，就不起作用，病就不会好；也像赤着脚走路不看脚下，脚可能要碰到受伤。所以，希望你同你的下属，一定要同心协力，纠正君王的错误，使我能够遵循着先王的道路，踏着成汤的足迹前进，让天下亿万百姓安居乐业。请你遵从我的政令吧！命令贯彻始终。

傅说回答武丁道，我很高兴地看到君王对自己寄予厚望。啊！木头经过木工用的墨线，就会砍得正直，君王如能接受谏言，君王就能圣明。那么，为臣的以后就不必等待君王的命令，主动向君王提出意见。

"君圣臣直，君暗臣佞"，一般说来，君王起着主导作用。武丁之虚怀若谷才能换得傅说的竭诚敢谏，当然，傅说的才华也是决定性的。

说命中

惟说命总百官，乃进于王曰："呜呼！明王奉若天道，建邦设都。树后王君公，承

以大夫师长，不惟逸豫，惟以乱民。惟天聪明，惟圣时宪，惟臣钦若，惟民从义。惟口起羞，惟甲胄起戎，惟衣裳在笥，惟干戈省厥躬。王惟戒兹，允兹克明，乃罔不休。惟治乱在庶官。官不及私昵，惟其能；爵罔及恶德，惟其贤；虑善以动，动惟厥时。有其善，丧厥善；矜其能，丧厥功；惟事事乃其有备，有备无患；无启宠纳侮，无耻过作非。惟厥攸居，政事惟醇。黩于祭祀，时谓弗钦。礼烦则乱，事神则难。"王曰："旨哉！说。乃言惟服。乃不良于言，予罔闻子行。"说拜稽首，曰："非知之艰，行之惟艰。王忱不艰，允协于先王成德，惟说不言有厥咎。"

注释

〔命〕接受王命。〔总〕经理，统管。

〔进〕进谏，献策。

〔时〕通"是"，代词。〔宪〕效法，模仿。

〔钦〕恭敬。〔若〕顺从。

〔口〕这里是指说话，意思是随意发号施令。〔起〕引起，招来。〔羞〕羞辱。

〔甲胄〕铠甲和头盔。〔戎〕兵戎，战争。

〔衣裳〕指官服。〔笥〕一种装衣物的方形竹器。

〔庶〕众。

〔昵〕亲近。

〔爵〕爵位。这里是指帝王赐给朝廷官员的爵位，即公、卿、大夫、士等。〔恶德〕品德不好的人。

〔有其善〕自己认为好。

〔矜〕自夸。

〔无〕通"毋"。〔启〕开启。〔宠〕宠幸，宠爱。

〔纳〕入。收进。〔侮〕轻慢。

〔耻过〕以过为耻。把过错当作耻辱。〔非〕不对。

〔攸〕所。〔居〕居止。行为举止。

〔醇〕通"纯"。纯粹，完美。

〔黩〕轻慢，不庄重。

〔旨〕美。

〔罔闻〕听不到。〔行〕做。

〔忱〕真诚。

〔允〕的确。〔协〕合。〔成〕盛。

〔咎〕过错。

译文

这一段的大意是，傅说接受王命总理文武百官后，开始向武丁进谏言。他说"君王顺天建邦，设置都城，立天子，封诸侯，接着又任命各级王室官员，不能让他们安逸享乐，而是让他们治理安抚百姓"，也就是现在所说的为人民服务。

傅说进一步对武丁陈言，要使天下百姓安居乐业，国泰民安，对君王来说：①不要轻易发号施令，使百姓无所适从；②不能随便动用军队，容易引起战祸；③赏罚要严明，官服放在箱子里，不可轻易赏赐人，同时要看看被赏赐的官吏是否称职；④兵器藏在府库中，不可轻易授予人，必须深切洞察被授予的将帅能否胜任。君王如果能从以上四个方面有所戒备的话，确能使政治清明，保持社会安定。

他认为一个国家的太平或动乱，重要的在于百官，这个要特别注意，任用官职时要回避自己偏爱和接近的人。爵位不要赏赐品德不好的人，着重观其贤德。你认为是善政就可行动，而行动还要选择机遇。自以为有善而人家不承认，反而丧失了自己的业绩。自己夸耀自己才能而人家不承认，反而丧失了自己的功劳。做任何事情，事前都要有准备，有备才能无患。不要宠爱小人而自讨轻侮，不要认为有过错是羞耻而文过饰非。

武丁接着说："傅说，您说的话真好呀！令人信服，真乃良言也，我不能置若罔闻呀。"

傅说下拜叩头说："非知之艰，行之惟艰。"就是说相信我的话也不难，总要想法实行起来，不但合乎道理，而且符合先王成汤的大德，所以我要说出来，如果不说就有过错了。

说命下

王曰："来！汝说。台小子旧学于甘盘。既乃遁于荒野，入宅于河。自河徂亳，暨厥终，罔显。尔惟训于朕志，若作酒醴，尔惟麴；若作和羹，尔惟盐梅。尔交修予。罔予弃，予惟克迈乃训。"说曰："王，人求多闻。时惟建事，学于古训乃有获。事不师古，以克永世，匪说攸闻。惟学逊志，务时敏，厥修乃来。允怀于兹，道积于厥躬。惟教学半，念终始典于学，厥德修罔觉。监于先王成宪。其永无愆。惟说式克钦承，旁招俊乂，列于庶位。"王曰："呜呼！说，四海之内咸仰朕德，时乃风。股肱惟人，良臣惟圣。昔先正保衡作我先王，乃曰：'予弗克俾厥后惟尧舜，其心愧耻若挞于市。一夫不获，则曰时予之辜。佑我烈祖格于皇天。尔尚明保予，罔俾阿衡专美有商。惟后非贤不乂，惟贤非后不食。其尔克绍乃辟于先王，永绥民。'"说拜稽首，曰："敢对扬天子之休命！"

注释

［遁］逃避。

［宅］居住。［河］黄河边。

［徂］往。

［暨］到。

［于］大，远大，用作动词。《方言》："于，大也，于，通语也。"

［朕］我的。［志］志向，抱负。

［若］如果。［醴］甜酒。

［麴］酿酒或制酱时引起发酵的块状物，用某种霉菌和大麦、大豆、麸皮等制成。

［和］掺和。［羹］用肉或菜调和五味做成的带汁的食物。

［梅］青梅，有酸味，可作调味品。

［尔交修予］意思是你要在多方面训导我，让我修德。

［罔予弃］不要厌弃我。
　　［匪］通"非"。［攸］所。
　　［逊］谦逊。［志］心意。
　　［务］致力，追求。［敏］努力，奋勉。
　　［允］相信。［怀］想念。
　　［躬］自身。
　　［斅（xiao）］《孔传》："斅教也。教然后知所困，是学之半。"
　　［典］从事。
　　［修］完善。［罔觉］不觉得。自己没有感觉到。
　　［监］通"鉴"，借鉴。［成宪］现成的法律。
　　［永］长久。［愆］过错。
　　［式］用，因此。［承］承受，接受。
　　［旁］普遍，广泛。［招］召集，求得。［俊乂］有才能的人。马融说："才德过千人为俊，百人为乂。"
　　［列］排列，安排。［庶］众。［位］官位，职位。
　　［正］这里指长官。［保衡］均指伊尹也。
　　［俾］使。［后］这里指成汤。
　　［格］嘉美，赞美。
　　［专］独有。
　　［绥］安抚。

译文
　　这一段的大意是，武丁诚恳地向傅说求教，他坦率地对傅说说："以前我向甘盘学习，他跑到荒野居住在黄河边，后来从黄河边来到亳，感到品德、学业没有明显的进步。您应当好好训导我，使我具有远大的志向。如果我要作甜酒，您就是发酵的曲和蘖；如果我要做羹汤，您就是调味品的盐和梅。您要从各方面训导我，不要厌烦不理睬，我一定能履行您训导我的话。"
　　傅说接着说："我的王啊！一个人要识见多阅，要想建立一番事业，只有多学习古人的教导，才能有所收获。干事业不向古人学习，要想达到国家长治久安永保太平，我傅说从来没有听说过。学习古人才能自己心志谦虚，干起来就会得心应手。使自己的品德得到完善。相信并且记住这一点，道要靠自身积累。教只是学的一半，自始至终念念不忘学习，道德会不知不觉地逐步完善，借鉴先王成汤的法律，就会长久没有过失。我傅说因此能奉行您的旨意，广泛接纳天下有才能的人，把他们安排到各种职位上去。"
　　武丁最后说："啊！傅说，全国上下都景仰我的品德，这是您的教化，有脚手才能成人，有良臣才能成圣，从前先王的师长保衡使我们的商朝兴起。他常说：'我不使我的君王成为尧舜，我内心感到惭愧和羞耻，就好像在市上被人打了鞭子一样。而且普天下如果有一个百姓得不到安置，那就是我的罪过。'因此，他辅佐我先王成汤，建立了丰功伟业，被皇天赞美。现在继阿衡而起的是你傅说呀！你辅佐我，不要让阿衡一人在商朝独享其美名。君王没有贤臣不能治理国家,贤臣没有君王不能取得俸禄。您能使您的君王继承先王的事业,而长久地安抚百姓啊!"

原文出处:原载《傅圣文化》2005年第2期。
作者单位:山西平陆县政协

古文《尚书·说命》篇今注今译研究

郭永琴　潘庆梅

古文《尚书》自宋代始就被怀疑为伪书，明代梅鷟作《尚书考异》定其为伪书。清代阎若璩作《古文尚书疏证》、惠栋作《古文尚书考》揭发其作伪来源。丁晏《尚书余论》认为它是三国时期魏人王肃所作。古文尚书经此被公认为伪作。大多数学者对古文《尚书》都不敢涉及，生怕犯常识性错误。所以，我们看到的有关《尚书》的今注今译中，收入古文《尚书》的极少。但是，是不是说古文《尚书》就是伪书呢？现在看来这个问题值得商榷。本文主要是对古文《尚书》的《说命》篇进行研究。研究的重点放在今人对《说命》篇的今注今译上。全文主要从收集到的各家今注今译入手，首先对古文《尚书》真伪和《说命》篇稍加评论，然后分析比较各家在注译上的分歧。最后笔者将在此基础上对《说命》三篇重新作一简注。

《说命》篇是梅赜古文《尚书》之十一。分上、中、下三篇。记录的全是关于傅说的命辞和讲话。（周秉均：《白话尚书》第297页，岳麓书社1990年第1版）孔颖达《尚书正义》对其主旨有如下概括："此三篇上篇言梦说，始求得丽命之；中篇说既总百官，戒王为政；下篇王欲师说而学，说报王为学之有益，王又历说以伊尹之功，相对以成章"。这一概括虽不够全面，但大体正确。

《史记·殷本纪》记载："帝小乙崩，子帝武丁立。帝武丁即位，思复兴殷，而未得其佐。三年不言，政事决定于冢宰，以观国风。武丁夜梦得圣人，名曰说。以梦所见视群臣百吏，皆非也。于是乃使百工营求诸野，得说于傅险中。是时说为胥靡，筑于傅险。见于武丁。武丁曰是也。得而与之语，果圣人，举以为相，殷国大治。故遂以傅险姓之，号曰傅说。"据此可知，《说命》篇所记史实与《史记·殷本纪》所记相差不远，故而《说命》篇的价值不应被低估。

今人所注《尚书》中有古文《说命》篇的，笔者收集到的大致有以下六种：

一、江灏、钱宗武著，周秉均审校《今古文尚书全译》贵州人民出版社1990年版；

二、周秉均《白话尚书》岳麓书社1990年版；

三、黄怀信《尚书注训》齐鲁书社2002年版；

四、李民、王建撰《十三经译注·尚书译注》上海古籍出版社2004年版；

五、陈戍国《尚书校注》岳麓书社 2004 年版；

六、王安溟《说命三篇注译》，《傅圣文化》第 10—13 页 2005 年第 2 期。

以上六种中对《说命》篇的译注在体例上大致相同，均可分为题解、原文、注释、译文四大部分，只有陈戍国书稍为例外，其在注释时不拘泥于对个别字词的解释，注重对诸家不同说法的比较，往往得出颇有见地的结论，且常能从整句整段着眼，注重对篇章大意的分析，其书虽未对《说命》篇作出今译，但在笔者看来对于理解整篇大意并无大碍。此外江灏、钱宗武的《今古文尚书全译》和黄怀信的《尚书注训》均将此篇之序纳于《说命上》，作为上篇的首句。李民、王建所撰《尚书译注》在上篇的题注中提到序，王安溟先生的译注中亦有，而其他两书则无。

以上六种中对《说命》篇所作之注相同相近者甚多，下面仅将各书分歧较大者作简要分析。

其一，"亮阴"。关于"亮阴"的解说历来分为两种，一为马融所主张的解释为"信默"，一为伏生、郑玄所主张的解说为"梁闇"，"居倚庐"。黄怀信和陈戍国认为应该从"梁闇"说，周秉均认为应该从"信默"说，另外两书则两说兼用或只取其意。多将其解释为"三年不理朝政"。《尚书大传》："《书》曰：'高宗梁闇，三年不言'。何谓梁闇也？传曰：高宗居倚庐，三年不言，百官总己以听于冢宰而莫之违，此之为梁闇。"以此观之，把"亮阴"看成是"梁闇"的假借词，解释为"居倚庐"更合理。

其二，"既免丧，其惟弗言"。"言"字一般解释为说话，在此引申为不理朝政比较贴切。但在译文中黄怀信和江灏、钱宗武仍然将其直译为不说话，笔者认为欠妥，亦不符合实际。

其三，"若金，用汝作砺"。此处的"金"字，除李民、王建认为当指铜，陈戍国未作解释外，其余皆认为指铁。此"金"字在全文中虽无关大旨，但由于商代是否存在人工冶铁目前还无法确定，所以还是解释为铜更为妥当。

其四，"惟衣裳在笥，惟干戈省厥躬"。对于这句话的解释，周秉均的解释与别人大为不同。一般认为这两句是互文，大体意思是，对于宫服和武器，都要查看服用的人，然后才能发放。周秉均也认为这两句应该互文见义，但由于他把"省"通为"眚"，解释为"灾祸，伤害"，这样就使句子的意思大变，解释为"衣裳放在箱子里不用来奖励，会损害自己；干戈放在府库里不用来讨伐，会伤害自身。"这种解释虽然也说得过去，但却与本段甚至整篇大意相抵牾，是不合理的。

其五，"黩于祭祀"。除陈戍国外，其余均将"黩"解释为"轻慢，亵渎"。陈戍国认为这种解释不妥，他认为古文《说命》的作者是张冠李戴，把"黩祀"之误强加给武丁，以示《说命》之可信。此说牵涉太多，在此暂且不论。

其六，"念终始典于学"。"典"字，各人解释均有差别，黄、李、王、江、钱分别将其释为主，常和从事，但在全句的意思上看法却大致相同，无非是强调学习要自始至终，念念不忘要重视学习。独有周秉均把"典"字作"法，取法"讲，认为这句话的意思是"思念终和始取法于学"。笔者认为由于后面一句的意思是"道德就会不知不觉地增长，完善"，所以"念终始典于学"还是解释为"学习要自始至终念念不忘"更符合逻辑。"典"作"取法"讲虽然也可通，但放到整个句子中，就颇为牵强了。

总之，虽然一些字句具体解释上今人的观点有所分歧，但在全篇的大意上还是没有什么差别的，为了便于学习和研究，笔者在此基础上对《说命》三篇重新做了一个简注。

《尚书·说命》三篇新注：

说命上

高宗梦得说，使百工营求诸野，得诸傅岩，作《说命》三篇。（此为序）

王宅忧，亮阴三祀。既免丧，其惟弗言。群臣谏于王曰："呜呼！知之曰明哲，明哲实作则。天子惟君万邦，百官承式。王言惟作命，不言，臣下罔攸禀令。"

王庸作书以诰曰："以台正于四方，台恐德弗类，兹故弗言。恭默思道，梦帝赉予良弼，其代予言。"乃审厥象，俾以形旁求于天下。说筑傅岩之野，惟肖，爰立作相，王置诸其左右。

命之曰："朝夕纳诲，以辅台德。若金，用汝作砺；若济巨川，用汝作舟楫；若岁大旱，用汝作霖雨。启乃心，沃朕心。若药弗瞑眩，厥疾弗瘳；若跣弗视地，厥足用伤。惟暨乃僚，罔不同心以匡乃辟，俾率先王，迪我高后，以康兆民。呜呼！钦予时命，其惟有终！"

说复于王曰："惟木从绳则正，后从谏则圣。后克圣，臣不命其承，畴敢不祗若王之休命？"

注：

高宗：商王盘庚的弟弟小乙的儿子武丁，商第二十三代君，因为德高被尊为高宗。

说：武丁梦中得到的贤人，后为其相。

百工：百官。《尧典》："允厘百工，庶绩咸熙。"《孔传》："工，官。"营：经营。诸：之于。野：野外。

傅岩：地名，在今山西平陆。

王：高宗武丁。宅：居。忧：父母之丧。宅忧：即居父母之丧。商有无居丧之礼，无充足证据，暂存疑。

亮阴：孔传解释为信默，而郑玄认为是"梁闇"，指高宗居忧于倚庐之中。此为伏生说法，今从伏生之说。祀：年。

免丧：服丧期满。其：武丁。弗言：不亲理朝政。

明哲：明智，《孔传》："知事则为明智，明智则能制作法则。"则，法则。

君：统治。万邦：天下四方。

承：奉。式：法式，法令。

命：命令。攸：所。禀：受。

庸：用。诰：告诫，帝王的命令。

台：我。正：表正，作为仪表、法式。四方：天下。

类：善。

默：幽静。道：治理天下的方法。

赉：赏赐。良弼：贤良的辅臣。

审：详细。厥象：梦中人的形象。

俾：使。旁：普遍。旁求：广求。

筑：捣土使之坚实。傅岩：在今山西平陆县。

肖：相似，（孔传）："似，似所梦之形。"

爰：于是。立：推举。相：冢宰。置：安置，放置。

命：任命官吏时发布的政令。纳诲：进谏有教诲的言论。台：我。

若：如果。金：金属器，以青铜器可能性最大。砺：磨刀石。

济：渡过。川：河流。舟楫：船和桨。霖雨：《孔传》："霖，三日雨，霖以救旱。"《左传·隐公九年》："凡雨自三日以往为霖。"故当为久下不停的雨。

启：开启。沃：浇灌。

瞑眩：眼睛昏花。《孔传》："如服药，必瞑眩极，其病乃除。"正义曰："瞑眩者，令人愤闷之意也。《方言》云：'凡饮药而毒，东齐海岱间或谓之瞑，或谓之眩。'……然则药之功病，先使人瞑眩愤乱，病乃得瘳。"瘳：病愈。

跣：赤脚。暨：与，同。僚：下属官员。匡：正。辟：君王。

俾：使。率：循。迪：蹈，踏。高后：成汤。

康：安。

钦：敬。时：通"是"，这。

绳：木工用的墨线。后：君王。圣：圣明。克：能。命：命令，命辞。承：奉。

畴：谁。祗：敬。休：美好。

《说命上》新译：

高宗梦见得到一个叫说的贤人，派百官到外野去寻找，在傅岩这个地方找到了他，作了《说命》三篇。（此为序）

武丁居丧，在倚庐里住了三年。服丧期满，他还是不理朝政。群臣向王进谏说："啊！通晓事理叫明智，明智就可作法则。天子统治万国，百官遵奉法令。王的话就是命令，不说话，臣下就不知所从。"

王因此作书告诫群臣说："以我作为四方的表率，我恐怕德行不够好，因此不敢说话。我恭敬地默默思考治理天下的方法，梦到上帝赐给我贤良的辅臣，他将代我发言。"于是详细地把梦中人的形象描述出来，让人拿着图像到天下四处寻找。傅说在傅岩这个地方筑路，跟图像非常相似，于是武丁立他为冢宰，把他安置在自己身边。

王命令他说："早晚进谏有教诲的言论，辅助我提高德行。就像制作铜器，用你作磨石；就像渡大河，用你作船和桨；就像遇到大旱的年成，用你作久下不停的雨。开启你的心，浇灌我的心。就像喝了药不头晕眼花，疾病就不能痊愈；就像赤脚走路不看地面，脚就会受伤。与你的下属官员一起，匡正你的君王，使君王遵循先王，踏着成汤的足迹，来安定万民。啊！敬顺这个命令，就会有好的结果！"

傅说答复王说："木头用墨线弹过才能砍削正直，君王听从劝谏才能圣明。君王能够圣明，臣下不等命令就将奉行，谁敢不恭顺王的美命？"

说命中

惟说命总百官，乃进于王曰："呜呼！明王奉若天道，建邦设都，树后王君公，承以大夫师长。不惟逸豫，惟以乱民。惟天聪明，惟圣时宪，惟臣钦若，惟民从义。惟口起羞，惟甲胄起戎，惟衣裳在笥，惟干戈省厥躬。王惟戒兹！允兹克明，乃罔不休。"

"惟治乱在庶官。官不及私昵，惟其能；爵罔及恶德，惟其贤。虑善以动，动惟厥时。有其善，丧厥善；矜其能，丧厥功。惟事事，乃有其备，有备无患。无启宠纳侮，无耻过作非。惟厥攸居，政事惟醇。黩于祭祀，时惟弗钦。礼烦则乱，事神则难。"

王曰："旨哉！说。乃言惟服。乃不良予言，予罔闻于行。"

说拜稽首，曰："非知之艰，行之惟艰。王忱不艰，允协于先王成德。惟说不言。有厥咎。"

注：

命：受王命。总百官：在冢宰之任。进：进言，进谏。

若：顺。天道，《孔传》："天有日月北斗五星二十八宿，皆有尊卑相正之法。"天道即指天象。

邦：指王国和邦国。王国，天子建立的国家。邦国，诸侯的封地。

后王：指天子。《孔传》："言立君臣上下。"君公：诸侯。《正义》："'后王'谓天子也。'君公'谓诸侯也。"承：佐。

逸豫：安逸享乐。乱：治理。

时：同"是"。宪：效法。若：顺。从：服从。义：治。

惟口起羞：指不可随意发布号令。甲胄：铠甲头盔。戎：战争。

衣裳：官服。笥：盛东西的长方形竹器或竹箱。干戈：武器。省：察看。一说同"眚"，灾祸，伤害。

兹：这，指上文口、甲胄、衣裳、干戈四个方面。允：信。《孔传》："言王戒慎此四惟之事，信能明，政乃无不美。"休：美。

庶：众。

昵：亲近。爵：爵位。

虑：考虑。厥时：恰当时机。有：自有。矜：自夸。

事事：做事情。一说任何一件事。皆通。

纳：受。侮：轻慢。耻：以过错为耻辱。

攸：所。居：居行，行为举止。醇：纯粹。

黩：轻慢，亵渎，不敬。时：是。钦：敬。

礼：礼仪。难：困难。

旨：美。服：信服。良：善。罔：不。闻：听。

艰：难。

忱：真心。允：的确。协：合。成：盛。咎：过错。

《说命中》新译：

傅说受命总理百官，于是向王进言说："啊！贤明的君王顺承天象，建立王国和邦国，设立国都，立天子和诸侯，并以百官作为辅佐。不是为了安逸享乐，而是为了治理民众。上天聪明公正，圣明的君主效法它，臣下恭敬地顺从君王，人民顺从治理。号令轻出会招致羞辱，甲胄轻用会引起战争，官服和武器，都要查看服用的人能否胜任，然后才能发放。王一定要警戒这些！真能明白这些，就没有不美好的了。"

"治理国家在于百官，官职不要授给与自己亲近的人，而要授予能者；爵位不要封给品德不好的人，而要封给贤人。考虑好了再行动，行动要把握好时机。自以为善而人家不承认，反而失去了自己善的方面；夸耀自己有才能而人家不承认，反而丧失了自己的功劳。做事要有所准备，有准备就没有后患。不要开启宠幸的口子，以免自讨其辱，不要以过错为耻辱而文过饰非。思考自己的行为举止，政事就不会杂乱。怠慢祭祀就是不敬，礼仪繁杂就会乱，事奉神灵就困难了。"

王说："好啊！傅说，我信服你的话。你如果不善于进言，我就听不到该怎么做了。"

傅说跪拜叩头，说："懂得道理并不难，实行起来就难了。王诚心就不难，的确合于先王的盛德，我傅说如果不进言，就是我的过错了。"

说命下

王曰："来！汝说，台小子旧学于甘盘，既乃遯于荒野，入宅于河，自河徂亳，暨厥终罔显。尔惟训于朕志，若作酒醴，尔惟麴糵；若作和羹，尔惟盐梅。尔交修予，罔予弃，予惟克迈乃训。"

说曰："王！人求多闻，时惟建事。学于古训乃有获；事不师古，以克永世，匪说攸闻。惟学逊志，务时敏，厥修乃来。允怀于兹，道积于厥躬。惟教学半，念终始典于学，厥德修罔觉。监于先王成宪，其永无愆。惟说式克钦承，旁招俊乂，列于庶位。"

王曰："呜呼！说，四海之内咸仰朕德，时乃风。股肱惟人，良臣惟圣。昔先正保衡作我先王，乃曰：'予弗克俾厥后惟尧舜，其心愧耻，若挞于市。'一夫不获，则曰：'时予之辜。'佑我烈祖，格于皇天。尔尚明保予，罔俾阿衡专美有商。惟后非贤不义，惟贤非后不食。其尔克绍乃辟于先王，永绥民。"

说拜稽首，曰："敢对扬天子之休命。"

注：

台小子：商王武丁自称。甘盘：商代贤臣。

遯：回避。《孔传》："其父欲使高宗知民之艰苦，故使居民间。"宅：居。河：黄河，此当指黄河边。

徂：往。亳：商国都。暨：到。显：明显。

训：一说为教，一说为顺。

醴：甜酒。麴糵：酿酒时所用的发酵物，酒母。和：调和。羹：肉汤。盐梅：《孔传》："盐，咸。梅，醋。羹须盐醋以和之。"

交：多方面。修：治。迈：行。

时：是。古训：古先圣之训。乃：才。

师：效法。永世：世世代代。攸：所。
逊：谦逊。务：致力。敏：努力。来：伸展，增长，意指所修之德会不断增多。
允：信。躬：自身。
教：教。念：注意力，心思。典：从事。
修：完善。罔觉：不知不觉。
监：借鉴。成宪：成法。愆：过。
式：用。钦：敬。承：受。
俊乂：才智出众的人。庶：众。位：职位，官位。
咸：都。仰：敬仰。时：此。乃：你的。风：教化。
股：大腿。肱：上臂。
正：长。保衡：即成汤时的大臣伊尹。作：兴起。
克：能。俾：使。后：指成汤。市：集市。
获：得到妥善安置。时：是。
佑：佑助。烈祖：此指成汤。格：嘉许，赞美。
尚：庶儿。明：勉力。保：辅佐。阿衡，即伊尹。
后：君。贤：贤臣。食：任用。
绍：继续，继承。辟：君。绥：安。对：答。扬：称扬。休：美。

《说命下》新译：

王说："来呀！傅说。我从前曾向甘盘学习。不久就到了荒野，住在黄河边，从黄河边回到亳，到最后学业始终没有显著的进步。你当教导我励志，就像制作甜酒，你就是酒母；就像制作羹汤，你就是盐和梅。你要多方面指正我。不要抛弃我，我能遵行你的教导。"

傅说说："大王！人要求博闻，是为了成就事业。从古人的训导中学习才会有收获；做事不效法古训，而国家能够长治久安的，我还没有听说过。学习要心志谦逊，务必时刻努力，道德才能积累增多。相信并记住这些，所学就会在自己身上积累。教与学各占一半，学习要自始至终，念念不忘，道德就会不知不觉地增长。借鉴先王的成法，就永远没有过失。我因此能够奉行您的命令，广招天下贤才，把他们安排在各种职位上。"

王说："啊！傅说，天下人都敬仰我的德行，这是你教导所致。手足完备才称得上完人，有良臣才称得上圣明的君主。过去先正保衡辅佐先王，他说'我不能让我的君王像尧舜那样，心里惭愧，就像在集市上被鞭笞一样'。一个人没有得到妥善安置，就说：'这是我的罪过。'保佑我的烈祖，受到厚天的嘉许。你要努力辅佐我，不要让阿衡一个人在殷商独享美名。君王没有贤臣就不能治国，贤臣没有圣主就得不到任用。你要能让你的君王继承先王，长久地安定民众。"

说跪拜叩头，说："我大胆地对答并称扬天子的美命。"

原文出处：原载《傅圣文化》2007年第4期。
作者单位：山西省社会科学院历史研究所、安徽省合肥市第十中学

说儒（节录）

胡 适

在前三章里，我们说明了"儒"的来历。儒是殷民族的礼教的教士，他们在很困难的政治状态之下，继续保存着殷人的宗教典礼，继续穿戴着殷人的衣冠。他们是殷人的教士，在六七百年中渐渐变成了绝大多数人民的教师。他们的职业还是治丧，相礼，教学；但他们的礼教已渐渐行到统治阶级里了，他们的来学弟子，已有周鲁公族的子弟了；（如孟孙何忌，南宫适）向他们问礼的，不但有各国的权臣，还有齐、鲁、卫的国君了。

这才是那个广义的"儒"。儒是一个古宗教的教师，治丧相礼之外，他们还要做其他的宗教职务。《论语》记孔子的生活，有一条说：

乡人傩，"孔子"朝服而立于阼阶。

傩是赶鬼的仪式。《檀弓》说：

岁旱，穆公召县子而问焉，曰，"天久不雨，吾欲暴尪而奚若？"曰，"天久不雨而暴人之疾子，毋乃不可与？""然则吾欲暴巫而奚若？"曰，"天则不雨而望之愚妇人，于以求之，毋乃已疏乎？""徙市则奚若？"曰，"天子崩，巷市七日。诸侯薨，巷市三日。为之徙市，不亦可乎？"

县子见于《檀弓》凡六次，有一次他批评子游道："汰哉叔氏，专以礼许人！"这可见县子大概也是孔子的一个大弟子。（《史记·仲尼弟子传》有县成，字子祺。《檀弓》称县子琐。）天久不雨，国君也得请教于儒者。这可见当时的儒者是各种方面的教师与顾问。丧礼是他们的专门，乐舞是他们的长技，教学是他们的职业，而乡人打鬼，国君求雨，他们也都有事，——他们真得要无所不知无所不能的了。《论语》记达巷党人称孔子"博学而无所成名"，孔子对他的弟子说：

吾何执？执御乎？执射乎？吾执御矣。

《论语》又记：

大宰问于子贡曰："夫子圣者欤？何其多能也？"子贡曰，"固天纵之将圣，又多能也。"子闻之曰，"大宰知我乎？吾少也贱，故多能鄙事。君子多乎哉？不多也。"

儒的职业需要博学多能，故广义的"儒"为术士的通称。

但这个广义的，来源甚古的"儒"，怎样变成了孔门学者的私名呢？这固然是孔子个人的伟大成绩，其中也有很重要的历史的原因。孔子是儒的中兴领袖，而不是儒教的创始者。儒教的伸展是殷亡以后五六百年的一个伟大的历史趋势；孔子只是这个历史趋势的最伟大的代表者，他的成绩也只是这个五六百年的历史运动的一个庄严灿烂的成功。

这个历史运动是殷遗民的民族运动。殷商亡国之后，在那几百年中，人数是众多的，潜势力是很广大的，文化是继续存在的。但政治的势力都全在战胜的民族的手里，殷民族的政治中心只有一个包围在"诸姬"的重围里的宋国。宋国的处境是很困难的；我们看那前八世纪宋国一位三朝佐命的正考父的鼎铭："一命而偻，再命而伛，三命而俯，循墙而走"，这是何等的柔逊谦卑！宋国所以能久存，也许是靠这种祖传的柔道。周室东迁以后，东方多事，宋国渐渐抬头。到了前七世纪的中叶，齐桓公死后，齐国大乱，宋襄公邀请诸侯的兵伐齐，纳齐孝公。这一件事成功（前642）之后，宋襄公就有了政治的大欲望，他想继承齐桓公之后作中国的盟主。他把滕子、婴齐捉了；又叫邾人把鄫子捉了，用鄫子来祭次睢之社，"欲以属东夷"。用人祭社，似是殷商旧俗。《左传》昭公十年，"季平子伐莒，取郠，献俘，始用人于亳社"。这样恢复一个野蛮的旧俗，都有取悦于民众的意思。宋襄公眼光注射在东方的殷商旧土，所以要恢复一个殷商宗教的陋俗来巴结东方民众。那时东方无霸国，无人与宋争长；他所虑者只有南方的楚国。果然，在盂之会，楚人捉了宋襄公去，后来又放了他。他还不觉悟，还想立武功，定霸业。泓之战（前638），楚人大败宋兵，宋襄公伤股，几乎做了第二次的俘虏。当泓之战之前，

> 大司马固谏（大司马是公子目夷，即子鱼。"固"是形容"谏"字的副词。杜预误解"固"为公孙固，《史记·宋世家》作子鱼谏，不误。）曰："天之弃商久矣。君将兴之，弗可赦也已。"（杜预误读"弗可。赦也已。"此五字当作一句读。子鱼先反对襄公争盟。到了将战，他却主张给楚兵一个痛快的打击，故下文力主趁楚师未既济时击之。丁声树先生说"弗"字乃"不之"二字之合。此句所含"之"字，正指敌人。既要做中兴殷商的大事，这回不可放过敌人了。）

这里忽然提出复兴殷商的大问题来，可见宋襄公的野心正是一个复兴民族的运动。不幸他的"妇人之仁"使他错过机会；大败之后，他还要替自己辩护，说，

> 君子不重伤，不禽二毛。……寡人虽亡国之余，不鼓不成列。

"亡国之余"，这也可见殷商后人不忘亡国的惨痛。三百年后，宋君偃自立为宋王，东败齐，南败楚，西败魏，也是这点亡国遗憾的死灰复燃，也是一个民族复兴的运动。但不久也失败了。殷商民族的政治的复兴，终于无望了。

但在那殷商民族亡国后的几百年中，他们好像始终保存着民族复兴的梦想，渐渐养成了一个"救世圣人"的预言，这种预言是亡国民族里常有的，最有名的一个例子就是希伯来（犹太）民族的"弥赛亚"（Messiah）降生救世的悬记，后来引起了耶稣领导的大运动。这种悬记（佛书中所谓"悬记"，即预言）本来只是悬想一个未来的民族英雄起来领导那久受亡国苦痛的民众，做到那复兴民族的大事业。但年代久了，政治复兴的梦想终没有影子，于是这种预言渐渐变换了内容，政治复兴的色彩渐渐变淡

了，宗教或文化复兴的意味渐渐加浓了。犹太民族的"弥赛亚"原来是一个复兴英雄，后来却变成了一个救世的教主，这是一变；一个狭义的，民族的中兴领袖，后来却变成了一个救度全人类的大圣人，这一变更远大了。我们现在观察殷民族亡国后的历史，似乎他们也曾有过一个民族英雄复兴殷商的悬记，也曾有过一个圣人复起的预言。

我们试撇开一切旧说，来重读《商颂》的《玄鸟》篇：

> 天命玄鸟，降而生商，宅殷土芒芒。古帝命武汤，正域彼四方。
> 方命厥后，奄有九有。商之先后，受命不殆，在武丁孙子。
> 武丁孙子——武王靡不胜。龙旂十乘，大糦是承。
> 邦畿千里，维民所止。肇域彼四海，四海来假。
> 来假祁祁，景员维河。殷受命咸宜，百禄是何。

此诗旧说以为是祀高宗的诗。但旧说总无法解释诗中的"武丁孙子"。也不能解释那"武丁孙子"的"武王"。郑玄解作"高宗之孙子有武功有王德于天下者，无所不胜服"。朱熹说："武王，汤号，而其后世亦以自称也。言武丁孙子，今袭汤号者，其武无所不胜。"这是谁呢？殷自武丁以后，国力渐衰；史书所载，已无有一个无所不胜服的"武王"了。我看此诗乃是一种预言：先述那"正域彼四方"的武汤，次预言一个"肇域彼四海"的"武丁孙子——武王"。"大糦"旧说有二：《韩诗》说糦为"大祭"，郑玄训糦为"黍稷"，都是臆说。（朱骏声《说文通训定声》误记《商颂·烈祖》有"大糦是承"，训黍稷；又《玄鸟》有"大糦是承"，《韩诗》训为大祭。其实《烈祖》无此句。）我以为"糦"字乃是"饎"字，即是"艰"字。艰字籀文作䵼，字损为糦。《周书·大诰》，"有大艰于西土，西土人亦不静。""大艰"即是大难。这个未来的"武王"能无所不胜，能用"十乘"的薄弱武力，而承担"大艰"；能从千里的邦畿而开国于四海。这就是殷民族悬想的中兴英雄。（郑玄释"十乘"为"二王后，八州之大国"，每国一乘，故为十乘！）

但世代久了，这个无所不胜的"武王"始终没有出现，宋襄公中兴殷商的梦是吹破的了。于是这个民族英雄的预言渐渐变成了一种救世圣人的预言。《左传》（昭公七年）记孟僖子将死时，召其大夫曰：

> 吾闻将有达者，曰孔丘，圣人之后也，而灭于宋。其祖弗父何以有宋而授厉公。及正考父佐戴、武、宣，三命兹益共，故其鼎铭云："一命而偻，再命而伛，三命而俯。循墙而走，亦莫敢余侮。饘于是，鬻于是，以糊余口。"其共也如是。臧孙纥有言曰："圣人有明德者，若不当世，其后必有达人。"今其将在孔丘乎？

孟僖子死在昭公二十四年（纪元前518），其时孔子已是三十四岁了。如果这种记载是可信的，那就可见鲁国的统治阶级那时已注意到孔子的声望，并且注意到他的家世；说他是"圣人之后"，并且说他是"圣人之后"的"达者"。孟僖子引臧孙纥的话，臧孙纥自己也是当时人称为"圣人"的，《左传》（襄公二十二年）说：

> 臧武仲雨过御叔，御叔在其邑将饮酒，曰，"焉用圣人！我将饮酒而已。雨行，何以圣为！"

臧孙纥去国出奔时，孔子只有两岁。他说的"圣人有明德者，若不当世，其后必有达人"，当然不是为孔丘说的，不过是一种泛论。但他这话也许是受了当时鲁国的殷民族中一种期待圣人出世的预言的暗示。这自然只是我的一个猜想；但孟僖子说，"吾闻将有达者曰孔丘"，这句话的含义是说："我听外间传说，将要有一位达人起来，叫做孔丘。"这可见他听见了外间民众纷纷说到这个殷商后裔孔丘，是一位将兴的达者或圣人；这种传说当然与臧孙纥的预言无关，但看孟僖子的口气，好像民间已有把那个三十多岁的孔丘认作符合某种悬记的话，所以他想到那位不容于鲁国的圣人臧孙纥的悬记说，"今其将在孔丘乎？"这就是说：这个预言要应在孔丘身上了。这就是说：民间已传说这个孔丘是一位将兴的达者了，臧孙纥也有过这样的话，现在要应验了。

所以我们可以假定，在那多数的东方殷民族之中，早已有一个"将有达者"的大预言。在这个预言的流行空气里，鲁国"圣人"臧孙纥也就有一种"圣人之后必有达者"的预言。我们可以猜想那个民间预言的形式大概是说："殷商亡国后五百年，有个大圣人出来。"我们试读《孟子》，就可以知道"五百年"不是我的瞎说。孟子在他离开齐国最不得意的时候，对他的弟子充虞说：

　　五百年必有王者兴，其间必有名世者。由周而来，七百有余岁矣。以其数则过矣；以其时考之则可矣。夫天未欲平治天下也。如欲平治天下，当今之世，舍我其谁也？（《公孙丑》下）

在这一段话里，我们可以看出"五百年必有王者兴"乃是古来一句流行的预言，所以孟子很诧异这个"五百年"的预言何以至今还不灵验。但他始终深信这句五百年的悬记。所以《孟子》最后一章又说：

　　由尧舜至于汤，五百有余岁。……由汤至于文王，五百有余岁。……由文王至于孔子，五百有余岁。……由孔子而来，至于今，百有余岁。去圣人之世若此其未远也，近圣人之居若此其甚也，然而无有乎尔，则亦无有乎尔！（《尽心》下）

这样的低回追忆不是偶然的事，乃是一个伟大的民族传说几百年流行的结果。

孔子生于鲁襄公二十二年（前551），上距殷武庚的灭亡，已有五百多年。大概这个"五百年必有王者兴"的预言由来已久，所以宋襄公（泓之战在前638）正当殷亡后的第五世纪，他那复兴殷商的野心也正是那个预言之下的产儿。到了孔子出世的时代，那预言的五百年之期已过了几十年，殷民族的渴望正在最高度。这时期，忽然殷宋公孙的一个嫡系里出来了一个聪明睿智的少年，起于贫贱的环境里，而贫贱压不住他；生于"野合"的父母，甚至于他少年时还不知道其父的坟墓，然而他的多才多艺，使他居然战胜了一个当然很不好受的少年处境，使人们居然忘了他的出身，使他的乡人异口同声的赞叹他：

　　大哉孔子！博学而无所成名！

这样一个人，正因为他的出身特别微贱，所以人们特别惊异他的天才与学力之高，特别追想到他的先世遗泽的长久而伟大。所以当他少年时代，他已是民间众望所归了；民间已隐隐的，纷纷地传说："五百年必有圣者兴，今其将在孔丘乎！"甚至于鲁国的贵族权臣也在背后议论道："圣人之后，必有达者，今其将在孔丘乎！"

我们可以说，孔子壮年时，已被一般人认作那个应运而生的圣人了。这个假设可以解决《论语》里许多费解的谈话。如云：

　　子曰：天生德于予，桓魋其如予何？

如云：
> 子畏于匡，曰：文王既没，文不在兹乎？天之将丧斯文也，后死者不得与于斯文也。天之未丧斯文也，匡人其如予何？

如云：
> 子曰：凤鸟不至，河不出图，吾已矣夫！

这三段说话，我们平时都感觉难懂。但若如上文所说，孔子壮年以后在一般民众心目中已成了一个五百年应运而兴的圣人，这些话就都不难懂了。因为古来久有那个五百年必有圣者兴的悬记，因为孔子生当殷亡之后五百余年，因为他出于一个殷宋正考父的嫡系，因为他那出类拔萃的天才与学力早年就得民众的崇敬，就被人期许为那将兴的达者，——因为这些缘故，孔子自己也就不能避免一种自许自任的心理。他是不满意于眼前社会政治的现状的，

> 斗筲之人，何足算也！

他是很有自信力的，

> 苟有用我者，期月而已可也，三年有成。

他对于整个的人类是有无限同情心的，

> 鸟兽不可与同群，吾非斯人之徒与，而谁与？天下有道，丘不与易也。

所以他也不能不高自期许，把那五百年的担子自己挑起来。他有了这样大的自信心，他觉得一切阻力都是不足畏惧的了："桓魋其如予何！""匡人其如予何！""公伯寮其如命何！"他虽不能上应殷商民族歌颂里那个"肇域彼四海"的"武王"，难道不能做一个中兴文化的"文王"吗！

凤鸟与河图的失望，更可以证明那个古来悬记的存在。那个"五百年必有王者兴"的传说当然不会是那样干净简单的，当然还带着许多幼稚的民族神话。"天命玄鸟，降而生商"，正是他的祖宗的"感生帝"的传说。凤鸟之至，河之出图，麒麟之来，大概都是那个五百年应运圣人的预言的一部分。民众当然深信这些；孔子虽然"不语怪力乱神"，但他也不能完全脱离一个时代的民族信仰。他到了晚年，也就不免有时起这样的怀疑：

> 凤鸟不至，河不出图，吾已矣夫！

"《春秋》绝笔于获麟"，这个传说，也应该作同样的解释。《公羊传》说：
> 有以告者曰，"有麕而角者。"孔子曰："孰为来哉！孰为来哉！"反袂拭面，涕沾袍。颜渊死，子曰，"噫，天丧予！"子路死，子曰，"噫，天祝予！"西狩获麟，孔子曰，"吾道穷矣！"

《史记》截取《左传》与《公羊传》，作这样的记载：
> 鲁哀公十四年春，狩大野，叔孙氏车子鉏商获兽，以为不祥。仲尼视之，曰，"麟也。"取之。曰，"河不出图，雒不出书，吾已矣夫！"颜渊死，孔子曰，"天丧予！"及西狩见麟，曰，"吾道穷矣！"

孔子的谈话里时时显出他确有点相信他是受命于天的。"天生德于予"，"天之未丧斯文也"，"天丧予"，"下学而上达，知我者其天乎！"此等地方，若依宋儒"天即理也"的说法，无论如何讲不通。若用民俗学的常识来看此等话语，一切就都好懂了。《檀弓》

记孔子将死的一段，也应该如此看法：

  孔子蚤作，负手曳杖，消摇于门，歌曰：

  泰山其颓乎？

  梁木其坏乎？

  哲人其萎乎？

  既歌而入，当户而坐。子贡闻之，曰："泰山其颓，则吾将安仰？梁木其坏，哲人其萎，则吾将安放？夫子殆将病也。"遂趋而入。夫子曰："赐，尔来何迟也！夏后氏殡于东阶之上，则犹在阼也。殷人殡于两楹之间，则与宾主夹之也。周人殡于西阶之上，则犹宾之也。而丘也，殷人也。予畴昔之夜，梦坐奠于两楹之间。夫明王不兴，而天下其孰能宗予，予殆将死也。"盖寝疾七日而殁。

看他将死之前，明知道那"天下宗予"的梦想已不能实现了，他还自比于泰山、梁木。在那"明王不兴，天下其孰能宗予"的慨叹里，我们还可以听见那"五百年必有王者兴"的古代悬记的尾声，还可以听见一位自信为应运而生的圣者的最后绝望地叹声。同时，在这一段话里，我们也可以看见他的同时人，他的弟子，和后世的人对他的敬仰的一个来源。《论语》记那个仪封人说：

  二三子何患于丧（丧是失位，是不得意）乎？天下之无道也久矣。天将以夫子为木铎。

《论语》又记一件很可玩味的故事：

  南宫适问于孔子曰："羿善射，奡荡舟，俱不得其死焉。禹、稷躬稼，而有天下。"孔子不答。南宫适出，子曰："君子哉若人！尚德哉若人！"

南宫适是孟僖子的儿子，是孔子的侄女婿。他问这话，隐隐的表示他对于某方面的一种想望。孔子虽不便答他，却很明白他的意思了。再看《论语》记子贡替孔子辩护的话：

  仲尼，日月也。……人虽欲自绝，其何伤于日月乎？多见其不知量也。

  夫子之不可及也，犹天之不可阶而升也。夫子之得邦家者，所谓立之斯立，道之斯行，绥之斯来，动之斯和；其生也荣，其死也哀：——如之何其可及也！

这是当时的人对他的崇敬。一百多年后，孟子追述宰我、子贡、有若赞颂孔子的话，宰我说：

  以予观于夫子，贤于尧舜远矣！

子贡说：

  见其礼而知其政，闻其乐而知其德，由百世之后，等百世之王，莫之能违也。自生民以来，未有夫子也。

有若说：

  岂惟民哉？麒麟之于走兽，凤皇之于飞鸟，太山之于丘垤，河海之于行潦，类也。圣人之于民，亦类也。出于其类，拔乎其萃，自生民以来，未有盛于夫子也。

孟子自己也说：

  自生民以来，未有孔子也。

后来所谓"素王"之说，在这些话里都可以寻出一些渊源线索。孔子自己也曾说过：

> 文王既没，文不在兹乎？

这就是一个无冠帝王的气象。他自己担负起文王以来五百年的中兴重担子来了，他的弟子也期望他像"禹、稷耕稼而有天下"，说他"贤于尧、舜远矣"，说他为生民以来所未有，这当然是一个"素王"了。

孔子是一个热心想做一番功业的人，本来不甘心做一个"素王"的。我们看他议论管仲的话：

> 管仲相桓公，霸诸侯，一匡天下，民到于今受其赐。微管仲，吾其被发左衽矣。岂若匹夫匹妇之为谅也，自经于沟渎而莫之知也？

这一段话最可以表示孔子的救世热肠，也最可以解释他一生栖栖皇皇奔走四方的行为。《檀弓》记他的弟子有若的观察：

> 昔者夫子失鲁司寇，将之荆，盖先之以子夏，又申之以冉有。以斯知不欲速贫也。

《论语》里有许多同样的记载：

> 子欲居九夷。或曰，"陋，如之何？"子曰，"君子居之，何陋之有？"
>
> 子曰，"道不行，乘桴浮于海，从我者其由欤？"

《论语》里记着两件事，曾引起最多的误解。一件是公山弗扰召孔子的事：

> 公山弗扰以费叛，召，子欲往。子路不说，曰，"末之也已，何必公山氏之之也？"子曰："夫召我者，而岂徒哉？如有用我者，吾其为东周乎？"

一件是佛肸召孔子的事：

> 佛肸召，子欲往。子路曰："昔者由也闻诸夫子曰：'亲于其身为不善者，君子不入也。'佛肸以中牟畔，（佛肸是晋国赵简子的中牟邑宰．据中牟以叛。）子之往也，如之何？"子曰；"然，有是言也。不曰坚乎，磨而不磷？不曰白乎，涅而不缁？吾岂匏瓜也哉？焉能系而不食？"

后世儒者用后世的眼光来评量这两件事，总觉得孔子绝不会这样看重两个反叛的家臣，绝不会这样热衷。疑此两事的人，如崔述（《洙泗考信录》卷二），根本不信此种记载为《论语》所有的；那些不敢怀疑《论语》的人，如孔颖达（《论语正义》十七），如程颐、张栻（引见朱熹《论语集注》九），都只能委曲解说孔子的动机。其实孔子的动机不过是赞成一个也许可以尝试有为的机会。从事业上看，"吾其为东周乎？"这就是说，也许我可以造成一个"东方的周帝国"哩。从个人的感慨上说，"吾岂匏瓜也哉？焉能系而不食？"这就是说，我是想做事的，我不能像那串葫芦，挂在那儿摆样子，可是不中吃。这都是很近情理的感想，用不着什么解释的。（王安石有《中牟》诗："颓城百雉拥高秋，驱马临风想圣丘。此道门人多未悟，尔来千载判悠悠。"）

他到了晚年，也有时感慨他的壮志的消磨。最动人的是他的自述：

> 甚矣吾衰也！久矣吾不复梦见周公！

这寥寥两句话里，我们可以听见一个"烈士暮年，壮心未已"的长叹。周公是周帝国的一个最伟大的创始者，东方的征服可说全是周公的大功。孔子想造成的"东周"，不是那平王以后的"东周"，（这个"东周"乃是史家所用名称，当时无用此名的。）乃是

周公平定四国后造成的东方周帝国。但这个伟大的梦终没有实现的机会,孔子临死时还说:

> 夫明王不兴,而天下其孰能宗予,予殆将死也?

不做周公而仅仅做一个"素王",是孔子自己不能认为满意的。但"五百年必有王者兴"的悬记终于这样不满意的应在他的身上了。

犹太民族亡国后的预言,也曾期望一个民族英雄出来,"做万民的君王和司令"(《以赛亚书》五五章,四节)"使雅各众复兴,使以色列之中得保全的人民能归回,——这还是小事,——还要作外邦人的光,推行我(耶和华)的救恩,直到地的尽头。"(同书,四九章,六节)但到了后来,大卫的子孙里出了一个耶稣,他的聪明仁爱得了民众的推戴,民众认他是古代先知预言的"弥赛亚",称他为"犹太人的王"。后来他被拘捕了,罗马帝国的兵"给他脱了衣服,穿上一件朱红色袍子,用荆棘编作冠冕,戴在他头上,拿一根苇子放在他右手里;他们跪在他面前,戏弄他说:'恭喜犹太人的王阿!'"戏弄过了,他们带他出去,把他钉死在十字架上。犹太人的王"使雅各众复兴,使以色列归回"的梦想,就这样吹散了。但那个钉死在十字架上的殉道者,死了又"复活"了:"好像一粒芥菜子,这原是种子里最小的,等到长起来,却比各样菜都大,且成了一株树,天上的飞鸟来宿在他的枝上"。他真成了"外邦人的光,直到地的尽头"。

孔子的故事也很像这样的。殷商民族亡国以后,也曾期望"武丁孙子"里有一个无所不胜的"武王"起来,"大糦是承","肇域彼四海"。后来这个希望渐渐形成了一个"五百年必有王者兴"的悬记,引起了宋襄公复兴殷商的野心。这一次民族复兴的运动失败之后,那个伟大的民族仍旧把他们的希望继续寄托在一个将兴的圣王身上。果然,亡国后的第六世纪里,起来了一个伟大的"学而不厌,诲人不倦"的圣人。这一个伟大的人不久就得着了许多人的崇敬,他们认他是他们所期待的圣人;就是和他不同族的鲁国统治阶级里,也有人承认那个圣人将兴的预言要应在这个人身上。和他接近的人,仰望他如同仰望日月一样;相信他若得着机会,他一定能"立之斯立,道之斯行,绥之斯来,动之斯和"。他自己也明白人们对他的期望,也以泰山梁木自待,自信"天生德于予",自许要作文王、周公的功业。到他临死时,他还做梦"坐奠于两楹之间"。他抱着"天下其孰能宗予"的遗憾死了,但他死了也"复活"了:"人能弘道,非道弘人",他打破了殷、周文化的藩篱,打通了殷、周民族的畛域,把那含有部落性的"儒"抬高了,放大了,重新建立在六百年殷、周民族共同生活的新基础之上;他做了那中兴的"儒"的不祧的宗主;他也成了"外邦人的光","声名洋溢乎中国,施及蛮貊,舟车所至,人力所通,……凡有血气者莫不尊亲。"

原文出处:原载《中央研究院历史语言研究所集刊》,第4卷第3分。
作者单位:中央研究院

论甲骨文中所见的儒

徐中舒

甲骨文中有一个需字，此字应即儒字（根据日人岛邦男殷虚卜辞综类所录）。甲骨文中关于需的卜辞约有三十余条。有作为普通名词的丘儒、师儒、儒人之儒，有作为人名的子儒之儒，说明儒在殷商时代就早已存在了。它和历史上的儒家有一脉相承的渊源关系。现将个人对于这一史料的初步分析写出来，供大家研究。

一　儒字的形音义

儒在殷商时代就已经存在。甲骨文字形作：

　　🅐　　　（《人文》二八九四）
　　🅑　　　（《乙编》七七五一）

《甲骨文编》系此字于"汰"字下。按此字是原始象形兼会意字，不应作形声字处理，释"汰"非是。此字又见《金文编》附录，作：

　　🅒　　　（《需父辛鼎》）

此三字俱应释为"需"。甲骨文从大，金文从天，大、天二字并像大人之形。甲骨用刀契刻，省繁为简，大即天字的简写。🅐从大从∷，大像人形，∷像水形。或作🅑形，省∷为∴，甲骨文偏旁像水形之字，多一点少一点只要不失其为像水形之意，均可任意为之。🅐、🅑，皆像人沐浴濡身之形。

为什么说🅐是需字呢？《汗简》人部儒作𠈯，其偏旁🅐，从大从∷，与甲骨文🅐形全同。《汗简》著录的儒字古文，原出李阳冰的《碧落碑》。李阳冰在唐代以善治《说文》，善写古篆著称。他根据当时所能见到的古文旧书保存了这个古文，使我们认识了这个原始的儒字。

🅐字在西周早期金文中又讹变为：

　　🅓　　　（《孟簋》）

此需字从雨，与金文《需父辛鼎》之🅒的上半部的字形极为相近，因此∷遂讹变为雨，而下半部仍保留天字之形。因为汉字受方块字的约束，雨天二形只能各占一半地位，后人写需字，就必须将此天字字形压缩成扁体的而字。而字不见于春秋以前的金文，而当是从需分化出来的一个新字。先有需字，后有而字，而字即从需声。《说文》

以"而"为像须（胡须）形，乃就讹变以后的字形为说，实不足据。

原始的🔲字，既一变为需，"而"字出现以后又再变为夑。《汉鲁峻碑》"学为儒宗"，儒又从夑作偄，其偏旁夑就是以大为形，以而（读与需同）为声的形声字。自从夑字出现以后，古书中偏旁从而、从夑、从需的字，皆形近义通，互相通假。如。懦，孀弱也，字又作偄；堧、壖为城下田，字又作壝；稬为粘稻，字又作糯，蠕为虫动，字又作蝡；荋为木耳，字又作檽，作栭；渜，汤也，汤即温泉，字又作濡，作渪；臑，烂也，熟也，字又作腝，作胹。若此之类，其例尚多。段玉裁以为古需声、夑声之字在韵部方面不能相通，他说："古音夑声在十四部（元），需声在四部（侯），其音画然分别，后人乃或淆乱其偏旁，本从夑者讹而从需，而音由是乱矣。"（见《说文》撄下注）其后朱骏声也说："夑、需偏旁古多相乱，不能定也。"（见《说文通训定声》侯部儒下注）其实而、需是古音之侯合韵，而从而从夑从需诸字，在《广韵》中或属日纽，或属泥纽，古娘日二纽并归泥，所以这些字在声部又是可以互相通转的。

《说文》："儒，柔也，术士之称。"从而、从夑、从需的字，大都包含有柔软的意思。人们把柔弱的小儿称之为孺子，把地上爬着的虫呼之为蠕动，把偷懒怕事、畏首畏尾的人称之为懦夫，肉煮熟煨炣了叫作臑。这些字义的引申，与"儒，柔也"这一含义显然具有内在的联系。

儒的引申之义为柔，它的本义又是什么呢？需字在甲骨文中作🔲、🔲，像以水濡身之形。《汉衡方碑》"少以濡术"，即以濡作为儒的形声字。从水作濡，这和儒从大又复从人作偄，都属于后起踵事增繁的文字。

沐浴濡身本来是生活常事，为什么成为儒家的专名呢？原来古代的儒为人相礼，祭祖、事神、办理丧事，都必须斋戒沐浴。《礼记·儒行》："儒有澡身而浴德。"澡身就是沐浴，浴德就是斋戒。澡身的同时就要斋戒，否则就不足以致其诚敬。《礼记·祭义》："宫室既修，墙屋既设，百物既备，夫妇斋戒沐浴，盛服奉迎而进之，其孝敬之心至也与！"祭祖也要斋戒沐浴，致其诚敬。《孟子·离娄》："唯有恶人，斋戒沐浴则可以事上帝。"事上帝必须斋戒沐浴，致其诚敬。《论语·宪问》："陈成子杀简公，孔子沐浴而朝。"《左传》哀公十四年载此事亦云"孔子三日斋"，这就是说，孔子准备朝见鲁哀公要求出兵讨伐弒君的陈成子时，也要履行儒家沐浴斋戒的仪式，以致其诚敬。应当看到，沐浴斋戒作为一种原始的宗教仪式，并不罕见。在佛教中有所谓灌顶国师，天主教神甫也要为人施洗。甲骨文中儒字的本义为濡，就向我们揭示了这个历史事实。儒家的起源决不是班固所说的"儒家者流，盖出于司徒之官，助人君顺阴阳明教化者也"。要那些专门替殷商奴隶主贵族主持宾祭典礼、祭祖、事神、办丧事、当司仪的人，才算是最早的儒家。

二 甲骨文中关于儒的卜辞

甲骨文中儒的发现，其中有作为普通名词儒家之儒；一般的儒则称曰儒人，儒家的大主教则称曰儒师，一个村社共同体的主教则称曰丘儒；说明儒在殷商时代已经是一个有组织的僧侣制了。兹将甲骨文中有关于儒的卜辞录之于下：

(一) 丁亥卜，需人（缺）珏乎寒召幸，在四月卜。（《人文》二八九五）

（二）贞弜需人卜珏　　　　　　　　　　　　　　同上
　　（三）贞需师般在軗，乎旦在之奠。十三月。　　（《铁》一六八·三）
　　（四）贞，乎取丘需　　　　　　　　　　　　　（《明》二三二五）
　　（五）（缺）兇需广　　　　　　　　　　　　　（《佚》七四三）
　　（六）勿需　　　　　　　　　　　　　　　　　（《后下》二八·一四）

卜辞一、二两条是同出于一版的正反两方面的卜辞。前一条从正面占问，后一条从反面占问。凡卜皆合正反两次占问为一兆。反面的卜辞往往不再提所卜之事，词句比较简略。综此两词言之，弜同弗，《说文》弻，古文作䢳，从弗声；弻在质部，弗在物部，古音同在脂部的入声字，故得相通。"需人"在这里作为一个名词出现，说明儒在殷代已经不是几个人，而是一班人了。这两条卜辞，词既简略，又有缺文，只就"珏乎（呼）寒召幸"而言，珏、寒、幸就应属于儒这一类的人物。

卜辞三，"需师般"的需师是官名，般是人名。儒师般在卜辞中，又见于下一例句：

　　（缺）需（缺）在（缺）乎（缺）之奠（郑）。十三月。（《铁》五·四）

他处皆省称为师般。卜辞在一次卜问中，涉及两人或三人者，人名之间皆用眔字作为连词，如：

　　甲寅卜，贞，令左子眔邑子眔师般受卓（缺）　　　　（《巴黎》二三）

据此知儒师般只能是一个人的名称，师般即儒师般的省称。卜辞三是说儒师般在軗地命令旦在之（兹）奠（郑地）。般是儒师，是儒官之长，旦就是隶属于他的一个小儒。卜辞师般和卓屡次出现，统计不下五十余次，都是当时的显赫人物。还有这样一条卜辞：

　　师般以人于北奠（郑），旦　　　　　　　　　　　（《后下》二四·一）

此条可以与卜辞三相互补充说明：旦在全句之末，是注明师般以（用）人于北奠的人名，这就把师般与旦的隶属关系说得更明白了。北奠也就是之奠：就其所在方位言，则曰北奠，就其隶属关系言，则曰之奠。把儒师安排在軗地，把小儒安排在奠，这很有些像天主教神甫的教区之间的教阶关系。

儒在殷商时代就已经形成了一个有组织的宗教团体僧侣制。原始社会"一种有组织的僧侣制，初次出现于美洲土著间，是在野蛮期的中级阶段，这与偶像及以人作牺牲——取得支配人的一种手段——的发明有联系。在人类其他一切主要部落中，有组织的僧侣制可能都有类似的历史"（摩尔根《古代社会》叙述阿兹忒克联盟在捕捉供牺牲的俘虏并附了一个脚注说：一种有组织的僧侣制初次出现于美洲土著之间，……作为取得支配人类权能的手段，在人类主要部落中大概都有同样的历史。关于处理俘虏的三个连续的习惯，……在第一时期则处以火刑，第二时期则供作神灵的牺牲，到了第三期俘虏便成为奴隶了。总之，所有这些习惯都是从俘虏之生命应该交与捕获者所支配。（见马克思《摩尔根〈古代社会〉一书摘要》二一六页注）。我们知道，殷人大批杀殉，他们是以"人作牺牲"作为取得支配人的一种手段的发明者，他们与具有教区教阶关系的儒这样一个有组织的僧侣制有联系，也是十分明显的。

卜辞四"丘需"之丘，是按居处划分的地理区域。《庄子·则阳》："丘里者合十姓百名（名是书其名于户籍，这和书社书其名于社是一样的）而以为风俗也。"这里是集合十姓百家（不一定都有血缘关系）而构成一种风俗相同的村社共同体。战国时代的《司马法》："四井为邑，四邑为丘。"《周礼·小司徒》也有同样的记载。春秋晚期出现的书社，一个书社是二十五家，如以二十五家为邑，则丘就是一百家的村社共同体。这是古代最基层的政治区划。《孟子·尽心》下："得乎丘民而为天子。"就是说得到最基层的丘民拥护，就可以作为天下的共主了。这样的丘，秦汉时代则称为乡。丘儒是个什么样的人物，我们现有的文献资料还不能说明这个问题。

十九世纪以前，在印度的村社中，还存在着像丘这样的村社共同体。马克思在《资本论》第一卷四三○——四三二页有一段很详明的记述，为我们提供了一种极为可贵的比照对应资料。马克思说："太古的狭小的印度共同体，一部分还继续存在到现在。这种社会的基础，是土地共有，农业与手工业的直接结合，固定的分工。这种分工，在新共同体的成立上，还是当作一定的计划和设计来实施的。每个共同体各成为一个自足的生产整体。它的生产面积是由一百英亩至一千英亩，……在最简单的形态上，共同体是共同耕作土地，它的生产物则在社会诸成员间分配。同时，每一个家族都纺纱织布，以此等等为家庭副业。"十九世纪印度存在的村社共同体，它的社会基础是土地共有，它的生产面积是一百英亩至一千英亩，一英亩相当于我们现在的三亩。这样大小的面积只能供几家或十几家共同耕种，共同分配生产物，这很像我国解放前海南岛黎族社会的合亩制。"解放前居住在五指山区的黎族人民，有一些地区还存在着比较原始的合亩制，这是生产资料共同使用，生产品按户平均分配的原始耕作形式，它是由亲属关系组成的，或以亲属关系为基础吸收外人参加组成的。"（见《光明日报》一九五六年十二月十四日，转引自《中国民族地理资料选辑》）这种合亩制就是印度村社共同体土地共有共耕的具体说明。

鸦片战争以前我国农村中大部分农民还过着农业与纺织业相结合的生活，它与印度村社共同体有共同的基础。不过我国农村在西周时代就已经开始分田而耕了。公元前八一六年周宣王"不籍千亩"，废除了劳役地租，同时"料民于太原"，登记人民户口，征收实物地租。其后晋惠公于公元前六四五年"作爰田"（爰田是换田，即改换土地共有之田为份田），鲁宣公于公元前五九四年"初税亩"，秦简公于公元前四○八年"初租禾"，这些都是我国村社分田而耕开始征收实物地租最可靠的记录。分田而耕经历了四个世纪才在我国广大的农村中逐渐发展起来，在此以前，我国农村中也应有一个土地共有共耕的时代，即西周以前殷代的丘，它必然还停留在印度村社共同体的阶段上。有相同的社会基础，就应有相同的社会结构。

十九世纪以前在印度"每个共同体各成为一个自足的生产整体"，在这个整体中，除了从事共耕的大众之外，还有脱离耕作的十几个公职人员，他们的生活"由共同体出费来维持"。其中除木匠、铁匠、银匠、陶土工、运水员、教师、诗人、理发匠、洗衣工各有分职外，还有几个管理公共事务的人。"一个以一身兼任审判官、警察官、收税官三种职务的人；一个记账员，他登记农业上各种账目，经手这上面的一切收支，并登记与此有关的各种事项；一个官吏，他处罚犯人，保护从他村来的旅客，并引导他到邻村去；一个边界巡查，他巡查边界，防止邻村的侵入。"这几个人与秦汉时代县一级以下的乡官也是互相对应,十分相似。《汉书·百官公卿表》序:"乡有三老,有秩、啬夫、游徼;三老掌教化;啬夫职听讼,收赋税;游徼循(巡查一乡境内之地)禁贼盗。"三老过去曾经掌管审判、警察、收税三要职,其得名之故或即以此。现在他只掌教化,不负行政责任,而他所掌管的三要职,则由啬夫和游徼分别承当。《后汉书·百官志》:"乡置有秩、三老、游徼。"刘昭注曰:"秩,郡所置,秩百石,掌一乡人,其乡小者,县置啬夫一人。"秩,啬夫在后汉时代已经由乡官转为郡县所置的正式官吏,其地位转在三老之上。这是秦汉以后的乡官,跟着社会的发展,已逐渐不同于印度共同体的地方。

在印度共同体方面,除了上述几个公职人员以外,其中就有一个婆罗门僧,"司理宗教的一切仪式";"一个司历僧,他以占星师的资格通告播种和收获的时候,通告什么时候宜和什么时候不宜各种农业工作";这两种人在我国也应有与之相对应的人物。在印度世业祭司之职的婆罗门僧,在殷代与之相类似的人物就应是丘儒。丘是一个教区,丘儒就是掌管这个教区的祭司。他主持这个教区的宾祭典礼,在人民群众中有了声望,也就是王朝争取的对象。《礼记·儒行》:"力行以待取。"儒要努力学习一切宾祭典礼仪节,为的是等待统治阶级的争取。"贞乎取丘儒",就是卜以王命征召他,争取用他。历史记载汉平帝元始五年"召天下通知逸礼、古记、天文、历算、钟律、小学、史籀、方术、本草……"的人,要所在官府用公车遣送来京。这就是殷代"乎取丘儒"的再现,也是古代乡举里选的一个历史传统。

印度的司历僧或占星师,他们要向农民指出每年耕种的时宜,这在古代是一件了不起的工作。恩格斯说:"正确反映自然是一件困难的事,是经验经过长期历史的结果。"首先他们必须懂得四时代谢、天体运行的规律。他们要在无穷无尽的岁月里,经历一代一代的努力,仰观天文,俯察地理,在宇宙的范围内积累资料,取得经验;虽然这些经验还是有限的,还要一代一代人随时增补,随时修订,每一个司历僧或占星师都能够贡献他们的智慧。印度的司历僧或占星师,在秦汉时代与之类似的人物就是当时的阴阳家或方士(也包括后来的医卜星相这一流人物在内)。当然他们的知识还是幼稚得可笑。"海客谈瀛洲",荒唐怪妄,无奇不有,大部分都是糟粕。但是我们如果披沙拣金,就可以发现这里面还有一些精金美玉,不可估量的瑰宝。我们的天文、历算、黄钟、大吕、本草等科学技术,就是从这里面发展起来的。司历僧或占星师,在殷代前后也有与之相似的人物,是儒和前期阴阳家或方士。他们虽然同出于丘,但是他们的出发点及其对于人民的贡献则截然不同。阴阳家或方士要懂得"什么时候宜和什么时候不宜各种农业工作"。他们要"敬授民时",指导人民生产,必然要从生产劳动出发,从实践中积累经验。儒则不然,他们专门为统治阶级奴隶主贵族主持一切宾祭典礼,"用时日,事鬼神,信卜筮而好祭祀"(《韩非子·亡征》)。我们知道甲骨文每在祭祀的前夕,卜问用事的时日,甲日祭甲,乙日祭乙,无日不卜,无日不祭,他们一年到头,都在祭祀,因此,他们就把年岁之年改称为祀,用宗教迷信维护贵族的统治。

丘儒的发现,使我们对于儒的来源于原始的宗教有了更为深刻的认识。

卜辞五是占问儒有疾无疾以后验其结果而加以追记的卜辞。卜辞六是反面的卜辞,因为所卜的事已记录在正面,所以这里就尽量省略,只剩了"勿需"两个字。从这两条卜辞,可证儒在殷代已普遍存在。

三 甲骨文中关于子儒的卜辞

子儒是殷高宗武丁时人。武丁时代的卜辞有"王族"、"子族"、"多子族"的名称。王有王族,子有子族,王及其兄弟之子,又各以年辈相近的人分别组成多子族,子儒当是这个奴隶主氏族中的一员。后人称商为子姓,就是从"子族"、"多子族"转化而来。

子儒为王室主持宾祭典礼,祭祀人鬼(祖先),接待宾客,是一个专职的儒。兹将有关子儒的卜辞录之如下:

(七)(缺)钔(御)子需(缺)。八月。	(《京津》二〇六九)
(八)(缺)戌卜,出(侑)龏司(祠)钔子儒	(《续》五·六·六)
(九)癸卯卜,叶,钔子儒于父乙,□月。	(《前》六·一九·五)
(十)癸卯卜,于匕(妣)己钔子儒。	(《珠》八八四)
(十一)甲寅卜,𣪊,乎子需,酌岳于弁。	(《乙》七七五一)
(十二)壬申卜、𣪊,翌日乙亥,子需其来。	(《乙》七七五一)
(十三)子需共其隹甲戌来。	(《乙》七七五一)
(十四)贞,子需隹囚(祸)。	(《天》五八)
(十五)贞,乎子需兄(祝),一牛。	(《合》一九五)
(十六)子需祉(延)(缺)	(《文录》八六八)
(十七)贞(缺)子需(缺)菁	(《京津》二〇七〇)
(十八)(缺)需珏于且丁父乙	(《佚》七〇四)
(十九)(缺)寅卜王(缺)需女(缺)衬且丁	(《京津》七一七)
(二十)乎(缺)需,酌(缺)多屯。	(《京津》二〇七一)
(二十一)(缺)令取射,子需。	(《前》五·四一·八)
(二十二)子需(缺)逐鹿	(《后》下一九·一四)
(二十三)己卯卜,贞,令(缺)需麋(阱)	(《摭》七三)

卜辞七、八、九、十"钔子需"之钔(御)有从往侍祠(见《礼记·月令》仲春之月《注》)、"御用于宗庙"(见《公羊传》桓十一年何《注》)、"御食于君"(见《礼记·曲礼》)这些含义。殷王祭祀祖先,招待宾客,都要子需司仪,劝酒侑食。卜辞八"龏司"的龏,像双手捧龙之形。此字在金文中是恭敬的恭字。捧龙为恭,可见殷人对龙崇拜的虔诚。龏祠就是古代的龙王庙,是一种拜物教,说明儒还没有完全从巫中分化出来。龙作为一种自然物或图腾化的崇拜,在我国还有一个悠远的历史。传说太昊氏"以龙纪,为龙师而龙名"(《左传》昭十七年)。他们所居的地方以龙名,官师以龙名,氏族以龙名。甲骨文的"龙方"应当就是他们的后裔。"龙见而雩"(《左传》桓五年),雩就是向龙求雨之祭,在民间也有一个悠远的历史。古代民间迷信,龙掌管下雨不下雨的事,在卜辞中也有反映:"壬寅卜,宾贞,若兹不雨,帝隹兹邑龙不若(诺)。"(《遗》六二〇)意思是:这样干旱不雨,上帝以为就是这个邑的龙不同意。子需在龙

祠献祭，就说明殷人已经相信龙有超自然的威力。雩就是从深喉里向龙发出的长吁之声，有歌有舞，在民间是一种动人的盛乐。《论语先进》曾点曾经设想带着十几个青少年伙伴，穿着春服，作一次春游，在沂水上洗完了澡，唱着雩声的调子，载歌载舞，一路唱回来。他这个设想，就得到孔子的赞赏。

卜辞九、十是子需为武丁在宗庙里祭祀其父小乙和祖母妣己的卜辞。

卜辞十一是卜人𣪘传达王命叫子需在𡞞那个地方用酻礼接待缶氏。酻，屡见于卜辞，是劝侑祖先饮酒之礼，也适用于接待宾客。缶是当时的一个氏族君长，武丁对这个氏族非常重视，他不来朝，武丁就要求神问卜，问他来不来朝，见下例：

己未卜𣪘贞缶其来见王，一月。　　　　　　　　（《乙》五三九三）
己未卜𣪘贞缶不其来见王。　　　　　　　　　　同上

现在缶来了，就派子需去迎接他。根据以上几条卜辞，可以看出子需从王侍祠，招待宾客，娴于礼仪，是当时一个出色的名儒。

卜辞十二、十三殷王占问子需来不来。卜辞十四，殷王占问子需有无灾祸。可见子需在殷王朝的社会活动中是很受重视的一个人物。殷王举行宾祭大典，在尊祖敬神的典礼中，团结所有参与宾祭的氏族和部族的首领。这样繁复的伟大场面，必须儒来当司仪，专门安排奴隶主宗法贵族之间的各种礼节和仪式。没有精通这一套繁文缛节的儒，主人和宾客，甚至不知站在何处为是。孔子所谓"立于礼"，其意义就在于此。春秋时代，鲁国大贵族孟僖子从鲁昭公朝楚，深以不能相礼为恨。他临死时召见他的家臣，要让他的两个儿子南宫敬叔和孟懿子拜孔子为师，跟孔子学礼"以定其位"。贵族如此讲究礼节仪式，不是一般的拜跪揖让的程式，而是与当时贵族的宗法等级制紧密联系在一起的，是维护贵族统治秩序的"礼治"的重要组成部分。

卜辞十五，"贞乎子需兄（祝）"，《说文》："祝，祭主赞词者。"祝是在祭祀时主持向神致其祈祷之词的一领唱人，其声若赞叹然，故曰赞词。"一牛"是祭祀时所用的牲。

卜辞十六，"子需徙（延）"，延当为祭祀时所陈列的筵席。

卜辞十七，羞，原文作"𦍌"，从羊在丑中，丑像一有耳的盘盂。为祭祀时陈羊于盘上之形。

卜辞十八，是子需用玉献祭于武丁的祖父祖丁和他的父亲小乙的卜辞。《说文》："玤，石之次玉者，以为系璧。"丰正像以绳系一串璧之形。古代的贵族统治者，朝聘燕享，祭祖事神，皆以玉为币，供贵族赏玩燕享互相赠贿之用。"匹夫无罪，怀璧其罪"（《左传》桓十年），人民群众有了璧，只有献给贵族，以免被他们强夺陷害。卜辞中以玉事神屡见，这就是其中的一例。

卜辞十九，"需女"二字上下文皆缺。"需"，当是子儒之儒，"女"所指不详。"勺祖丁"之"勺"即礿，祭名。此条是用礿祭祀武丁的祖父祖丁。

卜辞二十，"多屯"是子儒侍祠助祭时所穿的衮衣。屯作𠂆，像花蕾含苞未放之形，甲骨文用为"今春""来春"的春字。其后又增日旁、木旁、屮旁为𣊭、为𣎵、为𣏌、为𣏐、为𣎼，踵事增繁，都是春字的重文。衮衣是五彩的绣衣或锦衣，古代贵族朝会祭享，都要穿衮衣，多屯就是具备五彩的多种花色的衮衣。卜辞有"王屯""侯屯"，王

侯所穿的衮衣皆宛卷作龙形,后来封建王朝的龙袍,就是它的遗制。衮从衣,公声,是上公所穿的衣,这是一个后起的形声兼会意字。甲骨只用屯字,是以春日含苞未放的花蕾,比喻绚烂多彩的衮衣,屯、春、衮古音同在真部,故得相通。

卜辞二十一,"取射"是取兽而射之意。《国语楚语》:"天子郊禘之事,必自射其牲。"为了要表示诚敬,天子就要亲自射牲以献祭于上帝鬼神。"令取射,子需"是王令子需射牲以祭的卜辞。

卜辞二十二,记子儒逐鹿。

卜辞二十三,令子儒设阱捕兽。逐鹿和设阱捕兽,也应是作为献祭的牺牲之用。

以上卜辞十七条,虽然只记载子儒一人祠祀之事,也具体地说明了殷代的儒所从事的职业性活动。

子儒出于子族,是殷高宗武丁的近亲族属。他从子族中选拔子儒作为一个"信仰守护人"(美洲土著的祭司的名称),并不是偶然的。我们知道,武丁时代已经形成了一个强盛的奴隶制的大帝国。可是这个大帝国仍然保存着许多氏族制的残余,存在着大量的小氏族单位。武丁要团结这些氏族,就必须从他的近亲中选拔一个像子儒这样的人,从宗教方面巩固他的统治。

殷人以日为名,就是用甲乙丙丁戊己庚辛壬癸十进制数的记日法,作为代号。过去有人认为是以生日为名(见《白虎通》及《帝王世纪》);有人认为是以死日为名(见谯周《古史考》),皆无确证。在殷商奴隶制社会里,每个小氏族最多不超过十人。在一夫一妻制下加上他们的儿女,每个小氏族就有三四十人了。在这里要维持一个共同生产共同分配的生活,超过这个限度就不好办了。我们知道印度村社共同体生产面积单位是一百英亩至一千英亩,在这里只能容纳几家或十几家共同耕种,这可能就是沿袭古代一个小氏族的生产遗规。在殷代这样小氏族中借用记日法,用甲乙丙丁等十个代号,总可以把小氏族每个人分别清楚。在这个氏族中,男有男的代号,女有女的代号。他们有了儿女,男的则名父甲、父乙等,女的则名母甲、母乙等。(保定出土的三句兵,应是大氏族宗庙里排行论辈的祭器,在一辈中就有许多同名的人。)儿女可能是有乳名的,但他们成人后又组成了子氏族,仍然用纪日法的十个代号作为自己的名称,他们的乳名则逐渐被人遗忘了。金文《需父辛鼎》是子需的儿子为他造的祭器。传世殷代铜器,其人往往见于甲骨文中。丁山《殷商氏族方国志》已举出很多例证。近年出土的妇好铜器,也与甲骨文的妇好同名。据此知子需在小氏族中原来是以辛为名的,如妇好又为后母辛一样。子需为武丁充当宾祭司仪后,经常在殷王朝管理下的大氏族之间进行活动,地位显赫,受人尊敬,所以他就以子需(儒)为名,由此他原来在小氏族中名辛的代号,也就逐渐在人们记忆中消逝。以上这些卜辞就是子儒在殷代的历史。

四 最后的说明

甲骨文中儒字的发现,其中有作为普通名词的儒家之儒,有作为人名的子儒之儒,说明儒这种职业在殷商时代就已经存在了。还有《周易》中的《需》卦也反映了春秋以前儒家职业性的活动,这都是孔子以前儒家存在的见证。

从甲骨文的儒师、儒人、丘儒这几个名称来看，儒在殷代还有一个教阶、教区的宗教组织。西周以后，这个与杀殉有联系的宗教组织，大概没有得到统治阶级的支持，也就不复存在了。儒在殷代有些什么活动，甲骨文中子需从各个方面具体地告诉我们，使我们对于儒的知识也比过去丰富得多了。

总之，这就是儒家的早期历史，孔子决不是儒的开山祖师，要探明儒家的起源，还得从甲骨文里去探讨。

原文出处：原载《四川大学学报》1975年第4期。
作者单位：四川大学历史文化学院

论商王武丁与傅说、祖己

——兼论中国古代第一代文化人诸问题之二

张碧波

从盘庚迁殷到武丁时期是殷商王朝历史发生剧烈变化时期，这一时期，尤其武丁时期，殷商历史文明具有了一系列新特征，标志着殷商文明史进入一个新阶段。

从盘庚迁殷到武丁继位

从盘庚（据夏商周断代工程《成果报告》确定盘庚迁殷为公元前1300年）之前，商曾迁都五次。成汤居亳（河南商丘一带），到第15代王仲丁时，自亳西迁至嚣（河南广武西北敖山）（《史记》作敖），到第17代王河亶甲时，自嚣渡河迁至黄河北的相（河南内黄东南商宗陵），第18代王祖乙时，自相迁至西南方的耿（河南温县平皋镇），耿南临黄河，黄河泛，耿圮，又东渡黄河迁于庇（山东东平与郓城间），22代王南庚时，又自庇东迁至奄（山东曲阜东）。

盘庚西迁殷地（河南安阳），继续商王朝经略西方与北方的战略，商朝前期频繁迁都，主要原因是抵御外患和扩大发展。但其中应还有一个原因是内争。太甲传六世至仲丁，时商朝子姓贵族内部争夺王位继承权的斗争已经展开，《史记·殷本纪》载"自仲丁以来，废嫡而更立诸弟子，弟子或争相代立，比九世乱，于是诸侯莫朝"。自仲丁至阳甲，整整九世。殷商王位继承实行兄弟相及制，这种制度源于母系社会，兄弟相及，则兄弟为一家人，父子非一家人。"相及之制，同母兄弟尽，则还立长兄之子"；"殷人盖亦如是，故中壬崩，立大丁之子大甲；沃甲崩，立祖辛之子祖丁也。殷自成汤至辛三十（六）王，兄弟相及者多，而还立长兄之子者，惟此二王；自契至汤十四世，则更无相及者，疑史传世系，或有谬误也。"①

据查：武丁是以末弟小乙之幼子的身份即位。以后经过兄弟继位，下一世代继位的都是末弟之子。可知，从中丁到小乙，这期间是由长兄之子继位，其前后都是由弟之子继位。

《史记·殷本纪》叙述了中丁之后在殷王室内有过王位继承的斗争，"因而使我们

---

① 吕思勉：《读史札记》，上海古籍出版社，1982，134-135。

想到这不仅引起了王位继承法的变化，进而在配妣祭祀法上也发生了变化。……这就产生了围绕以上王位进行的争夺，结果祖乙即位，中丁兄弟的一族从王室渐次退出，其结果可能是产生了在世系上的脱节。"① 小辛卒，由祖丁之子小乙由外藩入继大统。"中宗祖乙以后，苟甲（沃甲）夺了四祖丁的传统，毓祖乙又夺了小辛的传统，弟兄叔侄之间争夺王位如此的激烈，这就是有名的'九世之乱'。"（后一句原文有重点号）②

据此，我们可以得出一个结论，殷商王朝历代之迁都，不仅有为了向外发展、防避水灾、防止王室与贵族奢侈腐化等原因，也有支撑王权基础的各族团势力之争与王位继承之争的诸多复杂原因在其中。

武丁（前1250—1192）即位伊始，就面临"九世之乱"的后果，一方面是成汤伊尹创建的文化传统的中断；一方面是外患严重；一方面是继其父以外藩（旁支）入继大统，改变了传统的兄终弟及制，如何平息内争、巩固政权就成了一个大课题。

武丁与傅说

1. 傅说的出世

《史记·殷本纪》记武丁与傅说事："帝小乙崩，子帝武丁立。帝武丁即位，思复兴殷，而未得其佐。三年不言，政事决定于冢宰，以观国风。武丁夜梦得圣人，名曰说。以梦所见视君臣百吏，皆非也。于是乃使百工营求之野，得说于傅险中，是时说为胥靡，筑于傅险，见于武丁，武丁曰是也。得而与之语，果圣人，举以为相，殷国大治。故遂以傅险姓之，号曰傅说。"早于《史记》的《国语·楚语》上，记武丁得傅说事："昔殷武丁能从其德……于是乎三年，默以思道。……武丁于是作书，曰：'以余正四方，余恐德之不类，兹故不言。'如是而又使以象梦旁求四方之贤，得傅说以来，升以为公，而使朝夕规谏……"

《帝王世纪》有武丁梦傅说的详细记述："高宗梦天赐贤人，胥靡之衣，蒙而来曰，我徒也，姓傅名说，天下得我者，岂徒也哉。武丁寤而推之曰，傅者，相也。说者，欢说也。天下当有傅我而说民者哉？明日以梦示百官，百官皆非也。乃使百工，写其形象，求诸天下。果见筑者胥靡衣褐带索，执役于虞、虢之间，傅岩之野，名说。以其得以傅岩，谓之傅说。"这是以梦兆记傅说出世。先秦典籍多记有傅说事迹，此处略。从史料中可以得出以下几点认识：

（1）傅说为"殷之胥靡"，乃罪囚，"操筑于傅岩，任版筑之贱役"，是奴隶身份。伊尹为庖厨，亦是奴隶身份。而傅说又是身有残疾之人。"从一名罚做苦工的罪犯，举而任国家的大政；这不能不说是奴隶的大解放。"③ （2）武丁梦得傅说，这与成汤梦得伊尹是同一思维和文化模式。以梦兆神谕的神秘形式对伊尹、傅说的巫史身份的一种曲折的隐讳表述。这是武丁尊崇傅说为智者、圣者的原因所在。商周时代的巫史，是

---

① ［日］樋口隆康：《中国考古学研究论文集》，蔡凤书，东方书店，1990，238。
② 丁山：《商周史料考证》，中华书局，1988。
③ 丁山：《商周史料考证》，中华书局，1988。

"数学家,也就是当时最重要的知识分子,能知天知地,是智者也是圣者。"① 他们是最具文化人品格的中国古代第一代文化人。(3) 史籍载,武丁时几位著名贤佐有甘盘、傅说和祖已。

公曰:"君奭!我闻在昔成汤既受命,时则有若伊尹,格于皇天。在太甲,时则有若保衡。在太戊,时则有若伊陟、臣扈,格于上帝;巫咸乂王家。在祖乙,时则有若巫贤。在武丁,时则有若甘盘。……"②

周公将能"格于皇天"、"格于上帝"的伊尹、保衡、伊陟、巫咸、巫贤、甘盘并举,可见,甘盘亦同伊尹、伊陟、巫咸等一样具有"格于皇天"、"格于上帝"——交通天地文化功能的大巫者。《史记·燕召公世家》作甘般,甲骨文则作师般,一称亚般。"可见甘般在武丁时官已命为亚旅师氏,所以有伐吉方之命。"③ 陈炳良据《新唐书》载吉尔吉斯语称巫为甘,建议殷相革盘亦为巫④。甘盘之后辅相武丁者,就是傅说。甲骨文有"父"。丁山以为:"即是侑傅说的纪事。由今观之梦父是傅说死后的尊号,所以用侑(屮)礼;其生也甲骨文则通称为岜(甫)。"⑤ 吴浩坤等的《中国甲骨学史》亦疑"梦父即圣人傅说"⑥。李孝定《甲骨文字集释》定岜为古甫字;丁山考定为傅说的傅,即谓"其生也甲骨文则通称为岜"。《三代8·19》有"宰岜贝五朋","宰岜"当是"大宰傅氏"的省称,也就是傅说的官衔⑦。

曾有"遁于荒野"、了解社会之经历的武丁,从社会最底层选拔傅说,"举以为三公";这是在变革王位继承法之后,在贞人集团上的一个变革,为傅说的出世创造了条件,也为武丁实行新政奠定了基础。

2. 傅说的国家论

《尚书·商书·说命》三篇记载了武丁任命傅说为"相",傅说阐述其国家学说的内容,《说命》就是任命傅说为相的命辞。开篇记武丁求贤的缘由:"恭默思道"——恭敬地默默地思考、寻找治理国家之"道"。这又是在"恐德弗类"——如何实行德政和提高(君王)的品德修养的基本问题上的思考;这正是"兹故弗言"——三年(长时间)不说话的原因所在。"梦帝赉予良弼",梦见天帝赐给我一位贤良辅弼。在这里道—德(王)—天帝是统一的,天帝命傅说辅佐武丁实现道与德。接下武丁要求傅说作王者之师的期待与尊崇。武丁用一系列的形象比喻表示对傅说的厚望:"铁须砺以成利器","渡大水待舟楫","霖以救旱"(《尚书正义》),用药治疾,赤脚走路为喻,达到"启乃心,沃朕心"和君臣"罔不同心"的境地,武丁将傅说看成智者、圣者和保护神,看成天帝赐予的无所不能的知晓天帝与先王意旨的人。

傅说经过接触认为武丁是"奉若天道"的"明王",并在这个基础上"建邦设都"

---

① 张光直:《中国青铜时代》,三联书店,1999。
② 《尚书·周书·君奭》,《十三经注疏》,中华书局影印本。
③ 丁山:《商周史料考证》,中华书局,1988。
④ 同①。
⑤ 同③。
⑥ 吴浩坤等:《中国甲骨学史》,上海人民出版社,1985.164。
⑦ 同③。

的，正基于此，他提出"惟天聪明，惟圣时宪，惟臣钦若，惟民从义"——天帝、国王、臣工、民众的统一化与秩序化理论观念与学说体系。接下，他对国王武丁提出要求："惟口起羞"——轻易发号施令，会招致羞辱；"惟甲胄起戎"——随便动用军队，会引起战争；"惟衣裳在笥"——官服（官职）不可轻易赐人；"惟干戈省厥躬"——兵器、军权、军队不可轻易授予人。这四个方面是国家四大政治、国王的四大权力。这是君主文化学。

接下是傅说的君主文化说的具体阐释，国家的治与乱在于百官（的素质与工作质量）；要选贤任能；要谦虚谨慎，有备无患；不宠爱小人，不文过饰非，这才会"政事惟醇"。最后他指出"礼烦则乱，事神则难"——对殷商传统的祭祀文化提出批评。在这里，傅说提出政治最高标准——醇——纯粹、完美。这透露出傅说对前代君主政治的正反两方面历史的清醒认识与总结，反映出他的强烈的政治变革思想。

成汤、太甲时的伊尹在《伊训》中反对"三风十愆"——"恒舞于宫，酣歌于室，时谓巫风"、"殉于货色，恒于游畋，时谓淫风"、"有侮圣言，逆忠直，远耆德，比顽童，时谓乱风"。这是伊尹的君主文化论。傅说显然继承了伊尹学说并做了新的发展，对国王提出具体可行的准则，增加了殷商文化中的人文因素。

《说命》三篇最后傅说的一段重要说辞，其中表述了两种重要思想观念：（1）"学古训"、"师古"——学习并继承传统文化方可使事业成功，以古（历史传统）为师，坚持并发扬"古训"、"监于先王成宪"——先王的教导，是国家长治久安的保证，是解决政治危机的一把开心钥匙。（2）傅说对武丁再次提出"道积于厥躬"与"厥德修罔觉"的学习、积累、德、道的辩证关系。坚持学习，就会使品德逐步完善，长时间的积累就可以达到道的境界。傅说认为学习可以提高君王的品德；君王品德的提高可以使政治清明，国家大治，实现"道"的最高境界。

"德"的观念在夏代和夏代以前就已经出现了，最初是作为君王的个人品德修养后发展为国家的政治观念，即"德政"。"道"的观念产生于夏代并很快与"德"的观念联系起来成为具有中国特色的历史文化传统。这是中国早期思想文化史上一个大问题。励精图治，"朝夕纳诲"，真心求谏，从下层社会选拔英才进入统治集团，加强了政治活力，确定了治国路线，继承并发扬成汤伊尹所创建的具有强烈人文精神的殷商文化传统，为武丁时期出现盛世局面奠定了基础。

武丁与祖己

1. 祖己其人

祖己见于《尚书》与《史记》，对这个祖己，曾有人提出疑问。殷商时期大臣可否以干支命名？对此，卜辞有"咸戊"、"戊"、"陟戊"、"学戊"等，咸戊、戊即巫咸；陟戊即伊尹之子伊陟；学戊即臣扈。此三人为商王太戊之三大名臣，均为巫史人物。《白虎通·姓名篇》："殷家于臣名亦得以甲乙生日名子何？不使，亦不止也。以《尚书》道殷臣有巫戊，有祖己也。"王引之《经义述闻》曰："巫咸，今文盖作巫戊，《白虎通》用今文《尚书》故与古文不同。"① 可见，殷商时的大臣亦可以干支命名。

《尚书·商书·高宗肜日》记武丁与祖己事："高宗祭成汤，有飞雉升鼎而雊。祖己训诸王，作《高宗肜日》、《高宗之训》。高宗肜日，越有雊雉。祖己曰：惟先格王，正厥事，乃训于王。曰：惟天监下民，典厥义。降年有永有不永，非天夭民，民中绝命，民有不若德，不听罪。天既孚命正厥德，乃曰其如台。呜呼！王司敬民，罔非天胤。典祀无丰于昵。"（《尚书·高宗肜日》）

高宗武丁因"有飞雉升鼎（耳）而雊"而惧，祖己"训诸王"这件事——"飞雉升鼎（耳）而雊"在殷青铜铭上有记载：据"中子䰙弖父丁觥"的铭文"中子䰙弖乍父丁尊彝贤䰙"，"弖父丁鼎"铭"弖乍文父丁䰙贤䰙"䰙字形作雉在鼎上，并以"贤䰙"为徽记。可知䰙为武丁时人，这两件青铜器就是"䰙庆祝商王武丁以祥雉为德"，由䰙之后裔作器以资纪德。雉雊之异为商王武丁时的大事，这个䰙就是殷商历史上大名鼎鼎的祖己。䰙在商周青铜器上作䰙侯亚䰙、亚䰙侯䰙、䰙䰙、亚䰙䰙、䰙多种刻铭，可统称之为亚䰙，"在商周青铜器中……亚䰙铜器的总数约有二百件，相当引人注目。"曹、殷二位先生把这些铜器按形制分为三组，"分别代表了三个不同的阶段"：第一组"约与殷墟前期相当"；第二组"与殷墟后期铜器的形制、作风相一致，时间也当接近"；第三组"约当商末周初"。"这三组亚䰙铜器的年代上限约当商王武丁前后，下限可至西周康昭之际，表明这一族氏在商周历史上至少存在了三百年左右"②。

䰙侯亚䰙是䰙侯与亚䰙合文，䰙侯为封爵，亚䰙的䰙即疑的本字，亚䰙乃贞人卜史之长。金文又常称疑，其字上加已，"为东方䰙国特造的国名专字，在殷代卜辞金文里，并不用作其他意义。书体作䰙，殷周一系相承，也不以它体代替，从后文许多金文中，更能看出。"③ "䰙字的应用，在卜辞和殷代金文中，先后只有一个䰙国的国名，正说明了䰙为䰙国新字，更说明了䰙以东方国家读'其'为已，最晚是殷代东方的古读。"④ 王献唐、金岳、曹淑琴、殷玮璋诸家均论定䰙侯亚䰙"在武丁时代已经存在"⑤，"䰙既方国的专名，自有其本国的历史和地理范围。只有在少数场合仍用'其'，如䰙女之名增女为娸，《说文》：'娸，人姓也。'甲骨文䰙女嫁后或名娸，武丁卜辞有'［妇］娸冥'（《合集》5.13954）可证。是即䰙女嫁殷王室为妇者，妇名去女旁即为母家国名，娸字去女旁即为其，其即䰙之本字，乃䰙侯的国名"。据此，我们认定这个"䰙侯亚䰙"就是商王武丁时代大名鼎鼎的祖己。祖己氏为殷商之大族，重臣，为王决疑之贞人，其族团继承"䰙侯亚䰙"爵号，世代为"亚疑"、"疑"——贞人。

王献唐与金岳据"䰙公作为子叔姜（媵）盥壶"（《薛氏》12.9），"王妇䰙孟姜作旅匜（《三代》12.32.2），论定䰙为姜姓，"䰙国并未因商周灭亡随之灭亡，仍然存在，仍

---

① 丁山：《商周史料考证》，中华书局，1988。
② 曹淑琴、殷玮璋：《亚䰙铜器及其相关问题》，《中国考古学研究》，文物出版社，1986。
③ 王献唐：《黄县䰙器》，山东人民出版社，1960。
④ 同③。
⑤ 同②。

然保持姜姓统治权，直到战国初期"①。并考定異国地望在山东②。1973年辽宁喀左北洞村出土的斐方鼎、1975年内蒙哲里木盟出土的邢姜太宰巳簋、1997年香港新获见的異侯簋均属近些年所发现的祖己——異侯亚矣族团的遗留。（按：有人曾误以"斐方鼎"铭文"異侯亚矣"为商末周初的箕子，实为一个史学误区。）

丁山以为祖己为己氏，对此，王献唐指出己乃纪的初文，"经传史籍都作纪，金文都作己，从来没有把他写作異的证据，更没有把己写作異的证据。……（它们）只是两个国家，始终各写各的书体"③。是知祖己不是己氏。

2. 祖己的政教观

在祭祀先祖先王成汤的仪礼中，"有飞雉登鼎耳而雊（鸣）"，这一怪异之事，使"武丁惧"。武丁以外藩（旁支）入继大统，希望通过肜祭先祖先王成汤以得到对其地位的承认，雉雊之异的发生，使武丁震动、惊惧，使其失去信心。这与太戊时，"亳有祥桑谷共生于朝"——宫殿上生长野草使"帝太戊惧"一样，"大戊拱木，武丁雊雉，皆感变而惧"；"天或有谴告"。因此怪异之事而惧，正认为这是"天或有谴告"——上帝的一种责问。而雉雊之异又正是在"祭成汤"的仪式中发生的，使武丁认为是先祖先王成汤对其"谴告"吧。这一事件涉及神权与王权的关系的一个大问题。

"大戊拱木，武丁雊雉"，这是一种灾异，伊陟与祖己认为这是"帝之政其有阙"——政治上有缺失错误，要求君王"帝其修德"、"惟先格王，正厥事"。

"雉雊之异"发生在祭祀先祖先王成汤的大典上，祖己据此"训王"，则祖己当是管理宗庙祭礼的祝宗卜史一流人物，亦即与伊尹、傅说一样是"当时最重要的知识分子，能知天知地，是智者也是圣者"④

在祖己的训辞中有两个要点：一是"惟天监下民，典厥义"——上帝监管下界民众，实行义理、天道。民众的寿夭，国家的兴亡盛衰，正在于是否遵守义理、天道。即所谓"天既以义为常，知天命之长短，莫不由义"。在这里，祖己宣扬了上帝这种神秘力量的人间化、社会化和秩序化，他是一种超越社会与人间的自然之神，洞晓人间社会的一切，"天监下民"——祖先神也在其中——上帝即通过祖先神监管下民，君王也在其监管之下。这就表现为上帝与祖灵崇拜结合产生的义理、天道观念的秩序化。只要按照这个义理、天道行事，可不必因雉雊之异而惊惧。二是祭祀观念与制度的变革——"王司敬民，罔非天胤"，民众都是老天的后代、上帝的子民，君王应爱护、尊敬他们。这种"罔非天胤"观念中增加了很大的人文成分。最后提出"祀典无丰于昵"——祭礼过于隆重，祭品过于丰厚，不合义理、天道——即"若特丰于近庙，是失于常道"。《史记·殷本纪》直记"常祀毋礼于弃道"。伊尹在《伊训》中反对"巫风"、"淫风"、"乱风"；傅说在《说命》中指出"礼烦则乱，事神则难"；祖己则提出"祀典无丰于昵"，均是对殷商王朝的"殷人尊神，率民以事神"的传统宗教文化的怀

---

① 王献唐：《黄县異器》，山东人民出版社，1960。
② 同①。
③ 同①。
④ 张光直：《中国青铜时代》，三联书店，1999。

疑与改造，是通过整顿祭祀仪礼之学以达到整顿人间社会秩序的目的①。简化了神秘而烦琐的祭祀仪式与制度，增强了殷商文化中的人文因素，从而建立了新的完全符合天道的适合王朝发展的祭祀制度，解决了武丁的疑惧，巩固了统治。

政权巩固了，武丁开始对周边用兵。据卜辞与史料可知，武丁征伐鬼方、舌方、土方、芍方、马方、鬻方、祺方、印方、龙方、獃、下由、虎方、莞方、周等古族古方国②。

"武汤（今本伪武丁）孙子，武丁（今本伪武王）靡不胜，龙旗十乘，大糦是承。邦畿千里，维民所止。肇域彼四海，四海来假。"（《诗·商颂·玄鸟》）这是对武丁开疆辟地的功绩的歌赞。武丁的征伐使殷商版图南至于江淮，北至河套辽沈，西达渭汭，与周接壤，可谓创建了亚洲东方的奴隶大王国。

张光直先生说："如果商汤、伊陟、傅说、箕子等王室宫廷中的贵人也都具备巫师的本事，他们也就和巫咸、巫贤、巫彭等人一样也都是巫。""商代第一个王商汤为了求雨亲自'斋戒剪发断爪，以己为牲，祷于桑林之社'。伊尹的儿子伊陟为帝太戊解释祥桑一暮大拱的意义，而武丁相傅说（实为祖己）为武丁解释雉鸟飞于鼎耳，这都是巫师一类人物的本事。可能商代专职的巫才称巫，而王室官吏虽有巫的本事却不称巫。"③ 傅说、祖己作为商王武丁时期的巫史人物，作为武丁重新选用的精英文化集团，以他们的才能与智慧帮助武丁解决了内忧外患，继承并发扬了成汤伊尹所建立的王朝典章制度与文化传统，改革王朝祭祀礼仪制度，增大了殷商奴隶社会的人文因素，推动殷商王朝走上繁荣而强大的道路，"肆高宗之享国五十年有九年"，揭示了殷商王朝文化发展与变化的轨迹。

傅说与祖己均把"德"与"道"作为治国路线，作为他们的国家论与君主论的核心与最高标准，他们上承成汤伊尹，开启了两周及其后世以道自任、士志于道的文化传统。傅说与祖己（眡侯亚矣）是我国有文字传世以来第一代知识分子，继伊尹之后最具文化品格的中国古代第一代文化人。

原文出处： 原载《黑龙江社会科学》2004 年第 2 期。
作者单位： 黑龙江省社会科学院

---

① 葛兆光：《中国思想史》（第一卷），复旦大学出版社，1998.101。
② 丁山：《商周史料考证》，中华书局，1988。
③ 张光直：《中国青铜时代》，三联书店，1999。

古文《尚书·说命》与傅圣思想研究

杨善群

公元前 1250—1192 年商王武丁在位①，这是商朝历史上一个励精图治、富裕强盛的时代。武丁不但把国内治理得秩序稳定，事事有备，而且征服了周边常来进犯的许多方国，使它们都顺服朝贡。商朝声名远扬，史书上称为"殷道复兴"。武丁之所以能"复兴"殷道，做出如此辉煌的业绩，据史书记载是因为他有不少贤明的辅佐，其中最杰出的是一位曾称为"圣人"的辅相傅说。关于傅说的事迹在古文《尚书·说命》中记载得最为详尽，因此要研究傅说其人其事必须先从古文《尚书》说起。

一 一宗胡编乱造的学术错案

今传唐代孔颖达纂疏的五十八篇《尚书》：其中三十三篇是汉初伏生从自己所藏壁中获得，用汉代文字改写后进行教学，故称为"今文"；另外二十五篇是西汉以来由各种渠道发现后在民间流传或藏于秘府，至东晋时由梅颐进献的，因为其最初由先秦文字写成，故称为"古文"。《尚书·说命》分上中下三篇，即属于古文之列。本来，今文和古文《尚书》只是由于流传的渠道不同，它们都是先秦保存下来的文献，弥足珍贵。但是到南宋以后，由于疑古思潮的逐渐盛行，古文《尚书》成为怀疑的重要对象，到清代就被定为"伪书"。

古文"伪书"说的一条最重要的理由，是古文"晚出"：如南宋朱熹谓"孔书（指古文《尚书》）至东晋方出，前此诸儒皆不曾见"②；清代崔述则认为："自东汉逮于吴晋数百年，注书之儒未有一人见此二十五篇者。"③ 事实究竟怎样呢？经查考，自西汉至魏晋，古文《尚书》一直在民间流传，司马迁、刘歆、郑玄、应劭、皇甫谧等大学者都曾见过其书④。就拿古文《说命》来讲，三国时韦昭注《国语·楚语上》武丁"作书"谓"贾、唐云：'《书》，《说命》也。'昭曰：非也，其时未得傅说"；又引《书序》

---

① "夏商周断代工程"专家组：《夏商周年表》。文汇报，2000.11.18。
② 朱熹：《朱子语类》。台北：商务印书馆，1986。
③ 崔述：《崔东壁遗书》，亚东图书馆，1936。
④ 杨善群：《古文〈尚书〉流传过程探讨》。学习与探索，2003（4）。

曰："高宗梦得说，使百工营求诸野，得之傅岩，作《说命》。"① 贾逵等学者见武丁所作之"书"在《说命》中有记载，遂谓："《书》，《说命》也。"但韦昭认为，《说命》是"得傅说"后所作，故曰："非也，其时未得傅说。"上述这些学者大谈《说命》的内容和写作过程，而丝毫不提及此书"未见"，显然他们是看过《说命》，并对之十分熟悉。由此可见，所谓"前此诸儒皆不曾见"、"未有一人见此二十五篇者"，实在是不考查史事的主观想象。

诬蔑古文是"伪书"，一种最离奇的说法，称它是搜罗群书引文而编造的。如清人李巨来谓：古文是"搜集群书征引《尚书》原文，特以己意连属其间"②伪造而成；现代也有学者认为：古文《尚书》是"自一些古籍中搜集文句编造了二十五篇"③。经查考，古文《尚书》与群书征引《尚书》原文都大相径庭，有许多群书征引文字在古文《尚书》中根本找不到④。显而易见，上述说法只是没有事实根据的捏造。

关于古文《尚书》的发现、传授和成书的情况，历来有不少学者进行拨乱反正。当代著名学者、先秦史专家李学勤先生指出："今传本古文《尚书》的出现，比王肃的时期还要早"；"东汉中晚期这种《尚书》本子逐渐传播流行。"又说："晋代古文《尚书》的传授是很清楚的"，"从郑冲到梅颐都实有其人，有事迹可考。"⑤毫无疑问，古文《尚书·说命》等是先秦的真古文献，而绝不是如某些人所说的"伪书"。它们在秦火后到汉代又被陆续发现，经过长期的流传、传授，由晋代梅颐上献而保存至今，这是学术史上的一个奇迹。

二 古文《说命》的珍贵价值

综观二十五篇从先秦时代流传下来的古文《尚书》，它们都有着极其珍贵的学术价值⑥。应该说，古文与今文同样重要，是《尚书》学的双璧。其中，记载商王武丁与辅相傅说事迹的《说命》三篇，更是古文中的精品佳作，具有极高的学术含量与资料价值。

第一，他补充许多其他古籍所没有的历史事实。关于武丁未即位前的情况，《说命》下篇记武丁曰："台小子旧学于甘盘，既乃遁于荒野，入宅于河。自河徂亳，暨厥终罔显。"⑦从这段记述可知，在傅说之前武丁曾向贤人甘盘学习请教，甘盘的年龄应大于傅说而早逝。商王小乙为了使自己的儿子武丁在即位前了解民情，得到锻炼，便让他到农村"荒野"中，居住在"河"（黄河）边上。而傅说当"胥靡"（刑徒、奴隶）时筑路于傅岩，就在今山西平陆县的黄河之滨。根据这个事实，许多史家认为，武丁在即位前就熟识傅说并作过交谈，了解傅说的相貌和才能，故能托梦画像以求傅说。

---

① 上海师范学院古籍整理组：《国语》，上海古籍出版社，1978。
② 崔述：《崔东壁遗书》，亚东图书馆，1936。
③ 刘起釪：《古史续辨》，中国社会科学出版社，1991。
④ 杨善群：《古文〈尚书〉与旧籍引语的比较研究》，齐鲁学刊，2003（5）。
⑤ 李学勤：《竹简〈家语〉与汉魏孔氏家学》，孔子研究，1987（2）。
⑥ 杨善群：《论古文〈尚书〉的学术价值》，孔子研究，2004（5）。
⑦ 阮元：《十三经注疏》，中华书局，1980。

《说命》上篇又记武丁为让傅说名正言顺地进入宫廷，任以高官要职进行辅佐，便"作书以诰"曰："以台正于四方，唯恐德弗类，兹故弗言，恭默思道，梦帝赉予良弼，其代予言。"商代鬼神迷信盛行，而傅说又是刑徒、奴隶，身份低下，把他请进宫来肯定要受到其他贵族的诽谤和反对，造成局势的混乱。武丁向广大臣民宣布："梦帝（天神）赉（赏赐）予良弼，其代予言，"并说出其名字和相貌，大家一定会信以为神而欣然迎纳，由此充分表现出武丁的睿智和对傅说的赏识。《国语·楚语上》记有类似上述的话，但没有《说命》完整和传神，显然《国语》是根据古文《尚书·说命》而转述的。自傅说进宫"作相"后，武丁寄予极大的希望，而傅说也尽心进谏，受到武丁的高度赞扬。这里有着大量的对话议论，都是寓意深刻的珍贵资料，为其他史籍所不载。对于这些谏诤和议论，后面还要作详细分析。

第二，古文《说命》保存大量古代格言和成语。由于傅说对武丁的谏诤采用极简练的语言，而其所讲的道理又带有普遍性，因此他的许多话都可以当作格言来读，有些话变为成语，在今天来说仍有很强的教育意义。如《说命》中篇记傅说对武丁进谏道："虑善以动，动惟厥时。有其善，丧厥善；矜其能，丧厥功。惟事事乃其有备，有备无患。无启宠纳侮，无耻过作非。"① 这里，傅说告诫武丁：要考虑好"善"才能行动，行动要抓住时机；自夸其善和骄傲其能都会走向反面；事事要有防备，有了防备就不会有患难；不要宠信小人而招来侮辱，不要耻过文饰而酿成大错。上述话语，句句金玉良言：其中"有备无患"变为成语；"启宠纳侮"成为一句很有名的格言，《左传》定公元年记晋士伯总结经验教训即引此语；"耻过作非"后来改为"文过饰非"，这是语言的演进。再如《说命》下篇又记傅说曰："惟敩，学半。念终始典于学，厥德修罔觉。"孔传："敩，教也。教然后知所困，是学之半。"此后，"学半"成为教育学上一句很有名的格言，新旧《辞海》都收录作为词条。其下句云：一个人能始终经常地惦念学习，他的道德修养便会在不知不觉中提高。这又是一句多么切实有用的话！

第三，古文《说命》可纠正旧籍引文的错误。由于古文《尚书》是先秦流传下来的真古文献，而不少古籍引用《尚书》往往仅凭记忆，粗枝大叶，故往往出错，于是古文《说命》便有了纠正群书引文错误的功效。如《礼记·缁衣》引《兑命》曰："爵无及恶德，民立而正。"② 这两句话无法连贯，不好理解。经查古文《说命》，方知这是傅说进谏武丁的话，原文曰："官不及私昵，惟其能；爵罔及恶德，惟其贤。"语意清楚连贯，还有"官""爵"对偶，显然是《礼记》的引文有误，当以古文进行纠正。该篇又引《兑命》曰："事纯而祭祀，是为不敬。事烦则乱，事神则难。"这里前句同样语意难明；后句两个"事"重复，很不通顺。经查古文《说命》，此句作："黩于祭祀，时谓弗钦。礼烦则乱，事神则难。"陈述清楚，语意明白。显然，《礼记》引文"事纯而祭祀"乃"黩于祭祀"之误；祭祀是一种礼仪，承上而言，"事烦则乱"当从古文《说命》作"礼烦则乱"。此外，该书所引篇名"兑命"也是错误的，《礼记·学记》郑

---

① 阮元：《十三经注疏》，中华书局，1980。
② 同①。

氏注:"'兑'当为'说'字之误。"① 由上可见,《礼记》引文从篇名到许多语句都出现不少错误,使人难以理解。幸好古文《尚书·说命》其篇俱在,他书引文的错误可以据此得到纠正。

古文《尚书·说命》有着这样许多珍贵的学术价值,这是其为先秦真古文献的铁证。综观这三篇古文,武丁与傅说之间有着那么多意味深长、情景交融的对话,其成书时间即使不在商代,也应该是人们长期口耳相传,到西周或春秋时形成文字而收入《尚书》,其原始素材肯定是很古老的。特别是傅说对武丁进谏时所陈述的涉及面十分广泛的丰富内容,切合当时政治实际的深刻用意,具有一个"圣人"的风度,值得我们作细致深入的研究。

三 从《说命》看傅说的治国思想

傅说对武丁有许多答话,有长篇的谏辞,他态度从容,胸有成竹,表达了他如何治理国家的主张和思想。这是古文《说命》三篇中最珍贵的部分。兹谨择其要,简析于下。

首先,傅说认为治理国家的关键在君王,而君王理政应从谏如流,多闻学习。他说:"惟木从绳则正,后从谏则圣。"孔传:"言木以绳直,君以谏明。"② 君王只有听从臣下的谏诤,才能了解国内外大事而采取正确的处置措施,变成道德学识极高的圣人。傅说接着论道:"后克圣,臣不命其承,畴敢不祗若王之休命!"君王如能圣明,臣下不待命承就会积极进谏,这样谁敢不敬顺王之美命,国家也会因君王的从谏而治理得欣欣向荣!他又说:"王人求多闻,时惟建事,学于古训乃有获。事不师古,以克永世,匪说攸闻。""念终始典于学,厥德修罔觉。"这里反复强调,君王要"多闻",多听取各方面的意见,才能把事情办好。特别要学习"古训",以提高自己的道德修养,"事不师古",是不能长治久安的。他义正词严地进谏:"明王奉若天道,建邦设都,树后王君公,承以大夫师长,不惟逸豫,惟以乱(治)民。"君王责任重大,管理全国各方事务,不应贪图安逸舒适,而要集中精力把治理民众的事情办好。这是傅说对君王的忠贞告诫和殷切希望。

其次,国家治理的好坏,众多的官吏起着十分重要的作用,必须选贤任能,防止腐败。傅说谏诤道:"惟治乱在庶官。官不及私昵,惟其能;爵罔及恶德,惟其贤。"这里他强调,选拔人才的唯一标准就是"贤""能",不要让那些有私人关系的亲朋好友以及品行恶劣、道德败坏的人担任官吏,获取爵位,这是特别应当加以防范的。为此,傅说在最后表示,要"旁招俊,列于庶位"。可见他对官吏选拔的重视和改革官场作风的决心。

再次,君王的语言、决策,特别是用兵、授命,不能轻举妄动,而必须谨慎从事。傅说告诫武丁:"惟口起羞,惟甲胄起戎,惟衣裳在笥,惟干戈省厥躬。"孔颖达疏云:"惟口出令不善,以起羞辱;惟甲胄伐非其罪,以起戎兵;言不可轻教令、易用兵也。

---

① 阮元:《十三经注疏》,中华书局,1980。
② 同①。

惟衣裳在笥笥，不可加非其人，观其能足称职，然后赐之；惟干戈在府库，不可任非其才，省其身堪将帅，然后授之。"可见君王的一言一行，一举一动，一个任职，一个授命，稍有不慎，就会引起恶果，对国家和民众带来损失。特别是在武丁当时，国内统治者之间常因争权夺利而引发事端，周边少数族也不时前来侵扰，用兵抗击在所难免，故上述这些箴言，显得尤为重要。傅说接着谏道："王惟戒兹，允兹克明，乃罔不休。"孔传："言王戒慎此'四惟'之事，信能明政，乃无不美。"可见傅说对商王武丁语重心长，叮咛他做君王处事必须戒惧小心，才能政治清明，美事到处传扬。同时，为了使君王能从容应对突发事件，傅说又谆谆告诫："惟事事乃其有备，有备无患。"对于军事、政治、经济各方面的事务都必须有充分的防备，这是君王治理国家的又一重要法则。

最后，对于祭祀等礼仪活动，不能过频、过滥，应当有所节制，择要进行。傅说向武丁进谏道："黩于祭祀，时谓弗钦。礼烦则乱，事神则难。"孔传："祭不欲数，数则黩，黩则不敬。事神礼烦则乱而难行。高宗（武丁庙号）之祀特丰，数近庙，故说因以戒之。"可知商王高宗武丁时祭祀特多，祭品丰厚，浪费大量的人力、物力，傅说此言乃有感而发。今文《尚书·高宗肜日》并记武丁的另一贤臣祖己在一次祭祀活动中向商王的谏诤："呜呼！王司敬民，罔非天胤，典祀无丰于昵。"孔传："王者主民，当敬民事，民事无非天所嗣常也。祭祀有常，不当特丰于近庙。"① 由此可见，武丁一度沉迷于祭祀活动，已经影响到日常的民事工作，这对于国家的治理是十分有害的。傅说以大无畏的精神，直谏武丁烦乱的祭祀活动的危害，言简意赅，发人深省，其圣人的风范品格，再一次得到充分体现。

综上所述可以清楚地看到，在孔子之前700多年②商王朝时的圣人傅说，就有着一套相当完整严密的治国思想。这套思想包括君王的从谏、学习、道德修养、主要任务，官吏要选贤任能，言语、决策、用兵、授命必须谨慎，军政大事每事都要有充分的防备，祭祀等礼仪活动应当简化、节制等等。这些思想不仅在当时切合实际，对武丁时期商朝的复兴起着决定性的作用，而且在今天看来，仍有其明智、合理的一面，对如何治理好国家有积极的借鉴意义。加之，傅说在阐述这套思想时，语言简练，层次清楚，其中又包含着许多格言、成语，而武丁在寻求、迎接傅说，表达对傅圣的希望和赞美时，又用了大量的比喻，词意恳切，这些在《说命》中都有传神的描写。

完全可以肯定，古文《尚书·说命》上中下三篇，是真实、细致、生动、优美的传记作品，其珍贵的价值在古代历史上不可多得。由于傅说思想的精深、道德的崇高以及他对商朝国家治理的卓越贡献，很早以来傅说就被尊为"圣人"。司马迁在《史记·殷本纪》中写道："武丁夜梦得圣人，名曰说"；"得（说）而与之语，果圣人，举以为相，殷国大治。"《史记正义》引《括地志》云：傅说"所隐（居）之处，窟名'圣人窟'。"又引《水经注》云："沙涧水……历傅说隐室前，俗名'圣人窟'。"③ 从古文

---

① 阮元：《十三经注疏》，中华书局，1980。
② 若以武丁即位时傅说年龄为30岁推算，他的生年当在公元前1280年左右。
③ 司马迁：《史记》，中华书局，1982。

《尚书·说命》所记载的傅说一系列言行来看,他作为中国古代历史上最早的"圣人",是当之无愧的。

原文出处:原载《傅圣文化》2007年第4期。
作者单位:上海社会科学院历史研究所

中国历史上最早的"圣人"——傅说

杨善群

商朝武丁时期的大臣傅说,是中国历史上最早具有"圣人"称号的杰出人物。《国语·楚语上》载白公子张对楚灵王的谏诤说:"若武丁之神明也,其圣之睿广也,其智之不疚也,犹自谓未乂,故三年默以思道。既得道,犹不敢专制,使以象旁求圣人",于是"得傅说以来,升以为公。"《史记·殷本纪》亦叙述道:"武丁夜梦得圣人,名曰说。以梦所见视群臣百吏,皆非也。于是乃使百工营求之野,得说于傅险中。"武丁"得而与之语,果圣人,举以为相。"魏晋南北朝时北魏郦道元的《水经注》述:"河水又东,沙涧水注之。水北出虞山,东南径傅岩,历傅说隐室前,俗名之为'圣人窟'。"(《水经注·河水四》)唐代地理著作《括地志》云:"傅险即傅说版筑之处,所隐之处窟名'圣人窟'。"(《史记·殷本纪·正义》引)由上可见,傅说自春秋以来,经历汉朝、魏晋南北朝一直到唐朝,各种历史记载都称他为"圣人"。这不是哪个大人物命名的,而是从君王、公卿下至广大百姓一致的认识。《水经注》特别指明,傅说原隐居之地"俗名圣人窟"。这是老百姓所起的"名",大家都这么称呼。可知傅说是一位受人尊敬、不同凡响的奇才,他被尊为"圣人"要比春秋末年的孔子早了700多年。[①]

何谓"圣人"?按照古代人的理解。约有这样三种含义:一是无所不通的人。《书·洪范》:"睿作圣。"孔传:"于事无不通谓圣。"二是道德智慧极高的人。《孟子·尽心下》:"大而化之之谓圣。"赵岐注:"大行其道,使天下化之,是为圣人。"三是有某方面专长、造诣至于极顶的人。如诗写得最好的人为诗圣,草书写得最好的人为草圣,对茶叶最有研究的人为茶圣,对兵法讲得最好的人为兵圣,等。在上述三类圣人中,傅说应该属于第二类。他的道德和智慧超乎常人,他的言论尖锐泼辣,切中时弊,使君王武丁为之倾倒,使天下百姓受其惠泽,因而"殷国大治"(《史记·殷本纪》)。以下从几个方面详细论证有关圣人傅说的文献资料、思想言论和事业成就,使中华民族的这位优秀人物、杰出代表永载史册,受到人们的尊敬和怀念。

---

① 按"夏商周断代工程"公布的《夏商周年表》,商王武丁的在位时间是公元前1250—1192年。若以武丁即位时傅说年龄为30推算,他的生年当在公元前1280年左右。孔子生年为公元前551年,则傅说比孔子约早730年。

一 《说命》是记录圣人言论行事的不朽篇章

今传《尚书·商书》中有《说命》上中下三篇，详细记录商王武丁如何以托梦的方式，梦见上帝赐予他"良弼"，于是使百官寻求于天下，最后在傅岩之野找到从事版筑劳动的刑徒说（音悦）的传奇经历。当把说请入宫中后，商王武丁立刻举以为"相"，使他伴随在王左右。武丁命他"朝夕纳诲，以辅台德"，"俾率先王，迪我高后，以康兆民"，也就是要经常对武丁进行教诲，辅助其道德行为，使遵循先王的遗训，沿着成汤的轨道，以安定天下亿万民众。而说也不负君望，经常对王进行开导，讲了许多具有真知灼见的话语，对于提高武丁的道德修养，谋划兴国安民的大计，有着不可估量的作用。《说命》三篇，叙述细致，情意真切，是不可多得的珍贵历史资料。通过《说命》的记载，傅说作为"圣人"的思想言论、道德风范，乃高大地呈现在读者面前。

必须指出，由于流传渠道的不同，现存《尚书》中有汉初伏生从自己所藏壁中获得、用汉代文字改写后的所谓"今文"和自西汉以来由各种渠道发现后在民间流传或藏于秘府、至东晋时由梅赜进献的所谓"古文"两部分。《说命》三篇即属于古文《尚书》。对于古文《尚书》的来源，笔者曾经作过探讨，认为它有伏生壁中、孔子宅壁、河间献王、河内女子、宫中秘府、杜林、孔氏家族等七个方面。① 由各地发现、民间流传到梅赜进献，这过程本身就是一个奇迹。但到南宋以后，疑古思潮逐渐盛行，某些人凭主观想象，胡编乱造，把大量古籍定为"伪书"，古文《尚书》即遭此劫难。为此，笔者已作文予以辨析，正本清源，揭其原委。② 学术界同仁也齐心协力，为长期学术冤案进行重审和辨证。③

关于《说命》是真古文献的考证，笔者已作过专题研究。特别是对阎若璩《尚书古文疏证》中颠倒先后、混淆是非的作法，做了揭露和辩驳。④ 再看《国语·楚语上》记白公子张对楚灵王的谏言，有一段与《说命》相似的文字。这里有两点值得注意：一是两文叙事详略各有不同。如《楚语》记武丁得傅说"升以为公"，而《说命》记武丁认傅说"爰立作相"。《说命》记群臣谏王曰："知之曰明哲，明哲实作则"；又记武丁作书曰："梦帝赉予良弼，其代予言。"这些话《楚语》均从略不载。二是两文用词各有不同。如《说命》记群臣曰："王言惟作命，不言，臣下无所禀令"；《楚语》记卿士曰："王言以出令也，若不言，是无所禀令也。"《说命》记武丁作书曰："以台正于四方"；《楚语》记此言为："以余正四方。"显然，《说命》与《楚语》两文所记各有来历，决非抄袭；《楚语》在陈述时对《说命》较古的用词改成春秋时的用语，因而又有不同。《说命》之为真古文献，难道还不清楚吗？

---

① 杨善群：《古文〈尚书〉流传过程探讨》，《学习与探索》2003年第4期。
② 杨善群：《古文〈尚书〉研究——学术史上一宗严重的冤假错案》，载《史海侦迹——庆祝孟世凯先生七十岁文集》，新世纪出版社2006年版。
③ 详刘建国：《先秦伪书辨证》，陕西人民出版社2004年版；张岩：《审核古文〈尚书〉案》，中华书局2006年版。
④ 杨善群：《古文〈尚书·说命〉与傅圣事迹研究》，《傅圣文化》2007年第4期。

还应说明的是，许多注家在提到《说命》时都说"亡"或"佚"：如郑玄注《书序》曰："《说命》三篇亡"；王逸注《楚辞》云："《说命》，是佚篇也"；赵岐注《孟子·滕文公上》所引《书》之《说命》文曰："《书》，逸篇也。"上述这些注家都是东汉人，当时古文《尚书》还在民间流传，不被官方重视，官方传授的《尚书》只有今文，因此这些注家遇到今文以外的《尚书》各篇，都注以"亡"或"逸"。李学勤先生也曾注意到这个问题，指出造成这种注释的原因"是由于《说命》当时没有官方师传"①。其实，除了官方师传外，还有民间流传的渠道，这是不可忽视的。

总之，《说命》三篇是极其珍贵的古文献，它记录了圣人傅说的传奇经历，向商王武丁进行谏诤的言论主张和高风亮节。它的价值几可与记录孔子言行的《论语》相媲美。

二 傅说谏诤言论的闪光点

自商王武丁把傅说请入宫中、举以为相，并命他"朝夕纳诲，以辅台德"后，傅说曾多次向商王进谏，《说命》对此有详细记录。这里，谨择其言论的几个闪光点进行剖析。

其一，君王要从谏如流。傅说告于王曰："惟木从绳则正，后从谏则圣。后克圣，臣不命其承，畴敢不祗若王之休命！"孔传："言木以绳直，君以谏明。君能受谏，则臣不待命其承意而谏之，谁敢不敬顺王之美命而谏者乎！"君王作为一国的首脑，智力毕竟有限，往往会考虑不周而出现偏差，必须听从大臣和百姓的进谏才能圣明。如果君王欣然受谏，大臣敬顺王命而谏其不足，这将是一个多么和谐而不断进步的社会！孔子也主张对君王进谏。《论语·宪问》记："子路问事君"，孔子曰："勿欺也，而犯之。"朱熹注："犯，谓犯颜谏争。"孔子自己就曾通过弟子向鲁国执政者进谏："君子之行也，度于礼：施取其厚，事举其中，敛从其薄"，并指出季氏的行为是"不度于礼而贪得无厌"（《左传·哀公十一年》）。两位圣人主张大臣进谏、君王从谏，前后呼应，一脉相承。

其二，君王要以治民为重，不能贪图享乐。傅说进谏于王曰："明王奉若天道，建邦设都，树后王君公，承以大夫师长，不惟逸豫，惟以乱民。"这里的"豫"，意为游乐。《孟子·梁惠王下》："吾王不游，吾何以休？吾王不豫，吾何以助？"朱熹注："豫，乐也。"傅说向商王郑重告诫：明王奉天道，建国都，下设那么多大小官吏，不是为了安闲游乐，而是为了治理民众。其言斩钉截铁，正气凛然。历史上的许多君王，不懂这个道理，一登君位便沉迷游乐，结果往往国破身亡。因此，傅说的谏言具有极大的针对性和震撼力。孔子当时也常常遇到君主与执政者贪图享乐、不治朝政的情况，他表示愤慨，进行指责。《论语·微子》记："齐人归女乐，季桓子受之。三日不朝，孔子行。"他经常感叹："已矣乎！吾未见好德如好色者也。"② 两位圣人对君王不能贪图逸乐的谏诤，也一脉相承，异曲同工。

---

① 李学勤：《试论楚简中的〈说命〉佚文》，注（13），《傅圣文化》2007年第4期，第6页。
② 《论语·卫灵公》。下引孔子言论，出于《论语》者，不再加注。

其三，君王的语言、决策、用兵、授命，必须谨慎。傅说谏王曰："惟口起羞，惟甲胄起戎，惟衣裳在笥，惟干戈省厥躬。"其意是说：君王如口出不善，引起羞辱，就会带来灾祸；如用甲胄攻伐不当而起戎兵，就会造成大乱；衣裳在箧笥代表职级，一定要慎重发放给称职的人；干戈武器在府库，一定要省察其人德才身堪将帅，然后授予。傅说接着谏道："王惟戒兹，允兹克明，乃罔不休。"他要君王慎戒此"四惟"之事，信能明政，无不顺美。傅说对于君王的教诲，真可谓循循善诱，苦口婆心。孔子当时也经常教诲君主、执政者：如齐景公问政，孔子对曰："君君、臣臣、父父、子子"，意即君主的语言、行为，要像君主的样子。季康子问政，孔子对曰："政者，正也。子帅以正，孰敢不正！"两位圣人对君王语言、行为的诱导，如出一辙。

其四，重视吏治作用，防止官场腐败。傅说向商王进谏曰："惟治乱在庶官：官不及私昵，惟其能；爵无及恶德，惟其贤。"治理民众要由众官去执行，故官好则治，官坏则乱。在不是民主选举的制度下，提拔官吏往往看重亲朋好友，一些道德败坏的人则钻营行贿，谋求官爵。傅说义正词严地指出："官不及私昵"，"爵无及恶德"，选用官吏的唯一标准就是"贤能"。他痛斥官场的腐败作风，这需要多么大的勇气！孔子也非常重视官吏的作用，主张任官要用贤能的人。如仲弓问政，孔子曰："先有司"，"举贤才"，即先要设立主持各种事务的官职，并举用贤才来担任。鲁哀公问："何为则民服？"孔子答："举直错诸枉"，即举用正直的人而罢免那些道德败坏者。两位圣人主张整顿吏治，斥责腐败，又是如此默契，步调一致。

其五，对各方面可能发生的事，都应有所防备。傅说向王进言曰："惟事事乃其有备，有备无患。"孔传："事事，非一事"，亦即各方面的事，比如外敌的入侵，旱涝等自然灾害，宫廷内部的纷争，官场的腐败等。对于这些可能发生的事，一定要有所防备，如训练军队、积贮粮食、订立制度、加强督察等。有备才能无患。傅说的这些话，言简意赅，表现了一个政治家高瞻远瞩的智慧和才能。孔子在其言论中，也有备战、备荒、防止动乱的主张。如《论语·颜渊》记子贡问政，孔子曰："足食，足兵，民信之矣。"朱熹注："言仓廪实而武备修，然后教化行，而民信于我。"两位圣人政治家考虑全局的防患意识，又是何等的相似！

其六，对于祭祀等事神活动，不宜过于频繁，应当有所节制。傅说向王进谏曰："黩于祭祀，时（是）谓弗钦（敬）。礼烦则乱，事神则难。"此言乃有感于时事而发。商王武丁其时经常进行祭祀活动，因而引来野鸡飞上鼎耳鸣叫。大臣祖己及时向武丁训诫曰："王司敬民，罔非天胤，典祀无丰于昵。"（《尚书·商书·高宗曰》）意思是说，君王的主要职责在于谨敬民事，民事无非天所继嗣的常道，通常的祭祀不要用特别丰厚的礼品于近亲之庙。祖己的训诫还比较客气，而傅说称商王的行为是"黩于祭祀"，意即滥用祭祀，这是不敬的行为。礼过烦就会乱，达不到奉事鬼神的效果。傅说的净谏大义凛然，目的是要君王关心民事，爱惜财物。孔子对于鬼神迷信，亦表示要远离其事。他说："务民之义，敬鬼神而远之，可谓知矣。"《论语·述而》称："子不语怪、力、乱、神。"两位圣人对于鬼神的态度和作法，又是如此志同道合。

其七，人要多听各方意见，特别是学习古训，提高道德修养。傅说进谏曰："王，人求多闻，时惟建事，学于古训乃有获。事不师古，以克永世，匪（非）说攸（所）

闻。……念终始典于学,厥德修罔觉。"这里傅说反复强调,人特别是君王和各级官吏,要"多闻",才能"建事",即办好各种事情。"古训"是祖先流传下来的经验总结,"事不师古"而要长治久安是不可能的。自始至终经常念念不忘于学习古训,人的道德修养便会在不知不觉中提高,这是极其有用的。孔子也经常申述学习和提高道德修养的重要性,如他说:"学而时习之,不亦说(悦)乎!""学而不厌,诲人不倦";"多闻,择其善者而从之。"子路问君子,孔子曰:"修己以安人","修己以安百姓。"两位圣人在人要多闻学习、提高道德修养方面,他们的意见又是多么一致,甚至所用词语也十分相似,这绝不是偶然的。

从以上傅说谏诤言论七个闪光点的分析可见,他为人正直,心胸开阔,思想敏锐,关心国家的命运和人民的生活,善于学习,知识渊博,有道德修养,敢于提出不同意见,批评当时的不正之风和陈规陋习。以他的学识和德行,不愧为中国历史上最早的"圣人"。他的许多言论主张,与春秋末年的孔子遥相呼应,成为上古三代最有影响力的两个杰出人物。

三 傅说的出身、故里和事业成就

关于傅说的出身,大多历史记载都说他是"胥靡",亦即刑徒、奴隶。墨子曰:"昔者傅说,居……圜土之上,衣褐带索,庸筑于傅岩之城。"(《墨子·尚贤下》)《周礼·大司徒》郑注:"圜土,谓狱也。"又"带索",即用长绳牵着,其行动是不自由的。《吕氏春秋·求人》记:"傅说,殷之胥靡也。"高诱注:"胥靡,刑罪之名也。"《史记·殷本纪》更直接指明:武丁得说,"是时说为胥靡,筑于傅险"。后说入宫,当了宰相,"遂以傅险姓之,号曰傅说"。这表明,说本为奴隶,故只有名而没有姓氏;后身份改变,才以劳役之地作为其姓。关于傅说的身份,历史上还有另一种说法。《说命》孔传云:"傅氏之岩,在虞、虢之界,通道所经,有涧水坏道,常使胥靡刑人筑护此道。说贤而隐,代胥靡筑之,以供食。"此处谓傅说是"隐"者,当然是自由民,为了"供食"即混口饭吃,便杂在胥靡中筑道。这个说法,与许多记载相悖,且不合情理,可能出于某些人的想象。

既然傅说出身刑徒、奴隶,为什么会有那么好的学问和道德修养,这可能因为他家道中落,原本有较好的家庭而遭遇到不测之祸,才沦落到如此地步。孔子的祖上原来是宋国的国君,后来在一次宫廷斗争中被杀,才避难来到鲁国。他的父亲原本当过邑宰的小官,却又在孔子三岁时去世了。这使他的少年时代,过着十分清贫的生活。孔子自己就说:"吾少也贱,故多能鄙事。"正是这种艰苦的生活,磨炼了他的意志,养成了他高尚的道德情操和刻苦学习的作风。傅说的家世虽然在历史上缺乏记载,但肯定要比孔子更加不幸,遭遇的灾祸更多,命运更为坎坷。也许就是这种不幸的遭遇,艰难的生活,磨炼了他的品格,促使他勤奋好学,终于成为一代圣人。

傅说的籍贯在何处,历史上没有明确记载,但他长期在傅岩作胥靡服刑,从事版筑劳动,后又用傅险之"傅"作为其姓氏,因此"傅险"或"傅岩"就是他的故里,应该没有问题。《史记·殷本纪·正义》引《括地志》云:"傅险即傅说版筑之处,……在今陕州河北县北七里。"唐代陕州河北县即今山西平陆县,现县北有傅岩遗址、傅相祠和商相傅说之墓，还有大臣村，据说是傅说的生地。这里离当时的殷都不远。武丁在青少年时期曾经"遁于荒野，入宅于河，自河徂亳"（《尚书·商书·说命下》）。在这个过程中，他在黄河边上的傅岩结识了从事劳作的胥靡说；登上王位后又派人到傅岩将说请入宫中，举以为相。因此，傅岩是圣人说的劳作之地、养育之地、奇遇之地和发迹之地，对傅说一生的成长关系极大。可以说，山西的平陆和山东的曲阜，都是圣人的发祥之地。

傅说是商王武丁的主要辅佐大臣，而武丁时期的甲骨卜辞众多，傅说的活动应该在卜辞中有所反映。近年经学者研究探索，认定武丁时期卜辞中的人名"甫"（即傅），就是傅说。根据甲骨卜辞的记载，自商王武丁举用傅说为辅佐后，他曾经指挥王朝的行政、军事、农业、狩猎、外交等各方面的事务；甫发布或传达王命，向诸侯下达商王的征伐之命；前往商都附近的城邑处理政务，处置朝臣；管理王朝的重要农业基地，视察种黍及外出主持籍田礼；代替商王出外狩田，率众进行大规模的狩猎活动；调遣诸侯国的兵力，去阻遏西北方游牧民族的侵扰等。① 从各方面的资料来看，这个论证应该是可信的。

从甲骨卜辞的记载分析，商王武丁时期的功绩主要表现在这样两方面：一是农业、畜牧业的发展。商王对农业、畜牧业生产非常重视，农耕开垦的土地面积扩大，农作物的产量不断增加，畜牧业也繁殖兴旺。人心安定，国力增强。二是对周边经常来侵犯、骚扰的游牧部落给予有力的打击。特别是对西北方和土方两个游牧部落以重兵进行征伐，最终灭其族，并其地。对有些氏族、方国，征服后就地封侯，成为商朝的臣属，扩大了商朝的版图。② 经过长期不懈的治理与对外征伐，武丁统治下的商朝势力超过以往任何一位商王，成为商朝历史上的鼎盛时期。③ 这样的业绩，当然与最高大臣傅说长期精心的辅佐是分不开的。特别是傅说那些金光闪闪、刚正不阿的谏言，会使商王武丁头脑清醒，时刻想到一个君王的责任。傅说因为遇到英明的君王，使他的才智得以充分发挥。终武丁之世，生产发展，民生改善，四方大部国族被征服和归附，商朝因为傅说的辅佐而得到"大治"，声名远扬。与傅说相比，孔子却没有那么幸运，他的主要业绩在教育方面，培养弟子三千，其中杰出者七十二人；又提出一套以"仁"为核心的伦理思想，影响深广；在整理古代文献方面，也功劳卓著。应该说，傅说与孔子两位圣人的业绩，重点不同，各有千秋。

综上所述可见，傅说是商王武丁最主要的辅相：他对商王的谏诤言论，大胆泼辣，精辟深刻，成为商王治国的座右铭；特别是他亲自实践，辅佐商王发展生产，改善民生，富国强兵，传达王命，调兵遣将，征伐常来侵扰的周边游牧部落和氏族、方国，扩大疆土，四方归服，成为商朝历史上最强盛的时期。傅说以他思想理论的精辟深刻和行政实践的光辉业绩，成为我国历史上最早的"圣人"。他与东周时代历来被尊为

---

① 详詹鄞鑫：《卜辞傅说事迹考》，《傅圣文化》2005 年第 2 期；刘桓：《关于傅说的考证问题》，《傅圣文化》2007 年第 4 期。
② 孟世凯：《商史与商代文明》，上海科学技术文献出版社 2007 年版，第 115—121 页。
③ 沈长云：《中国历史·先秦史》，人民出版社 2006 年版，第 68—70 页。

"圣人"的孔子,在上占三代一前一后、一西一东,各自以其特有的人格魅力和突出贡献,在当时及后世产生广泛而深远的影响,他们都是中华民族优秀文化的杰出代表。长期以来,由于傅圣的历史资料比较分散,研究和宣传不够,特别是古文《尚书》的冤假错案影响深广,使傅圣事迹的宣传更增添了阻力。今天,学者们稽古钩沉,正本清源,让中国历史上最早"圣人"的思想理论和治政业绩大白于天下,这应该是很有意义的。

原文出处:《先秦史研究动态》2008年第2期。
作者单位: 上海社会科学院历史研究所

由《尚书》兑读而比较伊尹与傅说

孙敬明

傅说是殷商晚期的著名人物,如若按传统的观念衡量,其是一位良相辅弼;然而若就历史发展的实际情景,其不仅是一位百揆重臣,而且更是一位与武丁共主行政的典范。但是有关其事迹见于文献记载者极少,除待新的考古资料发现之外,目前我们只能就《尚书》和《史记·殷本纪》等相关有限资料来与伊尹作比较研究。先者为商汤的重臣,顺乎历史发展的潮流而与之共主行政,以肇始商代之伟业;后者则是武丁梦寐以求的良相,其与武丁共主,遂使殷道复兴呈现商代晚期最为繁盛的局面。基于共主政治的地位,我们还推想傅说其应该有着自己极强的部族或军事联盟之背景,而其对古代版筑技术的总结与发展,不仅为当时的军事防御、安邦定国、使盘庚之后不再迁都,而且亦为中华的传统土木建筑内涵、特色与发展均有着突出的贡献。

一

首先,《国语·晋语一·武公伐翼止栾共子无死》:"昔夏桀伐有施,有施人以妹喜女焉,妹喜有宠,于是乎与伊尹比而亡夏。殷辛伐有苏,有苏氏以妲己女焉,妲己有宠,于是乎与胶鬲比而亡殷。"注曰:"伊尹,汤相伊挚也,自夏适殷也。比,比功也。伊尹欲亡夏,妹喜为之作祸,其功同也。胶鬲,殷贤臣也,自殷适周,佐武王以亡殷也。"《史记·夏本纪》以及《竹书纪年》记载,太康失国之后,至少康时靡从有鬲而率诸有夏之余烬,伐灭寒浞之国,遂得以恢复夏王朝。可见夏的复兴亦与靡有关。少康秉国之后亦应得到靡以及整个靡部族的支持。如此,夏王朝才得以完全的复兴了。

还往上推,《韩非子》:"舜偪尧,禹偪舜。"《吕氏春秋》:"禹有淫缅之意。"而相关的文献却大都记述为,尧舜时期的帝位是出于禅让,而由《韩非子》所记,当时所谓的帝位,应该是军事联盟酋长的职掌。如所周知,先秦典籍记载,尧舜禹都是古代圣贤帝王的楷模,他们的帝位都是由早到晚一代一代的谦谦礼仪让贤禅位而来。若依《韩非子》与《吕氏春秋》所载,他们之间的帝位实际上不是由禅让,而是从逼迫争夺所得。推想当时的情景,所谓的舜禹相逼,那么此间就必然存在所谓的共主政治。在严格意义的国家的初级阶段,越是早期所谓帝王与相与臣,他们之间的共主政治的色彩就越加浓厚。况且,即便是到了严格意义的国家时期,仍有相臣主宰国政的事例发生呢!

由此而律及黄帝、颛顼、帝喾时期以及舜与尧,禹和舜,还有夏代的靡、商代的伊尹、伊陟、巫贤、傅说,甚至周代的周公、召公等,其虽然因历史的发展而参与王朝共主政治的地位与色彩各有所不同,但由后来的执政情景例可前推既往的历史上,所谓君臣共主的产生、发展与演变的关系。

江林昌先生新著《中国上古文明考论》一书中指出:商代前期商民族在部落联盟中的共主地位并不稳定,如帝雍己时,《史记·殷本纪》"殷道衰,诸侯或不至。""自中丁以来,废嫡而更立诸弟子,弟子或争相代立,比九世乱,于是诸侯莫朝。"商代的前期商民族的王权继承制仍然保留较多的氏族社会特征,诸如:商汤与伊尹的二头共主;伊尹与太丁、外丙、中壬、太甲、沃丁分别二头共政;太戊立伊陟为相;祖乙与巫贤共政;武丁以傅说为相等。《史记·殷本纪》:"武丁夜梦得圣人,名曰傅说。以梦所见视群臣百吏,皆非也。于是乃使百工营求之野,得说于傅险中。是时说为胥靡,筑于傅险。见于武丁,武丁曰是也。得而与之语,果圣人,举以为相,殷国大治。故遂以傅险姓之,号曰傅说。"《楚辞·离骚》:"说筑于傅岩兮,武丁用而不疑。"关于商代的汤与伊尹的共主;武丁与傅说的共主等,应是当时的一种制度。

并且古代的军政合一与相傅制度,尤其先秦时期应是较为盛行的。先秦时期较著名的良相,有靡、伊尹、傅说、周公、召公等,他们既是庙堂上的良相辅弼,而且更是疆场上的帅旗指挥。旧所谓:"出将入相"即是对此种将相合一的军政制度的形象的描述。

二

其次,伊尹为商代的开国良相,更是名标史典的将相楷模,同时又是中国早期国家发展阶段为历史的发展社会的稳定而作出突出贡献的典型。《尚书》所记伊尹为告诫太甲而作《伊训》一篇、《太甲》三篇;《咸有一德》一篇等(关于此篇,《史记·殷本纪》或记于商汤时,集解:马融曰:"言君臣皆有一德。"索引按:"《尚书》伊尹作《咸有一德》在太甲时,太史公记之于斯,谓成汤之日,其言又失次序。")伊陟有赞于巫咸而作《咸乂》四篇。由此即可看出伊尹与陟父子在殷商王朝中的地位。至此,我们不妨将其父子所作的多篇《尚书》,与傅说相高宗武丁所作的《尚书·说命》三篇作一比较。

《尚书·伊训》:"成汤既没,太甲元年,伊尹作伊训。"此篇训诫,主要是告诫太甲一朝,要戒绝"巫"、"淫"、"乱"三风,若犯有一风,即必导致"身家必丧"。由此可以看出伊尹在殷商王朝中的地位,其严词极训,要太甲听从他的告诫,否则即要受到"身家必丧"的惩罚。由此不但看出伊尹与商王的相与共同主政的地位,甚至还看到伊尹凌驾于太甲之上的威严。

《尚书·太甲上》:"太甲既立,不明。伊尹放诸桐,三年。复归于亳,思庸,伊尹作《太甲》三篇。"太甲由起初的受到伊尹的严命告诫,可能其与伊尹之间产生更激烈的矛盾冲突,故而导致伊尹将太甲放逐到桐地三年的时间。但是太甲并未因这次的放逐而与之缓和矛盾,其很可能因于伊尹的权威太重,而行政上有所消极和倦怠。此时伊尹继上次的训诫，又作训诫三篇，以告诫太甲，并藉以提高和巩固自己的地位。

《尚书·太甲中》："天作孽犹可违，自作孽不可逭"。伊尹告诫太甲，上天所降临的灾祸犹可违背和补救；而自己一意孤行所造成的过错和灾难，追究起来责任是不可逃避的。告诫太甲要谨慎行政，要重视共主伙伴伊尹的存在。

《尚书·太甲下》："君罔以辩言乱旧政；臣罔以宠利居成功。"由此看出太甲是想对旧政进行改革，并且有其自己的理论依据。我们推想所谓的"乱旧政"，甚至是要改革自商汤以来的君臣共主的执政制度，而且君臣共主的制度是实行已久的旧制度、老制度，是相沿已久的天经地义的铁制度。要想改革与变法，即属"乱旧政"。此处的言辞最为激烈，几乎是要两相摊牌的架势。当然，伊尹对自己的处境和地位亦有明晰的认识，即不要以地位的优越和功劳巨大而无所作为，所谓的"居成功"，即明确地表示自己对殷商王朝有匡复鼎立之功，由此以说明自己在殷商王朝中的地位。核心是要按商汤与伊尹共主时期的既有制度行政。而太甲对此只有奉行的义务，绝无变乱更张的权力。

《尚书·咸有一德》："伊尹作《咸有一德》曰：非天私我有商，惟天佑于一德；非商求于下民，惟民归于一德。德惟一，动罔不吉，德二三，动罔不凶。"这里的伊尹是在要求商王与其保持政治上的一致，所谓的君臣二人，要一心一德，不能二三其心，伊尹为数朝老臣，其有至高的权利，甚至可以放逐太甲，所以商王要听取他的意见。"伊陟相大戊，……伊陟赞于巫咸，作《咸乂》四篇。太戊赞于伊陟，作《原命》。"注："原，臣名，《原命》伊陟三篇皆亡。"疏："以《原命》名篇，犹如《冏命》、《毕命》也。"有伊尹与其子伊陟的相继与商王共主政治，可以看出这种制度的社会性和可行性。因为只有在实行共主的时期，殷商王朝的社会就稳定的发展，各样的种族与集团的利益关系就得到妥善的处理。尤其成汤与伊尹的共主时期是殷商社会发展史上的极盛时期，很显然是这种制度的存在起到了决定性的作用。同时，有商汤借鉴五帝时期与夏代的历史经验，结合殷商王朝的初创时期的实际状况，而顺乎历史发展的时代潮流，而实行传承既久的共主制度。甚至伊尹、陟父子，不仅可以将相位传给自己的儿子，而且还可以指定传给自己所选中的人，如伊陟选荐巫贤，即属此例。

《尚书·说命中》："惟说命总百官"注曰："在冢宰之任。"疏曰："惟说命总百官。正义曰'惟此傅说受王命总百官之职，谓在冢宰之任也。说以官高任重，乃进言于王。故史特标此句，为发言之端。'"从这三篇的文字内容意义来看，应主要是傅说与商王武丁的关于用人治国的论答，同时亦是两相各自表明态度，以示诚心相待，共主国政。并且，帝太戊之时作《原命》，所谓的以人名为篇名，此亦如《冏命》、《毕命》与《说命》也。又因《说命中》开篇即言"惟说命总百官。"故以此篇开始。

《尚书·说命上》："高宗梦得说。"注曰："盘庚弟小乙子，名武丁。德高可尊，故号高宗。梦得贤相，其名曰说。"《说命上》强调"天子惟君万邦，……以台正于四方"，既要君统万邦、号令天下四方，商王一人实是难为。其需要聪明贤慧的所谓"相"来与之共主行政。诚如江林昌先生指出，夏商时期只要实行共主的则社会发展兴盛，否则天下不太平，诸侯不来朝。《说命上》曰："梦帝赉予良弼，其代予言。"注曰："梦天与我辅弼，良佐将代我言。"殷人尚鬼，称天为帝，甲骨文中有时称有作为的前世商王曰"帝"。此处亦可以理解为前世有为的商王赐予我良弼。大凡有作为的商王，其一般是实行共主政治的，其必有一位贤相来辅弼他。此处所谓的"良佐将代我言"，更能看出武丁对傅说的倚重。至此，我们想对傅说的生存背景作大致的推测。凡是参与共同主政的人物，其必有一定的背景。试想夏禹父子以治水闻名，禹得以藉此大功而为一代共主，并且传位与子孙。傅说应该出身于黄河中上游的古代以土木建筑称盛的部族或集团。历史进入夏商时期战争的频率日见其高，部族或方国联盟之间的冲突更为激烈，所以军事的防御体系之建立亦是应运而生。此即要由天然凭险向人为的军事防御构筑转变，由此精于构筑军事防御体系的部族必然强大，而其首领亦即是精于军事谋略和建筑技术的出类拔萃的人才。商王武丁能够与傅说共主国政，即可表明这位傅说实是一位了不起的人物。武丁把傅说比作是磨金的"砺石"、济度巨川的"舟楫"与大旱所祈求的"霖雨"。即可看出，也只有这种关系的存在为前提，才是共主行政的基本保障。

《说命中》："乃进于王曰：'呜呼！明王奉若天道，建邦设都，树后王君公。'"当武丁之时上距盘庚迁殷不久，而此时"建邦设都"应是殷商王朝的当务之急。傅说的确是一位建筑和治国方面的专家，其一下就抓住了最主要的突出的问题。由《尚书·盘庚》可以看出，迁都的目的主要在于回避内部和外部的矛盾，选择一处回避外部与缓和内部矛盾的地方为国都，以期望殷商王朝就此转入顺利发展的道路。至武丁时期，由于国都新迁尚立足未稳，所以武丁要在盘庚和小乙的基础上，继续与其他的部族集团或联盟结成统一战线，并从中选择合适的人物与之共注政治。傅说首先提出"建邦设都"的大战略原则，再在此基础上进行一系列的与之相辅相成的具体的政治措施。此篇中亦有不少的篇幅是傅说对武丁的劝诫。

《尚书·说命下》记载傅说对武丁的告诫："人求多闻，时惟建事，学于古训乃有获。事不师古，以克永世，匪说攸闻。鉴于先王成宪，其永无愆。"武丁则曰："说，四海之内，咸仰朕德，时乃风。昔先正保衡，作我先王。……乃曰予弗克俾厥后惟尧舜，……佑我烈祖，格于皇天，尔尚明保予，罔俾阿衡，专美有商。"注："保衡，伊尹也，作起正长也。言先世长官之臣。"疏："傅保衡至之臣。正义曰：'保衡阿衡俱伊尹也，《君奭》传曰伊尹为保衡，言天下所取安，所取平也。郑笺云：'阿依衡平也。伊尹汤所依倚而取平也。故以为官名'。又云：'太甲时曰保衡。'郑不见古文太甲云不惠于阿衡，故此为解孔所不用，计此阿衡保衡非常人之官名，盖当时特以此名号伊尹也。""汝庶几明安我事，则与伊尹同美。"《史记·殷本纪》："伊尹名阿衡。阿衡欲奸商而无由，乃为有莘氏媵臣，负鼎俎，以滋味说汤，致于王道。"此处还是傅说对武丁的要求，其主要的则在于牢记古训，即遵循成汤时的行政原则；如若不然，则要想国家安定而政治长久，那是根本不可能的事情。成汤时期已树立起典型，这应是永久的楷模。在此傅说要武丁遵照武丁与伊尹共主行政的典型来共同的执政。结果，武丁即表态同意傅说所言。同时亦要求傅说也要像伊尹辅弼成汤那样来辅弼自己。自己则亦像先王那样来对待傅说。

兑读《尚书》伊尹与傅说所作各篇，可以看出，成汤时期的伊尹，其与傅说所不同的是：伊尹是主动地想与汤成为共主，共同的来稳定殷道复衰的局面；而傅说则是武丁主动的寻求政治合作的伙伴，此即《史记·殷本纪》："帝武丁即位，思复兴殷，而未得其佐。三年不言，政事决定于冢宰，以观国风。"后来以梦中的形象而终于得到傅说，"果圣人，众以为相，殷国大治。"虽然傅说与伊尹的初出山的经历各不相同，然而却是殊途同归，即均为与商王共主的所谓的相，并且都能达到使殷道复兴的结果。

《太甲》三篇是伊尹对成汤之孙，太丁之子太甲的训诫，太甲是由伊尹所立，并且如上所揭伊尹还曾放逐过太甲，可以说伊尹对太甲的王位有予夺之权。这是因为其自成汤始，至太甲时以历多朝，逐渐树立起独一无二的坚定的政治地位。而傅说则是在对与自己的新的地位相差不大的武丁进行劝诫的，故其言辞就显得平易一些。尽管如此，但两者的用心是一样的。

伊尹之前有关所谓的君臣共主的事例，大概在五帝时期和夏代较为流行，而在商朝则明显的典型亦为少见，而伊尹则是最主要的突出的典型。有伊尹的典型在前，并且是武丁有鉴于"殷复衰，"而其又"思复兴殷"，一旦得到傅说的应诺，而"众以为相"，其自然就循于所谓的古典事例即效法成汤与伊尹的故事，而与傅说实行共主政治。

成汤为商朝的著名君王，其有大的政治抱负，而又能审时度势，顺乎历史的发展潮流，实行与伊尹共主的政治策略，而使殷王朝在其与伊尹共主期间得到复兴。同时，在殷商王朝的发展历史上，牢固地树立起君臣共主的成功的典型。而傅说则正是在这样的前提和武丁急于想复兴殷道的政治背景下，才来与武丁共事的。武丁在《说命下》中即对傅说明确的提出，要傅说像伊尹对待商汤那样来对待武丁自己。既有历史成功的典例，又有武丁的政治热情与合作的态度，更加上傅说的政治才能和其非凡的经历，以及傅说所在部族或军事联盟的强大的实力，其自能经营出一番非凡的政治业绩，此即《史记·殷本纪》所谓："天下咸欢，殷道复兴"的局面。

三

最后关于傅说的"建邦设都"，一是因为傅说是以精于建筑而闻名的，二是其一见到武丁即提出这种建议，三是在此之前殷商王朝已经无数次的迁都，辗转迁徙、居无常所，百姓自然不堪其苦。还有这种的经常的迁徙与殷商民族早期所从事的以游牧为主的生活习性有极大的关系。当然也不排除来自其他部族或联盟的侵逼之原因。这种经常的迁徙，对社会的发展与国家的性质有极大的阻碍作用。而傅说之所以能够明确地发现这个问题，并作为他与武丁共主的政治纲领来实行，似是表明傅说有着敏锐的政治识见和较为丰富的治理国家或部族联盟的实践经验。这不但对促进殷商王朝国家性质和职能的完善发展，而且对顺从百姓的意愿，缓和内部矛盾，加快国家发展的速度都大有裨益。尤其是由傅说倡导建立起用于安邦居民、军事防御和据以即可征讨四方的大规模的国都，其为殷商文化的发展奠定了雄厚的基础。商代晚期自盘庚迁殷之后凡二百数十年间，直至商朝灭亡而未再迁都。这其中一定有傅说的功劳。正是有牢固的国都，殷商王朝的文化政治经济与军事才得以快速的发展，才出现武丁时期的雄视天下，征伐四方的局面。现在关于殷商国都的考古发掘正在进行，我们相信在不久的将来，殷商国都的建置规模会大白于天下，届时人们会对傅说的贡献有着更明晰的认识。由此，人们对傅说的部族所具有的不同一般的建筑技术和丰富经验，会有更深刻的认识。至此我们还可对傅说部族的生存环境和其建筑技术之由来，作大致的推测。

考古学界有观点认为，中国的考古学文化以地缘划分，大致可分为：以华山为中心的面向大陆腹地的所谓"黄土地文化"；以泰山为中心的面向太平洋的所谓"绿土地文化"。依据古地理的区域特点，在华山周围的古代居民，在新石器早期以前，主要是穴居，有的则以崖岸而作洞穴，这种做法甚至延续到近代；而在泰山周围的古代居民，在新石器时代的早期以前，则主要以半地穴式的房子为居所。一旦进入新石器时代的中晚期，位于泰山周围黄河中下游的古代先民，率先创造夯筑与版筑相结合的建筑法式，逐渐由半地穴式而在地面上起筑长方形的多开间的房子。而傅说所处的地区，其西近华山，东望泰山，其地既可掏挖洞穴，亦可夯筑地面上的房屋，所以傅说的部族得以汲取东西两大文化版块的建筑技法，而逐渐形成自己所独有的版筑技法。与之同时，城市的构筑也由此而开始。进入夏商时期，版筑之法广为流行。由于手工业的不断划分，建筑也逐渐独立为一种行业，只有这样建筑技术才能得到空前的发展，为大城市的出现创造条件。只有在这样的环境条件下，才能出现真正的划时代的建筑师。而傅说则应是在这样的条件下产生的。

考古发现先秦两汉时期的城墙建筑，其除有极好的版筑技法外，有的还在所夯筑的土层中添加食盐，如此建筑必定需要大量的食盐，而此种添加食盐的夯筑之法，极有可能是由傅说创始的。这是因为东方濒海地区虽然大量生产食盐，然其早期的版筑技术并不比中原的发达。而傅说所处的傅险附近即盛产食盐，并且是取之不尽用之不竭的。而关于此点，仅是一种大胆推测，到底如何应有考古发现来证明。

原文出处：《先秦史研究动态》2008年第2期。
作者单位：山东潍坊市博物馆

"惟甲胄起兵"与中国古代军事思想传统

罗 琨

《书序》有"高宗梦得说,使百工营求诸野,得诸傅岩,作《说命》三篇"。武丁梦得傅说见于《史记·殷本纪》,应是可信的。郑康成曰"《说命》三篇亡"。王逸注《梦辞》云"《说命》是佚篇也"。但是在《国语》、《孟子》、《礼记》等古文献中保存了一些《说命》遗文,其中涉及我国古代军事思想的是:

惟口起羞,惟甲胄起兵,惟衣裳在笥,惟干戈省厥躬。

见于今本《礼记·缁衣》第16章,引"《兑命》曰"。汉郑氏注"兑当为说,谓殷高宗之臣傅说也,作书以命高宗,尚书篇名也。""惟口起羞,当慎言语也。惟甲胄起兵,当慎军旅之事也。惟衣裳在笥,当服以为礼也。惟干戈省厥躬,当恕己不尚害人也。"孔疏"干戈当自省己,不可妄加无罪。"

虽然在上世纪九十年代发现的郭店楚简、上博楚简中都有《缁衣》,却没有今本的16章,不过有出土文献与之相印证的可知其真,不见于出土文献的并不足以证其伪,因为它反映中华民族的尚武思想是以"刚柔相济、止战为武"的精神为核心,而这种思想的形成发展是源远流长的。

例如武丁的对外用兵,首先基本平定了周边小国的叛乱,再向距离较远的方国发动了进击,从武丁伐多方卜辞看,选择攻伐对象以及时机、选将都十分慎重,武丁对多方的征伐往往同时考虑若干方国,进行反复占卜、筛选,以确定最适宜的攻伐对象、战机及选派的将领。留下不少成套卜辞,即在同一时间,为同一事件,由同一贞人在若干块卜甲骨的相同部位连续占卜,形成一套同文卜辞,有时还由二位或两位以上贞人同时进行这种连续占卜,留下多套同文卜辞。这类遗存多属于武丁时的征伐卜辞,可见当时武丁对多方用兵的慎重。

对夷方、巴方、龙方、𩁹方、𢀛方、下危等的征伐是很典型的例子,从相关卜辞看,对这六个方国的征伐主要集中在武丁某年一月至十三月前后,这期间来犯的还有土方,这固然反映商王朝边境的不安定,但也可见当时国力已开始强大,有可能选择对多方作战的战机,如《合集》6476,涉及对下危、巴方、夷方、龙方的征伐,卜用龟腹甲,长约30厘米,全版兆序均为"一",只有最上部一组对贞有卜日干支和贞人,从当时占卜常规看,这应该是一组成套卜辞的第一卜,内容涉及伐下危和巴方的部署及是否将夷方、龙方作为打击目标。又如《合集》6476卜于较大的龟腹甲，兆序皆为"五"，卜辞全部省略卜日干支和贞人，但从内容看，同样为对这四个方国用兵之事，显然是于《合集》6476时间相近的另一组成套卜辞的第五卜。同版还有"自咸告至于父丁。勿自咸告。告于上甲罙咸。勿告。"应是与出征事宜相关的告祭。这些契刻在大龟腹甲上的成套卜辞，反映了在选择征伐对象和选将等方面的反复考虑。

同一版卜伐四个方国的还有《合集》6480，也是一大版龟腹甲，通版兆序"四"，卜日与第1版相距一旬，其中内容有"贞妇好其比沚戛伐巴方，王自东罙伐。戎陷于妇好立。"是问由妇好率领大军比同沚戛出征、布阵，王从东面发动骚扰性进攻，驱使敌军陷入妇好的包围圈，可见伐巴方之役已有所进展，庙算的内容包括了具体的战略策略，征伐对象除巴方、夷方、下危外，还拟派而伯龟出征龙方。

三个方国同见一版的有如《合集》32，使用的是龟腹甲，全版兆序"四"，是由同一位贞人在三日内连续卜问王是比同望乘伐下危，还是比同沚戛伐巴方，抑或教练众人准备伐羃方。而在准备伐羃方的前后，还有是否伐舟方的占卜，如《合集》6543记十三月壬寅卜"今载王伐舟方受有又"，四日后一月丙午又卜"王伐羃方帝受我又"。这几个方国的地望尚未能确定，一般认为龙方在殷之西，近陕甘；巴方、舟方在殷之西南；羃为西夷；下危，在殷之东南；夷，或说在晋地。可见这时殷的国力已强大到可以四方用兵了，从有系月的卜辞看，战事至少历经一年有余，伐下危计划得最早，但在具体实施过程中是插入了对巴方、龙方、夷方之战，而伐下危从计划到实施延续约一年。伐羃方的计划也较早，却也延续半年以上，其间可能与舟方兴兵作戎有关。可见提出了对某方用兵的计划并不一定立即付诸实施，往往经过长时间的准备，并且根据形势的变化以及用兵对象的状况灵活处置。但在选择征伐对象、战机等方面十分慎重。

甲骨文中与征伐行为相关的动词非常多，如征、伐、衔伐、罙伐、瞠伐、尽伐、专伐、御伐、禺伐、逆伐、敦、戎、弋、戋等等，不同的用语无疑代表不同的形式、手段。又如卜辞中还有戠、宓等用语，武丁对周用兵称戠周"，戠，是甲骨文中表示征伐的动词之一，历来考证者颇多，一种比较贴切的看法是此字即"璞"，于此当读为戠，戠薄音近，故《诗》称'薄伐猃狁'"①。对于《诗·小雅·六月》"薄伐猃狁"、《出车》"薄伐西戎"之薄伐，前人多解释为"逐出之而已"、"薄之为言聊也、盖不劳余力矣"、"略震惧之也"、"薄伐则亦但问其罪，使之自服，而亦不假于兵力也"②。

从卜辞看，"戠周"确实也有类似的特点，如只对周使用了这一征伐动词，只有在戠周"的卜辞中，才有对派出者的阵容有如此多的斟酌。如：考虑的人选包括多子族、犬侯、蒙侯以及亶、男、𢀛、䑣、峦等；阵容的搭配有"多子族比犬侯"，"多子族罙犬侯"、"多子族以犬罙亶男"，还有"令砺以多子族"、令某"以多子族比蒙侯"、"令䑣比蒙侯"、"令峦比某人等；搭配形式，更有"比"或"罙"或"以"的种种考虑，在征伐卜辞中，以（或释氏）为挈，为统③；比当训为比次④；罙，同暨、及。所以即使是同一种组合，也还要仔细斟酌是让多子族为前导，犬侯为后盾；还是让多子族于犬侯一道前往；抑或让多子族统领犬及亶男人前往。众多方案的考虑、比较，以求得一个最佳方案，这在对其他地区用兵中较为少见，所以不能排除希望达到"不战而屈人之兵"的目的。此外从相关卜辞看，王令"戠周"，还要求参与者打着"叶王事"——勤劳王事的旗号，这也区别于一般征伐行动。卜辞还有"王令周宓屮"⑤，"宓"训为安、宁，从卜辞文例看，用作动词时，可读为"宓"的同源词、训为"敕也"的"愍"⑥，说民在周方降服顺从商王朝以后，武丁进而让周方敕戒周边小国使其安宁顺从。所以"戠周"反映武丁对外征伐采取了刚柔并济、止战为武的策略。

止战为武的思想至少在春秋时已经形成，在《左传》宣公十二年记载邲之战后，楚庄王曾谈到武有七德："夫武，禁暴、戢兵、保大、定功、安民、和众、丰财者也。"并说从文字结构看："夫文，止戈为武"。对文字的解释已认为"武"是一个会意字，由止、戈两部分组成，含义是用暴力禁暴整乱，止息兵戈。

近世，古文字学家往往批评这种解释是"断章取义"，因为这并非是"武"字的本义，在甲骨文中"武"作𢦏，是足迹的象形，如甲骨文有𠀾，商代金文写作𠂆，足趾是表示这个象形字最富有特征的部分，所以后来隶定为"止"。由此可见构成"武"字的"止"，本义不是"止息"，而是"出行"，执戈而行，当然就是出征了。然而不可否认至少在春秋时已经形成"止戈为武"的思想，而且它的根至少扎在商代，而且不仅是武丁之时。

武丁以后，廪辛、康丁伐危方的卜辞，也反映了这种思想，只不过"不战而屈人之兵"，不是一厢情愿就可以达到的，如《合集》28089有四条连续占卜：

1. 自贮其乎取美御【史】。
2. 王于𢱭，使人于美，于之，及伐望，王受又。
3. 𢱭取美，御史于之，及伐王，王受又。隹用。
4. 王其比，望称册，光及伐望，王弗每，又戈。

第1辞"自贮"表示一个有军职的官员，"御史"表示命令官员入朝"迎接事务"，即接受任命，美即"危白美"，作为征伐对象危方的首领，所以此辞是卜问是否令"自贮"执行"取美"的使命。

第2辞"伐望"之望不是人名、地名，因为同一事的连续占卜中有"望称册"可见占卜之时的"望"是商王臣属且为执事者，不可能同时又是征伐对象，所以，此处当读为"及伐，望"，望当与"望舌方"之望同解。第2、3辞的𢱭含有"避"或"缓"的意思。这四条卜辞可以理解为当与危方矛盾激化后，商王考虑的几个应对方案，究竟是派武装人员强制将美送往商王行政事场所问罪；还是先派人到美，首先尝试用政治的手段解决矛盾，待到必须用军事征伐的手段时，改行观察、掌控敌人的动态。是暂缓"取美"，派史于之，之，或为地名，待到用兵时负责观察敌情；还是以王师为后盾，册命"望"为主将，"光"负责侦察敌情。从第3辞"𢱭取美，御史于之，及伐望，王受又"系有"隹用"二字，可能最后采取了这一策略，取得战争的胜利。

就《说命》所谓"惟干戈省厥功"，反映的师出有名、不伐无罪之国，也是古代社会十分重视的问题。商汤灭夏前，出征的第一个夏桀属国是葛，《孟子·滕文公下》记述葛伯不祀，"汤使遗之牛羊"以为牺牲，又"使亳众往以为之耕"，以供粢盛。直到葛伯率众抢夺老弱送来的酒食，并杀害一个不肯交出黍、肉的童子。商汤以为童子复仇、讨还血债为口实，起兵灭葛。这与夏桀为夺取财富与美女而进行的伐有施氏、岷山氏之战又是鲜明的对比。商汤隐蔽了自己的真正目的，麻痹夏后氏的警觉，达到翦除了夏桀的与国和争取民心的目的。灭葛不仅检阅了自己的军事力量，而且赢得了出兵征伐不是为了贪图天下的财富，而是为百姓复仇的声誉。

《孙子兵法》第一章"计篇"，开宗明义就提出"兵者，国之大事。死生之地，存亡之道，不可不察也。"说的就是对战争问题关系重大，要十分慎重。"形篇"有"善用兵者，修道而保法，故能为胜败之政。"对于"修道"，曹操解释说"善用兵者，先自修治，为不可胜之道"；李筌解释说"以顺讨逆，不伐无罪之国"，说明《孙子》的这种思想显然是"惟甲胄起兵"、"惟干戈省厥躬"的发展和完善。

原文出处：原载《傅圣文化》2007年第4期。
作者单位：中国社会科学院历史研究所

傅说在平陆的遗迹及傅说的历史功绩

卫 斯

一 对傅说在平陆遗迹之考察

以往，我们已经论述了前庄遗址与傅险及傅说族属是否相关这一问题。认定傅险与傅岩为一地，其具体地望为今平陆县圣人涧的傅岩山。傅说原本为今平陆县太臣村人，其生活的年代为商武丁时期，距今 3300 年左右，他并非前庄人的后裔，与昭明及其族属毫无任何关系。既然谈到了傅说，不妨我们也来考察一下傅说在平陆所留下的遗迹。

傅说在平陆的遗迹主要有：傅说版筑处、圣人秸、傅说墓等。

傅说版筑处：在今平陆县县城所在地圣人涧村的傅岩山旁，史载"说筑傅岩"即此。傅岩山对面原为傅相祠旧址。傅相祠即建在傅说当年所隐之处"圣人窟"。现傅相祠已毁，旧址为平陆县博物馆所占用，但"傅岩"及"傅说故里"、"商中兴贤相傅说版筑处"等九通碑刻仍可为证。

圣人秸："圣人秸"所处的位置，在傅相祠（圣人庙）西南百米处的悬崖上，其厚度 15 厘米左右，长 2.5 米左右，距地面约 2.5 米。传说是傅说当年喂马所剩下的"麦秸"。也有人说是傅说当年进行版筑时，为使墙体坚固在其间夹杂以麦秸之类所留下的痕迹①。出于好奇，也是一个考古工作者的本能，1982 年秋，作者亲自用探铲将所谓的"圣人秸"取出了一把，"圣人秸"并非麦秸，而是"糜子"、"黍子"一类的"秸草"。众所周知，我国大面积种植小麦是汉代以后的事②。商代平陆尚不种植小麦，何来的"麦秸"？关于"圣人秸"的成因与年代问题，作者认为：它可能与平陆历史上某一次大地震有关。据作者实地考察，"圣人秸"上部压的是"活土"，它的成因有可能是一个尚未用完的"秸草堆"，在一次大的地震过程中，突然被其旁边的土崖或房屋倒塌而深埋所致。而这个"秸草堆"当时所在的位置可能就紧靠崖边，所以年长日久，上面的覆土越压越紧，越积越厚，秸草堆的厚度缩小了，但密度加大了。由于它一面

---

① 黄犇：《傅说发明版筑没错》，《平陆报》1995 年 1 月 30 日第三版。
② 参见拙作《我国汉代大面积种植小麦的历史考证——兼与（日）西岛定生先生商榷》，《中国农史》1988 年 4 期。

靠崖，雨水从上面淋不透，能淋到的一面正好是崖的切面，从崖面的走向看，不刮东南风，雨水照样淋不到所暴露的"秸草层"表面，即使偶尔能淋到，太阳一照也便干了。所以"圣人秸"年代虽远，其色泽仍黄中有白，白中见黄，如刚刚收割碾打过的糜子、黍子所剩下的秸草一样。据作者推测，"圣人秸"的年代距今有大约440年左右的历史。乾隆版《平陆县志》所云："嘉靖三十四年十二月十二日河东夜半地大震，坏城郭庐舍，压死无算。"查有关资料，此次地震是1556年1月23日发生的，震中在陕西渭南，烈度为八级③。《平陆县志》所云，即为此次地震波及所致。"圣人秸"的成因与年代可能与此次大地震有密切关系。

傅说墓：在今平陆县城关镇油房沟马跑泉北，墓冢高3米，周长30米。1958年调查，未发掘。1959年曾被山西省人民委员会公布为第二批省级文物保护单位，1986年元月24日被平陆县人民政府重新公布为县级文物保护单位。傅说墓究竟是真是假，未经勘探发掘，不能妄加推断。不过根据傅说后来的地位和身份，以及殷都朝歌与平陆的距离，似乎不大可能。这个墓有可能是假墓，傅说的真墓有可能安葬在河南安阳一带。

二 傅说的五大历史功绩

傅说被后人尊称为"圣人"，而且在隋唐之际就为其立祠建庙，流芳至今。但他的历史功绩究竟是什么呢？由于文献记载过于简单，加之年代久远，近年来有些人不知道傅说为相后的政绩，想树立傅说的圣人形象，就把版筑发明的"专利"强行授予了傅说。说什么"傅说是中国建筑的鼻祖"。甚至以"傅说掮杵"造型来说明这一问题④。关于版筑是不是傅说发明，考古发现所揭示的情况，是早于傅说1000多年的龙山文化时期就有了版筑技术。

淮阳平粮台遗址"发现一座正方形的城址，城墙长宽各185米，有的墙下部厚约13米"，"残高3米多"。"修建时采用小版筑堆筑法"。如位于西城墙的探沟T29中所见到的现象是：先用掺有红烧土的褐色土，夯筑一小版筑土墙，墙宽0.8~0.85米，高1.2米，夯层厚0.15~0.2米，以此作为城墙的内壁。后在其外（西）侧堆土，略呈斜坡，夯实，逐层加高到超过小版筑墙的高度，再堆筑出城墙的上部……在探沟T30内还发现东墙是采用四根木棍绑成的夯具夯筑的，这种夯痕清晰可见⑤。淮阳平粮台遗址的年代经^{14}C测定并经树轮校正，其年代为公元前2405±175年，距今约4500年左右⑥。为了防止以讹传讹，作者于1994年12月13日和1995年2月4日先后在《运城日报》第四版和《山西日报》周末版第四版，分别以《版筑并非傅说发明》和《版筑是傅说发明的吗？》为题发表文章，文章列举了几处早于武丁时代的版筑遗迹，并指出"历史文献均未见版筑由傅说发明字样"。但文章发表后，引起了一场本不该有的轩然

---

③ 见《中国强地震震中分布和主要地震带》，《中华人民共和国地图集》，地图出版社，1979年版。
④ 见今平陆县城西街口所塑的"傅说掮杵立像"。
⑤⑥ 见《中国大百科全书·考古卷》193页佟柱臣教授撰文；又见河南省文物研究所、周口地区文化局文物科：《河南淮阳平粮台龙山文化城址试掘简报》，《文物》1983年第3期。

大波⑦，使学术问题政治化，一些人置历史事实于不顾，无端指责作者是"大逆不道"，是在老祖宗脸上抹黑，是把家乡的名人往外推，是长他人志气，灭自己威风。甚至骂作者是叛徒、汉奸等。历史总归是历史，事实总归是事实。作者对批驳拙作观点的文章进行了答辩，由于一些人把学术问题政治化，故作者的答辩文章未能再见报端。

为什么会出现如此炽热化的场面呢？作者认为关键是平陆多数人，也包括在平陆工作的多数"外地人"，很少知道傅说的历史功绩，他们认为拙作《版筑并非傅说发明》是对傅说历史功绩的诋毁，是作为一位平陆人对家乡感情的出卖。作者认为"拙作"并无诋毁傅说"圣人"形象的意思，傅说作为中国历史上一位杰出的政治家，的确为商一代中兴贤相。武丁之所以视傅说为"圣人"，是因为赏识傅说治国施政的才干，并非因为他会版筑而认为他是圣人。如果抛开他辅佐武丁治理国家的政绩不说，莫要说版筑不是傅说发明，即使就是傅说发明了版筑，他的"圣人"形象也是树立不起来的。《尚书》、《史记》等有关傅说的记载，旨不在宣传傅说进行过版筑，而是歌颂商高宗武丁慧眼识才，任人唯贤，将傅说这个胥靡刑徒破格提拔为宰相的贤明之举。傅说的历史功绩到底是什么？根据作者对有关资料的研究，傅说的历史功绩大致可以概括为以下五个方面：

一、设神台、观天象，始见"日、月"有食，编历书，授于民，首创"干支"计时。

甲骨文材料提供的情况表明：傅说在辅佐商高宗期间，十分重视天文、历法的研究，他在京都设立"神台"，即我们现在称呼的"天文台"观测天象，组织专人研究历法，在当时取得了很大的成就。这一时期的甲骨卜辞中，不但有很多关于风、云、雷、雨、雪、雹、虹等方面的记载⑧，而且还有我国最早对大火（即心宿二）⑨、新星、鸟星（即南方七宿）⑩、大岁（即今木星）⑪ 等星宿的观察记录，更重要的是还有"日食"、"月食"的记载⑫。这充分说明，傅说为相期间十分重视对天象的观测，否则，当不会取得如此成就！甲骨文中有关"日食"、"月食"的记载是目前我国有关此方面最早的文字记录。

据专家们研究，商高宗（武丁）之前，我国曾推行过一种一年为十个月的太阳历，这种太阳历是按一年十个月，三十个节气；一个月三个节气，每个节气十二天，每月三十六天；一年三百六十天来设计的⑬。但是使用这种太阳历有诸多不便，主要是不适合人们掌握农时季节。为此，傅说便组织专人进行历法研究，并将新研究的历法在全国推行。他当时推行的历法是一种阴阳合历。把每年分为春、秋两季，且在年终置闰，

---

⑦ 《平陆报》1995年1月30日第五版曾以整版篇幅发表了四篇署名文章对作者进行批驳，县上一些主要领导在全县副局级以上干部会上曾就拙作都发表了批评意见，使学术问题政治化。
⑧⑭⑯ 王宇信：《商代的天文历法和数学》，《建国以来甲骨文研究》，中国社会科学出版社，1981年3月版。
⑨ 罗振玉：《殷墟书契后编》下37.4，1916年版；董作宾：《殷墟文字甲编》3083，1940年版。
⑩ 董作宾：《殷墟文字乙编》（下辑）6664；科学出版社，1954年3月版。
⑪ 方法敛：《库方二氏所藏甲骨卜辞》（摹本）1022，1935年版。
⑫ 参见赵却民：《甲骨文中的日、月食》，《南京大学学报》（天文学）1963年第1期。
⑬ 参见陈久金、刘尧汉：《"夏小正"新解》，《农史研究》1983年第1期。

平年十二个月，闰年十三个月。一个月三十天，称大月，有时二十九天称为"小月"，有时两个大月相连接，就称为"频大月"⑭。当时的月名除用一至十二月等数字外，还有专名，如一月叫"食麦"，二月叫"父祄"⑮。一个月又分为三旬，每旬十日，日以干支数字表示，首创干支计4时。平年一般353～354日，闰年383～385日⑯。甲骨文材料中曾发现当时记有两个月日子的"历书"⑰和完整的"六十干支"顺序表，即用十个天干："甲、乙、丙、丁、戊、己、庚、辛、壬、癸"与十二地支："子、丑、寅、卯、辰、巳、午、未、申、酉、戌、亥"按顺序搭配成的"甲子、乙丑、丙寅……癸亥"六十干支顺序表⑱。"殷历法"与干支计时制的首创和运用，开我国历法研究与传统记时之先河，为我国传统历法的研究和干支计时的运用奠定了基础。

傅说为什么十分重视对天象的观测与历法的研究和应用呢？因为商朝是一个以农牧经济为主的奴隶制国家，这一切直接关系到能不能准确地"敬授民时"，人民能不能很好地掌握季节，适时农耕或放牧。甲骨文中有武丁"省田"，即亲自视察农田的记载。商王尚且如此，作为辅佐商王的宰相，傅说就更应劳其心，费其神，须时时体察民情，为王分忧，为国操劳，躬亲力行。

二、做人祭，多用羌奴，施仁政，唯与商族。

"国之大事，在祀与戎"。武丁时，商代的祭祀之风相当盛行。"殷人尚鬼。"即是说殷人十分讲究迷信。他们不仅每事必卜，而且经常举行大的祭祀活动。甲骨卜辞材料中对此有详细记载，他们不仅祭天、祭山、祭祖先、祭四方风神、祭日、祭河，甚至祭亡妻、亡臣、亡兄等。祭祀时，除了杀牲外，而更为残酷的是要进行"人祭"。所谓"人祭"，就是将人像牛、羊、猪、狗等牲畜一样活活处死，供奉给祖先和山川神灵。傅说出身胥靡，自然对同族的兄长姐妹被做人祭十分怜悯。他提议武丁改革祭祀制度，取消用本民族成员做人祭的残酷做法。指出"黩王祭祀，时谓弗钦，礼烦则乱，事神则难"⑲。意思是说，祭祀时轻慢不庄重，这叫做不敬，祭祀的礼节烦琐就会紊乱，侍奉鬼神也就困难了。为了巩固民族内部的团结，加强国家统一，武丁采纳了傅说上述建议。甲骨文材料反映：武丁之时，尽管人祭现象严重，最多一次杀祭者有用300人者，但这些被杀的人都不是"商人"或商民族成员，而是"羌奴"⑳。这说明一个什么问题呢？甲骨卜辞中有这样一条："有来羌自西方。"㉑标明了它的地望。说明了此时的人祭选择，主要用的是羌奴。而对于"东夷"或"夷人"的战俘又怎么样呢？甲骨卜辞中反映用"夷人"祭祀的很少，这是什么原因呢？甲骨学者罗琨指出："用夷作为人牲杀祭的卜辞并不多，也许是溯其渊源商人也属于东夷集团的缘故"㉒。当然，在武丁之前，小辛、小乙举行祭祀时，人祭的选择是不大分为里外的，商人奴隶与其他民族的战俘同样用作"人祭"而被活活处死。

---

⑮⑰ 同⑨；又见郭沫若：《卜辞通纂》6，1933年版。
⑱ 见郭沫若：《郭沫若全集·考古编2》，科学出版社，1983年6月版。
⑲㉖ 见《尚书·说命篇》，《尚书全译》，贵州人民出版社，1990年2月版。
⑳㉒ 参见罗琨：《商代人祭及相关问题》载《甲骨探史录》，三联书店，1982年9月版。
㉑ 见《甲骨文合集》6596，1979年版。

傅说为相期间，废除了商民族成员被用作人祭这一残酷的社会现象，不仅为巩固商民族内部团结、加强国家统一起到了一定作用，而且体现了他作为一国之相对本民族的仁慈仁爱之心。他这种"施仁政，唯与商族"之举，在当时的历史条件下，恐怕是极为英明的。

三、选贤才，理朝政，惟其能，惟其贤，安抚百姓。

傅说为相期间，推行的用人路线是任人唯贤。他曾告诫武丁："一个国家的太平或动乱在于百官。官职不要授予自己偏爱和亲近的人。若授，要看他的才能。爵位不要赏赐给品德不好的人。若赐，要看他的贤德。"《尚书·说命篇》中所说的："惟治乱在庶官，官不及私昵，惟其能；爵罔及恶德，惟其贤。"讲的就是这个意思。据文献记载，为了辅佐商高宗治理国家，傅说曾奉行武丁旨意，广招天下贤才，设置文武百官，使其各司其职，各显神通，商朝的各行各业大为振兴。《尚书·说命篇》下篇所云："惟说式克钦承，旁招俊乂，列于庶位。"就反映了这一点。据甲骨文材料反映，傅说当时任命的文武百官分为臣正（即事务官）、武官、史官三大类。臣正主要有：某臣、某正、某臣正、某元臣、某籍臣、某小籍臣、某匕臣、王臣、小王臣；臣、小臣、少臣、旧臣、旧老臣、臣某、小臣某、小丘臣；多臣、我多臣、多辟臣等。武官主要有：马、多马；亚、多亚、亚某；多菔；射、多射、三百射；卫、犬、多犬、犬某；戍、五族戍、戍某等。史官主要有：尹、多尹、又尹、某尹；乍册；卜某、多卜；工、多工、我工；史、北史、卿事、御史、朕御史、我御史、北御史、某御史；吏、大吏、我吏、上吏、东吏、西吏等㉓。

傅说任命的上述官吏，多数属商王朝官僚机构的官吏，有些是邦族或各方国的官吏。因为当时商王国的疆域分为由商王直接统治的内服和间接统治的外服，傅说位于一人之下，万人之上，受王之命，广招天下贤才，设置文武百官，为强化国家机器，提高综合国力作出了巨大贡献，如果说武丁为一代明君，而傅说则无愧为一朝贤相。

四、大造象形文字，推进文化发展。

从目前考古发现来看，我国汉字的诞生，在新石器时代晚期的仰韶文化时期即见萌芽，西安半坡遗址出土的陶器上曾发现有五六十种刻划符号。郭沫若先生在《古代文字辨证的发展》一文中认为：这是我国文字的原始阶段，或者说是中国原始文字的孑遗。他指出：中国文字的发展，在结构上有两个系统，一个是刻划系统（六书中的"指事"），另一个是图形系统（六书中的"象形"）。刻划系统是结绳契木的演进，为数不多，这一系统应在图形系统之前，因为任何民族的幼年时期要走上象形的道路，即描画客观事物形象而要能像，那还需要一段发展过程㉔。甲骨文在商代的出现，已经是较为成熟的文字，到武丁时期，中国汉字的发展已走过了两三千年的漫长道路。人们已基本掌握了创造象形文字的要领。但是，创造文字是上层建筑领域里的事，作为宰相，傅说是当时创造文字和颁布文字的最高长官。考古学提供的资料表明，甲骨文中的象形文字，在武丁时期得到了长足的发展，不仅数量比以前大大增加，而且同字异

㉓ 同⑧；王宇信：《殷代的王权和王权的神化》。
㉔ 郭沫若：《古代文字辨证的发展》，《考古》1972 年 3 期。

体各有变化,现在发现的武丁时期的近 4000 个甲骨文单字,其构成主要为象形字、形声字。有人指出:"武丁时期,这三种类型的文字已基本存在,但形声字尚不发达,以象形字做音符的假借字还比较多"㉕。说明象形字在此时占重地位。

今天的汉字,仍是以象形文字为基础的形符文字。可见,傅说为相期间,为推进我国甲骨文象形文字的创造和发展做出了不可磨灭的历史性贡献。武丁时期的甲骨卜辞中之所以能保存和记录下十分丰富的历史资料,是与傅说及他手下的尹、多尹、乍册等一批文史官员所做的创造性的劳动是分不开的。虽然不能说傅说创造了象形文字,但至少可以肯定傅说当年曾倡导过大造象形文字,并为象形文字的推广和应用付出了很大心血。

五、建三师,与高宗亲征荆楚,伐鬼方,扩疆域,武略安邦。

甲骨文材料反映,武丁时期曾大规模对外用兵,使商王国的疆域不断扩大。傅说作为武丁之相,不仅文德济世,而且武略安邦。他每日"朝夕纳诲,以辅台德"㉖。武丁即位之初,经常有土方、舌方、鬼方等方国侵扰,为了平定四方,扩展商王国疆域,傅说帮助武丁组建了"左、中、右"三师,并随武丁亲率南征。当时的军队建制为行、大行、师,即一师十"大行",一大行"十行",一行百人,一大行千人,一师万人。卜辞:"乙未卜,贞立事于南,右从我,中从举,左从曾"㉗和"乙未卜,右从我,中从举,左从曾,十二月"㉘。据杨升南先生考证,这两条卜辞记载了"商军三个师分别与我、曾、举的力量相配合对南方的一次用兵。《诗·商颂·殷武》:'挞彼殷武,奋发荆楚。军入其阳,裒荆之旅'当有可能就是指的此次用兵。武丁这次率大军亲征,取得了很大胜利,故称为'汤孙之续'。"㉙ 在《尚书·说命篇》中篇中傅说曾经把随便动用军队,有可能引起战争,作为奉行天道,治理百姓的四戒之一向武丁进过言,即"惟甲胄起戎"。想必这次武丁亲率南征,与傅说是经过周密研究的。其一举获胜也是与傅说足智多谋的策划是分不开的。

《周易》爻辞有:"高宗伐鬼方,三年克之",正义曰:"高宗者,殷王武丁之号也。"可知傅说为相期间,还协助武丁对西北游牧诸族进行过为期三年的战争。罗琨先生对此次战争进行过专门研究,著有《高宗伐鬼方史绩考辨》。文中指出:"从甲骨文记载可知,武丁对这一地区进行过长期战争,动员很大力量才基本解除边患,扩大了版图。随着战争及和平时期各族间的交往与融合,促进了社会经济的发展,也把商王朝的统治推向了一个新的发展阶段。"㉚

除鬼方之外,傅说为相期间,与商王国交战的主要方国还有:土方、舌方、亘方、羌方、龙方、御方、马方、印方、尸方、黎方、基方、井方、祭方、雷方、大方、虎方、兴方、旁方等㉛。据甲骨文材料反映,这些被征服的方国或部落,较近的被封给商

㉕ 见《中国大百科全书·考古卷》"商代甲骨的科学价值"条,中国大百科全书出版社,1986 年 8 月版。
㉗ 郭若愚:《殷契拾掇二编》62,来熏阁书店,1953 年版。
㉘ 明义士:《殷墟卜辞》(摹本)2324,1917 年版。
㉙ 参见杨升南:《略论商代的军队》,《甲骨探史录》,三联书店,1982 年 9 月版。
㉚ 见《甲骨文与殷商史》,上海古籍出版社,1983 年 3 月版。
㉛ 陈梦家:《殷墟卜辞综述》,科学出版社,1956 年版。

王的诸妇、诸子、功臣，较远的除了分封，主要还是由原来方国部落的首领接受商王的封号，承认其"共主"地位。这些接受商王封地的奴隶主阶级或接受封号的方国、部落首领，必须负担为商王的防边、征战、进贡、纳税、服役等五项义务[32]。奴隶制的商王朝当时已成了一个"邦畿千里，唯民所止，肇域彼四海"的泱泱大国。这样一个幅员辽阔，力量强大的奴隶制国家，在当时世界上也是为数不多的。真可谓"王之神圣，相之功也。"

由此可见，傅说为相56年，文德济世，武略安邦，无愧为一朝贤相，所以他死后，人们认为他的神灵升天变成了一颗耀眼的明星，即傅说星。傅说星的具体方位在东方苍龙七宿：角、亢、氐、房、心、尾、箕的尾宿与箕宿之间。《庄子·大宗师》曰："夫道，傅说得之，以相武丁，奄有天下，乘东维，骑箕尾，而比于列星。"《星经·尾宿》曰："傅说星，在尾第二星东，二寸小者是其星。"《宋史·赵鼎传》曾有："身骑箕尾归天上，气作山河壮本朝"之诗句。

原文出处： 原载《卫斯考古论文集》，山西古籍出版社，1998年3月。
作者单位： 山西省社会科学院历史研究所

---

[32] 胡厚宣：《殷代封建制度考》，《甲骨学商史论丛》第一册，1944年版。

傅说的历史功绩

郑杰祥

傅说是我国商代著名的政治家,他协助商王武丁为商王朝的复兴作出了重大贡献。《史记·殷本纪》云:商王"帝小辛立,殷复衰,……帝小辛崩,帝小乙立,是为帝小乙。帝小乙崩,子帝武丁立,帝武丁即位,思复兴殷,而未得其佐,三年不言,政事决定于冢宰,以观国风。武丁夜梦得圣人,名曰'说',以梦所见视群臣百吏,皆非也。于是乃使百工营求之野,得'说'于傅险中。是时'说'为胥靡,筑于傅险,见于武丁,武丁曰:'是也'。得而与之语,果圣人,举以为相,殷国大治,遂以傅险姓之,号曰'傅说'。"意思是说武丁继承王位时,商王朝正处于衰败的状态,武丁谋划振兴商王朝,但是未能得到辅佐他执行振兴大计之人,而且对政事也不大了解。于是他三年以内不向臣下发布指示,国家大事皆由现任大臣处置,自己则"遁于荒野",深入群众,调查研究,欲"知民之艰苦",以求熟悉和掌握当时社会的实际状况。他思贤心切,梦寐以求,果然在睡梦中见到一位名叫"说"的圣人,可以辅佐他振兴王业。他将梦见的这位圣人形象首先用来与群臣百官相对照,然而无一相像者。继之又令人刻画出"说"的形象在全国各地进行查找其相像者,终于在傅险这个地方找到了,当时"说"正在这里服刑役,筑道路,人们把他引见给武丁,武丁一看,正是梦中所见之人,与之晤谈,谈吐不俗,果然是一位治国的贤圣之才,武丁立即任命他为宰相,商王朝因此很快复兴强盛起来。武丁兴奋不已,就以发现"说"的所在地傅险而赐之姓,称他为"傅说"。

傅险所在,《史记》索隐云:"旧本作险,亦作岩也。"《史记》集解引孔安国曰:"傅氏之岩在虞、虢之界,通道所经,有涧水坏道,常使胥靡刑人筑护此道。说贤而隐,代胥靡筑之,以供食也。"《史记》正义又引《地理志》曰:"傅险即傅说版筑之处,所隐之处窟名圣人窟,在今陕州河北县北七里,即虞、虢之界。"唐代陕州河北县在今山西省平陆县境。又《水经·河水注》云:"河水又东,沙涧水注之。水北出虞山,东南径傅岩,历傅说隐室前,俗名之为圣人窟。孔安国《传》:'傅说隐于虞、虢之间',即此处也。……傅说佣隐,止息于此,高宗求梦得之,是矣。"《大清一统志·山西省·解州》山川条下:"傅岩在平陆县东二十五里,一名傅险。《尚书·说命》:'说筑傅岩之野。'孔传:'傅氏之岩在虞、虢之界。'《史记·殷本纪》:'武丁得傅说于傅险中'，《博物志》：'傅险在大阳县北。'《十三州记》：'大阳县，傅岩在其界，今住穴尚存。'……《平陆县志》：'傅岩穴，今名隐贤社，在县东北二十里，而山之峡，为傅说版筑故处'。"清代平陆县即今山西省平陆县，傅说居地，就在此县。

商王武丁知人善任，重用傅说。《国语·楚语》上云：武丁"犹自谓未乂，故三年默以思道。既得道，犹不敢专制，使以象梦旁求圣人。既得（说）以为辅，又恐其荒失遗忘，故使朝夕规诲箴谏，曰：'必交修余，无余弃也。'"意思是说武丁即位之后，自认为对社会情况知之不多，因而还不能很好地治理国家，所以他就用三年时间来沉默思考治国之道。以后虽已考虑成熟，但在实践中仍不敢独断专行，用梦见的圣人形象，广求辅佐自己治国的人才。求得傅说之后，又唯恐自己处事失误遗忘，因此要求傅说早晚劝谏提醒自己，说："你必须经常开导于我，切勿不管不问。"《楚语》又说：武丁"得傅说以来，升以为公，而使朝夕规谏，曰：'若金，用汝作砺；若津水，用汝作舟；若天旱，用汝作霖雨。启乃心，沃朕心。若药不瞑眩，厥疾不瘳；若跣不视地，厥足用伤。'"意即武丁把傅说封为重臣，让他经常向自己提出批评建议，对傅说说：我如果是一块金属，你就应像砺石，把我磨成一件有用的器具；我的面前如果有大河挡路，你就应像一艘舟船，渡我过河；我如果是天旱的禾苗，你就应像及时大雨，浇灌禾苗茁壮成长。总之，你要开发自己的心智，教导我变得聪明。我对待你的批评就像良药苦口，药攻病人不头昏眼花，疾病就不会痊愈，光着脚板走路不看地，脚就会受到损伤。商王武丁礼贤下仕，对傅说的倚重由此可见一斑。

文献记载商王武丁主要有两位重臣协助他治理国家，一位是甘般，第二位就是傅说。《尚书·君奭》云："在武丁时则有若甘盘。"孔传曰："高宗即位，甘盘佐之，后有傅说。"二人的事迹文献记载不大具体，但在殷墟卜辞中可能找到一些线索。甘盘，《史记·燕召公世家》又写作"甘般"，甘般其人，据前辈学者考证，应当就是殷墟卜辞所记的"师般"，此说可信。傅说其人，我以为可能就是殷墟卜辞所记的"毕"，又称之为"小臣毕"。其理由是一、殷墟卜辞所记武丁时期主要有两位重臣，一为"师般"，二为"小臣毕"，与文献所记甘般、傅说二人正相对应。二、卜辞"毕"字，前辈学者释为"毕"字初文，兹从其说。傅与毕二字音同义近，按傅与毕古音同属邦纽，为双声字。《汉书·百官公卿表》颜师注引应劭曰："傅，覆也。"《说文》卷四下："毕，田网也。"段玉裁注："谓田猎之网也。……《小雅〈大东〉》：毛传曰：'毕所以掩兔也。'《〈礼记〉月令》注曰：'网小而柄长谓之毕。'按《〈小雅〉鸳鸯》（毛）传云：'毕掩而罗之。'然则不独掩兔，亦可掩鸟，皆以上覆下也。"又说"毕之言蔽也。"凡此皆说明"傅"与"毕"音同义近，"傅"可能即"毕"字的音转。三、商代的"小臣"是一种很重要的官职，金文《叔夷钟》云："伊小臣维辅"，就是指的商代开国功臣伊尹。

卜辞中的小臣毕常常被商王委以重任，"国之大事，在祀与戎，"小臣毕常常受命祭祀神祖和征伐敌人，卜辞对这方面的记载甚多（见《殷墟甲骨刻辞类纂》1091—1095页），兹举数例如下：

丙辰卜，宾贞：惟毕令燎于夒？（《合集》14370）
甲戌卜贞：翌乙亥侑于祖乙三牛？毕献牛？十三月。（《合集》1520）

……争贞：乎毕燎于河？（《合集》14574）
贞：乎毕酉岳？（《合集》14469）
贞：惟毕伐舌方？（《合集》6298）
丁巳卜贞：王令毕伐于东邦？（《合集》33068）
丁未贞：王令毕登众伐？在何西北。（《屯》4489）
……今日毕……往追羌？（《合集》492）

另外，卜辞还记有小臣毕受商王之命率人"垦田"（《合集》9475）、"田于京"（《合集》10919），商王还贞问小臣毕"有疾?"（《合集》13880）、"无疾?"（《合集》13735），非常关心他的健康。根据以上三点，我们认为，卜辞中的小臣毕很有可能就是文献所记的傅说，他出身下层，艰苦的生活磨炼出非凡的才干，为报答商王武丁的知遇之恩，他辅助商王祭祖垦田，南征北战，为振兴商王朝作出了巨大贡献，促进了当时社会的发展，他的历史功绩值得我们永远地纪念。

原文出处：原载《傅圣文化》2007年第4期。
作者单位：河南省社会科学院考古研究所

试论武丁时殷商社会的特点和傅说的历史贡献

钱宗范

商代分前后两期,后期自盘庚开始到商亡共273年,因定都于殷(今安阳)而称殷商。殷商时期的国王武丁,在位59年,国力最为强盛,史称"武丁中兴"。武丁中兴,与他在位不久起拔出身于版筑劳动工地的奴隶(或贫民)的贤才傅说为相是分不开的。傅说是我国有记载的第一位来自贫民或奴隶的中兴名相。

由于史料记载不足和历史久远,对傅说的研究不如对秦汉以后的名相如商鞅、萧何、诸葛亮、魏征、王安石、张居正等的研究那么多,但由于其生平很有特色,受到历代的重视。最早著书宣传《尚贤》思想的墨子认为,在中国古代,"圣王之为政,列德而尚贤,虽在农与工肆之人,有能则举之。高予之爵,重予之禄,任之以事,断予之令。"①"古者舜耕历山,陶河滨,渔雷泽,尧得之服泽之阳,举以为天子,与接天下之政,治天下之民;伊挚(伊尹)有莘氏之私臣,亲为庖人(厨师),汤得之,举以为己相,与接天下之政,治天下之民;傅说被褐带索,庸作于傅岩,武丁得之,举以为三公,与接天下之政,治天下之民。"② 达到了"国家之富也,人民之众也,刑政之治也。"③ 众所周知,孔子主张"举贤才"。主张通过教育,培养"学而优"的人出仕任官,从而打破了周代的世卿世官世禄的宗法等级制度,为通过学习成绩优秀而具有真才实学的人出仕从政开辟了道路,在历史上具有重大的进步意义。对于墨子的尚贤理论,学术界习惯认为,"虽农与工肆之人,有能则举之,高予之爵、重予之禄,任之以事,断予之令。"宣传没有文化的人来掌国家大权,不切实际,没有予以重视。通过对傅说等人生平的了解,我们发现,这倒是孔子以前夏商周三代十分普遍的现象。大舜、伊尹、傅说以及《孟子·告子》中提到胶鬲、管仲、孙叔敖等三代圣贤名相,都是出身于贫民、劳动者或奴隶,经过国君举拔执掌大政而对国家、人民作出贡献的。孔子主张选拔不分等级的"学而优"的贤才从政,墨子主张选拔不分等级、不分文化高低的"有能"的贤才从政,都对中国历史发展起了进步作用,前者是对春秋战国时期选

---

① 《墨子·尚贤上》
② 《墨子·尚贤中》
③ 《墨子·尚贤下》

才实践的总结,后者是对夏商周三代选人情况的总结。对《墨子》的尚贤学说,我们应该重新给予评价。

古代被从贫民中选拔成为圣君名相的诸人中,以傅说的地位最低。他或为奴隶,或为从事劳役的役人。他在武丁中兴过程中起的作用也更突出。这样贫苦的劳动者成为执掌国政的名相,在古代世界奴隶社会各国中是仅见的。商代还有分封妇女的传统,武丁之妻妇好就是一例。妇好是三千多年前我国一位杰出的女将,她经常和丈夫武丁一起出征,最多的一次率领了一万三千多人打败了鬼方。胡厚宣先生早就提出,卜辞中反映了商代也实行分封之制,主要的分封有诸妇之封、诸子之封、功臣之封、方国之封等形式,"封建亲戚"应始于殷商。妇好后来被分封去了外地,成为一位镇守南方封邑的方镇名将。诸妇的封地在卜辞中称邑,妇好的邑能提供三千人的兵力,如卜辞说:"辛巳卜,□贞,登妇好三千,登旅万,乎伐羌。"① 武丁分封妻子妇好去外地当封君,过去曾有争议,是否为武丁休妻的表现。其实,武丁分封妻子妇好去外地当封君,卜辞中不乏记载:"贞帚妌受黍年",② 帚即妇。帚妌,胡厚宣先生认为是武丁之妻妌而被分封在外为封君者,此条卜辞为问帚妌封地内黍的成收如何。胡厚宣先生认为武丁妻子有四、五十人,先娶的妻子相处一段时间后就被一一分封出去,每人管一块领地。此说在解放后研究妇好的过程中得到了证实。商代武丁时期分封大量女性去外地成为领主贵族,不仅为中国历代所仅见,也为世界古代奴隶社会各国所仅见。

所以,笔者认为,起拔贫贱之人执掌国政和分封女性统治封邑镇守地方,可谓武丁时殷商社会的极大特色。改革开放以来,对我国古代社会性质的讨论中,有一点似乎学术界有了共识,马克思、恩格斯定为奴隶社会的古代希腊、罗马那样的由氏族分化为奴隶和奴隶主两大对立的阶级,奴隶占社会人口的多数并在生产劳动中起了重要作用,奴隶制商品经济高度发达的奴隶社会,在中国古代并不存在。中国古代社会是古代东方型的或中国特色的奴隶社会,还是近人提出的部族国家社会、宗族社会、宗法集耕型家国同构型社会,③ 确实是我们在研究讨论傅说和武丁等有中国特色的历史人物时,应该实事求是地进行深入探讨的。

傅说是起自奴隶或贫贱劳苦之人的殷商中兴名相,他的历史贡献有五个方面。

一 版筑技术的实践者和发展者

版筑城墙、宫殿、房屋是我国传统的建筑技术。在砖瓦发明和广泛使用前我国北方大部分地区使用版筑方法。有些中外学者认为:中国古代用泥土版筑的建筑不如古代西方的石头建筑牢固,所以至今唐宋以前的地面建筑多已不存。笔者认为不能这么看。中国和西方建筑技术不同,是顺应了各自的自然条件,西方古代建筑如埃及金字塔、神庙,古希腊罗马的神庙、剧场建筑虽牢固雄伟,但也有取材不易、工程艰巨,适应自然条件差,充分利用空气、阳光、水不便等不足。中国古代北方黄土高原取土

---

① 《库方二氏藏甲骨卜辞》,P310。
② 罗振玉《殷墟书契后编》上,三、十。
③ 叶文宪著《重新解读中国》P117,128,北京:中国文史出版社2005年。

容易，石材不多。用版筑城墙、宫室房屋简单、实用、方便。单体不大，但取材、取光、通风、取水方便。做到了顺应自然，保护环境，"天人合一"。今天千年以前的中国地面建筑虽多已不存，但从地下废墟基址仍可见其规模雄伟、结构科学合理之优点。南方湿热多雨，多用木构或砖木结构建筑。但建城墙时仍采用了版筑打夯的技术，如至今保存的桂林王城（明初建筑）为两侧用长方形巨石砌成，中间填以杂土废料，并打夯结实，上可通车行人。可见版筑技术是中国古代建筑技术的创造发明。武丁名相傅说，就是历史上记载从事版筑劳动闻名而被拔举为相的第一人。

迄今所见的所有史料都记载傅说本来是在傅险（今山西平陆县境）从事版筑劳动的奴隶或役人："（武丁）于是乃使百工营求于野，得说于傅险中，是时说为胥靡，筑于傅险。"① "傅氏之岩在虞虢之界，通道所经，有涧水坏道，常使胥靡刑人筑护此道。说贤而隐，代胥靡筑之，以供食也。"② 这是说傅说是贫穷的隐士，参加胥靡奴隶等队伍一起在傅险筑道路。道路因涧水冲击堤岸而坏，所以用版筑打夯技术以固其岸，"傅险即傅说版筑之处，所隐之处窟名圣人窟"。③《史记·殷本记》的记载及"集解"、"正义"所作的解释与其他记载是一致的。如《尚书·说命》："说作傅险之野，"《孟子·告子》："傅说举于版筑之间"，《墨子·尚贤》："傅说被褐带索，庸作于傅岩"等。从这些记载中，可得出几点结论：第一，傅说是隐居的穷人，为生活所迫，代胥靡去庸作劳动，与其说他是奴隶，不如说他是隐居的贫民，早就有贤名；第二，傅说与奴隶、刑人一起劳动，是用版筑方法修复水流冲垮而塌方的道路，可见版筑技术在筑路和建墙造屋中都普遍得到使用；第三，傅说是早就有贤名从事版筑劳动的隐士，他原来掌握一定的劳动技术是合理的。由此我们认为他作为我国有记载从事劳动的有贤名的隐士，对古代版筑技术的实践和发展是有贡献的。

二 尚贤传统的传布者

傅说的生平给我们研究古代尚贤、举贤、选贤、用贤思想的发展提供了新的启迪。孔子是中国古代伟大的思想家和教育家，他提出"举贤才"的思想，要求弟子们广举贤才。孔子的举贤、用贤是有标准的，即"仕而优则学，学而优则仕"④，用今天的话来说就是"当官要当得好就要不断学习，学习学得好后才可以去当官"。孔子的举贤用贤思想，否定了商周以来的世禄世卿世官制度，为出身下层经过学习有真才实学的人出仕从政开辟了道路，同时也指明了当官者要不断学习才能当好官的真理，对秦汉以后选才用贤有重大的进步意义。孔子之后的墨子也提出了尚贤的主张："古者圣王之为政，列德而尚贤，虽在农与工肆之人，有能则举之，高予之爵，重予之禄，任之以事，断予之令。"⑤ "古者圣王，唯能审以尚贤使能为政，无异物杂焉，天下皆得其利。古者

---

① 《史记·殷本记》。
② 《史记·殷本记》《集解》。
③ 《史记·殷本记》《正义》。
④ 《论语·子张》。
⑤ 《墨子·尚贤上》。

舜耕历山，陶河滨，渔雷泽，尧得之服泽之阳，举以为天子，与接天下之政，治天下之民；伊挚（伊尹）有莘氏之私臣，亲为庖人（厨师），汤得之，举以为相，与接天下之政，治天下之民；傅说被褐带索，庸作于傅岩，武丁得之，举以为三公，与接天下之政，治天下之民。"① 墨子的尚贤，是不分阶级、等级、贫富、文化高低，只要"有能"并且道德好，就应把他举出来，予以高官、厚禄、掌权，可以使"天下得其利"，使"国家之富也，人民之众也，刑政之治也"的目的达到。孔、孟这两种举贤、尚贤的观点是不同的。学术界一般都肯定了孔子的举贤思想，确实它对秦汉以后2000多年的选官任贤起了重大作用，对墨子的尚贤，一般认为虽然思想很好，反映了农民和手工业者的要求，但不太切合实际，因为没有文化是难以做到贤能的。从傅说的生平和事迹看，墨子的尚贤其实就是对舜、伊尹、傅说等人出身贫苦而成就大才的历史的科学总结。夏、商、周三代私学教育还未兴起，真正有才有学的人不可能"学而优则仕"，而是通过实践锻炼而掌握了真才实学的，墨子要求举出这样的人来管理国家，是对夏、商、周三代选才用才经验的科学总结，具有朴素的民主主义意识。在墨子举出舜、伊尹、傅说三例中，傅说地位最低。所以傅说的任职，可以说是古代尚贤传统的传布者和继承者。

三 德治思想的倡导者

传统看法认为：商代实行的是奴隶制下的暴政，武王灭商以后，周公旦才开倡了德治的思想，后来为孔子孟子所继承和发展。周代德治观念确实强化了，但商代不等于没有德治思想和德治的实践，或者可以说，周代的德治源于商代。像商汤、太甲重用伊尹，武丁重用傅说所实行的改革，本身就是德治的体现。商代是实行人祭、人殉的暴政和推行德治以求改革的结合。而傅说就是德治思想的倡导者。

记载傅说的德治的文献，主要是《尚书》中的《说命》上、中、下三篇。现今流行的《尚书》，前人早已论定为《伪古文尚书》，但其中有28篇是周代的作品，可以作为研究商、周时代的资料，其他20多篇，包括《说命》在内，都被认为是《伪古文尚书》中的后人伪造之篇。什么是"伪书"？笔者认为古代人写书和当代人不一样，总希望自己的著作能留之后世，于是不写作者的真名，假托古代名人所作，成为习惯。后代人考证，觉得该书不是托名之人所写，便定为伪书。如《黄帝内经》，托名黄帝所写，《神农本草经》，托名神农氏写，《管子》，托名管仲写，都被定为伪书。但是，如果我们了解了伪书称伪的原因，对书中所写内容进行求实的分析，还是可以利用的。如《黄帝内经》、《神农本草经》反映了汉代的医药学知识，《管子》反映了很多齐桓公时代齐国的情况，就可以利用。同样，属于《伪古文尚书》中后人伪托而写的篇，如《说命》三篇，如果我们不把它看作是傅说自己所写，而是后人根据掌握的历史资料，托傅说之名写成而补入《尚书》之中，其内容经过分析还是可以利用的。何况《说命》所论的德治的内容和殷商时代尚德重贤的传统是一致的，我们没有理由否定其真实性的。

---

① 《墨子·尚贤中》。

傅说认为"惟木从绳则正，后从谏则圣"，"惟学逊志，务时敏，厥修乃来"，"无启宠纳侮，无耻过作非，慎厥攸居，政事惟醇。"① 要求武丁等统治者要做道德修养的模范，统治人民者必须自己做正直的人，听取不同的意见，随时检讨自己的得失，谦虚谨慎，选用贤才。"惟民从治，惟上起羞，惟甲胄起戎，惟衣裳在笥，惟干戈省厥躬。"② "认为治理人民，不要轻易发号施令，不要随便动用军队，不要随便赏赐给不称职的人，不轻易授职给不称职的将帅。"惟治乱在庶官，官不及私惟其能，爵罔及恶德惟其贤。……惟事事乃其有备，有备无患。无启宠纳侮，无耻过作非，慎厥攸居，政事惟醇。"③ 认为国家治乱好坏在于用官，用人的原则要重贤德才能，办事必须考虑周到，事事有所准备，不要重用宠人，不要耻过作非，要力求安宁，政事简单。他又认为"礼烦则乱，事神则难。"④ "提出了简政、少事神的进步观念。傅说提出了这些进步的德治思想，不是偶然的。因为他是出身于劳苦家庭的隐士，了解民间疾苦，了解国家的治乱，必须行德政，得民心，选贤官，少扰民的道理。他作为殷商中后期德治思想的倡导者，有其重要的地位。

四 经过勤劳艰苦的磨练成为大才的范例

傅说的贡献不仅表现为在武丁时期，而且表现为在以后3000多年的中国社会中。

孟子说过一段重要的话："舜发于畎亩之中，傅说举于版筑之间，胶鬲举于鱼盐之中，管夷吾举于士，孙叔敖举于海，百里奚举于市。故天将降大任于是人也，必先苦其心志，劳其筋骨，饿其体肤，空乏其身，行拂乱其所为，所以动心忍性，增益其所不能。"⑤ 孟子把大舜、傅说、胶鬲、管仲、孙叔敖、百里奚这六位古代贤人作为出身贫贱，经过"苦其心志、劳其筋骨、饿其体肤、空乏其身"的艰苦生活的磨练，才担当了国家大任的模范和典型，要求人人以他们为榜样，走经过勤劳艰苦的磨练成才之路。孟子的话确实反映了一个真理。我国历史上的圣贤名相、杰出人物、民族英雄，没有一个是在优裕的环境和舒服的条件下，成就了事业的，任何人要成为担当国家大任的人，必须经过勤劳艰苦的磨练，才能长进知识、坚定意志、百折不挠、艰苦奋斗，为国家和民族作出贡献。刘少奇写的《论共产党员的修养》一书，引用了孟子的这段话，说明共产党员必须经过像傅说这样古代圣人的艰苦生活的磨练，才能成长为无产阶级的先锋战士。今天，社会主义现代化建设需要培养千百万社会主义事业的接班人，孟子的这段论述和傅说的范例尤其具有重要的意义。

五 中兴名相的第一人

武丁在位59年，开拓疆土，改革内政。他在位的公元前十四世纪中期，是盘庚迁殷后商代国力最强的时期，史称"武丁中兴"。武丁时期留下的甲骨文是商代各朝中最多的。武丁时铸造的青铜器也达到了高度的水平。武丁之妻妇好更是一位3000年前杰出的女英雄，单妇好的墓出土的青铜器即达400多件。这一切都反映了武丁时商代政

---

①②③④ 《尚书·说命》。
⑤ 《孟子·告子》。

治、经济、文化上的进步。而这一切,与武丁拔用的出身于版筑役人的中兴名相傅说的辅助是分不开的。

傅说的历史地位表现为他对辅助武丁中兴的功勋。如以他和我国其他朝代的名相相比,傅说是中兴名相的第一人,在历史上影响尤为重要。

我国古代的名相多为开国名相,如商代之伊尹,周代之周公旦,汉代之萧何,唐代之魏征等。至于中兴名相则很少,有的建树了功勋,但或事业未成,或存在争议。如夏代有少康中兴、东汉有光武中兴,而无名相。诸葛亮是名相,但事业未成。唐代中期有宰相杨炎改革赋税制度,明代后期有内阁首辅张居正改革赋税制度,清代后期"同治中兴"得助于李鸿章搞洋务以求富国强兵,但杨、张、李三人能否列入"中兴名相"有很大争议。可称"中兴名相",确实对朝代中兴起了重要作用,学术界没有争议的,恐怕就傅说一人了。傅说不仅是"中兴名相",而实为"中兴名相"中的第一人。

3000多年前,傅说从事版筑的傅岩位于古虞国,古虞国即在现今山西平陆县。山西平陆县是傅说的故里。晋南是我国古文化的重要发祥地。高平留下了炎帝发祥活动的遗迹,运城则是尧帝和舜帝活动的中心地区,平陆是商代圣贤傅说的故里。祝愿晋南地区和平陆县继往开来,弘扬先祖文化,继承民族精神,在社会主义现代化建设中创造更大辉煌!

原文出处:《先秦史研究动态》2008年第2期。
作者单位: 广西师范大学历史文化与旅游学院

从武丁梦傅说谈到甲骨文中的梦与占梦

宋镇豪

一 序 说

傅说,三千多年前的殷商时期,一位"股肱惟人,良臣惟圣"的出现,最初一度萦系于一位名为高宗武丁的商王之梦。载见于《尚书·书序》,文云:

> 高宗梦得说,使百工营求诸野,得诸傅岩。

《古文尚书·说命上》亦云:

> (高宗武丁)梦帝赉予良弼,其代予言。乃审厥象,俾以形旁求于天下。说筑傅岩之野,惟肖,爰立作相,王置诸其左右。

又见《国语·楚语上》云:

> 昔殷武丁,能耸其德,至于神明……如是而又使以象梦求四方之贤圣,得傅说以来,升以为公。

《史记·殷本纪》也说:

> 武丁即位,思复兴殷而未得其佐,三年不言政事,决定于冢宰,以观国风。武丁夜梦得圣人,名曰说;以梦所见视群臣百吏,皆非也,于是乃使百工营求之野,得说于傅险中。是时,说为胥靡,筑于傅险。见于武丁,武丁曰:'是也。'得而与之语,果圣人,举以为相,殷国大治。故遂以傅险姓之,号曰傅说。

以上文献记载,说的是商王武丁任人不拘一格,不避亲疏贵贱,唯贤是用,按梦景梦象占梦,揆诸梦中人的形象,营求于四野,在版筑劳役人群中找到能人傅说,立为宰辅。

占梦行事,由来邈久。梦因生理、精神心理或病理诸因素而致,是人体的一种比较特殊的生命活动,通常在人的睡眠过程中发生,为人类精神生活范畴中的一种运动形式。人对梦的追索,本质上属于对自身及周围人事环境的一种"反观"。这种"反观",又每为时代的思维认识所左右。殷商时期人们对于梦景梦象的"反观",当然也与做梦人的日常思维与人事活动环境有系联。武丁在其政治生活境况下静观国风,思得良弼,倚梦寄情,占梦解梦,排除纷繁,终于达到任用良弼的心愿。

《汉书·艺文志》云:"众占非一,而梦为大。"占梦是以人们的自身体验作为沟通人神、预测吉凶的中介,故较之于其他占卜,占梦更有一种特殊的神秘性和迷惑力。①
《周礼·春官》云:

> 占梦掌其岁时,观天地之会,辨阴阳之气,以日月星辰占六梦之吉凶:一曰正梦(郑氏注:无所感动平安自梦),二曰噩梦(谓惊愕而梦也),三曰思梦(觉时所思念之而梦),四曰寤梦(觉时道之而梦),五曰喜梦(喜悦而梦),六曰惧梦(恐惧而梦)。

这是讲利用星占术作为占梦手段,具体到如何附会岁时变化、日月星辰的位置变异及阴阳消长,预占六种梦象梦兆所示人事吉凶,今已不得其详。

南宋洪迈《容斋续笔》卷十五《古人占梦》云:

> 众占非一,而梦为大,故周有其官。《周礼》:'太卜掌三梦之法,一曰致梦,二曰觭梦,三曰咸陟。'郑氏以为致梦,夏后氏所作;觭梦,商人所作;咸陟者,言梦之皆得,周人作焉。而'占梦'专为一官,以日月星辰占六梦之吉凶,其别曰正、曰噩、曰思、曰寤、曰喜、曰惧。季冬聘王梦,献吉梦于王,王拜而受之,乃舍萌于四方,以赠恶梦。舍萌者,犹释采也。赠者,送之也。诗、书、礼经所载,高宗梦得说;周文王梦帝与九龄;武王伐纣,梦叶朕卜;宣王考牧,牧人有熊罴虺蛇之梦,召彼故老,讯之占梦。《左传》所书尤多;孔子梦坐奠于两楹。然则古之圣贤,未尝不以梦为大。然则古之圣贤,未尝不以梦为大,是以见于《七略》者如此。魏晋方技犹时时或有之。今人不复留意此卜,虽市井妄术所在如林,亦无一个以占梦自名者,其学殆绝矣。

是知占梦之术早在南宋已成绝学。文献关于商王武丁梦见傅说,得其宰辅,大致属于吉梦之占,正是利用占梦所特有的神秘性和迷惑力,实施其政治用心。但具体的占梦法已经难知其详。甲骨文中有大量梦的记事,可资考察殷人生活中的梦观念和占梦行事。

二 殷人睡眠中的梦景梦象

甲骨文梦字写作🀄、🀄,像人倚第而卧,恍兮忽兮魂交梦见之意。② 从有关卜辞可以进而考察殷人睡眠过程中所致的梦景梦象,以及与此相关的梦魂观念、梦因、梦兆迷信、占梦释梦和禳梦。

甲骨文所记殷人睡眠过程中的梦景梦象,有梦气候变化云:

> ……梦雨,亡勾。(《合集》12900)

勾有祸忧义。梦下雨不会遭致祸忧么。有梦见震动云:

> □□□,殷,□……隹震……有梦。(《合集》17364 正)

震可能指邑中发生非常事态,也可能指雷震或地动。敦煌遗书《周公解梦书》残卷云:"梦见雷震,忧移徙。梦见地动,忧移徙。"③ 有梦行止云:

---

① 参见刘文英:《梦的迷信与梦的探索》,中国社会科学出版社,1989年,第1~11页。
② 参见丁山:《释寱》,《中央研究院历史语言研究所集刊》第1本2分,1930年。
③ 见刘文英:《中国古代的梦书》,中华书局,1990年,第30页。又见《敦煌遗书·伯3908》。

> 丙辰卜，㱿，贞乙卯☉丙辰王梦自西。(《合集》17396)
> 王梦北从安，隹……(《合集》795)
> ……梦步……(《合集》17474)

梦中出行方向或西或北，或记步行。有梦见外来者云：

> 贞王梦亡其来……(《合集》17395 正)

来指来使或来艰即敌情警报。有梦战争征伐云：

> ……(庚戌)☉辛亥王梦我大敦……(《合集》17375)

敦谓敦伐，记庚戌夜与辛亥日之交的天明前王梦见自己敦伐征讨。有梦见器物或祭品云：

> 辛丑卜，㱿，贞王梦㫃，隹佑。(《合集》6948 正)
> 乙巳卜，㱿，贞王梦箙，不隹孽。(《合集》17388)
> □巳卜，□，贞王梦珏，隹□。(《合集》17394)
> 己亥卜，子梦人见(献)子玉，[亡]至艰。
> 己亥卜，叀今夕再玉□，若永。用。(《花东》149)
> 乙卯卜，卤十。用。
> 由梦十。用。(《合集》22294)

做梦者有商王，也有子。㫃谓斿旗。珏，《说文》："二玉相合为一珏。"箙，一作贞人名，但以"王梦㫃"、"王梦珏"例之，也可能指箭箙。《周礼·夏官·司弓矢》："仲春献弓弩，仲秋献矢箙"，郑氏注："箙，盛矢器，以兽皮为之。"《说文》："箙，弩矢箙也。"《玉篇》："箙，盛矢器，藏弩箭为箙。"王国维云："古者盛矢之器有两种，皆倒载之。射时所用者为箙，矢栝与笴之半皆露于外，以便于抽矢。……藏矢所用者为函，则全矢皆藏其中。"① 蔡哲茂先生指出，箙为方形盛矢器，函为圆形盛矢器，皆可以兽皮制之。② 王梦见斿旗，能得到保佑么。王梦见箭箙、礼玉，是否有灾孽。再者，举也。艰者，祸孽之意。"若永"，占卜恒语，若者，顺祥休善也，永者，佳美、福佑也。"子梦人见(献)子玉"与"叀今夕再玉□"同卜，意谓子今夕梦见人举献礼玉。此梦不是祸孽而会顺祥佳美，盖视为好兆头。"卤十"与"梦十"同卜，"梦十"读为"梦卤十"，卤为天然盐块，谓梦见盐十块。卤一释由，为人脑袋，大意说梦见用十个人牲的头颅祭祀。③ 可备一说。有梦在宗庙秉祭器云：

> 甲戌卜，□，贞有梦，王秉彝在中宗，不隹囚(忧)。八月(《合集》17445)
> □戌卜，㱿，贞□梦，王秉彝。(《合集》17444)

囚，一般通释咼，读为祸，裘锡圭从唐兰先生释"繇"，引《左传·闵公二年》"成风闻成季之繇"，杜注"繇，卦兆之占辞。"并谓繇"疑当读为'忧'，'忧'与'繇'古音

---

① 王国维：《观堂古金文考释》，《海宁王静安先生遗书》，商务印书馆，1940 年。
② 蔡哲茂：《古籍中与"函"字有关的训解问题》，《中央研究院历史语言研究所集刊》第 66 本 1 分，1995 年。
③ 黄天树：《甲骨文中有关猎首风俗的记载》，《中国文化研究》2005 年夏之卷，北京语言大学出版社，2005 年。

更相近。《尔雅·释诂》训'繇'为'忧'"。① 纛，可能指一种带棘的干状旂旒类器物。《诗·小雅·出车》："旂旐央央"。郑氏笺云："设旐者属之于干旄而建之。"记商王梦境中在中宗之庙秉持纛器，不会有祸忧么。有梦见祭祀仪式云：

  贞王梦裸，隹囚（忧）。

  王梦裸，不隹囚（忧）。（《合集》905 正）

裸谓裸酢之酒祭仪式。有梦狩猎云：

  贞王梦擒，不隹囚（忧）。（《合集》17387＋16449）

擒谓狩猎有获。有梦见野兽飞禽云：

  梦大虎隹□。（《合集》17456。）

  □丑卜，贞王梦有死大虎，隹□。（《合集》17392 正）

  癸酉卜，王梦豕，隹示咎。（《合集》21380）

  庚子卜，宁，贞王梦白牛，隹囚（忧）。（《合集》17393）

  乙丑卜，般，贞甲子㞢乙丑王梦牧石麋，不隹囚（忧）隹佑。

  贞甲子㞢乙丑王梦牧石麋，不隹囚（忧）隹佑。三月。（《合集》376 正）

  乙亥，子卜，贞梦龙，隹若。（《合集》21534）

  贞王梦有设狸十，宙十一，不隹羑（祥）。（《合集》17391）

  贞……梦集……鸟。（《合集》17455）

梦见大虎、死虎、野猪、白牛、牧石之麋、龙、群狸、鸟等。麋即麞子，似鹿而小，无角。隹示咎、隹忧、不隹忧佑佑、隹若、不隹羑，反映了做此类梦，或者引起对未来忧咎祸孽的担心，或则自抱着安然顺若的心态，与《周礼·占梦》区别梦有无所感动平安自梦之正梦、惊愕而梦之噩梦、恐惧而梦之惧梦等，可相对照。又有梦见生病云：

  贞有梦，囚合……（《合集》17468）

  己巳卜，贞有梦王𠂤，八月。（《合集》17446）

  辛亥㞢壬子王亦梦尹𠂤有若……于父乙示，余见害在之。（《合集》17375）

  壬子卜，宁，贞辛亥王入自夕，王疾有梦，隹害。（卢静斋拓本）②

  乙未卜，般，贞王梦蛊，隹囚（忧）。

  乙未卜，般，贞王梦蛊，不隹。（《合集》1027 正）

  贞王梦疾齿，隹□。（《合集》17385 正）

  丁亥卜，争，贞王梦隹齿。（《合集》11006 正）

  贞王梦疾齿隹……（《合集》17385 正）

  丁巳卜，梦昨耳亦鸣。（《合集》21384）

囚，钟柏生先生释㱿若瘠，骨形上的点表示骨病，即《说文》"㱿，却病也"。③ 合，贪

---

① 参见裘锡圭：《说"囚"》，《古文字论集》，中华书局，1992 年，第 105 页。
② 引自胡厚宣：《殷人疾病考》，第 45 辞，《甲骨学商史论丛初集》第三册，成都齐鲁大学国学研究所专刊，1944 年。
③ 钟柏生：《说"异"兼释与"异"并见诸词》，《中央研究院历史语言研究所集刊》第 56 本 3 分，1985 年。

也，恶败之义。"有梦囧贪"意谓梦有骨疾恶败加剧。㞢，旧释尿，谓尿疾，像人遗尿之形，① 余谓㞢当释彡为字，读如沴，可能指气候失调造成的周身不适，魇梦多汗。《庄子·大宗师》云："阴阳之气有沴"，《汉书·五行志》云："气相伤谓之沴。"② 蛊，疑即《说文》说的"蛊，腹中虫也。春秋传曰：皿虫为蛊，淫溺之所生也"，属于今医学上讲的肠道寄生虫病。③ 梦幻中生的病有骨病、沴疾、蛊、牙病、耳鸣等。有的梦生病还被认为是已故父王示意灾害将至。《周公解梦书》有云："梦见得病，有喜"；"梦见身病者，忧事"。蔡邕《广连珠》云："目瞤耳鸣，近乎小戒也。"④ 在古人心目中，耳鸣也被视为灾变之兆。此等观念皆可追溯到殷商时代。

此外，有梦见身边亲属及重臣者：

　　丙子卜，㱿，贞王梦妻，不隹囚（忧）。（《合集》17382）

　　贞王梦妇好，不隹孽。（《合集》17380）

　　□寅卜，王……梦妇……有日……（《合集》40639；《英藏》1620）

　　……㱿，贞王梦妾有𠂤有册，隹囚（忧）。（《英藏》1616 正）

　　贞□梦娥，不隹囚（忧）。（《合集》17454）

　　贞王梦多子囚（忧）。（《合集》17383）

　　王梦子，亡疾。（《合集》17384）

　　辛巳卜，贞梦亚雀戌余，勿若。（《合集》21623）

记商王梦见妻、妇好、妇妾、娥、子息和重臣亚雀等，担心会否罹受忧咎祸孽。还有梦见祖先及已故者：

　　王梦父乙。（《合集》17376）

　　贞王梦兄丁，不隹囚（忧）。（《合集》892 正）

　　辛未卜，㱿，贞王梦兄戊何从，不隹囚（忧）。四月。（《合集》17378）

　　贞王梦示并立十示。（《合集》376 反）

　　……梦，御亳于妣乙㡊鼎……（《合集》22145）

　　丁丑，勹卯梦自祖庚至于父戊。（《合集》22187）

　　壬戌卜，子梦见邑执父戊。（《合集》22065）

记进入做梦者梦境的，有父乙、兄丁、兄戊、十示、妣乙、祖庚至于父戊等已故先人。殷墟花园庄东地甲骨卜辞有云：

　　己卜，子有梦𪧢，亡至𡃄。

　　己卜，有至𡃄。（《花东》403）

　　壬辰卜，甴癸巳梦丁𪧢，子用𢧲，亡至𪐗。（《花东》493）

亡至𡃄、有至𡃄、亡至𪐗，𡃄即𪐗，今艰字，义为祸孽，是问有无灾咎。上揭"壬辰

---

① 《合集》13887："贞㞢弗其骨凡有疾"，㞢显系人名，也非指尿疾。
② 参见宋镇豪：《夏商社会生活史》，中国社会科学出版社，1994 年初版本，第 420 页；又《夏商社会生活史》2005 年增订本下册，第 736 页。
③ 参见宋镇豪：《商代的疾患医疗与卫生保健》，《历史研究》2004 年第 2 期。
④ 《太平御览》卷四五九引。

卜，㞢癸巳梦"，刘一曼、曹定云先生云："㞢在本辞中表示时段，'癸巳'之时间，应是壬辰日之末尾，它接近癸巳日，但并非癸巳日的时间段。因为：壬辰日做的梦可以在壬辰日占卜；而癸巳日做的梦，就不可能在壬辰日占卜了。"① 碻是。"㞢癸巳梦"乃指启明前壬辰夕做的梦，离第二天之始癸巳日出之际尚有一段时间，当夜即行占卜，说明做梦者对此梦兆是很忧心的。

上揭"有梦𤉲"和"梦丁𤉲，子用𤉲"两种梦景梦象，具体所指不详。𤉲与𤉲，初疑分别为金文瓒及"秉璋以酢"之璋的异构，实非，两字结构类似，但一从丙，一从辛，可能与十干日的行事择日或阴阳观念有关。据《礼记·表记》云："外事用刚日，内事用柔日"，郑氏注："顺阴阳也，阳为外，阴为内，事之外内，别乎四郊。"《礼记正义》云："外事，郊外之事也。刚，奇日也。十日有五奇五偶，甲丙戊庚壬，刚也。柔日，事郊内之事也，乙丁己辛癸，五偶为柔也。"又《仪礼·少牢馈食礼》："外事以刚日，内事以柔日"，贾公彦疏云："内事谓冠昏祭祀，出郊为外事，谓征伐巡守之等。若然，甲丙戊庚壬为刚日，乙丁己辛癸为柔日。"𤉲从丙，似可与"外事用刚日"相系，因与做梦日己为柔日不合，故卜问是否"至艰"。𤉲或为𤉲的异构，从辛，与"内事用柔日"相系，但做梦是在刚日壬而非柔日癸，故也作了卜问。

综上所述，甲骨卜辞中所记晚商贵族的梦景梦象，有雨晴气候变化之梦，有王邑中的非常事态或雷震地动之梦，有外出、来使、敌情警报及战争征伐之梦，有梦见器物，有梦见在宗庙秉物和参加祭祀，有狩猎之梦，有梦见大虎、死虎、野猪、白牛、麋（獐子）、龙、群狸、鸟等猛兽飞禽，有梦得病，有梦见身边亲属及重臣，有梦到祖先及已故者等。

东汉王符《潜夫论·梦列》有梦分十类之说云："凡梦，有直、有象、有精、有想、有人、有感、有时、有反、有病、有性。……先有所梦，后无差忒者，谓之直；比拟相肖，谓之象；凝念注神，谓之精；昼有所思，夜梦其事，乍吉乍凶，善恶不信者，谓之想；贵贱贤愚，男女长少，谓之人；风雨寒暑，谓之感；五行王相，谓之时；阴极即吉，阳极即凶，谓之反；观其所疾，察其所梦，谓之病；心精好恶，于事有验，谓之性。凡此十者，占梦之大略也。"他把梦分为直应之梦、象征之梦、意精之梦、记想之梦、人位之梦、极反之梦、感气之梦、应时之梦、病气之梦、性情之梦等十类。甲骨卜辞中的梦景梦象，大抵也不外乎如此，涉及生理、精神心理、个性体智、病理，或社会与自然、气候与生物诸致梦的内因外因，直观地描述了梦的不同特征，大抵不出社会生存活动中的种种事象，实实在在反射出当时现实生活中贵族阶层的所思所虑所作所为。

三 殷人的梦魂和梦因观念

殷人受限于对自身构造及梦景梦象的不解，产生了把梦与鬼魂信仰相系的梦魂观念，视梦因乃出自鬼魂所致。

---

① 中国社会科学院考古研究所编著：《殷墟花园庄东地甲骨》第6册，第1149页，云南人民出版社，2003年12月。

甲骨文中有云：

> 庚辰卜，贞多鬼梦，甶疾见。
> 贞多鬼梦，甶言见。（《合集》17450）
> 辛亥卜，㱿，贞王梦有言隹之。（《合集》17410 正）
> 乙卜，丁有鬼梦，亡囚（忧）。
> 丁有鬼梦，賫在田。（《花东》113）
> 子有鬼梦，亡囚（忧）。（《花东》279）
> 子有鬼梦，亡囚（忧）。
> 子梦丁，亡囚（忧）。（《花东》349）

疾、言对文，"言"自然也指某种疾患，可能为疾病昏瞀中的胡言乱语。《论衡·解除篇》说："病人困笃，见鬼之至。"患者在精神恍惚的梦幻中说梦话，被当作多鬼灵魂所为。"王梦有言隹之"，隹之殆隹之孽之意，言者语音也，谓商王说梦话要有忧孽发生。"丁有鬼梦"谓丁做了鬼梦。"子梦丁"与"子有鬼梦"对文，则进入子梦境的丁，被视为鬼魂。别辞云：

> 甲寅卜，□，贞亚，多鬼梦，不若。（《合集》17447）
> 贞亚，多鬼梦，亡疾。四月。（《合集》17448）
> □未卜，王，贞多鬼梦，亡来嬉。（《美国》217）
> 庚辰卜，贞多鬼梦，不至囚（忧）。
> 庚辰卜，贞今夕亡囚（忧）。（《合集》17451）
> 今夕鬼宁。（《合集》24987）
> 贞今夕王……宁。
> 贞叀鬼。（《合集》24991）

"亚多鬼梦"，胡师厚宣释为"亚官之多梦鬼怪"；"多鬼梦"谓"多梦鬼怪"。① 这是直接把梦因与鬼魂信仰相联系，视梦为鬼魂所致，言鬼魂在夜间人睡眠时或致梦相扰于人。不若、亡疾、亡来嬉、不至忧，意义相若，盖担心不顺而生祸忧。"今夕鬼宁"是讲鬼魂宁息使人得以安卧。

另外，甲骨文中还有直接把梦因归之于人鬼先祖先妣所致的，如下举卜辞云：

> 贞王梦不［隹］河硌。（《东莞》25）
> 王梦不隹咸。（《合集》17372）
> 贞王梦隹大甲。
> 贞王梦不隹大甲。（《合集》14199 正）
> □申卜，王梦，允大甲降。（《殷缀》9）
> 己丑卜，㱿，贞王梦隹祖乙。
> 贞王梦不隹祖乙。（《合集》776 正）
> 乙未卜，梦妣丁硌。不硌。（《合集》21666＋21667）
> 贞王梦隹妣己。（《合集》17377 正）

---

① 胡厚宣：《殷人占梦考》，《甲骨学商史论丛初集》第三册，成都齐鲁大学国学研究所专刊，1944 年。

戊午卜，穷，贞王梦隹我妣。（《合集》10408 正）

可见，在商代上层贵族统治者的生活观念中，通常还将梦因归之先公河、先王咸（成汤）、大甲、祖乙或妣丁、妣己等先妣所降致。

四　殷人的梦兆迷信与占梦释梦

殷人出于梦的迷信，视梦为鬼魂对做梦者忧咎祸孽的示兆，每每通过占梦释梦以预测人事祸忧。

殷人占梦的方式，主要有两种，一种是利用流行的甲骨占卜，“卜以问疑”，贞问梦兆所示祸忧，如云：

己亥卜，争，贞梦，王亡囚（忧）。（《合集》17443）

丙申卜，王，贞余有梦隹囚（忧）。永余……（《合集》17440）

梦不隹囚（忧）。（《合集》17462）

有梦隹囚（忧）。（《合集》17460 正）

戊申卜，㱿（忧），贞王有梦不隹囚（忧）。

王有梦隹囚（忧）。（《合集》11018 正反＋《乙补》2471＋4084，《醉古》307 正反）

贞王有梦不隹囚（忧）。

王有梦隹囚（忧）。（《合集》11018 正）

丙申卜，争，贞王梦不隹囚（忧）。

丙申卜，争，贞王梦隹囚（忧）。（《合集》10345 正）

壬午卜，王曰贞，有梦。

〔壬〕午卜，王〔曰〕贞，有囚（忧）。（《合集》24123）

贞王梦隹之孽。二月。

贞王梦不隹之孽。（《合集》13507）

乙未卜，□，贞王梦孽不隹囚（忧）。（《合集》13386）

贞王梦隹有左。

贞王梦不隹有左。王占曰：勿隹有左。（《合集》17397 正反）

贞王梦不隹摧。（《合集》6655 正）

贞王梦不隹壴。（《合集》17417 反）

壬午卜，□，贞王梦隹火（祸）。（《合集》17416）

贞王梦隹㝵。（《合集》17390 正乙）

……争，贞王梦隹斮。（《合集》17389）

贞余有梦，隹皀又蔑。（《怀特》1633）

己亥卜，贞禽有梦，勿求（咎）有匄。亡匄。十月。（《合集》17452）

上揭卜辞中的亡囚（忧）、有囚（忧）、隹囚（忧）、不隹囚（忧）、隹之孽、不隹之孽、孽不隹囚（忧）、隹有左、不隹有左、不隹摧、不隹壴（艰）、隹火（祸）、隹㝵、隹斮、隹皀又蔑、勿求（咎）有匄、亡匄等，都是有关梦兆的占卜用语，说明在通常情况下，殷人视梦乃忧咎祸孽将临之征兆。

《周礼·占梦》有把梦大别为正、噩、思、寤、喜、惧等六种类型而占之吉凶，不全视梦为噩梦、凶梦。《周礼·春官·太卜》："掌三梦之法：一曰致梦，二曰觭梦，三曰咸陟。"是讲夏商周三代不同的致吉梦之法。甲骨文中反映的梦兆迷信，同样也不全视为不吉不祥之梦，有视为吉梦的，如：

贞王梦，羕（祥）。其戊申吉。

王梦，吉。其隹庚吉。（《合集》14128反）

丙申卜，宁，贞乙卯𧖷丙申王梦自西。王占曰：吉，勿隹囚（忧）。（《合集》17396）

子有梦，隹□吉。（《花东》165）

癸［卜］，子梦，子于吉［爱］。（《花东》53）

上辞王梦或子梦，均明确指为吉梦之兆。可见，梦分吉梦与凶梦的观念，在殷商时期已经产生。

除了利用甲骨贞卜进行占梦外，另一种占梦方式，是结合梦象进行占梦释梦，如：

王占曰：登梦……（《合集》17723）

癸丑卜，争，贞旬亡囚（忧）。王占曰：有祟有梦。甲寅允有来艰。左告曰：有亡刍自温，十人又二。（《合集》137正）

癸酉卜，㱿，贞旬亡囚（忧）。王二曰：匄。王占曰：余，有祟有梦。五日丁丑，王宾中丁毕陟（坠）在庭阜。十月。（《合集》10405正）

以上是甲骨占卜与分析梦象相结合的占梦辞例，释梦往往采用比较简明的直解法，把梦象直接解释成形式及内容与之大致持同一性的人事。商王亲自在命龟后进行占梦，作出"登梦"或"有祟有梦"的判断。甚至连声惊呼："匄！匄！"，要坏事。"王宾中丁毕陟（坠）在庭阜"，应是追记梦象。类似之例有"兹鬼坠在庭阜"（《合集》7153），描绘鬼魂坠降在庭阜的梦象。"庭阜"指宫室主殿前高出中庭地面的露台，是王宫的要位，梦见先王或鬼魂坠降于此，自然非同小可，十分惊扰，直解这种梦象为凶兆。这相当《周礼·占梦》说的"惧梦"一类。再如《尚书·说命上》云："（高宗武丁）梦帝赉予良弼，其代予言。乃审厥象，俾以形旁求于天下。说筑傅岩之野，惟肖，爰立作相。"也是根据梦象进行占梦，释梦同样采用直解法，揆诸梦中人的形象找到傅说的。周代释梦有其代变，如《诗·小雅·斯干》云："乃占我梦，吉梦维何？维熊维罴，维虺维蛇。大人占之：维熊维罴，男子之祥；维虺维蛇，女子之祥。"梦见猛兽熊与罴，是象征生男的吉祥之梦，梦见虺与蛇，是象征生女的吉祥之梦。《无羊》云："牧人乃梦，众（螽）维鱼矣，旐维旟矣。大人占之：众（螽）维鱼矣，实维丰年；旐维旟矣，室家溱溱。"梦见众多蝗虫变成鱼群，是象征丰年之兆，梦见龟蛇之旐变成鹰隼之旟，是象征家室人丁兴旺之兆。上引《诗·经》所咏内容是周人据梦象进行占梦释梦，得到吉梦之兆的占断，但采用的是象征法释梦，把梦象转换成其所象征的人事物象，已比殷人直解释梦法深化了一层。

商王占梦，有时还会召询臣下，如：

王梦珏，不隹徝小疾臣。

……隹徝小疾臣，告于高妣庚。（《合集》5598正反）

癸巳卜，子梦，异告，非艰。（《花东》5）

徇有省徇、讯问之义，记商王武丁梦见礼玉而循讯巫医"小疾臣"，告祭于先公示壬配偶高妣庚。占梦而讯之巫医官，是知当时还没有专职的占梦官。异，人名；子梦而由异告祭以求没有祸孽。《诗·小雅·节正月》云："召彼故老，讯之占梦。"毛传："故老，元老。"也讯之生活经验丰富的长者，其间或有传承性的。

　　从上述可知，殷人占梦预测人事祸忧，方式主要有甲骨占卜和结合梦象进行占梦释梦两法。当时已有吉梦与凶梦两分的观念。在商王室阶层，王梦有时会循询臣下，但还没有专职的占梦官之设。殷人释梦通常采用比较简明的直解法，与后来周人采用的象征法释梦，正体现了时代观念之间的代变。

五　殷人的禳梦行事

　　殷人又有禳除梦忧的行事。如甲骨文有云：

　　　　贞王有梦，不佳乎余御圄。

　　　　贞〔王有〕梦，〔佳〕乎余御圄。（《合集》376正）

　　　　癸未卜，王，贞畏梦，余勿御。（《合集》17442）

　　　　……梦，御亳于妣乙及鼎……（《合集》22145）

上揭辞例中的御均用指禳除梦忧，御忧的目的在于排除其梦对做梦者的心理压抑，冀望现实生活能避祸消灾无疾患。"御亳于妣乙及鼎"，亳谓亳社，外祭地；在亳社向妣乙献祭人牲及鼎。《周礼·春官·占梦》"季冬……乃舍萌于四方，以赠噩梦"，郑氏注："舍读为释。萌，菜始生也。赠，送也。欲以新善去故恶。"杜子春读萌为明，"明谓殷疫也，谓岁竟逐疫置四方"。赠噩梦即禳除噩梦，逐噩梦于四方，与殷人在外祭场所亳社禳除梦忧，颇相类似。

　　御除梦忧，有时还有杀牲酚梦等祭祀仪式：

　　　　丙寅卜，其御，佳宁见马于癸子，更一伐一牛一鬯，酚梦。用。一二（《花东》29）

　　　　丙寅，其御，〔佳〕宁见马于癸子，更一伐一牛一鬯，酚梦。用。一二

　　　　丙寅卜，宁马异，弗马。一（《花东》289）

酚梦是禳除噩梦的一种祭仪，盖杀牲以册告。癸子，人名，又名子癸（《花东》181）。见读如视。杀牲酚梦的"一伐"，可能指贾人视看相中的癸子之马，又用了一牛和一鬯酒。裘锡圭先生曾指出，甲骨卜辞中"异"常用为虚词，只跟否定词"不"、"弗"、"勿～弜"对言；"不"、"弗"是对于事实或可能性的否定，相当于说"不会"；"勿～弜"是对于意愿的否定，相当于"不要"；"异"兼有表示可能和愿意两方面的意思。① 准此，则上揭"贾马异，弗马"，可以译为："可能不会用贾人视中的癸子之马"，属于择马牲之卜。

　　又有告梦致祭以禳除噩梦的行事，如：

　　　　戊卜，子梦，魚……

---

① 裘锡圭：《卜辞"异"字和诗书里的"式"字》，《中国语文学报》1983年第1辑。

子梦，㣇，用牡告又鬯妣庚。

妣庚咎。(《花东》124)

丙申夕卜，子有鬼梦，祼告于妣庚。用。(《花东》352)

丙子卜，子梦，祼告妣庚。用。

丙子，岁妣庚牡，告梦。

子从🈚牡，又鬯妣庚，[脱一"告"字]梦。用。(《花东》314)

丙，岁妣庚牡，祝鬯，告梦。(《花东》26)

有梦，隹王又岁于……亡大雨。(《合集》31283)

有梦，隹我又岁……(《合集》31284)

㣇、㣇，可能是𢇍(《合集》13861)的或体，从疒从鬼彗声。昔杨树达先生释甲骨文"王疾首，中日彗"(《合集》13613)之彗为扫竹，用以扫除，引申有除义，是说商王病首中日而除。① 蔡哲茂先生也认为，卜辞中用于疾愈讲的彗，有慧、蠲、瘳、愈、除之意。② 裘锡圭先生进而引甲骨文𢇍字，认为可隶写为瘥，"是当疾槽讲的彗的专字"，"直接表示用彗扫去卧床病人的疾病"，所谓"中日彗"，与《黄帝内经素问·藏器法时论第二十二》"心病者，日中慧，夜半甚，平旦静"之"日中慧"同义，又引马王堆汉墓帛书《五十二病方》"以月晦日之丘井有水者，以敝帚骚(扫)尤(疣)，祝曰：'今日月晦，骚(扫)尤(疣)北。'入帚井中"，指出"用扫帚可以扫去疾病的巫术思想，无疑有很古老的根源"。③ 上揭㣇、㣇两字，当是瘥之或体，有扫除恶梦、鬼梦义。告梦致祭的对象通常为致梦的已故先人，如"妣庚咎"之妣庚，祭法或用伐击、岁(刿割)、告、祼(灌酒祭)、又、祝等；祭牲用牡(公牛)、牝(公羊)、马等，酒祭以鬯。鬯是用黍酿制的酒，在晚商又可细分出两类高档酒，一类是专用黑黍酿制，不和入郁金香草，名之秬鬯，另一类是和入郁金香草的香鬯，尤为名贵，称之郁鬯。④ 鬯在殷墟考古中有发现，如1983年安阳郭家庄M1、1984年戚家庄东M269和刘家庄M1三座殷墓出土的三件铜卣内，均盛有白色透明液体，郭家庄一卣及刘家庄一卣的液体内均含有植物纤维状杂质，含乙醇(酒精)成分，有浓郁型香味。⑤ 从质、色、味看，似都属于郁鬯。

由此可知，殷人禳除梦忧，最常见的是举行御祭，祭祀仪式有杀牲册告扫除恶梦之忧，致祭的对象或为被视为致梦者的已故先人，祭法有伐击与刿割祭牲、告祭、祼酒祭、又(祝)祭等等。

---

① 杨树达：《读胡厚宣君〈殷人疾病考〉》，《积微居甲文说》，中国科学院，1954年。
② 蔡哲茂：《说𢇍》，《第四届中国文字学全国学术研讨会论文集》，台北大安出版社，1993年，第81~96页。
③ 裘锡圭：《殷墟甲骨文"彗"字补说》，《华学》第二辑，中山大学出版社，1996年。
④ 参见宋镇豪：《中国风俗通史·夏商卷》，上海文艺出版社，2001年，第170~173页。
⑤ 中国社会科学院考古研究所安阳工作队：《安阳郭家庄的一座殷墓》，《考古》1986年第8期。又中国社会科学院考古研究所安阳市文物工作队：《殷墟戚家庄东269号墓》，《考古学报》1991年第3期。又安阳市文物工作队：《1983—1986年安阳刘家庄殷代墓葬发掘报告》，《华夏考古》1997年第2期。

六 结 语

要之，甲骨卜辞中所记晚商贵族统治者的梦景梦象，或为雨情气候变化，或为行止，或为来使，或为战争征伐，或为器物，或为祭品，或为宗庙秉物，或为祭祀仪式，或为狩猎，或为野兽飞禽，或为梦得病，或为在世亲属及重臣，或为祖先及已故者等等，常常直接把梦与鬼魂信仰相联系，视梦为鬼魂对做梦者忧咎祸孽的示兆，有时将梦因归之先王先妣所致。殷人出于梦兆的迷信，每每通过占梦以预测人事祸忧，占梦的方式主要有甲骨占卜和结合梦象进行占梦释梦两种。当时已萌生了吉梦与凶梦的观念，释梦则采用比较简明的直解法。王梦有时询之臣下，但还没有专职的占梦官。又有御祭册告杀牲裸鬯的禳除恶梦忧的行事。由此看来，文献所载武丁以梦象求贤圣傅说，大体合于甲骨文所见殷商时期占梦流行的直解吉梦之类。

原文出处：原载《文物》2006年第6期，略有改动。
作者单位：中国社会科学院历史研究所

傅岩与商代兵要地理

张永山

见于甲骨文的商代贤相有伊尹，对商王朝的建立和巩固有巨大功绩，故受到隆重祭祀。傅说之名，有人考证卜辞中的"㱿"就是他的名字①。对于这种观点，目前尚无定论，不过该字是甫（圃）和傅的古字，学者有共识②。尽管其人其事在甲骨文中很难确证，但在先秦两汉的文献里不乏其人的活动，诸如《尚书·说命》、《左传》、《国语·楚语上》、《孟子·告子》、《穆天子传》、《史记·殷本纪》和《天宫书》等，都对傅说的事迹有详略不同叙述。仅就这些文献记载就可以推断商代确有傅说这个重要人物，相传商王武丁在今平陆县傅岩与贤人傅说相见，举以为相，使王朝大治，不仅国势增强，而且解除了西北边患，在较短的时间社会经济得到迅速发展。春秋时期楚国大臣仍把商王武丁与傅说相见看作国家兴盛的吉兆，下面这段对话便是最好的见证。《楚语上》记楚灵王与白公的对答是：

> 白公又谏，王如史老所言。对曰："昔殷武丁能耸其德，至于神明，以入于河，自河徂亳，于是乎三年，默以思道。卿士患之，曰：'王言以出令也，若不言，是无所禀令也。'武丁于是作书，曰：'以余正四方，余恐德之不类，兹故不言。'如是而又使以象梦旁求四方之贤，得傅说以来，升以为公，而使朝夕规谏，曰：'若金，用女作砺。若津水，用女作舟。若天旱，用女作霖雨。启乃心，沃朕心。若药不瞑眩，厥疾不瘳。若跣不视地，厥足用伤。'若武丁之神明也，其圣之睿广也，其智之不疾也，犹自谓未乂，故三年默以思道。既得道，犹不敢专制，使以象旁求圣人。既得以为辅，又恐其荒失遗忘，故使朝夕规诲箴谏，曰：'必交修余，无余弃也。'今君或者未及武丁，而恶规谏者，不亦难乎！"

这段引文说明：傅说成为明君思圣贤治理国家的典型代表人物，武丁于梦中得傅说，是把求贤若渴的愿望披上了神秘的色彩；其次是把傅说看作明君治国各种谋划智囊式的人物，从国君道德修养的提高，到治国策略的纯熟，都仰仗傅说出谋划策；明君需要的辅佐之臣，就应是傅说一类贤人。由此可见，傅说是史官或高级贵族心目中

---

① 丁山：《商周史料考证》75～77页，中华书局1988年。
② 参见罗振玉：《殷墟书契考释》中8叶上；于省吾：《甲骨文字诂林》（三）3119－2120叶。

真实的圣贤之物，对国家有突出的贡献，是他们应该学习的榜样。

傅说对商王朝的贡献是什么？文献和甲骨文没有明确记载，但可以间接得到证实，他在巩固西北边防和粉碎来自土方和舌方及鬼方的侵扰，使商朝王畿得以安宁，是他的一大贡献。因为武丁时期的主要敌对方国来自晋南和晋中，而这一带的地理形势是阻挡来犯之敌的天然屏障。傅说隐居的傅岩正是这样一条用兵的通道，它对武丁时期维护疆土安全起着重要作用。

早在殷商前期，中条山或与太行山之间的山中谷道就是商王朝驻军屯守，或将城邑建立在险关谷道入口处，进可攻退可守。平陆县坡底乡前庄村发现大型青铜器遗址（方鼎1、圆鼎2、1）①，东面垣曲商城三千多年后的再现，都可以视作驻守险要通道的商代遗址。可见商王朝早就看重这里的兵要地理对于保卫王畿的重要作用，武丁又是善于汲取先人历史经验的商王，更应懂得峡谷在用兵时的重要性。平陆和垣曲北依中条山，延至太行山，形成保卫王畿的天然屏障，面向黄河，茅津渡是通向对岸函谷道（三门峡市）的最佳渡口，《水经注》（卷四）云直至汉晋时期"自砥柱以下，五户以上，其间一百二十里，河中竦石桀出……破害舟船，自古所患"。由此可知远古时平陆这段黄河水道是天堑，军事上非常重要，而垣曲以下百余里河道水势渐缓才成为用兵河南必争的水道。中条山至太行山西端，自西向东有著名的山间通道巅軨坂、清水峡的古关、瀺关和王屋山下的轵关（太行八陉的第一陉）等险隘道。其中商周时期最有名的是巅軨坂，《左传·僖公二年》晋"假道于虞以伐虢"的大军就是出自巅軨坂。《水经注·河水四》巅軨坂时云："河水又东，沙涧水注之。水北出虞山，东南径傅岩，历傅说隐室前，俗名之为圣人窟。孔安国《传》：'傅说隐于虞、虢之间，即此处也。'傅岩东北十余里，即巅軨坂也，《春秋》、《左传》所谓入自巅軨者也。西绝涧，左右幽空，穷深地壑，中则筑以成道，指南北之路，谓之为軨桥也。傅说佣隐，止息于此，高宗求梦得之是矣。桥之东北有虞原，原上道示有虞城。"又描述道路之险曰："其北对长坂二十许里谓之虞坂。戴延之曰：'自上及下，七山相重。'《战国策》曰：'昔骥驾盐车，上于虞坂，迁延负辕而不能进。'此盖其国处也。桥之东北出溪中，有小水，南流注沙涧，乱流径大阳城东，河北郡治也。涧水南流注于河。"从古人的追忆和描述中知，这条南北的坂道的开凿和修筑起自商代，并与傅说有密切关系，既是用兵易守难攻的险道，也是解池盐外运的通路，是商周时期巨大的建筑工程，《穆天子传》有"天子自巅軨乃次于水之阳"记载，进一步证明巅軨坂道确实开凿很早。周公摄政期间平叛晋南唐人之乱，若自成周起兵也必走巅軨坂②。诸种迹象都表明巅軨坂道商代已是控制晋南的重要交通要道，相传这条山间道路是傅说参加修筑的坂道，《史记·殷本纪》《正义》引《地理志》云："傅险即傅说版筑之处。"（按：版筑似应是筑路的误传）由此可以看出，武丁时期之所以能阻止西北戎族土方和舌方的入侵，因为商王朝的大军可以迅速通过此险道与晋南的守军会合，围剿来犯之敌。另一个作用是解池之盐也可以较便捷地运抵商王畿各处，到春秋战国时期盐池的盐南运仍走此道。晋献公灭黄河对岸的上阳

---

① 张希舜主编：《山西馆藏文物珍品》（青铜器）3—6号，山西人民出版社。
② 《史记·周本纪》和《晋世家》。

之虢亦经巅轸坂出军渡河至黄河南岸。可见这条道路对晋国政治势力扩张、行军作战和与诸侯国贸易等,都起着重要作用。

另一条经过平陆进入晋南的道路是清水峡古道。今垣曲县的亳清河,即古之清水,水"出清廉山之西岭,世亦谓之清营山,其水东南流出峡。峡左有城,盖古关防也。清水历其南,东流径皋落城北。"这条道路古代也是进出晋南通道,垣曲商城位于道路的南端①,正是把守古道进出口的要津,而城墙"筑出具有双道城垣的夹墙,大大地加强了城址的防卫性能。"其时代大体与郑州和偃师商城相当。这可能因为商代晚期的军事实力已深入到晋南有关(详下文)。春秋时"晋侯使太子申生伐东山皋落氏",大军自清水峡古道而出②。这说明清水峡古道历经千年不衰,其重要可想而知。作为一个整体来考察,平陆和垣曲本是中条山南麓相连的两个区块,各自的谷道在用兵打仗时都成为军事行动的便捷之途,但我们要论说的是平陆巅轸坂的突出地位,所以清水峡古道这里就从略了。

我在一篇文章中曾论说晋南地区,商王朝有许多小的盟国和军事据点,卜辞中的晋南诸方是商王朝在晋南的同盟者,如唐(西周时唐叔虞所封之地)和西邑是商王朝直接控制的地区,而且经常向商王报告舌方的军事动向,骚扰商王朝势力范围内的小方国,商王大军很可能是从巅轸坂或清水峡古道出师,联合晋南诸方国驱赶舌方的小股军队③。另据陈梦家研究,缶、犬、串、郭、旨、沚、雀等,这些方国大都分布在中条山以北和太岳山以西的临汾盆地和运城盆地周围④,他们进出晋南与商王国中心区联系,或商王给他们下达命令必须走平陆和垣曲的山间谷道,尤其是商王平定反叛的方国,或抵御土方和舌方的侵扰,更需要从便捷的谷道出征,方能达到迅速消灭战祸的目的。

原文出处: 原载《傅圣文化》2007 年第 4 期。
作者单位: 中国社会科学院历史研究所

---

① 中国历史博物馆考古部:《垣曲商城》(一),科学出版社,1996 年。
② 《左传·闵公二年》。
③ 参见拙文《卜辞中的唐与唐尧故地》,《殷都学刊》2000 年第 4 期。
④ 《殷墟卜辞综述·武丁时代的晋南诸国》。

傅说与巅轹坂道的修筑

魏嵩山

巅轹坂道位于中条山脉东段今山西平陆县北境。其道始筑于商代武丁时代,距今已有 3000 多年的历史,是我国最早修筑的人工路道之一,为当今世界上仅有的宝贵历史文化遗存。

巅轹坂道为傅说主持设计并参与修筑,由于当地形势险峻,道路穿过其地,工程难度很大。据《水经·河水注》记载:沙涧水"北出虞山,东南径傅岩,历傅说隐室前,俗名之为圣人窟。孔安国《传》:傅说隐于虞虢之间,即此处也。傅岩东北十余里即巅轹坂也……有东西绝涧,左右幽空,穷深地壑中,则筑以成道,指南北之路,谓之为轹桥也。傅说隐止息此,高宗求梦得之,是矣。"傅岩在今山西平陆县城所在圣人涧镇东北隅,轹桥即今圣人涧镇北轹桥村。傅说在当时生产力很不发达的条件下,能主持设计并参与修筑完成此项工程,充分显示出其与众奴隶高超的智慧和技术才能,商王武丁因此任命傅说为相,后人称其为"圣人",应当之无愧。

《尚书·说命》不载傅说修筑巅轹坂道,而谓"高宗梦得说,使百工营求诸野,得诸傅岩。……说筑傅岩之野,惟肖。"这里"傅岩之野",所指显然即巅轹坂(轹桥)。因其西南与傅岩相近,故称"傅岩之野"。傅岩,《史记·殷本记》别作"傅险",谓武丁"使百工营求诸野,得说于傅险中。是时说为胥靡,筑于傅险。""岩"、"险"二字古音相通,故一般理解"傅险"即"傅岩"的别称。但亦可理解为"傅岩险要之地"。巅轹坂(轹桥)既属"傅岩之野",所在地势险峻,正与"傅险"之名吻合。傅岩侧近的坂道只是傅说等人所筑巅轹坂道南段的延伸,并非施工的重点。

然《孟子·告子下》:"傅说举于版筑之间。"唐李泰《括地志》谓"傅险即傅说版筑之处,所隐之处窟名圣人窟,在今陕州河北县北七里";李吉甫《元和志》陕州平陆县下谓"傅岩在县(北)七里,即傅说版筑之处"。河北县乃今平陆县旧名,始置于西汉,本名为大阳县,北周天和二年(567)改称河北县,唐天宝元年(742)改称平陆县,故治在今平陆县西南太阳渡村附近,1959 年移至今址圣人涧镇,傅说所居圣人窟正在镇东北隅傅岩。所谓"版筑",即以两块木版相夹,中填土石,夯以成墙,用以堵水,或建为房舍,作为居室。据此,世传遂以傅说为版筑技术的发明家和创始人,更有不少傅氏宗亲于家中书有"版筑居"、"版筑流芳"等条幅以纪念傅说。其实这是误解。考古已经证明，我国早在新石器时代版筑技术已被广泛运用，并非始自傅说。"版"字古音通"坂"或"阪"，"坂"或"阪"意皆为山坡。《说文》："阪，坡者曰阪，一曰泽障，一曰山胁也。"《孟子·告子下》与《括地志》、《元和志》所书"版筑"当作"坂筑"或"阪筑"，即沿山体斜坡修筑坂道。实地考察表明，傅说所筑巅軨坂道正沿山体斜坡，根本不需要修筑墙坝用以防水，更无版筑夯土墙坝遗迹可寻。傅岩圣人窟乃是窑洞，如果当时傅说运用版筑技术曾于此筑有房舍，为何其舍弃房舍不居而隐居于圣人窟？由此可见，傅说不是版筑技术的发明家和创始人，而是我国古代道路工程专家。

当然，这并不是说傅说不懂版筑造房技术。既然軨桥曾为"傅说佣隐止息"之所，其与众奴隶在修筑巅軨坂道时为避风雨很有可能运用版筑技术于此建造房舍作为临时工棚。但这毕竟是推测，事实究竟是否如此，尚有待于证明。今平陆县城所在圣人涧西北有太臣村，地与傅岩相似，当地传说傅说出生于此，亦恐非事实。因为傅说之姓得自傅岩，其被商王武丁任命为相始为大臣，"太臣村"之名显然为后起。实地访察得知，该村居民本来全系傅氏，分明是傅说后裔，或傅说出任商相以后自傅岩圣人窟迁居于此亦未可知。

商王武丁所以选择巅軨坂修筑坂道，自然出于其为了"殷国大治"的整个战略构想，但同时又有其特殊的意义。商朝取代夏朝。巅軨坂道北通虞山（吴山），其上有虞城，即今平陆县城所在圣人涧镇正北张店镇东南古城，本为舜妃娥媓、女英所居；虞山（吴山）之北安邑本为夏人故都，其地有盐池，产盐丰饶。巅軨坂道的修筑不仅有助于商王朝对夏人的政治控制，亦有利于对盐池的掠夺。《穆天子传》有所谓"天子自盐，己丑，南登于薄山巅軨之隥，乃宿于虞"之说。

随着傅说等人巅軨坂道的修筑，便利了中条山南北交通，加强了地区联系。史载公元前658年晋使荀息假道于虞以伐虢，称"冀为不道，入自巅軨，伐鄍三门"，遂灭下阳；公元前655年晋复假道于虞以伐虢，灭虢，还灭虞（分别见《左传·僖公二年》、《左传·僖公五年》）。这里虞即上述舜妃娥媓、女英所居虞城，待周武王灭商，封虞仲于此，为虞国。虢国即北虢，都上阳，在今河南三门峡市。鄍为虞邑，下阳为虢邑，分别在今山西平陆县城所在圣人涧镇侧近。显然，在此两次战争中巅軨坂道皆发挥了重要的作用。巅軨坂道用于物资的运输尤其频繁，故其道北段所经虞山又名虞坂、盐坂，一作吴山、吴坂。《元和志》卷6陕州平陆县："吴山，即吴坂也，伯乐遇骐骥驾盐车之地。"现自平陆县北上至运城市和夏县的公路正是在此基础上进一步发展。

今山西平陆县境内所存有关傅说遗迹，除巅軨坂道、軨桥、傅岩及傅说所居圣人窟外，又有傅说墓、傅相祠等，皆有很高的历史价值和社会价值，应该很好保护。建议当地政府组织一定的力量深入开展研究，为弘扬中华文明作出贡献。

原文出处：原载《傅圣文化》2007年第4期。
作者单位：复旦大学历史地理研究所

从"若作酒醴,尔惟曲糵"说到商代饮酒及其酿酒业

朱彦民

在古文尚书中,有一篇《说命》,记载了商代后期武丁与傅说(说读悦)之间的策问话语。这篇文诰集中反映了武丁作为一个明君圣主的施政纲领和领导才能,也表现了傅说作为一个卓越冢宰的政治思想和治国方略,可以说是武丁"复兴殷道"的政治纲领性文件。

然而由于这篇古文尚书历来被认为是"伪书",因此其所记载的武丁、傅说之事以及此种反应的中国早期政治思想理论,往往被学术界弃置不顾。实际上,有学者通过深入论证认为,出古文《尚书·说命》是先秦流传下来的真古文献,有着极其珍贵的学术价值[①]。

在《尚书·说命》中,武丁对傅说之于国家大治、殷道复兴的关系,作了这样一个有趣的比喻:"若作酒醴,尔惟曲糵。"他将傅说比为酿酒必不可少的酵母,可见傅说的重要以及武丁对其的倚重。

其实,"若作酒醴,尔惟曲糵"一语,也道出了"酒"这种饮食种类对于商代的重要性。

本文拟从甲骨文"酒"字的考证、商代酒之种类的指正、甲骨卜辞"酒祭"材料的分析、商代种植酿酒谷物黍类作物辨证,以及考古中发现的商代酿酒作坊等遗迹考察,来反映"殷人尚酒"这一历史现象以及商代繁荣发达的酒文化。

一 甲骨文"酉"、"酒"与"酌"考辨

1. 甲骨文"酉"字

甲骨文中有"酉"字,作、𦥑、𢍰等形,像盛酒的酒尊之形,上部像其口缘及脖颈,下部像其鼓腹有纹饰之形。古文字借"酉"为酒字,实因酒水无形可像,故以其盛放容器之形象之也。但《说文解字》云:"酉,就也。八月黍成,可以酌酒。象古文酉之形。"是言"酉"有造酒之意,当是"酉"的进一步引申之义。

在甲骨卜辞中,"酉"大量被用作干支字,兹不枚举。除此之外,也有一些"酉"

---

① 杨善群:《古文〈尚书·说命〉与傅圣思想研究》,《晋阳学刊》2007年第1期。

字是用作本义即酒意的。如：

　　……辰卜：翌丁巳先用三牢羌丁酉？用。（《佚》199）
　　贞：酉弗其氏？（《京》1001）
　　戊午贞：酉求于岳，燎三豕，卯……（《屯南》2626）

"用三牢羌于酉"，"于"即"与"，用三牢、羌和酒进行祭祀之意；"酉弗其氏"，贞问是否要进贡酒；"酉求于岳"即"酒求于岳"，用酒向"岳"神祭祀，与卜辞"辛巳卜，酒求于祖乙？用丁巳"（《京人》3003）相近。徐中舒先生等认为，"酉"字的这种用法是，"读为酒，荐酒之祭"①。

甲骨文之外，商周之际的金文中，也多有以"酉"代酒者。如：

　　王来狩自豆麓，在祝师，王飨酉。王光宰甫贝朋，用作宝鼎。（《宰甫簋铭》）
　　用盛旨酒。（《季良父壶铭》）

以"酉"作酒，在后世文献中也是有可见。如《尚书·无逸》"酗于酒"，魏三体石经古文作"酗于酉"。《释名·释饮食》："酒，酉也。"凡此种种，均可以证明，作为酒器的"酉"可代指酒。

2. 甲骨文"酒"字

"酉"本酒字，但被借为地支字且久借不还，只好于"酉"字旁加水而成"酒"字。甲骨文中的"酒"字作 、 之形。《说文解字》："酒，就也。所以就人性之善恶。从水从酉，酉亦声。一曰造也，吉凶所造也。古者仪狄作酒醪，禹尝之而美，遂疏仪狄。杜康作秫酒。"虽然讲了酒的起源和发明者姓名，但于"酒"字的文字学发展并不明了。"酒"字在甲骨卜辞中也不多见，如："甲子卜，宾贞：毕酒在病，不从王古？贞：其从王古？"（《甲》2121）"在酒，孟田受禾？"（《京都》1932）前辞"酒"为饮酒之意，毕是武丁时期著名的贵族臣僚和武将，经常从事祭祀和征伐，该辞是贞问毕因为饮酒而得病能不能从王行事；后辞"酒"是地名，此地或许与"酒"或"造酒"有些关系。

3. 甲骨文"酻"字

与酒有关系且在甲骨文大量出现的是"酻"字。"酻"字从酉从彡不从水。自甲骨文发现以来，孙诒让、罗振玉、王襄、明义士、孙海波、李孝定、张秉权、雷焕章等甲骨学家都释此字为"酒"字，认为所从之"酉"为盛酒器，而"彡"像酒滴溢出之状。但于省吾②、姚孝遂③、赵诚④等人并不认为此字应释"酒"字，姚氏指出"契文象水滴形，无作彡者"。金祖同、陈佩芬等释此字为"酹"⑤，即撒酒而祭之意。

郭沫若虽释此字为"酒"，但认为在甲骨卜辞中"酒假为醑，《周官·大宗伯》以

---

① 徐中书主编：《甲骨文字典》，第1601页，四川辞书出版社1989年版。
② 于省吾：《甲骨文字释林》，第318页，中华书局1980年版。
③ 于省吾主编：《甲骨文字诂林》，第2707页，姚孝遂按语，中华书局1996年版。
④ 赵诚：《甲骨文简明词典》，第242页。
⑤ 以上诸家之释均见于省吾主编：《甲骨文字诂林》第2701—2707页，中华书局1996年版；松丸道雄、高岛谦一编：《甲骨文字字释综览》，第404、405页，东京大学东洋文化研究所1993年版。

橷燎祀司中司命；橷燎连文与此同。《风俗通祀典》'橷者，积薪燔柴也。'"①。近年马如森在郭说基础上申论，认为甲骨文"酚"字即后世"橷"字。《说文》："橷，积木燎也。""酚"与"燎"同意，都是积木燎祭。"燎"与"酚"分化后，燎祭消失而"酚"祭延长，"酚"与燎的不同在于，"酚祭除了积木火焰上腾而外，还有酒的含义"②。

不管将"酚"释作"酹"还是"橷"，"酚"虽不是"酒"字本身，但是一种与酒有关的祭祀（用酒祭祀），这是可以肯定的。

4. 甲骨文中"酚"祭辞例分析

在甲骨卜辞对于商人祖先神的祭祀中，多有用酚祭祀的占卜。如：

乃酚于夒？（《屯南》1062）

燎酚于土？（《合集》34188）

辛未卜，壳贞：来今甲戌酚王亥？（《合集》14732）

癸亥卜，酒上甲？（《合集》1192）

辛未卜，贞：酚大乙？乙亥……（《合集》32124）

庚申卜，酚自上甲一牛至示癸一牛，自大乙九示一牢，它示一牛？（《合集》22159）

丙辰卜，酚岁于大丁亡……（《合集》32463）

甲子卜，扶，酚卜丙御？（《屯南》4517）

丙午卜，争贞：来甲寅酚大甲？（《合集》11497 反）

翌庚寅酚大庚？（《合集》10936 正）

甲子酚大戊御？（《合集》19838）

……卜，壳贞：翌丁未酚中丁旸日？（《合集》6174）

贞：来乙亥酚祖乙十伐又五卯十牢？（《合集》892 正）

……申卜，于来辛卯酚伐祖辛？（《合集》957）

……酚于羌甲？（《合集》511）

贞：翌丁丑酚于祖丁？（《合集》1864）

……酚南庚？（《英藏》64）

壬午卜，扶，酚阳甲？（《合集》33）

癸亥卜，贞：酚御石甲至盘庚正？（《屯南》2671）

乙巳贞：丙十酚求生于妣丙牡三牝一百？（《合集》34080）

乙亥卜，壳贞：酚妣庚？（《合集》2471 反）

辛卯贞：酚升岁妣壬妣癸？（《合集》32751）

从上引诸卜辞来看，用酒酚祭的对象，包括了自高祖帝喾（夒）以来的所有先公先王、先祖先妣。可见平时因祭祀而消耗的酒量之大，已非比寻常。

---

① 郭沫若：《殷契粹编》，第 6 片考释，科学出版社 1965 年版。
② 马如森：《酒酚辨》，《纪念殷墟甲骨文发现一百周年国际学术研讨会论文集》，第 209 页，社会科学文献出版社 2003 年版。

二 商代酒饮的种类

在继承前代酒饮酿造技术的基础之上，商代已能酿造出不同种类、不同档次的酒饮，用来满足不同阶层、不同场合饮用的需要。这包括甲骨文中的"黍酒"、"鬯酒"与"醴酒"和"酭酒"，以及考古中发现的果酒和药酒等种类。

1. 甲骨文中的"黍酒"

商代的酒主要是粮食酒，多是由黍酿造而成的。《说文》引孔子语云："黍可为酒，禾入水也。"又"酒，就也。八月黍成，可以酎酒。"由于黍性黏而味甜，酿出的酒香醇宜人，黍是酿酒的绝好原料。所以黍在商代的种植量很大，虽不比粟谷，但其收获年成颇受沉湎于酒的商代统治者的重视。是故甲骨卜辞中多有"受黍年"的占卜，详下。

同是黍酒，由于配料不同或方法有别，商代人已经可以造出不同品类的酒了。一般的黍酒商人径称为"酒"，犹如今天所谓黄酒（米酒）。甲骨文中的"酻"祭，如果不特殊表明为何种酒的话，一般所用也就是这种黍酒。如"鬯酒"，可能平时所说而不加"鬯"酒的酒祭，是用一般的"黍酒"而非"鬯酒"。

2. 甲骨文中的"鬯酒"

高级一些的黍酒有鬯酒，甲骨卜辞中称为鬯，作 ᗞ、ᗝ 等形，如《前》5·8·4 及《后下》7·5 即是。《说文》："鬯，以秬酿郁草，芬芳条畅，以降神也。"至于秬，《说文》："秬鬯，黑黍也。一秠二米以酿。秬，秬鬯，或从禾。"《诗经·大雅·江汉》："秬鬯一卣。"毛传云："秬，黑黍也。鬯，香草也。筑煮合而郁之曰鬯。"《周礼·春官·郁人》："凡祭祀宾客之祼事，合郁鬯以实彝而陈之。"郑玄注曰："筑郁金煮之，以和鬯酒。"由此可知，鬯酒是用秬黍（黑黍），配入郁金香草酿成的香酒。故《经典释文》云："鬯，香酒。"《礼记·表记》："粢盛秬鬯以事上帝。"因为鬯酒较它酒香美甘醇，也就被作为最佳的祭品用于祭祀祖先神祇。

在甲骨卜辞中鬯酒径称鬯，皆以卣盛之。商人以鬯为祭品酒祭先公先王，是非常特别而隆重的祭祀。如：

  癸酉贞：乙亥酻多宁以鬯……于大乙鬯五卯……五卯牛一小乙鬯三卯牛……（《屯南》2367）

  甲戌贞：乙亥酻多宁于大乙鬯五卯牛祖乙鬯五小乙鬯三……（《英藏》240）

  丁亥卜，壳贞：昔乙酉葡旋，御［自大乙、大］丁、大甲、祖乙，百鬯、百羌、三百宰？（《合集》301）

  贞：王侑百鬯、百牛？（《合集》32044）

  乙酉岁祖乙小宰、狱、侑鬯一？（《花东》H：877）

鬯酒必须配青铜卣而盛之，"百鬯"就是一百卣鬯酒。可见以鬯酒祭祀神灵时场面之盛大，自然消耗酒量就很多。甲骨文中还有"鬯若干卣"的占卜，如"鬯三卣"（《合集》30910）、"鬯五卣"（《合集》30815）、"鬯六卣"（《合集》35335）、"鬯十卣"（《金》751）等。1983年在安阳殷墟郭家庄一座商墓中出土了一件青铜提梁卣，卣内有白色透明液体,内含杂质,似为植物纤维,因此推测为放入郁金香草的鬯酒①。

还有一些并非肜祭的一些祭祀,也用鬯酒配合牺牲作为祭礼贡品,如"癸卯卜,贞:弹鬯(一种用郁金香做成的酒,以卣盛之。此鬯即一卣之鬯酒——作者按)百、牛百?用。"(《前》5·8·4)一祭用百卣鬯酒,可见商代众多祭祀耗用酒量之大得惊人。

3. 甲骨文中的"醴酒"

除黍酒、鬯酒之外,商代还有所谓"醴酒"。甲骨文作𧯛,即"豊"字。甲骨文"豊"即后来的"醴"字,"醴"字是后来加酉字旁形成的形声字。

从古代文献记载来看,醴应是一种米酒。《周礼·天官·酒正》有"醴齐",郑玄注曰:"醴,犹体也。成而汁滓相将,如今恬(甜)酒矣。"醴酒就像现在南方依然存在的粳稻米酒,连酒带糟混在一起食用,所以说"成而汁滓相将"。《说文》:"醴,酒一宿熟也。"《释名·释饮食》亦谓醴一宿而成。《汉书·楚元王传》颜注:"醴,甘酒也。少鞠(朱按:同曲,米曲、曲糵也)多米,一宿而熟。"故知醴酒就是今天度数不高的所谓甜酒。《礼记·明堂位》:"夏后氏尚明水,殷人尚醴,周人尚酒。"如果此记确然属实,醴之味较一般酒为醇,而殷人尚醴或有可能。

甲骨卜辞中多有"醴酒"的辞例,如:

贞:日于祖乙,其作豊?(《合集》22557)

贞:其作豊,乎伊御?(《合集》26914)

叀升公作豊庸于……有正,王受[佑]?(《合集》30961)

其作豊有正,受佑?(《合集》31180)

其作豊,祖丁肜日畤,王受佑?(《屯南》348)

其作豊有正?(《屯南》2276)

上引诸辞,多有"作豊"的占卜,可见这种酒类的酿制量之大。

另外,有辞例曰:

丙戌卜,新豊用?叀旧豊用?(《合集》32536)

其品亚,叀玉豊用?吉。(《屯南》2346)

对于"新豊"、"旧豊"之分,有所谓"新豊"是刚酿出来的醴酒,"旧登"可能就是存放一些时日的陈酒之说法②。但是这里面有一个问题,即"醴酒"既然是一宿而熟的甜酒,只能即酿即饮,稍停即馊,不可能存放。可以存放的就可能是"黍酒"和"鬯酒",而不可能是"醴酒"。宋镇豪认为,"豊"(他隶作"豐")在甲骨文中的可能是个多义词,"新豊"、"旧豊"和"玉豊"可能与酿酒并无关系③。甲骨文中的"新豊"、"旧豊"如同"新庸"、"旧庸"及"新熹"、"旧熹",裘锡圭先生视为乐器,"豊"就是用玉装饰的大鼓④。"豊(豐)"字何以有如此差别之大的义项并列,尚有待研究。

---

① 安阳市博物馆《安阳郭家庄的一座殷墓》,《考古》1986年第8期。
② 杨升南:《商代经济史》,第574页,贵州人民出版社1992年版。
③ 宋镇豪:《中国风俗通史·夏商卷》,第167页,上海文艺出版社2001年版。
④ 裘锡圭:《甲骨文中几种乐器名称——释庸、豊、鞀》,《中华文史论丛》1990年第2期。

4. 甲骨文中的"醙酒"

甲骨文中有醙字，从酉从束从又，像手执束茅于酒尊之旁，以待过滤掉酒中的酒糟渣滓使其成为清酒之形。此字可隶定为"醙"字。此字与其说是一种酒类，毋宁说是对成品酒的一种继续加工，即除掉渣糟过滤清酒。《周礼·春官·司尊彝》："郁齐献酌，醴齐缩酌。"郑玄注曰："煮郁和相鬯以醆酒，摩莎泲之，出其香汁也。醴齐尤浊，和以明酌，泲之以茅缩去滓也。"又《礼记·郊特牲》："缩酌用茅，明酌也。"郑玄亦注曰："醴尤浊，和之以明酌，泲之以茅缩去滓也。"何以以茅缩酌呢？《左传》僖公四年管仲责楚云："尔贡苞茅不入，王祭不供，无以缩酒。"杨伯峻《春秋·左传注》据李淳《群经识小》解释道："苞即包裹之包，茅即《禹贡》之菁茅，茅之有毛刺者。古人拔此茅而束之，故曰包茅。缩酒者，一则用所束之茅漉酒去滓，一则当祭神之时，束茅立之，以酒自上浇下，其糟则留在茅中，酒汁渐渐渗透下流，像神饮之也。"

甲骨文"醙"字字形即代表了以茅缩酌的本义。与杨说相当，在甲骨卜辞中，"醙"字既用为动词对酒类的过滤，又用为名词即过滤后的清酒，用以奉祀祖先神灵。如：

癸未卜，贞：醙豊，隹有酉用？十二月。（《合集》15818）
乙酉卜，贞：来乙未酚醙于祖乙？十二月（《合集》）1594）
丁丑卜，醙其酚于父甲，有庸，叀祖丁用？（《屯南》1055）
丁某贞：乙酉酚醙？（《屯南》1089）
贞：翌丁……酚醙……（《怀特》120）
贞：隹邑子乎飨醙？（《合集》3280）

"醙豊"就是过滤醴酒，用为动词。"酚醙"、"酚其醙"就是用过滤过的清酒对祖先神灵进行酚祭。"飨醙"就是飨饮过滤后的清酒。

5. 商代考古中发现的"果酒"

商代之有"果酒"，不见之于甲骨文资料和古文献记载，而被商代考古材料所证实。

在河北省藁城县台西村商代中期遗址中，发现了一座规模不小的酿酒作坊。除了完整齐备的酿酒所用器具之外，在一些器皿之中还发现了酿制果酒所需的原料，如桃仁、李核、枣核等，这些果仁果核，有的原来是鲜果或干果品，其果身的肉脯难以保存早已炭化，而今只留下果核果仁。这些果仁果核发现于酿酒作坊之中，只能作酿酒原料来解释。用这些果实可以酿造出来不同的果酒，如色酒、果香甜酒和酸酒等。

6. 商代考古中发现的"药酒"

古代的疾病和医疗，与酒很有关系。从"医"字的繁体"醫"从酉，就可以知道这一点。传统的医疗有药疗也有食疗。用酒饮治病就是食疗中的最重要之一种，故"醫"从酉。这是因为饮酒能使人舒筋活血，加速血液循环，利于新陈代谢，又可以消毒杀菌，消解炎症，所以能够抵御和治疗疾病。《礼记·典礼上》云："有疾则饮酒食肉。"《说文》亦云："医之性然，得酒而使，酒所以治病也。"都是古代以酒医病的最好注脚。

在藁城台西商代遗址酿酒作坊中，出有成罐的草术榠和大麻子等制酒原料。草木榠能够清热解毒，大麻子能润肠通便，又有祛风、活血、通经之功能，大麻仁浸泡酒中又可治骨髓风毒和大风痢疾等病症，但此等药酒苦涩难饮，且有毒副作用，不宜多服。由此可知，用这些原料是可以酿造出药酒来的。另外，上举桃仁、李、枣等原料，也可以酿出药酒来。桃仁有活血化淤药效，李果可以除却固热，枣肉能健脾开胃、益血、补脑等。原这些果类酿酒的果酒同时也是药酒，常服常饮可以祛病强身。

另外，商代也可能已用稻米酿酒了，《诗经·豳风·七月》："十月获稻，为此春酒。"这是商代的"白酒"（不同于后世的白烧酒）。

三 商代"黍"的种植与商代酿酒业

1. 甲骨文中的"黍"类种植

黍在商代的贵重，不仅是因为它是上层贵族的食粮，而且更为重要的是，它还是商代酿酒的优质原料，而商代统治者重酒胜于重农。所以，黍这种农作物比其他任何作物都特别受到统治者的青睐。商王曾亲自参加种黍收黍的劳作，并以所获之黍祭祀祖先。这就是为什么甲骨文中关于"受黍年"的占卜数量远远超过了"受稷年"。

2. 甲骨文中的"受黍年"辞例

仅在《甲骨文合集》第四册的农业生产类中，从 9472～10196 号的 725 片甲骨统计，"受黍年"的辞例就出现了 171 次之多。如：

甲子卜，贞：我受黍年？（《合集》303）

丙辰卜，㱿贞：我受黍年？丙辰卜，㱿贞：我弗其受黍年？（《合集》9950 正）

癸卯卜，亘贞：我受黍年？五月。（《合集》9951）

贞：[帚]妌受黍年？受有佑？贞：[帚]妌受黍年？（《合集》9972）

辛卯[卜]，宾贞：受黍年？（《合集》9984）

贞：受黍年？（《合集》9986）

癸未卜，争贞：受黍年？弗其受黍年？（《合集》10047）

贞：我受黍年？贞：我不其受黍[年]？（《合集》10043）

乙丑卜，中贞：妇井鲁于黍年？（《合集》10132）

贞：乙保黍年？乙弗保黍年？丁巳卜，㱿贞：黍田年鲁？（《合集》10133）

癸卯卜，大贞：今岁受黍年？十月。（《合集》24431）

贞：乎妇井黍受年？一月。（《英藏》810 正反）

实际上，在商代谷物种植中，最多的应是粟稷（谷子）而非黍子。"受黍年"所以如此隆重地受到商王及王室贵族们的重视，频繁地出现在王室的占卜之中，就是因为黍子除了作粒食谷物外，主要是用作酿酒的原料使用。

3. 商代酿酒技术的发达

为了保证商人饮食对酒的大量需要，商代在继承前代酿酒技术的基础上，大规模发展酿造业，使商代成为我国酿造史上第一个高峰期。甲骨文中关于"酒"即"酉"字的频繁出现、祭祀用酒的海量、考古中商代酒器发现之众多、分工之精细，以及文献记载殷人酒事的疯狂，都无不有力地证明商代酿酒业作为一个重要的手工业生产门类发展的规模之盛。

古代的酿酒过程是淀粉质发酵糖化酒化的过程，这一化工技术最初是由粮食储存中的发酵现象得到启示而产生的。用谷物酿酒有可能始于新石器时代晚期,到商代是用酵母发酵酿酒的技术已经相当发达。《尚书·说命》记商王武丁和贤相傅说的对话,其中提到"若作酒醴,尔惟曲蘖",这是一个非常恰当的比喻。武丁说,如果把治理国家比作酿酒的话,那么你傅说的角色就相当是发酵用的曲蘖,决不可少。武丁选取酿酒术语来比喻治理国家与人才的重要,正说明商代用酵母发酵酿酒技术的普及与常见。《礼记·月令》说:"仲冬之月……乃命大酋,秫稻必齐,麹蘖必时,湛炽必洁,水泉必香,陶器必良,火齐必得,兼用六物,大酋兼之,毋有差贷。"这段文字生动地叙述了酿酒过程的六个要素。曲蘖中的酵母菌是很敏感的微生物,如水中有杂质将影响菌类的作用,制酒时所用容器和温度控制也很重要,所以说"水泉必香","陶器必良","火齐必得",水质良好,曲料精选,器具洁美,火候得当,这样才能使曲蘖的糖化和酒化结合起来,酿造出优质为美的好酒来。

在商末周初之际,出现了以专门制造酒器或者以酒器酿酒出名的氏族,如后来分封鲁国时被遣送的"殷民六族"中即有长勺氏、尾勺氏等。这些都是商代酿酒"大酋"们管辖下的部属,他们擅长制造酒器,谙熟酿酒技术,世代相传,世袭为匠,他们是商代繁荣酿酒业的见证人,是商代发达酒文化的创造者。他们在商代灭亡之后,作为遗民依然聚族而居,被周初分封的各诸侯国视为不可多得的技术人才,而让他们继续为西周贵族打造酒器,酿造美酒,供他们品味佳酿。

4. 商代考古中发现的酿酒遗址

在商代考古遗址中,郑州二里冈、河北藁城台西都发现了商代酿酒遗址,这些酿酒作坊遗址,为复原商代酿酒过程提供了文献及甲骨金文之外的非常有用的实物资料。

1957年在郑州二里岗商代早期遗址发掘的T5、12和H9、10中发现了大量粗砂陶缸,缸内粘有白色水锈状沉淀物,应为盛放液体物质的遗留。可惜未曾经过化验,不能确定是否为酵母或酒液。但就器形之大,数量之多,和经火烧等情况来看,很可能与当时酿酒有关[①]。

在台西商代中期遗址中,发现了F14号房子遗址,这是一座比较完整的酿酒作坊。该房址形制特殊,房子建在高出地面1米的台基上,平面呈阶梯形,无前墙,只有密排的柱洞,进门处有台阶,大约是一座斜坡顶式厦子房顶的建筑。屋内堆积大量灰烬,出土了大量陶器,主要是盛器和容器,如瓮、大口缸、罍、尊、壶等。炊器中有"将军盔",是一种与酿酒十分相关的器皿,在"将军盔"的外表和底部有烟熏痕迹,显然是使用过的。此外,还有一件陶制的漏斗形器,形制与今天漏斗几乎无别。在房子附近又发现两口水井,井内遗有木桶、陶罐等汲水用具,这样,在这个酿酒作坊中,一整套酿酒用具基本上齐备了。另外,作坊内还发现了大量的桃、李、枣等植物种仁等,可能是酿酒的原料或调配料。特别值得提出的是,在F14:48大陶瓮中还发现了大块重8.5公斤的灰白色似水锈状的沉淀物[②]。这些沉淀物经有关专家初步鉴定,认为是人工培植的酵母。由于年代久远,酵母死亡,但残壳犹存。中国科学院院士、著名的酿

---

① 河南省文化局文物工作队:《郑州二里冈》,科学出版社1959年版,第29页。
② 河北省文物研究所编:《藁城台西商代遗址》,文物出版社1985年版,第30页、第204页。

造史专家方心芳先生是这样描述其鉴定结果的："我们把台西出土的灰白色粉末,放于用水冲淡的甘油中,在显微镜下观察,发现形态与大小很像酵母菌的细胞。有个细胞尖端很像酵母菌将要出芽的现象。因此我们推测这粉末是黄酒挥发后的残渣,那些细胞是酵母菌。"[①] 此种人工培植的酵母是我国先秦时代酿酒实物资料的首次发现,不仅证明了《尚书》"若作酒醴,尔惟曲糵"的记载是有实据的,而且正说明商代已广泛使用曲糵酵母酿酒,商代酿酒技术已经达到了很高水平。

1994年在山东滕县前掌大商代遗址,也是一座商代酿酒作坊遗址。在该遗遗址11号大墓中,出土商周之际薛国青铜器、玉器等文物近千件,俨然一座酒器库。这里出土的青铜器几乎包含了商代所有青铜酒器的器形,也就是说,从这一座墓葬里,可以找到整个商代流行的青铜酒器,了解到商代不同的酒器类型。11号墓简直就是商代典型青铜酒器的百科全书。如此众多酒器在前掌大的出土,再次印证了商代民族对酒的重视和喜爱。尤其是在青铜卣、青铜壶中封存有清澈透明的液体,可能是当时的酒,亦较为难得。这些酒被密封在6件完好的青铜器中,学者们比较一致的看法是这几件青铜器里的液体是酒。虽然历经三千多年的水浸土淹,这些液体已经没有多少酒味了,但器物的类型表明,带有液体的青铜器就是当时的盛酒器,当年的贵族是带着美酒进入黄泉世界的。这一发现被评为当年的全国考古十大发现之一[②]。

四 余 论

殷商民族是一个嗜酒的民族,商王朝是个尚酒的国度。酒在商代的重要性,不仅是因为酒作为饮料,固然是商代饮食文化中占据重要地位水饮成分,配食主副食饮用而构成完整的饮食结构以外,而且酒在商代更多的是超出饮食结构而独立存在,独立运用——祭祀、滥饮。这就需要有一个非常发达的酿酒业作为其日常饮用消费的支撑。从甲骨文中大量的"酒"与"酒祭"材料、青铜器中占绝大多数的是酒器、考古发掘中有重要的酿酒作坊遗址发现等情况来看,酒作殷商时代确实具有不可替代的地位和作用。

关于商代宰相傅说的事迹,见之于古典文献的记载,在在多有。如《墨子·所染》、《墨子·尚贤中》、《墨子·尚贤下》、《孟子·告子下》、屈原《离骚》、《国语·楚语上》、《吕氏春秋·慎行论·求人》、《庄子·大宗师》、《荀子·非相》、《淮南子·时则训》、《史记·殷本纪》、《说苑》等,可谓不绝于书。"古之人不予欺也",傅说作为一个历史人物之真实存在,不容怀疑。那么《尚书·说命》所述内容,因为与上述古典文献记载多有契合处,其事当有所本,这是可以肯定的。文中引喻"若作酒醴,尔惟曲糵",确实反映了那个时代的特征。这从一个侧面证明《说命》一篇并非空穴来风,其作为史料的可信性极高。

原文出处:《先秦史研究动态》2008年第2期。
作者单位:南开大学历史学院

---

① 河北省文物研究所编:《藁城台西商代遗址》,文物出版社1985年版,第176页。
② 蒋迎春:《1994年全国十大考古新发现揭晓》,《中国文物报》1995年1月5日。

由西周三公说到武丁时期的傅说

宫长为

从现有的文献资料记载来看,三公的缘由,恐怕还要追溯到殷商时代。

据史记载,殷商晚期,纣王就曾以西伯昌、九侯、鄂侯为三公,《战国策·赵策三》中,鲁仲连反诘辛垣衍时,即举以为例,他说:

> 昔者,鬼侯、鄂侯、文王,纣之三公也。鬼侯有子而好,故入之于纣,纣以为恶,醢鬼侯。鄂侯争之急,辨之疾,故脯鄂侯。文王闻之,喟然而叹,故拘之于牖里之车,百日而欲舍之死。曷为与人俱称帝王,卒就脯醢之地也?

其事亦见于《史记·鲁仲连邹阳列传》,《集解》引徐广语曰:"'九'一作'鬼'",而文王即指西伯昌,故《史记·殷本纪》又说:

> 百姓怨望而诸侯有畔者,于是纣乃重刑辟,有炮格之法。以西伯昌、九侯、鄂侯为三公。九侯有好女,入之纣。九侯女不喜淫,纣怒,杀之,而醢九侯。鄂侯争之疆,辨之疾,并脯鄂侯,西伯昌闻之,窃叹。崇侯虎知之,以告纣,纣囚西伯羑里。西伯之臣闳夭之徒,求美女奇物善马以献纣,纣乃赦西伯。西伯出而献洛西之地,以请除炮格之刑。纣乃许之,赐弓矢斧钺,使得征伐,为西伯。

按说《史记》和《战国策》所言,不会有误的,但是否就是周人眼里的"三公",似乎还有一定的距离。《国语·楚语上》说,昔殷武丁以象梦旁求四方之贤,"得傅说以来,升以为公,而使朝夕规谏",其中的"升以为公"之"公",《墨子·尚贤下》则作"三公",谓"武丁得而举之,立为三公,使之接天下之政,而治天下之民",这当是以周制来说殷制。因此,我们怀疑,殷制所谓"三公",当属外服官,而周制所谓"三公",是变外服官为内服官,并寓于以新的内容,即太师、太傅和太保,而这些职官,几乎是与殷制一脉相承的,以下我们着重考察一下太傅。

说到太傅,我们自然会联想到武丁时期的另一位贤臣——傅说。傅说之"傅",是地名?抑或官名?则是我们解决这个问题的关键所在。

以往诸家相率认定傅说之"傅"为地名,其说主要是根据《史记·殷本纪》,如云:

> 武丁夜梦得圣人,名曰说。以梦所见视群臣百吏,皆非也。于是乃使百工营求之野,得说于傅险中。是时说为胥靡,筑于傅险。见于武丁,武丁曰是也。得

而与之语，果圣人，举以为相，殷国大治。故遂以傅险姓之，号曰傅说。

而事实上，《史记·殷本纪》这一说法，初本当是《墨子·尚贤》篇，其文云："傅说被褐带索，庸筑乎傅岩"，又云："昔者傅说居北海之洲，圜土之上，衣褐带索，庸筑于傅岩之城"，明言傅说"庸筑乎傅岩"，即"傅岩之城"，《史记》"傅岩"作"傅险"，当是音近字通的缘故。不过，我们细审墨子所云，并没有说明傅说之"傅"就是地名，更没有说明傅说之"傅"得之于地名，而稍后的孟子也只是说："傅说举于版筑之间"，"版筑"，《韩非子·难言》篇又误作"转鬻"，云"傅说转鬻"，《吕氏春秋·求人》篇也仅仅是说："傅说，殷之胥靡也"，所以，皇甫谧曾提出另一种说法："高宗梦天赐贤人，胥靡之衣蒙之而来。且云：'我徒也，姓傅名说。天下得我者，岂徒也哉！'武丁悟而推之曰：'傅者，相也，说者，欢悦也。天下当有傅我而说民者哉！'"但是，他并没有把这一说法坚持到底，又说："明以梦视百官，百官皆非也。乃使百工写其形象求诸天下，果见筑者胥靡衣褐带索，执役于虞、虢之间，傅岩之野，名说，以其得之傅岩，谓之傅说。"对此，孔颖达批评说："谧言初梦，即云姓傅名说，又言得之傅岩，谓之傅说，其言自不相副。谧唯见此书传，会为近世之语，其言非实事也。"

20世纪初，刘师培始疑其非，他在《论历代中央官制之变迁》一文中，指出"若'傅'字之义近于辅，又古以傅姆并言，傅姆为随女之官，则傅说之'傅'，亦即随卫君主之官。"而后，随着殷墟甲骨的发现与研究，丁山先生依据地下出土的新材料，进一步论证了这一点。这里我们不妨先引证董作宾先生的一段议论，他说："卜辞中不但有武丁时的甘盘，并且有武丁时的傅说。一朝的良师贤傅，在三千年后，重复会面于残甲断骨片上，不能不推丁山先生发见之功。他认识了卜辞中的辪为梦，举了占梦之辞二十余条。又举《殷墟书契菁华》第六页𡠥，谓即梦父合文，疑即傅说"，其说云：

梦父应作人名解，《尚书序》言"高宗梦得傅说，使百工营求诸野，得诸傅岩，作《说命》三篇。"今为《说命》曰："王宅忧，梦帝赉予良弼，其代予言。"《殷本纪》亦谓"武丁夜梦得圣人，名曰说，以梦所见，视群臣百吏，皆非也。于是乃使百工营求之野，得说于傅险中，举以为相，殷国大治"。梦父，岂犹伊尹之称保衡，师保之称保父，亦傅说之尊称与？

董作宾先生又补充道，傅说疑即父说，傅，从专，从甫，从父，与父本是一字。我们既知道父即是傅，就可以知道梦父即是梦傅了。傅说之来，由于一梦，所以呼为梦傅。按卜辞中所见梦父，凡三处，实际上乃是梦之繁体，作𡠥形，或作𡥛、𡦈、𡦅、𡦋等形。应是一字的不同写法而已。丁氏所释，当有所误，今不从之。不过，这也启发我们，傅说之"傅"，本应作官名解，当为太傅之职。《国语·楚语上》说，武丁"既得道犹不敢专制，使以象旁求圣人。既得以为辅，又恐其荒失遗忘，故使朝夕规诲箴谏，曰：'必交修余，无余弃也。'"过去诸家就很少注意这段文字，今以卜辞证之，这里所说的"得以为辅"之"辅"，也应作官名解，"辅"即"傅"，"得以为辅"，即"得以为傅"，故下文又云："使朝夕规诲箴谏"，当是其职掌范围。

在这方面，后来出版的丁山先生遗著《商周史料考证》一书中，作者又进一步修改了自己的意见，指出梦父应是傅说死后的尊号，我们且不管它，而其生称甲骨文又通作𠙹，殷商金文中有《宰𠙹簋》，即指其人，说明傅说的官职当为太宰。我认为，如果此说能够成立的话,恰好为我们找到了由太傅之职出任太宰的绝好证据。

这种情况,我们从殷商的历史来看,恐怕也并非始于武丁时期。早在殷商初年,伊尹就尝为太傅。《叔夷钟》铭文云:"尸典其先旧,及其高祖,虩虩成唐,有严在帝所。敷受天命,剪伐夏后。颧厥灵师,伊少臣唯辅。咸有九州,处禹之都。"其中的"伊少臣唯辅",即"伊小臣唯傅","伊小臣"指的就是伊尹。古文献中,亦称"汤有小臣",或"汤师小臣",高诱注云:"小臣谓伊尹。"是伊尹始初本为太傅之职,《墨子·尚贤中》篇所说的汤"举以为己相",当是后来的情况。今本《尚书》中,原有《伊训》和《太甲训》三篇,虽已亡佚,但我们观其篇名和《书序》所述,仍可知都是伊尹训诫太甲之词,伪古文《尚书·伊训》篇说:"伊尹祠于先王,奉嗣王只见厥祖,侯甸群后咸在,百官总己以听冢宰。伊尹乃明言烈祖之成德,以训于王。"孔传谓"伊尹制百官,以三公摄冢宰",其说应是有一定根据的。《左传》襄公二十一年就说"伊尹放太甲而相之,卒无怨色",《国语·晋语四》亦说:"伊尹放太甲,而卒以为明王。"

这样看来,我们以往所说的周公为太宰,应本源于殷商旧制。现在,还应当补充一句,由太傅之职出任太宰,亦是殷商以来的历史传统。

原文出处: 原载《傅圣文化》2007年第4期。
作者单位: 中国社会科学院历史研究所

高宗谅阴

顾颉刚

《论语·宪问》："子张曰：'《书》曰：高宗谅阴，三年不言，何谓也？'子曰：'何必高宗，古之人皆然。君薨，百官总己以听于冢宰，三年'"。此以孔子之言释《尚书》之义，谓"谅阴"为国君居丧之礼，于礼当三年不言，其时一切政事悉委之于冢宰也。所引《书》文出于《无逸》篇，云："其在高宗，时旧劳于外，爰暨小人。作其即位，乃或亮阴，三年不言。其惟不言，言乃雍。"《礼记·檀弓》、《坊记》及《史记·鲁世家》引之，"雍"皆作"讙"。此段文字凡述三事：未即位时劳于民间，一也；即位后亮阴不言，二也；三年后一言即雍，三也。吾人如专读《论语》或《无逸》，自皆可不生问题；若以《论语》与《无逸》之文互校之，则问题便丛起。

《无逸》述殷王之贤者凡三，高宗而外有中宗与祖乙，孟子且言"贤圣之君六、七作"，而亮阴之事独记于高宗之下，将谓如此丧礼惟高宗一人能行之，其他贤君悉废之乎？若惟高宗一人能行之，则所谓"何必高宗，古之人皆然"者又将如何说起？且苟惟高宗能行之，则古制具在，行之可矣，何以云"乃或"？"或"之云者，固介于可不可与然不然之间者也，非定制之谓也。夫谓古人皆然而他君无闻，谓高宗守制而行之"乃或"，此非大怪事乎，又雍者和也，讙者乐也，居丧则三年不言，除丧则忧悲都尽，虽无怨于礼法，得非习其仪而忘其意，有类于朝祥而暮歌者乎，推求文义，知亮阴者乃言与不言之问题，而非有礼与无礼之问题。何以不言，由于亮阴。何以讙雍，由于言之。若不牵缠三年之丧，文本明白，不必曲解而后通也。

然则其事实果如何？曰：《国语》详载之矣。《楚语上》云："昔殷武丁能耸其德至于神明，以入于河，自河徂亳，于是乎三年默以思道。卿士患之，曰：'王言，以出令也；若不言，是无所禀令也！'武丁于是作书曰：'以余正四方，余恐德之不类，兹故不言'。如是而又使以象梦求四方之贤圣（《明道本》"求"上有"旁"字，"贤"下无"圣"字），得傅说以来，升以为公，而使朝夕规谏，曰：'若金，用汝作砺。……必交修余，无余弃也！'"取校《无逸》，事乃大同：入河徂亳者，旧劳于外也；三年默以思道者，亮阴三年不言也；作书求贤，使之规谏者，言乃雍也；而其所以不言者，为求得傅说张本也。是知武丁之不言由于"默以思道"，与居丧无关。又《吕氏春秋·重言篇》云："人主之言不可不慎。高宗，天子也，即位谅闇，三年不言。卿大夫恐惧患之。

高宗乃言曰：'以余一人正四方，余惟恐言之不类也，兹故不言'。古之天子，其重言如此。"此亦谓其恐不善而不言，非谓其以居丧而不言也。《淮南王书·泰族篇》云："高宗谅阴，三年不言，……一言声然，大动天下，是以天心呿唫者也"，亦是《吕氏》"重言"之义。

"谅阴"，《尚书大传》引作"梁闇"《礼记·丧服四制》引作"谅闇"。闇，从门，音声。《穀梁传》文六年云："下闇则上聋"，"闇"与"聋"为对文，其音义可知。以《论语》、《无逸》之文校之，必应读"阴"，即"喑"与"瘖"之或体，不言之义也。（说见郭沫若同志《驳说儒》，谓即近代医学上之"不言症"〔Aphasie〕，载《青铜时代》）。而郑玄注《丧服四制》曰："'闇'，读如'鹌鹑'之'鹑'。"后世学者尊信其言，遂并《论语》、《无逸》之"阴"而并读为"乌南反"矣。"谅阴"，《论语》何晏《集解》引孔安国曰："'谅'，信也。'阴'，犹默也。"邢昺《疏》曰："谓信任冢宰，默而不言也。""谅"义虽未知然否，而"阴"义则无疑。郑玄乃云："'谅'，古作'梁'。……'闇'，谓庐也。庐有梁者，所谓'柱楣'也。"彼盖以傅合于《丧大记》之"既葬，柱楣、涂庐，不于显者"之义，而不知其不可通也。若依《楚语》、《吕览》之说，则"谅闇"者默而不言而已，讵当涉及凶庐耶！

然而种种问题，其关键总在《论语》之文断得太定，无可通融。《论语》谓古有"君薨，百官总己以听于冢宰三年"之制，洵如其言，则卿士何必更以"无所禀令"为患，而强谏居丧之王"言以出令"乎？《伪古文尚书》之作者窥得此一点症结，欲解其纠纷，乃作一调停之说曰："王宅忧，亮阴三祀。既免丧，其惟弗言。群臣咸谏于王曰：'呜呼，……王言，惟作命；不言，臣下罔攸禀令'。王庸作书以诰曰：'以台正于四方，台恐德不类，兹故弗言。恭默思道，梦帝赉予良弼，其代予言！'乃审厥象，俾以形旁求于天下，说筑傅岩之野，惟肖；爰立作相。"如此安排，则高宗居丧，三年不言，循古制也；免丧后犹不言，恐不类也；居丧不言，群臣安之；免丧不言，遂使群臣不得不谏；而高宗以笔代舌，卒获傅说。举凡《论语》、《尚书》之牴牾，《楚语》、《吕览》之记事，得此一写，皆怡然理顺，无所阻滞。此不能不服作者之巧思弥缝，而无如其非真古书何！

三年之丧，疑者已多。昔见廖平《尊经书院拟题》有"孔子改制，弟子、时人据旧制问难考"一条，康有为《孔子改制考》卷十三即用此名，一字未改。卷中所录，以问难三年之丧者为最多，其事固战国以来所同疑也。窃谓孔子未必有改制之事，而儒家之改制则无疑；既改之矣，无征不信，遂托为孔子之言，置之《论语》之中，以示有验，初不计其诬孔子而并诬殷高宗尔。

又按：三年云者，非真三年也，状其久也。《左传》昭公二十八年："昔贾大夫恶，娶妻而美，三年不言、不笑"，此不言、不笑之三年，岂真如丧服之有定制乎！《史记·滑稽列传》："齐威王之时喜隐，好为淫乐长夜之饮。淳于髡说之以隐曰：'国中有大鸟，止王之庭，三年不蜚又不鸣，王知此何鸟也？'"又《楚世家》："庄王即位，三年不出号令，日夜为乐。……伍举曰：'有鸟在于阜，三年不蜚、不鸣，是何鸟也？'"亦以三年状不蜚、不鸣之久，与上所记不言、不笑同。然则高宗之"三年不言"岂必果为三年哉！

原文出处：原载《史林杂识（初编）》，中华书局，1963年2月。
作者单位：中国社会科学院历史研究所

高宗"亮阴"与武丁之治

李 民

高宗"亮阴",是中国古代政治史上的一个重大事件,它与武丁之治密不可分。不过,由于上古时期的文献记载不详,"书缺有间",加以后世的经学家又多以自己的政治需要去解说,因而产生不少歧义,甚至湮没了它的本来面目。

关于高宗"亮阴"最早的文献记载应推《尚书·无逸》:"周公曰:呜呼!我闻曰:……其在高宗,时旧劳于外,爰暨小人。作其即位,乃或亮阴,三年不言;其惟不言,言乃雍。"高宗,是殷商的第二十二世国王。高宗是后世对他的尊称,而武丁则是其生称。至于"亮阴"究竟是指什么,则诸家说解不一。

迄今所见到的有关"亮阴"的最早解释当为《论语·宪问》,子张问孔子曰:"《书》云,'高宗谅阴,三年不言。'何谓也?"孔子回答曰:"何必高宗,古之人皆然。君薨,百官总己以听于冢宰三年。"显然,这是"三年守丧"的最早说法。此后,经学家大多以"三年守丧"而释"亮阴"。如《尚书大传》曰:"《书》曰:'高宗梁闇,三年不言。'何谓梁闇也?《传》曰:'高宗居倚庐,三年不言,百官总己以听于冢宰,而莫之违。'此谓之梁闇。"至清皮锡瑞在《尚书大传疏证》中,更推崇此说"最为卓见"。

然而,历来也有另外的说解。最早的见于《国语·楚语》和《吕氏春秋·重言》(详见下);至近代,则又有廖平、康有为等人力排"三年守丧"说;及至郭沫若撰《驳〈说儒〉》一文,用卜辞证殷人决无"三年守丧"制。但可惜的是,郭沫若又以为"亮阴"是高宗患了"不言症",而且更具体地说是患了"运动性不言症",这就显得证据不足了。其实,"亮阴"应属政治生活范畴,是指统治者的一种治政行为而言。从某种意义上说,它是武丁之治的开始。此略举证据如下:

一、从文字本身索求。兹先释"亮"。《尔雅·释诂》曰:"信也";《诗·鄘风·柏舟》:"不亮人只"。注曰:"谅,信也。"《孟子·告子下》:"君子不亮,恶乎执?"注亦曰:"亮,信也";段玉裁综上所言,在《说文解字注》中提出:"凉,薄也。紬绎上下文,乃《周礼》六饮之凉,当作薄酒也;䅣则为事有不善之言;若亮则为明也;谅则为信也。四字在《说文》义别,而古经传多相假。"以此可知,亮、谅在经传中多相通假,而亮、谅皆有信义。次释"阴",《说文》曰:"闇也。水之南,山之北也。"又何晏《论语集解》引孔安国曰："阴，犹默也。"是知阴又有默义。按：《说文》曰："默，犬暂逐人也，从犬、黑声，读若墨。"段玉裁《说文解字注》曰："假借为人静穆之称，亦作嘿。"朱骏声《说文通训定声》曰："或曰犬不吠而逐人为默，故转而为不语。"以上可知，"阴"、"默"可引申为不语。三释"亮阴"，据伪《孔传》曰："武丁起即王位，则小乙死，乃有信默，三年不言，言孝行著。"《孔疏》亦释曰："亮，信也；阴，默也。"与伪《孔传》一样，《孔疏》本来所释不误，但由于受了《论语》的影响，也在此释之后加上了"孝行著"，仍使其带有倚庐守丧的色彩。《尚书·无逸》不见因守丧而沉默的痕迹。要之，"亮阴"在这里单指沉默少语。《国语·楚语上》："三年默以思道"；《易·系辞上》："君子之道，或出或处，或默或语。"此皆可为证；又《书序》："太甲既立，不明，伊尹放诸桐。三年，复归于亳，思庸。"《孔疏》释"思庸"为"思念常道"。尽管《书序》所说并非指武丁之事，但其意思正与"亮阴"相类似。

二、从《尚书·无逸》的主题思想看"亮阴"的含义。《史记·鲁周公世家》说，"周公归，恐成王佚，治有所淫佚，乃作《多士》，作《毋逸》。"这与《无逸》开篇正相吻合："周公曰：'呜呼！君子所其无逸。先知稼穑之艰难，乃逸。则知小人之依。'"这里，周公以耕稼隐喻为政，告诫周初统治者。在此之后，周公便列举了一些殷、周之先哲王奋勉为政的实例，阐发《无逸》的奋勉为政、反对淫逸的主题思想。由此而知，《无逸》中所强调的殷王高宗，能够"亮阴，三年不言"，也不会远离这一主题而去说什么守丧制。

再寻绎《无逸》的前后文义。周公既先言殷王中宗能够"严恭寅畏，天命自度，治民祗惧，不敢荒宁"。称赞中宗为政严肃、恭敬而又谨慎，不敢贪求安逸。接着追颂高宗"时旧劳于外，爰暨小人，作其即位，乃或亮阴，三年不言。其惟不言，言乃雍。不敢荒宁，嘉靖殷邦"。这是称道殷王高宗能够勤奋为政，从而安定了殷邦。再接下去，又赞佩祖甲，"不义惟王，旧为小人。作其即位，爰知小人之依，能保惠于庶民，不敢侮鳏寡"。这是推崇祖甲的体恤下民的治政行为。这一大段中的三个实例，总的意思是连贯的。因此，如果把中间的高宗"亮阴"，单单说成是三年守丧，则前后文义并不相合。若把"亮阴"释为沉默思政或慎重处事，则正与前后文义相协。

三、以史实而论。高宗"亮阴"本与守丧无关，但从《论语》始，为其打上了"孝行"印记，从而湮没了"亮阴"的真相。倘若抛掉这一思想束缚，就会看到其历史的真正内容。

《国语·楚语上》："（白公）对曰：昔殷武丁能耸其德，至于神明，以入于河，自河徂亳，于是乎三年，默以思道。卿士患之，曰：'王言以出令也，若不言，是无所禀令也。'武丁于是作书曰：'以余正四方，余恐德之不类，兹故不言。'"《吕氏春秋·重言》："人主之言，不可不慎。高宗，天子也，即位谅闇，三年不言。卿大夫恐惧，患之。高宗乃言曰：'以余一人正四方，余唯恐言之不类也，兹故不言。'古之天子其重言如此，故言无遗者。"《史记·殷本纪》："帝小乙崩，子帝武丁立。帝武丁即位，思复兴殷，而未得其佐。三年不言，政事决定于冢宰，以观国风。"

依上述《楚语》、《重言》所说，高宗"亮阴"，乃是由于"恐言之不类"（按：《吕氏春秋》高诱注曰："类，善。"）；依《史记》所说，高宗"亮阴"、"不言"是由于

"以观国风"。其所记载之史实皆与守丧制无关,显然都承认"亮阴"是一种出于政治需要的行为。至于是否是"三年",则不必强求其实数。古人常以三九言数,汪中《释三九》,对此早有详尽考辨。即以诸史书中所记载的殷商史实而言,也有一些例证,如《书序》曰:"太甲既立,不明,伊尹放诸桐。三年,复归于亳,思庸";《帝王世纪》曰:"太甲修政,殷道中兴,号曰太宗,孔丛所谓忧思三年,追悔前愆而即位,谓之明王者也。"此处所言之"三年",确不必求其实数。

综上所述,可以大体上看到:在武丁即位之前,殷王朝出现了中衰局面。及至武丁即位,为扭转这一局面,为整肃朝政、恢宏基业,则把主要精力用于体察民情、思考大政以及选择贤佐等方面。在一段时间内,他很少发号施令,所谓"默以思道","以观国风",正是"亮阴"的历史真相。后来,当武丁掌握了下情、选择了贤佐,并且积累了治政经验,从而便奋勉亲政,致使出现了"殷道复兴",也就是史书上所称道的"武丁之治"。

原文出处: 原载《历史研究》1987 年第 2 期。
作者单位: 郑州大学历史学院

上博藏竹书所载殷高宗政令及相关问题

刘信芳

最近公布的《上海博物馆藏战国楚竹书（五）》载有《竞建内之》与《鲍叔牙与隰朋之谏》两篇佚书①。其中《竞建内之》载有殷高宗的一道政令，涉及成汤至高宗所实行的助法与征籍；《鲍叔牙与隰朋之谏》载有齐桓公法先王所颁布的一道政令，涉及齐国实行的田赋与关市之征。这两道政令为研究商代至东周赋税制度提供了可靠资料。本文结合典籍中的相关记载讨论这两道政令的内容，并对有关文字的考释提出看法。

上博藏五《竞建内之》2、7、4、3、8：

　　昔高宗祭，又（有）䶂（雉）䨻（雊）于䵼（彝）前②。習（诏、召）祖己而昏（问）安（焉），曰："是可（何）也？"祖己畣（答）曰："昔先君【2】客（格）王，天不见禹（害），墜（地）不生䨼（孽），则䜣（祈）者（诸）祟（鬼）神，曰：'天墜（地）盟（明）弃我矣！'近臣不评（谏），远者不方（谤），则攸（修）者（诸）向（乡）【7】里。含（今）此，祭之得福者也。青（请）量之以嗌（益）肾（汲？）。既祭之遂（后），安（焉）攸（修）先王之瀍。"高宗命伇（傅）䳌（说）量之以【4】祭，既祭，安（焉）命行先王之瀍（法），登（发）古（故）䈞（炜），行古（故）俍住（籍）。登（废）俍（籍）者死，弗行者死。不出三年，䡩（狄）人之怀（附）者七百【3】邦【8】。

这一段简文的编联从陈剑先生说③。读"怀"为"附"，从李天虹先生说④。

《史记·殷本纪》载，殷盘庚崩，"帝小辛立，殷复衰"，历小乙而武丁立。武丁举

---
① 马承源主编《上海博物馆藏战国楚竹书（五）》，上海古籍出版社，2006年。
② 参陈剑《谈谈〈上博（五）〉的竹简分篇、拼合与编联问题》，简帛（06/02/19）。"䵼"字隶定从季旭昇（《上博五刍议（上）》）说。楚文字"弓"旁与"人"旁常相混，此字即"䶂"字异体。吴王光鉴正用"鉴"为彝器之"彝"。又李天虹：《上博五〈竞〉、〈鲍〉篇校读四则》，简帛（06/02/19）引吴王光鉴铭文："台（以）乍（作）弔（叔）姬寺吁宗䵼薦鑑，用言（享）用孝"，郭沫若先生将"䵼"读作"彝"（郭沫若《由寿县蔡器论到蔡墓的年代》，载《考古学报》1956年第1期）。本文所引"简帛"指武汉大学简帛网，下同。
③ 陈剑：《谈谈〈上博（五）〉的竹简分篇、拼合与编联问题》，简帛（06/02/19）。
④ 李天虹：《上博五〈竞〉、〈鲍〉篇校读四则》，简帛（06/02/19）。

傅说为相，殷国大治。武丁祭成汤，明日，有飞雉登鼎耳而呴，武丁惧，祖已曰："王勿忧，先修政事。"武丁修政行德，天下咸欢，殷道复兴。然《史记》不言武丁修政之详，《尚书·高宗肜日》亦是详于"雊雉"，缺武丁修先王之法的具体内容。可知简文高宗政令"发（发）古（故）簖（勴），行古（故）伂（籍）"云云，可补史书之缺。

所谓"行先王之法"，《大戴礼记·少閒》："成汤卒崩，殷德小破，二十有二世乃有武丁即位。开先祖之府，取其明法，以为君臣上下之节，殷民更服，近者说，远者至，粒食之民昭然明视。"① 王聘珍解诂："先祖，谓成汤也。府，文书聚藏之所也。明法，成汤所制典法也。"② 可见殷高宗此次祭祀以后颁布的政令，是拨乱反正，恢复成汤的旧制，政令的主要内容是"簖"与"伂"。《诗·齐风·东方之日》"履我发兮"，毛传："发，行也。"《商颂·长发》"遂视既发"，郑笺："发，行也。"简文"发"与"行"互文。以上殷高宗政令的大意是：执行先王之助法，实施先王之征藉。废征藉者死，弗行助法者死。在此有必要交代一下，简文"发古簖"也可理解为"开故府"，如《少閒》"开先祖之府"例，本文不采用这一释读。

上博藏二《容成氏》36："当是时，强弱不治（？）訴，众寡不听讼，天地四时之事不修。汤乃尃，为征复（籍）以征关市。"后一句整理者读作"汤乃尃为征复（籍），以征关市"；我们改在"尃"后断句，理由容下述。将《容成氏》中的这一段记载与上引殷高宗政令做比较，不难看出殷高宗政令中的"先王之法"，应与《容成氏》"汤乃尃，为征复（籍）以征关市"有关。"簖"与"尃"相对应，"伂"与"复"相对应。

李零先生读《容成氏》"复"为"籍"，引中山王方壶"籍敛中则庶民附"，铭文"籍"亦作"复"③，其说确凿可信。《竞建内之》中的"伂"亦应读为"籍"，可依《容成氏》"以征关市"之例解为关市之征籍。

"籍"既为关市之征，则《竞建内之》之"簖"，《容成氏》之"尃"有可能指田赋。以下谨从制度、文字训释、相关简文三个方面试做说明。

其一，从制度看，《孟子·滕文公上》："夏后氏五十而贡，殷人七十而助，周人百亩而彻，其实皆什一也。彻者，彻也。助者，藉也。"注："民耕五十亩，贡上五亩。耕七十亩者，以七亩助公家。耕百亩者，彻取十亩以为赋。虽异名而多少同，故曰皆什一也。"助又作"锄"、"莇"，《说文》："锄，殷人七十而锄，锄，耤税也。从耒，助声。《周礼》曰：'以兴锄利萌'。"段注："今《孟子》作助，《周礼》注引作莇。"段注又云："耤税者，借民力以食税也。"《说文》："耤，帝耤千亩也。古者使民如借，故谓之藉。"是殷人行助法，其实质是助公田以为田税或者说田赋。后人称助公田为"藉"，解为"借"，名异而实同也。

其二，从文字训释来说，"簖"读为"勴"，勴字《说文》从力非，虑声，"助也"。《尔雅·释诂》："助，勴也。"是勴与助为互训。勴，良倨切，簖从竹虑声，二字上古

---

① "殷民更服"，王聘珍《大戴礼记解诂》作"殷民更眩"，此从文渊阁《四库全书》本。
② 王聘珍：《大戴礼记解诂》，中华书局，1983年，第220页。
③ 马承源方编《上海博物馆藏战国楚竹书（二）》，上海古籍出版社，2002年，第278页。

音同在鱼部来纽①。读"簚"为"勵",在音、义两方面都是适合的。《容成氏》"専"上古音在鱼部滂纽,与"勵"古读音近。

其三,"簚"与"伂"的解释还与以下一段简文有关,上博藏五《鲍叔牙与隰朋之谏》3、1:"乃命有𠭁(司)箸(书)集(藉)浮(赋),老溺(弱)不型(刑),畝繷緟(短)②,田繷长③,百粮(量)箽(锤)。命【3】九月叙(除)途(路),十月而徒枒(梁)城(成),一之日而车枒(梁)城(成)。【1】""箽(锤)"是赋税单位。我曾怀疑"集"读为"胙","浮"读为"酺"④,误。学者还有几种解释,此不具。陈剑先生曾将《竞建内之》与《鲍叔牙与隰朋之谏》合在一起重新编连,可信。上引《鲍叔牙与隰朋之谏》中的一段简文是齐桓公在举行祭祀后发布的一道政令,彭浩先生曾指出这一段文字与《管子·霸形》相关记载的联系⑤,在《管子·霸形》中,齐桓公"荐之先君","朝于太庙之门","朝定,令于百吏",也是祭祀而后发令。很明显,齐桓公此次朝庙颁政,以殷高宗祭祀行令为参照,是典型的法先王。因此,我们也可以考虑以《竞建内之》中的"簚"与"伂"作为《鲍叔牙与隰朋之谏》中的"集"与"浮"的释读参照。禤健聪先生曾疑"箸"后一字读为"籍"⑥,可信。浮,似可读为"赋"。上博藏三《周易·需》2:"需,又(有)孚。"孚,今本同,《释文》音"敷",又作"旉",帛本作"复"。《论语·弓冶长》:"可使冶其赋也",《释文》引鲁论作"傅"。简文"浮"从孚声,孚既音"敷",敷与傅谐声,典籍有赋与傅通用之例,可见读浮为"赋"是可以成立的。

《鲍叔牙与隰朋之谏》中的"集"与本文上述"伂"、"复"相对应,皆读为"籍",义指关市之征;"浮"与本文上述"簚"、"専"相对应,分别指田赋与助田。田赋与助田只是周代征税方式与殷人有差别,实质则皆为田税。《管子·霸形》云:"令于百吏,使税者百一锤,孤幼不刑,泽梁时纵,关讥而不征,市书而不赋。"也谈到了田税与关市之征。本文在相关文字的释读中将田赋与关市之征区分开,与《管子·霸形》所载齐桓公政令中的有关内容是吻合的。

综上,竹书《竞建内之》载殷高宗祭成汤,因雏雉鼎耳而修先王之法,此乃史家所云以神道设教。高宗由此颁发的政令中涉及殷代施行的助法与关市之征,可与《大戴礼记·少闲》、《孟子·滕文公上》、竹书《容成氏》等有关记载相印证。齐桓公效法殷高宗,灾后朝庙颁布征籍与田赋之法,可与《管子·霸形》有关记载相印证。殷代赋税制度以其资料匮乏,史家不便多谈。今由竹书得以窥其梗概,这对于赋税史的研究是一件很有意义的事情。

原文出处:原载《中国历史文物》2006年第5期。
作者单位:安徽大学

---

① 若以本文上引经传"助"为正字,似乎也可以考虑直接读"簚"为"助",助字上古音在鱼部崇纽。
② "畝"字考释参佘在国《上博五文字考释拾遗》,简帛(06/02/27)。
③ "繷"、"緟(短)",参陈剑《谈谈〈上博(五)〉的竹简分篇、拼合与编联问题》。简帛(06/02/19);何有祖:《上博五〈鲍叔牙与隰朋之谏〉试读》简帛(06/2/19)。
④ 刘信芳:《上博藏五试解七则》,简帛(06/03/01)。
⑤ 彭浩:《试说"亩繷短,田繷长,百粮箽"》,简帛(06/04/02)。
⑥ 禤健聪:《上海楚简(五)零札(一)》,简帛(06/02/24)。

试论商王武丁

彭邦炯

周成王即位,周公旦恐怕他有所淫逸,特地作了一篇"以诫成王"的文章,这就是今、古文《尚书》中都有的《无逸篇》①,周公旦在文中总结了商王朝统治的经验教训,曾把商主高宗武丁作为正面典型要周成王效法、学习。《无逸》对我们研究武丁很重要,现将有关部分转录于后:

> 其在高宗,时旧劳于外,爰暨小人。作其即位,乃或亮阴,三年不言;其惟不言,言乃雍。不敢荒宁,嘉靖殷邦。至于小大,无时或怨。肆高宗之享国,五十有九年。

周公这里讲的高宗就是商王武丁②,他是盘庚之弟小乙的儿子。

一

武丁即位的时候,大约已是盘庚迁殷后六七十年左右了③。这里先看看武丁即位的历史背景。

远一些说,商王朝从大戊之子仲丁起到盘庚迁都,其间由于种种原因,不得不频繁地搬迁;特别是商王朝内部争夺王位的所谓"九世之乱"④造成的动乱政局,使王国多次出现中衰。这样,商代奴隶制的社会经济的发展,不得不因此受到影响。在仲丁至盘庚迁都的长达一个半世纪多的时期里,虽然总的看来还是向前发展的,但走着曲折的道路,以极其缓慢的速度向前进。盘庚迁于殷,从此结束了仲丁以来的"不常厥邑"⑤,这就为商王国的进一步发展创造了有利条件。

盘庚所迁的殷地即今天河南安阳,这里离古黄河约四十公里许,处于黄河中下游

---

① 《尚书大传》作《毋佚》,汉石经作《毋劮》。
② "高宗"指武丁,已为后代学者所公认,但"高宗"为商末人所尊,非在位时之称,《书·高宗肜日》孔疏:"德高可尊,故号高宗。"
③ 陈梦家《殷墟卜辞综述》210页综合各家之说,估计盘庚、小辛、小乙共约60年,如依《通鉴外纪》及注所说,盘庚在位28年,小辛21年,小乙21年,共为七十年。
④ 《史记·殷本纪》,"九世之乱"的"九"非实数,而应是多次的意思。
⑤ 《尚书·盘庚》。

的华北冲积平原中部,旁边只有一条不大的洹水穿过。因此,这一带土质肥沃,又利于原始的水利灌溉事业的发展,是适宜于农业生产的理想地方。同时,盘庚迁到了新邑,也就彻底摆脱了南庚朝统治时期形成的旧势力的影响——虽然一些旧奴隶主贵族也跟着被迫迁到了新邑——殷地,然已脱离了他们过去多年形成和经营过的老巢,自然也就削弱了他们的旧有势力,一些不良恶习也不得有所收敛①。这对盘庚更好地控制政局有好处,在客观上也有利于广大民众的利益,从而使社会生产有了更大发展的可能。所以,盘庚迁殷以后不久,便形成了内无祸患,外无战乱,史称是"百姓安宁,殷道复兴,诸侯来朝"的和平安定兴旺发展局面。

盘庚死后,由其弟小辛、小乙相继即位为王。在小辛当政时,吃着盘庚朝的"现成饭",不思安危,可说是昏昏庸庸过日子,因而曾出现过停滞和短暂的中衰现象,这就是司马迁讲的"帝小辛立,殷道复衰,百姓思盘庚"。但盘庚打下的良好基础确实没有受到多大影响。小辛死后,弟小乙立,图谋振兴殷邦,不久也就又使盘庚以来的大好形势得以继续发展。小乙在位二十余年,死后没有还位于长兄的儿子,也未由盘庚、小辛之子即位,而是由自己的儿子武丁继位为王了。

而武丁本身呢,从周公旦的话中可知:武丁在位前,就不是那种从小在宫廷中娇生惯养,过着好逸恶劳,不知民间疾苦生活的一般王子,而是一个"旧劳于外,爰暨小人",曾长期在外行役,与下层民众比较接近的人。武丁长期在外,不能不认为是小乙的有意安排;马融曾说,武丁为太子时,其父小乙使行役,有所劳苦于外,与小人从事,知小人艰难劳苦②。马氏的话,使我们可以作出这样的解释:即小乙早就作了要传位给自己儿子的打算,为此,他把自己的儿子派出去,既使其得到磨炼;又可避免留在宫中引起子侄们的注意,或与子侄们发生矛盾。由于武丁即位前,有过"旧劳于外"的经历,所以武丁深知"稼穑之艰难",既了解民情,又有机会结识一些有志之士,以便收揽人才。这样的王子,一旦即位,必然不同于那些长期脱离民众,骑在被压迫者头上作威作福,过着花天酒地生活的庸庸碌碌之辈。

二

武丁即位后,希望有所作为,然而,又是那样的不顺利,他不可避免地会遇到阳甲、盘庚、小辛诸伯父的子弟们的挑战。因而,武丁即位后不得不采取一些重大的策略和措施来巩固自己的地位。

首先,武丁采取了静观时变的"谅阴三年"的策略。后来的楚庄王、齐威王的所谓"三年不鸣,一鸣惊人"的策略,当是导源于武丁的"谅阴三年"。《无逸》中讲的武丁"作其即位,乃或亮阴,三年不言"。对这句话,过去有过不同的说法。孔子弟子子张曾特别问过孔夫子:"高宗谅阴③,三年不言,何谓也?"孔子对他说是"君薨,百官总己以听于冢宰三年。"意思是说:国君死,继位的新君三年不管事,不言语,各部

---

① 顾颉刚、刘起釪:《〈盘庚〉三篇校释译论》《历史学》1979年2期。
② 《史记·殷本纪·集解》。又见《尚书正读》(曾运乾,中华书局1964年版)221页引。
③ 古文献或作"谅暗"、"谅闇""梁暗",谅亮梁皆同音通假;暗、闇,都从音得声,古音与阴同故也通假。

门的政事都由冢宰去处理。郑玄后来也说:"谅暗,转作梁暗,楣谓之梁,暗谓庐也;小乙崩,武丁立,忧丧三年之礼。居,倚庐柱楣,不言政事。"以后的人多本此说,以为"亮阴"是古代天子守孝。郭沫若同志曾在《驳〈说儒〉》一文中又提出新的解释,他认为殷代没有"行三年之丧"的礼,而是武丁得了一种"不言症(Aphasie)",以为"谅阴"很可能是"不言症"的古名,按郭老认为非守孝是对的,但"不言症"之说亦非。顾颉刚先生曾用《论语》与《尚书·无逸》互校,发现其矛盾不可解,又据《国语·楚语》所言,认为"武丁之不言由于'默以思道',与居丧无关。"① 顾先生之说非常正确;然意犹未尽,更没有能结合武丁即位的政治历史背景去考虑,不知为何武丁要"默以思道"。

其实,谅有诚信的意思,《诗·小雅·何人斯》"谅不我知",《笺》云:"谅,信也,今汝诚信,而不我知"。诚信是一种美德,高宗"德高"② 之由来恐与此有关。阴,暗也,暗,冥也,隐晦也;《礼·曲礼》:"孝不服暗",《中庸》的"君子之道,暗然而日章"的暗都是这个意思。再结合周公接下去明白讲的"其惟不言,言乃雍"。原来武丁并非根本不言语,他有时也要说话,大概不谈正经事儿,只一般说点使人发笑的话,逗群臣笑笑。所谓"言乃雍"的雍,旧传皆训为和,依《家语正论》注:"雍,欢声貌",就是说起话来使人发笑的样子。由上诠译,可知武丁"谅阴三年",这个历代未破的谜实则就是武丁用长时间不对国家大事发表自己的意见和看法的办法,把自己的聪明才智和诚信的美德隐藏起来使不外露,貌似无所作为的庸碌之辈。武丁采取这样的做法,是和他取得王位的政治背景有关的。

商代王位继承方式有三:一是无有兄弟的,父子直接相传;二是有兄弟的,则兄弟按排行轮流,兄死弟继,最末一个弟死则还位长兄之子;三是兄死弟继,最末一个弟死不还位长兄之子而传位自己的儿子。在整个商代,后两种继承办法比较多,但这两种办法必然会引起兄弟子侄之间的夺位斗争。史称商王仲丁至盘庚以前,由于废嫡立长而有"九世之乱",这种争夺王位的斗争,恐怕不光是盘庚以前有。武丁的继位是第三种办法,不可避免地会产生或明或暗的斗争,即阳甲、盘庚、小辛等的儿子,定会搬出第二种继位法(即还位于长兄之子的办法)反对武丁继位。关于此点,《大戴礼记·少问》说过一段话颇有启发:

> 殷德小破,二十有二世乃有武丁。武丁开先祖之府,取其明法,以为君臣上下之节。

这透露出:武丁在争夺王位的斗争中,可能搬出了过去末弟死,并不还位于长兄之子的习惯法来,用以证明自己即位是合法的;而这种继位法,殷代盖有档案存留可以稽查,武丁找出先祖府库中有关档案来用以压服反对自己即位的势力。武丁取得了王位,但不一定就非常稳固,他要设法巩固自己的地位,于是,他用不言语,假装无能的方式以观时变,借以一边考察臣下的所作所为,是否忠于自己;一边"默以思道"(《国语·楚语》上)寻求良策,冥思苦想如何更好地巩固自己的王位,振兴商王国。一句

---

① 《史林杂识·高宗谅暗》。
② 《尚书·高宗肜日》孔注曰:"武丁德高可尊,故号高宗。"

话，武丁在寻求励精图治之"道"。所以，我以为"高宗亮阴，三年不言"，讲的就是武丁寻求励精图治之道巩固自己王位的一种手段。其实，这一点司马迁也早已看到，只是以往的史学工作者未予注意。司马迁在《殷本纪》中写道：

　　　　武丁即位，思复兴殷而未得其佐，三年不言，政事决定于冢宰，以观国风。
所谓"三年不言"，"以观国风"，这不明显的是一种设法巩固统治，振兴商国的一种手法吗？！

　　武丁这一招，为贯彻自己的意图，果然起了很大作用，臣僚们摸不清他的底，都有些着急了。据《国语·楚语上》说，由于武丁较长时间不曾发表自己的意见，引起了"卿士患之"。有的说："王言以出令也，若不言，是无所禀令也。"说这种话的当是拥护武丁的臣僚们着急心理的反映。武丁经过长时间的考察，认为时机已经成熟，可以进一步采取行动了，于是作书曰："以余正四方，余恐德之不类，兹故不言。"这再一次说明武丁之不言，不是为"守孝"或得了什么"不言症"。接着武丁又假做梦的方式把傅说找进宫中。傅说出生于奴隶①，有可能是武丁"旧劳于外"之时，早就结识了的一位沦为奴隶而有韬略的人才。在奴隶社会，要把地位低贱的奴隶提到统治阶级的队伍中来，是不易为奴隶主贵族们所接受得了的；宋人刘恕说得好："傅说贤而隐于胥靡，一旦举而用之，出于微贱，众必骇怪，故托于梦寐。"②武丁为要得到傅说，在那迷信深沉的商代社会中，不得不借用做梦的方式——甲骨文中多见卜梦的记录，武丁时代尤多③，足见是武丁惯用的一种手法——然后让下面的人照他梦见的贤人像貌特征去寻找进京"升以为公，而使朝夕规谏"。武丁把傅说看作磨刀的砺石，过河的舟船，天旱的大雨；是他所不能离开的，事事都很虚心地听取傅说的意见④。又据《尚书·君奭》讲，武丁时还有甘盘，这个人在甲骨卜辞中写作"师般"，武丁卜辞累见，至少不下六七十处。可见他深得武丁的信任，经常参与征伐、祭祀等重大国事活动。为什么称"师般"呢？甲骨的般即盘，如盘庚甲骨文常作"般庚"，加师字大约有如姜太公吕尚，周文王称他作师尚父一样吧⑤。

　　由于武丁即位前曾长期行役于外，自然和被统治者阶级的所谓"小人"接触和了解较多，深知稼穑之艰难，因而即位后不敢淫逸，反复考虑的是如何复兴商国。他又有傅说、师般等一批能人智士的辅佐；特别是把奴隶出身的傅说提拔到"相"位，对武丁朝的巩固和发展起了相当重要的作用。正如马克思所说："一个统治阶级越是能把被统治阶级中的优秀分子吸收进来，它的统治就越是巩固，越是险恶。"⑥因为这样做的结果就能笼络人心，麻痹和缓解被压迫阶级的反抗斗争。当然要这样做也非易事；首先是在统治阶级内部当权者中也要有敢于打破传统偏见，有勇气有魄力，有所作为的挑头人物；武丁可以认为是商代奴隶主中这样的突出代表者。史称武丁用傅说而

---

① 据《墨子·尚贤下》、《吕氏春秋·求人》、《史记·殷本纪》等书都一致说傅说为奴隶。
② 《通鉴外纪》卷二。
③ 我们从《甲骨文合集》收录的材料看，关于卜梦的记录约有二百余见，而武丁时代则占了绝大多数。
④ 《国语·楚语上》卷十七。
⑤ 参见丁山：《新殷本纪》自注。
⑥ 《资本论》第3卷，人民出版社1956年版，704页。

"殷国大治"(《殷本纪》),这不是没有道理的。

在武丁周围形成了一个以傅说、师般等人为代表的最高统治集团的中坚力量。我们在甲骨卜辞中也可以看到,武丁朝还有不少有名的将领;他们有的多次参与征伐,或镇守边邑,为王国领土的开拓、巩固和安全作过重大贡献,有的还直接受商王的委托参与重大的祭祀活动,有的为王朝管理农业和手工业、生产、收取贡物,直接为王朝的经济发展出力。

如果说武丁以前尚无甲骨卜辞那样的直接记录可据,我们不便说明别的君王周围是否也有大批能人智士的话,那么从武丁以后直到帝辛六代八王,从有关材料看(其中甲骨材料亦不少)确实是没有的!在整个商王朝,上自成汤,下至帝辛,不说空前,也可谓是绝后了。这是不是说武丁以后,奴隶主阶级的国家机器的重要组成部分——官僚队伍有所削弱?不是的!相反,随着奴隶制社会的发展,阶级统治的机关是更加庞大复杂,官僚队伍只会有增无减。但是,那恐怕多是剥削成性,只知享乐淫逸、目光短浅的平庸之辈充满朝廷;特别是祖甲以下各王,本身就是"生则逸,不知稼穑之艰难,不闻小人之劳,惟耽乐之纵"①,其自身就是贪图安逸享乐,不知民间疾苦,一味沉浸在安乐之中,过着花天酒地日子的昏君。这样的国君周围必然是佞臣小人得宠,有志之士远离了,哪能做出有所作为的大事铭载史册呢?

也正因为在武丁周围,聚集着一大批有所作为的人才;由这批人组成了最高统治集团的中坚力量,再加之从成汤以来,商代奴隶制的基础已经稳固,所以武丁的统治也就得心应手,王权得以加强,这便是孟子讲的"武丁朝诸侯,有天下,犹运之掌也"②。武丁不仅把王朝内部治理好了,而且有力量长期和扰乱边境、叛服无常的方国部落展开有效的斗争,使他们服服贴贴!

三

在奴隶社会,战争是使奴隶制获得发展的一种重要手段;通过战争可以掠夺大批奴隶,勒索贡物,从而满足奴隶主阶级的需要。我们看到,武丁通过一系列战争后,使商代奴隶制经济在武丁朝达到了前所未有的发展,农业、手工业、文化艺术等,都出现了一片繁荣景象。有关情况,我们将别文论述,这里主要讲武丁时期的一些主要战争,它与武丁有着直接的关系。

传世文献记载武丁朝征伐之事并不多,据我们所见主要有如下几条:

1. 《易·既济九三》:"高宗伐鬼方,三年克之。"③
2. 《易·未济九四》:"震用伐鬼方,三年,有赏于大国。"④
3. 《诗·商颂·殷武》:"挞彼殷武,奋伐荆楚。"

---

① 《尚书·无逸》。
② 《孟子·公孙丑上》。
③ 《周易集解》引虞翻说:"高宗,殷王武丁;鬼方,国名。"丁山却以为高宗指武乙(《商国史料考证》,龙门书局1960年版,73页)。当以传统说法为是,高宗即指武丁。
④ 平心以为"王亥即伐鬼方之震"(《中华文史论丛》,1962年,第一辑)。平心说不妥,顾颉刚先生早已有过很好论述(参见《周易卦爻辞中的故事》)。

又今本《竹书纪年》还有几处关于武丁征伐的传闻：

1. 武丁三十二年伐鬼方。
2. 武丁三十四年，王师克鬼方，氐羌来宾。
3. 武丁四十三年灭大彭。
4. 武丁五十年征豕韦，克之。

从上所举，文献所记不过征伐过鬼方、大彭、豕韦、荆楚。其中伐荆楚可能还和伐鬼方有关，因为楚为颛顼曾孙陆终的后裔，陆终娶了鬼方之女隤为妻①，从而引起了伐荆楚之事。有同志还认为伐荆楚事即甲骨卜辞中的"令望乘及舆途虎方，（《佚》945）事，虎方即荆楚，舆即举，并结合《水经注》的《江水注》有关记载，认为其地就在今湖北汉水东的举水流域的一个部落，商王武丁曾和举人联合伐虎方②。

从武丁朝直接留下的文字记载——甲骨文看，被武丁征伐过的周围方国部落，至少也有好几十个，卜辞累见的如土方、舌方、湔方、基方、召方、龙方、马方、巴方、尸方、井方、羌方、下危、鬼、虎等，其中可与文献互相印证的极少。而传统的说法武丁伐鬼方事，如把甲骨卜辞中的"𢀛方，确定为文献的鬼方，最多也不过四见，而从内容看，其中三条是一事多卜的同文卜辞③，相反，倒是传世文献不见有的那些方国部落，甲骨卜辞反而连篇累牍。如羌人和商王国的关系极为密切，武丁卜辞也多有记载与羌人的战争，然而甲骨文中只有历代学者多认为不大可信的今本《竹书》中提到武丁三十四年"氐羌来宾"一语。

这里要特别提及的是武丁和土方、舌方的斗争。舌方大致在今天的陕北到内蒙古河套一带，胡厚宣先生作有《殷代舌方考》一文中所论极详④，土方大致在今山西东北部和舌方相去不远。这两个方国，在武丁时代可能是北部边疆的最大威胁，他们经常侵扰商王国的边邑，掠夺人口和财物，甲骨文中最为常见：

1. ……五日丁酉，沚貳告曰：土方征于我东鄙，戋二邑，方亦侵我西鄙田。
2. ……七日己巳，允又来艰自西，长友角告曰：舌方出，牧我示𤔲田七十五人。（《合集》6057 正）
3. ……九日辛卯，允又来艰自北𢦏，妻笑告曰：土方牧我田十人。（《合集》6057 反）
4. ……貳告曰：土方牧我西……（《合集》6059）
5. 允有来艰自西，沚告曰：[ ]方戋魁夹、方、相四邑。（《合集》6063 正）
6. ……七月己丑，长友[ ]告曰：舌方征于我奠。（《合集》6065 正）

这里所举，仅仅是武丁不断接到边报告土方、舌方等犯境的消息以后的部分占卜记录。由此已不难看见，这些方国是当时商王国的最大外患，所以武丁占之再三，这是斗争

---

① 张立文：《周易思想研究》也有此之说（见河北人民出版社1980年版，14页）。
② 江鸿：《盘龙城与商朝的南土》，《文物》1976年2期。
③ 有关鬼方的卜辞主要见于《甲》3343，《乙》403、6684，《合集》8593 四版，其中《甲》3343、《乙》6684、《合集》8593 为一事多卜的同文卜辞。
④ 《甲骨学商史论丛》初集。

激烈的反映。《甲骨文合集》中，我们共收录武丁战争卜辞1714片（页881～1173，片6057～7771），而有关土方、舌方的则达397片（片6057～6454）。我们根据这些片上的刻辞初步统计，有关舌方的五百余见，土方百余见；动用的兵力，见于记录的征兵数有："登人三千伐舌方"、"登人五千呼望舌方"；"登人五千伐土方"、"登人三千伐土方"，还有"令三族伐土方'"；"苴人三千望舌方"① 等卜辞。由此我们得知，武丁对土方、舌方的战争投入了相当大的兵力，大约经过多次征战后，终于打败了或赶跑了土方和舌方，消除了对商王国边境的侵扰，所以，我们从武丁以后的卜辞中，基本上不见商王朝与土方、舌方之间的斗争了。

如果说武丁对舌方、土方等的战争具有某种程度的自卫性质的话，那么对羌人长期而大规模的战争，则明显的是为了掠夺奴隶。武丁对羌人的战争，看来要比对土方、舌方的战争规模要大得多，大概由于商人对羌人俘虏特别残酷——常用作人牲，羌人的反抗也是最激烈的，所以我们才见到动员上万的兵力去对付羌人②。不过，武丁对羌人的战争，虽然花费了大量的人力和财力，也取得了一定的胜利，但并没有根本解决羌人的问题，所以直到商末羌人还与周武王一起参加牧野伐纣的大战。

通过上述事例，说明了武丁时期的战争不仅非常频繁，而且战争的过程、规模也是空前的。战争对社会经济有破坏性，但战争又是以一定经济发展为后盾的。没有社会经济发展，没有足够的人力和物力，要想在战争中取得胜利是不可能的。因此，武丁时期的战争，从一个角度反映了当时社会经济的发展情况和国力的强盛。应该说，这些都是与武丁个人的作用是分不开的！武丁是商代的一位非常杰出的国君，由于他长期行役于外，使他有机会接近被统治阶层。即位以后他又能排除一切干扰，选贤举能，在自己周围形成了一个比较强有力的稳定的统治核心，因而他能继盘庚以后，把商王国推向前进；特别是通过对土方、舌方和羌人等方国部落的一系列战争，不仅消除了边患，有利于边疆的开拓和发展，而且通过战争掠夺了大量财物和奴隶，从而又促进了商代奴隶制社会经济的前所未有的发展。可以说，是武丁，把商王国推向了发展的顶峰。在中国奴隶制社会发展史上，又是武丁加速了早期奴隶制社会向东方式的发达奴隶制社会的过渡。正因为是这样一位了不起的历史人物，所以商的后人不仅把他和他们的开国之君成汤相提并论，而且在祭祀成汤时，把武丁也大加歌颂。

后世的统治阶级，也把武丁和成汤、大甲等相提并论，誉之为"天下之圣君"或"天下之大君"。③

原文出处： 原载《中州学刊》1987年3期。
作者单位： 中国社会科学院历史研究所

---

① 参见《甲骨文合集》6170、6172、6174、6175、6177、6185、6407、4409等。
② 《库》130："辛巳卜，贞登妇好三千登旅万呼伐羌。"由此足见与羌人的战争曾用兵的数量上万人之多。
③ 参见《晏子春秋·内篇》《谏士》；《孔丛子·论书》。

武丁本纪

严一萍

　　武丁者小乙之子。殷代中兴贤王也。《殷本纪》曰："帝小乙崩，子帝武丁立"。《纪年》曰："武丁名昭，元年即位，居殷。命卿士甘盘"。《书君奭》曰："在武丁时，则有若甘盘"。《孔传》曰："高宗即位，甘盘佐之"。《殷本纪》曰："帝武丁即位，思虑兴殷，而未得其佐。三年不言，政事决于冢宰，以观国风"。雷学淇《竹书义证》曰："《皇极经世》曰：武丁元年，命甘盘为相。然则《史记》所谓冢宰者，即甘盘已"。《汉书古今人表》有甘盘，师古曰："武丁师也"。卜辞有"王命自般"之贞：

一、癸巳卜贞：甴乙未命自般囗？　　（《南》上六八）
二、贞：命自般？　　（《前》一，四九，一）
三、贞：命自般？　　（《叕》二二）
四、贞、今二月自般至？　　（《续》二，二四，七）

董彦堂先生《甲骨文断代研究》例谓：自般即是甘盘。

　　《纪年》曰："三年、梦求傅说，得之"。《殷本纪》曰："武丁夜梦得圣人，名曰说。以梦所见视群臣百吏，皆非也。于是乃使百工营求之野，得说于傅险中。是时说为胥靡，筑于傅险，见于武丁，武丁曰是也。得而与之语，果圣人，举以为相，殷国大治"。

　　《尚书》曰："王宅忧亮阴之祀，既免丧，其唯弗言，群臣咸谏于王曰："呜呼！知之曰明哲，明哲实作则，天子唯君万邦，百官承式。王言唯作命，不言，臣下罔攸禀命"？王庸作书以诰曰："以台正于四方，唯恐德弗类，兹故弗言。恭默思道，梦帝赉予良弼，其代予言"。乃审厥象，俾以形，旁求于天下，说筑傅岩之野，唯肖。爰立作相，王置诸其左右。命之曰："朝夕纳诲，以辅台德。若金，用汝作砺。若济巨川，用汝作舟楫。若岁大旱，用汝作霖雨。启乃心，沃朕心，若导弗瞑眩，厥疾弗瘳。若跣弗视地，厥足用伤。唯暨乃僚，罔不同心，以匡乃辟。俾率先王，迪我高后，以康兆民。呜呼！钦予时命，其唯有终"。说复于王曰："唯木从绳则正，后从谏则圣。后克圣，臣不命其承。畴敢不祗，若王之休命"？

　　惟说命总百官，乃进于王曰："呜呼！明王奉若天道，建邦设都，树后王君公，承以大夫师长。不惟逸豫，惟以乱民。惟天聪明，惟圣时宪，惟臣钦若，惟民从乂。惟口起羞，惟甲胄起戎，惟衣裳在笥，惟干戈省厥躬。王惟戒兹允兹，克明乃罔不休。惟治乱在庶官，官不及私昵，惟其能。爵罔及恶德，惟其贤。虑善以动，动惟厥时。有其善，丧厥善。矜其能，丧厥功。惟事事，乃其有备，有备无患。无启宠纳侮，无耻过作非。惟厥攸居，政事惟醇。黩于祭祀，时谓弗钦。礼烦则乱，事神则难"。

王曰："旨哉。说乃言惟服，乃不良于言，予罔闻于行"。

说拜稽首曰："非知之艰，行之惟艰。王忱不艰，允协于先王成德，惟说不言有厥咎"！

王曰："来！汝说。台小子，旧学于甘盘。既乃遁于荒野，入宅于河。自河徂亳，暨厥终罔显。尔惟训于朕志，若作酒醴，尔惟曲蘖；若作和羹，尔惟盐梅；尔惟交修予，罔予，弃予，惟克迈乃训"。

说曰："王人求多闻，时惟建事，学于古训乃有获。事不师古，以克永世，匪说攸闻。惟学逊志，务时敏，厥修乃来。允怀于兹道，积于厥躬。惟斅学半，念终始典于学，厥德修罔觉。监于先王成宪，其永无愆。惟说式克钦承，旁招俊乂，别于庶位"。

王曰："呜呼！说。四海之内，咸仰朕德，时乃风。股肱惟人，良臣惟圣。昔先正保衡，作我先王。乃曰：予弗俾厥后惟尧舜，其心愧耻，若挞于市。一夫不获，则曰时予之辜。佑我烈祖，格于皇天。尔尚明保予，罔俾阿衡，专美有商。惟后非贤不乂，惟贤非后不食。其尔克绍，乃辟于先王，永绥民"。

说拜稽首曰："敢对扬天子之休命"！

徐文靖《竹书统笺》曰：

《孔传》曰：傅氏之岩在虞、虢之界，通道所经，有涧水坏道，常使胥靡、刑人、筑护此道。说贤而隐，代胥靡筑之以供食。王子年《拾遗记》曰：傅说赁为赖衣者，舂于深岩以自给。梦乘云绕日而行，筮得利建侯之卦。岁余，以玉帛聘为阿衡。《括地志》：傅说版筑之处，在今陕州河北县北七里，即虞、虢之界。《水经注》：沙涧水北出虞山南，经傅岩、傅说隐室前，俗名圣人窟。

《纪年》曰：六年命卿士傅说，视学养老。

《墨子》曰："傅说被褐带索，庸筑傅岩，武丁得之，举以为三公"。此即命傅说之事也。

雷学淇《竹书义证》曰：

学，大学也。《礼明堂位》曰："瞽宗，殷学也"。《王制》曰："小学在公宫南之左，大学在郊"。郑《注》云："此小学大学，殷之制"。《月令》"孟春习舞，仲春合舞，仲丁习乐，季春合乐，皆在大学"。孔氏《正义》谓：仲春合舞，季春合乐，皆天子亲往，余则否。又云：大胥、秋颁学舍声，周礼也。《月令》仲秋无合声者，殷法也。又云：孟冬大饮蒸，乐亦用礼乐，饮蒸，在大学也。天子亲往。由是言之，殷礼每岁天子三视矣。《文王世子》曰："凡大合乐、必遂养老"。《王制》曰："殷人养国老于右学，养庶老于左学"，郑《注》云："右学、大学也，在西郊。左学，小学也，在国中王宫之东"。《王制》曰："殷人曰吁而祭，缟衣而养老"。又曰："凡养老，殷人以食礼"。又曰："五十养于乡，六十养于国，七十养于学，达于诸侯"。郑《注》云："国中，小学、在王宫之左，学、大学也，在郊"。小学在国，大学在郊。此殷制明矣。据此，则殷人养老之礼，犹约略可识。

按雷氏又以《纪》文视学养老，归之傅说，谓："是时、说年已老，故尊之为三公"。此误也，《纪》文所举，乃武丁之政，非指说本人也。

《纪年》曰："十一年，报祀上甲微"。

雷学淇《竹书义证》曰：

《国语》曰："上甲微能帅契者也，商人报焉"。韦《注》云："报、报德之祭也。上甲微、契后八世，汤之先也"。《孔丛子论书》云："书曰：维高宗报上甲微。定公问曰：此何谓也？孔子对曰：此谓亲尽庙毁，有功而不及祖，有德而不及宗，故于每岁之大尝而报祭焉，所以昭其功德也。定公曰：先君僖公，功德前列，可以与于报乎？孔子曰：邱闻、昔虞、夏、商、周，以帝王行此礼者则有矣，自此以下未之知也"。据此，则高宗报祀上甲，古书有此语，今佚。

案卜辞报作▢或▣，武丁时报祀上甲之卜辞甚多：

一、癸酉卜争贞：来甲申酒大▢自上甲？五月　　　（《陈》二一）

二、▢今三月酒▣自上甲▢？　　（《人》九）

三、贞：上甲㞢王▣用五伐十小宰？用　（《乙》八四六二）

四、▢酒▣于上甲、不冓雨？　　（《粹》八一三）

五、▢▣于上甲九羌卯一牛？　　（《后》上二八，二）

六、▢㞢▣于上甲、告于且乙？十月　　（《库》一二一三）

七、贞：其又▢于上甲？　　（《金》三五四）

报上甲之祭，延续至四期，固不仅武丁一朝，所谓"商人报焉"，卜辞确如此。

十五年　九月壬午十五日　月㞢食。

《纪年》曰："二十五年，王子孝己放于野"。《尸子》曰："殷高宗之子曰孝己，有孝行，事亲一夜五起，视衣之厚薄，枕之高下也。其母早死。高宗惑后妻言，放之而死"。《太平御览》卷八十三，《战国秦策》高诱《注》，《文选》马融《长笛赋》、《注》，并引《帝王世纪》略同。古籍中未尝纪高宗杀孝己，故改《竹书》之卒于野为放于野。至孝己之死，当在祖庚时。吴其昌《解诂》曰："本名己耳，自后嗣与且庚、且甲同举，则为且己。孝名垂于后世，则为孝己。《古今人表》乃于同等之内，平引祖己、孝己为二人，误也。至于孝己未得嗣位者，但因失爱于武丁之故。《荀子·大略篇》明云："虞舜孝己，孝而亲不爱"。《庄子·外物篇》述孝己事，亦云"孝未必爱"。无他异也。彦堂先生断代例以祖己相当于卜辞之子渔曰："嫡长子奉祀大宗，又可以为王父之尸，所谓登于大示，出于父乙，御于父乙，当即以子渔为父乙之尸。孝己是嫡长子，子渔也是嫡长子，能奉祭死，即所以不孝，这是他们相同之点"。

二十八年　二月。卜辞曰

贞：自丁门。二月　　（《合》一三六〇二）

案"丁门"，系祖丁之庙门。

五月。贞于甲门令。　　（《合》一三六〇三）

贞于乙门令。五月　　（《合》一三六〇〇）

案"乙门"、为父乙、即小乙之庙门。"甲门"、为父甲、即阳甲之庙门。孙星衍曰："《尚书大传》云：'武丁思先王之政，继绝世'。是殷时至高宗始有兴废之事。如

《殷武诗》所云:寝成孔安"也。《诗殷武》郑《笺》曰:"高宗之前王有废政教,不修寝庙者,高宗复成汤之道,故新路寝也"。按诸卜辞,武丁确有兴复先王宗庙,恢复立阳甲之庙,不待高宗肜日之后。故二十八年卜辞有"甲门"之贞也。

八月　乙卯　三日　王往于羍。
　　乙卯卜争贞:今日王往于羍?　　　(《续》三,二六,一)
　　丁巳　五日　子麇死。
　　癸丑卜㱿贞:旬亡囚?王固曰:㞢希!五日丁巳,子麇死。　　(《铁》二四七,二)

十月　丁丑廿六日　王在甾阜。
　　癸酉卜㱿贞:旬亡囚?王二曰匃!王固曰:俞!㞢希㞢梦。五日丁丑,王嫔中丁,㚔陞。在甾阜。十月　(《菁》一)

《纪年》曰:"二十九年,肜祭太庙,有雉来"。按《书叙》曰:"高宗祭成汤"。则此太庙者,成汤也。武丁卜辞确有肜祭成汤之贞,曰。
　　□彡(肜)酒于成?　　(《林》一,一五,一七)
蔡仲默以为:《书叙》祭汤庙者非是。今以卜辞证之,未可谓非。唯是否有飞雉升鼎耳,不得知也。

二十九年　一月　戊子　八日　子弦死。卜辞曰:
　　癸未卜㱿贞:旬亡囚?王固曰:往!乃兹㞢希。六日戊子,子弦死。
一月　(《菁》一)
　　甲午十四日　王往逐兕,小臣叶车马,硪驭王车。子央亦坠。卜辞曰:
　　癸巳卜㱿贞:旬亡囚。王固曰:乃兹亦㞢希。若偁!甲午王往逐兕。小臣叶车马,硪驭王车。子央亦坠。　　(《菁》一)

二月　丁卯十八日　子吾䖵不死。
　　癸亥卜㱿贞:旬亡囚?王固曰:㞢希!其亦㞢来媸?五日丁卯子吾䖵不死。
(《菁》一)

三月　丁酉十八日　收人五千正土方。卜辞曰:
　　丁酉卜㱿贞:今春收人五千正土方,受㞢又?三月　(《后上》三一,六)

四月　己巳廿一日　㠱友角告:吕方牧我示羍田,七十五人。卜辞曰:
　　(癸亥卜㱿贞:旬亡囚)?王固曰:㞢希!其㞢来媸?气至七日己巳,允㞢来媸自西。㠱友角告曰:吕方出,牧我示羍田,七十五人。　　(《菁》二)

五月　庚寅十三日　王步伐人。卜辞曰:
　　庚寅卜宁贞:今春王其步伐人?　　(《丙二七五》)
　　甲午十六日　王从沚馘伐巴方。卜辞曰:
　　甲午卜宁贞:沚馘啟,王从伐巴方,受㞢又?　　(《合》六四七一)
　　乙巳廿七日　王在羍,卜辞曰:
　　乙巳□?五月
　　□在羍,乙巳?五月　　(《甲》三三二八)

六月　庚戌　三日　王自正人方。卜辞曰:

庚戌贞：叀王自正人方？　　（《粹》一一八四）
癸丑　六日　奚伐巴方。望乘伐下旨。卜辞曰：
癸丑卜亘贞：王从奚伐巴方？
癸丑卜亘贞：王叀望乘从伐下旨？　　（《丙》三一一）

七月　甲申　七日　兴方来　卜辞曰：
甲申（卜）□贞：兴方来，佳因余戋囚？　　（《丙》三一九）

八月　乙卯　九日　王往炎京。卜辞曰：
贞：王往于炎京？　　（《丙》一五九）
丁巳十一日　王教众伐竹方。卜辞曰：
丁巳卜，贞：王大众来于竹方，受出又？　　（《丙》二二）
伐龙方。卜辞曰
贞：王叀龙方伐？　　（《丙》二四）
案：丙二四其他卜辞有："辛酉"，故次于丁巳后。
丁卯廿一日　王兽敝豕。卜辞曰：
乙丑卜贞：翌丁卯，王其兽敝豕，禽？八月　　（《合》一〇九七〇）

十月　乙卯　十日　王正土方。卜辞曰：
乙卯卜殻贞：王叀土方正？　　（《合》六四四三）

十一月　辛巳　六日　王从望乘伐下旨。卜辞曰：
辛巳卜争贞：今春王从望乘伐下旨，受出又？十一月　　（《佚》九七九）

十二月　庚申十五日　月出食之。

十三月　壬辰十八日　舌方围我奠，戋四邑。卜辞曰：
癸未卜殻贞：旬亡囚？王固曰：出祟！其出来婎气至七日己丑，允出来婎自西，歷戋化告曰：舌方围于我奠。四日壬辰，亦出来自西，甾乎告曰：舌方围我奠，戋四邑。　　（《合》五八四）
辛丑廿六日　令雪氏戈人伐舌方。卜辞曰：
辛丑卜宾贞：叀雪令氏戈人伐舌方戋？十二月　　（《金》五二二）

三十年　一月　甲寅　十日　命戍围土方。卜辞曰：
甲寅卜争贞：戍其只围土方？一月　　（《续》三，九，五）

三月　庚申　七日　王循伐土方。卜辞曰：
庚申卜殻贞：今春王循伐土方，受出又？　　（《合》六三九八）

四月　辛丑廿九日　舌方同于土。卜辞曰：
辛丑卜争贞：舌方其同于土，（其）皋？允其皋。四月　　（《金》六七三）

五月　丙午　四日　王从沚戬伐土方。丁未五日舌方出。乙丑至于象土。卜辞曰：
丙午卜殻贞：王从沚戬伐土方？　　（《集》丁一三）
丁未卜亘贞：舌方出，佳我囚？五月　　（《滇》）
乙丑卜殻贞：舌方其至于象土，其出咎？　　（《佚》二一）
自乙巳（三日）至乙丑（二十三日）舌方屡出兵，所以援土方也。至于象土，殷都震惊。

六月　己卯　八日　呂方至于甾。卜辞曰：

　　己卯卜，殻贞：呂方其至于甾？　　　（《续》一，四，六）

七月　己巳廿八日　登人三千，伐呂方。卜辞曰：

　　己巳卜□贞：登人三千乎伐呂方受㞢又？　　　（《福》三六）

八月　辛未朔　王逆伐呂方。卜辞曰：

　　辛未卜殻贞：王勿逆伐呂方，下上弗若，不我其受又？八月　　（《续》一，三六，五）

自此以后，王为征伐呂方，告祭祈福佑于河、岳、王亥、上甲、唐、大丁、大甲、羌甲、祖丁、祖乙诸神祇、先王。并屡次登人征伐。此时下旨已归顺，故有登下旨人之贞。卜辞曰：

　　贞：今春登下旨人，乎㞢伐，受㞢又？　　　（《合》七三一一）

十一月　乙己　六日　乎多臣伐呂方。卜辞曰：

　　乙己卜争贞：乎多臣伐呂方，受㞢又？　　　（《合》六一三）

　丁未　八日　令畢伐呂方。卜辞曰：

　　丁未卜殻贞：勿令畢伐呂方，弗其受㞢又？　　　（《合》六二九四）

　丁卯廿八日　呂方出，王自正。卜辞曰：

　　丁卯卜殻贞：呂方出，王自正，下上若，弗其受㞢又？　　（《合》六〇九八）

十二月　癸酉　五日　乎多宰伐呂方。卜辞曰：

　　癸酉卜殻贞：乎多宰伐呂方，受蠅又？　　　（《续》三，二，三）

三十一年　十月　己巳十五日　呂方戋戍。卜辞曰：

　　己巳卜殻贞：呂方弗允戋戍？十月。　　　（《合》六三七一）

三十二年　一月　乙酉廿三日　☶呂方。卜辞曰：

　　乙酉卜争贞：往复从泉☶呂方？一月　　　（《前》五，一三，五）

七月　忆己丑三十日　令戍宓伐呂方。卜辞曰：

　　己丑卜殻贞：今戍来，□戍宓伐呂方？七月　　　（《前》六，三〇，二）

九月　　王伐土方。卜辞曰：

　　□□卜□贞：王伐土方，受㞢又？九月　　　（《合》六四三一）

十一月　庚午十二日　呂方已归顺，故受呂方又。卜辞曰：

　　庚午卜争贞：我受呂方又？　　　（《后上》一六，九）

　丁亥十九日　土方亦归顺，故受土方又。卜辞曰：

　　丁亥卜争贞：我受土方又？（十一月）　　　（《粹》一一〇一）

十二月　癸丑廿六日　𠕋土方，𠕋呂方。卜辞曰：

　　□□卜殻贞：氿𢆡𠕋𠕋，𠕋土方，王从？　　　（《粹》一〇九八）

　　□□卜□贞：氿𢆡𠕋𠕋𠕋呂方？　　　（《前》七，二五，一）

《殷历谱武丁日谱》整理卜辞之结果，征土方系自二十九年三月开始，征呂方自二十九年十二月开始。土方呂方之征服，同时在三十二年十二月。并册封其君，战事全部结束。历时几达四年。今本《竹书纪年》："三十二年伐鬼方。次于荆"。此是两事，又云："三十四年王师克鬼方"。此据《易》下《经》："高宗伐鬼方，三年克之"。故从三十二至三十四为伐鬼方及克之之年也。卜辞于三十二年克土方与呂方，则伐荆楚之役，当在其后。《殷武诗》曰："挞彼殷武，奋伐荆楚。深入其阻，裒荆之旅"。郑玄《笺》曰："殷道衰而楚人叛，高宗挞然奋扬威武，出兵伐之。冒入其险阻，谓踰方城之隘，克其军率，而俘虏其士众"。伐荆楚之役，为时当不久。《纪年》又曰："氐羌来宾"。徐文靖《竹书统笺》曰：按《诗商颂殷武笺》曰："氐羌、夷狄国，在西方者也"。孔《疏》曰："氐羌之种汉世仍存，其居在秦陇之西。氐羌远夷，一世而一见于王，《前汉地理志》：陇西有氐道、羌道。《后汉西南夷传》：七羌、九氐各有部落。是汉世尚存也"。《尚书大传》曰："武丁内反诸己，以思先王之道，三年，编发重译来朝者六国"。《说苑》曰："三年之后，蛮夷重译而朝者七国"。吴其昌《解诂》曰："《史记鲁世家集解》引马融《注》云：'武丁为太子时，其父小乙使行役，有所劳役于外，与小人从事，知小人艰难劳苦也'。又孔颖达《商颂正义》引郑玄《注》云：'武丁为太子时，殷道衰，为其父小乙将师役于外，与小人之故，言知其忧劳也'。按马郑说必远有所本；武丁少时即已久将师役，故其后卒能奋立武功，威慑四夷，伐鬼方即其一事也"。

《纪年》曰："四十三年王师灭大彭。五十年征豕、韦，克之"。雷学淇《义证》曰："郑《语》：彭姓彭祖，豕韦诸稽，则商灭之矣。韦《注》云：'彭祖、大彭也，豕韦诸稽其后别封也。大彭、豕韦为商伯，其后世失道，殷复兴而灭之'。又《晋语》曰：'昔匄之祖，自虞以上为陶唐氏，在夏为御龙氏，在商为豕韦氏'。韦《注》云：'商谓武丁之后为豕韦氏。初彭姓为大彭，大彭豕韦二国为商伯，其后商灭豕韦。刘氏自御龙代豕韦'。据韦氏《注》、则二国为武丁所灭甚明。武丁以后之豕韦，则帝尧之后矣。故《世本》曰：'豕韦防姓'。今《纪》谓：夏孔甲时，刘累代豕韦。帝皋之时，豕韦复国，商祖乙时命为方伯。至此时武丁克之，乃仍用刘累之后，居其地也。与韦《注》之说悉合"。

五十八年十一月十五日夜，月有食之。卜辞曰：

（癸亥卜□贞：旬亡囚？王固曰：㞢祟）。旬壬申夕，月㞢食。　　　　（《簠天》二）①

《纪年》曰："五十九年陟"。

雷学淇《义证》曰："《书无逸》曰：'其在高宗时，旧劳于外，爰暨小人，作其即位，乃或亮阴，三年不言。言乃雍，不敢荒宁，嘉靖殷邦，至于小大，无时或怨肆，高宗之享国五十有九年'。蔡邕《石经》、《汉书五行志》，及刘向《杜钦传》、王充《论衡》，俱谓高宗享国百年。盖王年四十二岁即位，在位五十九年陟，适百岁也。犹《周书吕刑》谓：穆王享国百年矣。"案安阳西北岗有殷王亚形大墓十二座，武丁之墓疑在安阳，葬华县之说或非。吴其昌《解诂》曰："至于高宗享国年寿，则有不同之三说，古文《尚书无逸》，作'五十有九年'。《鲁世家》引《无逸》，则作'五十有五年'，洪适《隶释》引今文《尚书石经残碑》，则作'肆高宗之飨国百年'。《汉书五行志》亦云：'高宗禳木鸟之灾，致百年之寿'。《刘向传》：'高宗有百年之福'。《杜钦传》：'高

---

① 玉峥按：本卷原稿夫子未将此月食之契辞写入。兹据所著《殷商天文志》补入（原文刊《中国文字》新二期）。

宗享百年之寿'。《论衡无形篇》：'高宗有桑谷之异，悔过反政，享福百年'。又《异虚篇》：'高宗改政修行，享百年之福'。而《气寿篇》言之尤晰云：'高宗享国百年，……并未享国之时，皆出百三十四十岁矣'。是汉以前，享国百年之说，为最有力也"。

《殷本纪》曰："武丁修政行德，天下咸驩，殷道复兴"。《孟子公孙丑》曰："武丁朝诸侯，有天下，犹运诸掌也"。《竹书纪年魏史附记》曰："王、殷之大仁也，力行王道，不敢荒宁，嘉靖殷邦，至于小大，无时或怨，是时舆地、东不过江黄，西不过氐羌，南不过荆蛮，北不过朔方，而颂声作，礼废而复兴，庙号高宗"。案《汉书严助传》：高宗、殷之盛天子也。孔安国《尚书传》曰：德高可尊，故号高宗。卜辞则未见高宗之号。吴其昌《解诂》曰："《诗商颂玄鸟》云：'……商之先后，受令不殆，在武丁孙子。武丁孙子，武王靡不胜；龙旂十乘，大糦是承。韩诗说：'大糦，大祭也'。邦畿千里，维民所止，肇域彼四海。……'可以想见武丁一代礼制武功之盛，故商人至比之'武汤'焉"。

武丁在卜辞中又称"后祖丁"，《屯南》二三五九版系康丁卜辞。曰：
其牽年□祖丁，先酒□雨？ 吉
后且丁牽一羊，王受又？

祖丁与后祖丁同见于一版，陈梦家以且丁当后祖丁者非。彦堂先生《断代例》以武丁当后祖丁，据此版卜辞，证明其正确无误也。

武丁有三妣，妣戊，妣辛，妣癸。妣辛即妇好，卒于祖庚时。其墓在安阳小屯，埋在一座殷代房基下面。于一九七六年发掘。

妣戊是妇妌，见于小屯南地的四〇二三卜骨，是武乙时卜辞。曰：
王其又妣戊妌伐羊，王受又？
叀妣戊妌小宰，王受又？

在武丁时卜辞所见，妇妌有生育，受黍年，率领军队及征伐等，其重要与妇好不相上下。三妣之卜辞：

戊子卜贞：王宾武丁奭妣戊壹亡尤？ （《后上》四，八）
辛亥卜贞：王宾武丁奭妣辛壹亡尤？
癸丑卜贞：王宾武丁奭妣癸壹亡尤？ （《后上》四，一二）
妣癸可能是妇嫀。

武丁之祭祀，除五种祀典外，单独之祭祀有：
□　丙戌卜贞：武□（报）其牢？　　　　　　　（《卜》二六五）
甾　乙未卜贞：王宾武丁甾亡尤？　　　　　　（《后上》一九，一三）
岁　丁酉卜尹贞：王宾父丁岁二宰眾□丁岁□　（《库》一二〇六）
又　癸亥卜旅贞：其又于父丁牛　　　　　　　（《后上》五，八）
彳　丁己卜贞：王宾父丁彳□　　　　　　　　（《戬》六，二）
出　（丙）寅卜大（贞）：其出父丁卅牛南室　（《铁》二六六，一一）

原文出处：原载《殷商史纪》，台北艺文印书馆，1989年8月。
作者单位：中央研究院

武　丁[①]

周鸿翔

武丁者，名昭，帝小乙之子也。小乙崩，于元年丁未即位居殷，是为帝武丁[②]。

初，帝小乙命武丁学于甘盘，居荒野，宅于河．出入民间，以知民之艰苦[③]。即位遂以甘盘为卿士[④]，思兴国之道，居丧三年，沉默亦三年，百官患之，曰："王言以出令者也。若不言，是无所禀令也。"武丁于是作书曰："以余正四方，余恐德之不类，兹故不言。"[⑤]

武丁即位三年[⑥]，夜梦得圣人，以所梦求诸四方贤圣，果得"说"于傅岩之野；举以为相，国遂大治。赐称"傅说"[⑦]。

武丁既得傅说，立为相，置于左右。命之曰："朝夕纳诲，以辅台德；若金，用汝作砺；若济巨川，用汝作舟楫；若岁大旱，用汝作霖雨；启乃心沃朕心。"[⑧]说拜稽首，进戒于王[⑨]。

六年，命傅说视学养老，十二年，报祀上甲微，追封先公。二十五年，王子孝己卒于野。二十九年，祭太祖成汤于太庙，有飞雉升鼎耳而雊[⑩]，武丁惧。其臣曰[⑪]：王勿忧，先修政事。乃作高宗肜日、高宗之训以训王，曰：惟天监下民，典厥义。降年有永有不永，非天夭民，民中绝命。民有不若德不听罪．天既孚命正厥德。呜呼！王司敬民，罔非天胤，典礼无丰于昵[⑫]。武丁乃修政行德，天下咸驩，国复兴[⑬]。文治武功，盛极于时，内则侯伯、贞人、子妇、臣尹、史正，济济多士，柔远能迩，以助商王[⑭]。外则南征北伐，声教及于四海，耆国、鬼方、氐羌、豕韦、土方、基方、下危等，重译来朝者数十国。于是邦畿千里，维民所止，肇域彼四海，四海来假，来假祈祈[⑮]。

自成汤崩后，商德小破。逮及武丁，好尚贤人，大公无私；开先祖之府，取其明法，以为君臣上下之节，万民更服[⑯]。其时舆地，虽东不过江黄，西不过氐羌，南不过荆蛮，北不过朔方，而颂声作，礼废复起。近者悦，远者至，粒食之民，昭然明视，卒成天下之盛君。商人以其力行王道，不敢荒宁，嘉靖邦国，至于小大，无时或怨，元功章炳；上能兴汤之功，下能垂法后世，故号其庙曰高宗[⑰]。

帝武丁在位五十九年而陟[⑱]。主人太庙，与配妣辛、妣癸并受飨[⑲]。

有子三，曰祖己、祖庚、祖甲。祖己早卒。武丁崩，次子祖庚立[⑳]。

· 199 ·

注解：

①武丁，卜辞亦作"武丁"。于庚甲时称"父丁"，廪康时则称"祖丁"。（详参注十九）

②今本《纪年》："武丁，名昭，元年丁未，王即位居殷。"

《殷本纪》："帝小乙崩，子武丁立。"

按商殷王位继统法，王观堂谓"以弟及为主，而以子继辅之。"《殷周制度论》，然观乎武丁则不然。卜辞所见武丁之兄甚多，如"兄甲"（《金璋》四一五臼卜）"兄丁"（《屯甲》三〇八三壳卜　《屯乙》五三三八，亦见《殷缀》三四〇　《续编》一·一三·一亘卜等）"兄戊"（《佚存》六二壳卜，《藏龟》一二一·三重）等。何以诸兄不继小乙之位，而独由武丁继之，此可证王说之非。（参太丁本纪注三）

③今本《纪年》小乙六年："六年，命世子武丁居于河，学于甘盘。"书说命："王曰：来汝说，台小子旧学于甘盘，既乃遁于荒野，入宅于河。"传："其父欲使高宗知民之艰苦，故使居民间。"又无逸："其在高宗，时旧劳于外，爰暨小人。"传："武丁其父小乙，使之久居民间，劳是稼穑，与小人出入同事。"

又《君奭》："在武丁时则有若甘盘"。

按据《纪年》所载，武丁先居河而后学于甘盘，即先与民同居，而后始就学。而说命所述，则先学于甘盘，而后居民间，适相反，本书从尚书说（见上小乙本纪）。甘盘，彦堂先生谓即甲骨之"自般"。

④今本《纪年》武丁元年："元年丁未即位居殷，命卿士甘盘。"

⑤《书说命》上："王宅忧亮阴三祀，既免丧，其惟弗言。群臣咸谏于王，曰：呜呼！知之曰明誓，明誓实作则。天子惟君，万邦百官承式。王言惟作命，不言，臣下罔攸禀令。王庸作书以诰曰：以台正于四方，恐德弗类，兹故弗言。"（事亦见载于《帝王世纪》）

《国语·楚语》："昔武丁……自河徂亳，于是乎三年默以思道，卿士患之，曰：王言以出令也。若不言，是无所禀令也。武丁于是作书曰：余恐德之不类，兹故不言。"

按古本《纪年》言自盘庚迁殷后不复徙都，而史籍所载，自武丁以降，叠有迁徙之说，此言武丁自河徂亳，即其一例。实则此非真徙都，说参书首"商殷诸王别名、配偶、在位年数及定都所在总表"注二。

又《帝王世纪》云："（武丁）三年不言，既免丧，犹不言。"知三年守丧与三年不言同时。

⑥今本《纪年》武丁三年："三年，梦求傅说，得之。"

按右诸书所载之居丧三年，静默三年及今纪年之三年夜梦说，乃一事分书，即谓武丁于居丧三年中亦静默三年，三年后即夜梦得说矣。

⑦《书·说命》序："高宗梦得说"。又文（上）云："（武丁）恭默思道，梦帝赉予良弼，其代予言，乃审厥象，俾以形旁求于天下。说筑傅岩之野，惟肖，爰立作相。"《殷本纪》："武丁夜梦得圣人，名曰说。以梦所见视群臣百吏，皆非也。于是乃使百工营求之野，得说于傅险中。是时说为胥靡，筑于傅险。见于武丁，武丁曰：是

也。得而与之语，果圣人。举以为相，殷国大治。故遂以傅险姓之，号曰傅说。"帝王世纪："武丁于是思建良辅，梦天赐贤人，胥靡之衣蒙之而来，且云：我徒也，姓傅，名说，天下得我者，岂徒也哉。武丁寤而推之曰：傅者，相也；说者，欢悦也。天下当有辅我而民说者哉。明以梦视百官，百官皆非也。乃使百工写其形象，求诸天下，果见筑者胥靡衣褐带索，执役于虞虢之间，傅岩之野，名说；以其得之傅岩，谓之傅说，登以为相。"

《国语·楚语》："使以象梦求四方之贤圣，得傅说以来。升以为公，而使朝夕规谏。"

《孟子·告子》下："傅说举于版筑之间。"

右各书所载武丁夜梦得说，求之野而果得之一事，清崔述力斥其妄，详载商考信录卷二。

又"说"或作"兑"，《礼记·学记》："兑命曰：念终始，典于学，其此之谓乎？"郑注："兑当为说字之误也。"又今文《尚书》无说命三篇。

⑧《书·说命》上："爰立（说）作相，王置诸其左右。"其下接"命之曰"句迄此。

⑨案"说命"中篇为傅说进戒于王之辞，其警句有："不惟逸豫，惟以乱民"、"惟口起羞，惟甲胄起戎"（传："言不可轻教令，易用兵"）、"惟衣裳在笥，惟干戈省厥躬"（传："言服不可加非其人，兵不可任非其才"）、"官不及私昵，惟其能。爵罔及恶德，惟其贤。虑善以动，动惟厥时。……惟厥攸居，政事惟醇。黩于祭祀，时谓弗钦，礼烦则乱，事神则难"、"惟天聪明，惟圣时宪，惟臣钦若，惟民从乂"（传云："言贤王法天以立教"）等，他不赘。

⑩今本《纪年》武丁："六年，命卿士傅说视学养老。十二年报祀上甲微。二十五年，王子孝己卒于野。二十九年肜祭太庙，有雉来。"

《书·高宗肜日》："高宗祭成汤，有飞雉升鼎耳而雊，祖己训诸王，作高宗肜日、高宗之训。"

疏："高宗祭其太祖成汤，于肜祭之日，有飞雉来升祭之鼎耳而雊鸣。其臣祖己以为王有失德而致此祥，遂以道义训王，劝王改修德政。史叙其事，作高宗肜日、高宗之训二篇。"

按"祖己"，孔传谓为贤臣名，恐非。王国维、丁山二氏已有论及，今改为"其臣曰"，说参下祖己本纪注一。

《尚书大传》："武丁祭成汤，有飞雉升鼎耳而雊，武丁问诸祖己（御览八三引误作祖乙），祖己曰：雉者，野鸟也，不当升鼎，今升鼎者，欲为用也。远方将有来朝者乎，故武丁内反诸己，以思先王之道，三年，编发重译来朝者六国。"

《大传》所引与尚书疏略异，按此事古籍载之者甚多，除上引外，复有：《论衡·是应篇》（祖己亦误作祖乙）、《后汉书·郎顗传》注、《艺文类聚》鸟部、《御览》八三又九百十七及记纂渊海等。文皆大同小异。又《尚书大传》除载此飞雉登鼎耳事外，复载桑谷共生于朝，武丁因之而行善事。其文曰："武丁之时，桑谷俱生于朝，七日而大拱。武丁召其相而问焉。其相曰：'吾虽知之，吾不能言也。'问诸祖己，曰：'桑谷野草也。野草生于朝，亡乎。'武丁惧，侧身修行，思昔先王之政。兴灭国，继绝世，举逸民，明养老之礼，重译来朝者六国。"考桑谷共生于廷事，仅见于太戊世，此特比附飞雉升鼎耳者所杜撰，与吕览（制乐）之比附于成汤者如出一辙，不可据。另参太戊本纪注四及成汤本纪末附注。

⑪案《尚书》载"祖己训诸王"，而未言"祖己"身份。自孔传谓为"贤臣名"后，史记以降史书，皆从其说，然揆之他籍及甲骨，祖己为武丁子，而子训父，亦悖极人情，故此作"其臣曰"。（另参"祖己"本纪注一）

⑫自"王勿忧"句迄此，见高宗肜日。

按高宗即武丁，见注一七。又飞雉登鼎耳事，史《殷本纪》谓为祭之明日，此盖史迁因所行为肜祭而误也。（祭之明日曰肜，卜辞常见此类祭祀）

⑬《殷本纪》："武丁修政行德，天下咸驩，殷道复兴。"

⑭近世洹水炳灵，甲骨出土，所载即武丁以下诸世史实。其中以武丁卜辞最多，亦最重要。于官制及多臣（甲骨文有"多臣"一词，见殷缀七三及佚存五五三）言，职名已甚繁复。董彦堂撰"五等爵在殷商"（史语所集刊六本三分），谓殷时已有公、侯、伯、子、男五等爵。其后胡厚宣撰"殷代封建制度考"（甲骨学商史论丛初集），谓殷之封建有六，曰妇、子、侯、伯、男、田。余以为此类封爵，甲骨所见，除侯、伯确而有征外，公、男、田三说皆牵强。"子"则断非如五等爵之"子"，其地位与"妇"相同，职掌与身份，于今仍未有确论。（参下）除侯伯外，尚有具特殊职守之"贞卜人物"，其地位相当于周之宗人（说见《殷代贞卜人物通考》前论），此类贞卜人物，自彦堂倡立以后，历有增补，（如陈梦家之《甲骨断代学》及综述所收"断代"下，日本岛邦男氏之"贞人补正"等）于今所知，约百余人。选堂师撰《殷代贞卜人物通考》一书，洋洋百万言，倡"分人研究法"，辑录最为详备。其中武丁或稍后一期之贞卜人物，详见该书。

此外又有"子""妇"两种特殊人物，仅见于武丁时。或以为乃武丁之诸子诸妇，或以为官职，于今未有定论。此类子、妇，卜辞所见，为数不少，自胡厚宣辑录于商史论丛后，学者于此，多致力焉。

⑮《周易·既济》："九三，高宗伐鬼方，三年，克之。"鬼方亦见甲骨文。古籍有关武丁征伐方国之记载甚少。而卜辞所见，则武丁时之远夷方国至伙，其详可参胡氏《殷代封建制度考》、丁氏《甲骨文所见氏族及其制度》、陈氏"综述"第八章"方国地理"、饶氏《贞卜人物通考》各《征伐与方国》等。此类幅员以外之方夷，每每背叛商殷，故商殷王常伐之。如：

于辛巳，王征召方。（《佚存》五二〇）

己亥贞：令王族追召方，及于……（《南北明》六一六）"召方"说详日本白川静氏"召方考"。（载甲骨金文学论丛二集）

辛酉卜〔㱿〕贞：今兹王比望乘伐下危，受出又。（《屯丙》一四·文有对贞。又同书一六、一八及二〇文全同）

丙午卜殷，贞：勿登人三千，呼伐者方，弗其受出〔又〕。（《金璋》五二四）

者方，即"西伯戡黎"之"黎"，说详"贞卜人物通考"页一六三及一六四。

壬辰卜争，贞：我伐羌……（《佚存》六七三，《续存》上五九六重）
　　　己巳卜争，贞：比伐上方。（《粹编》一一〇三）
　　　癸丑卜亘，贞：王比奚伐巴。（《屯乙》七七四一。《巴》即巴方）
败之，则此等方国每每入贡于殷。所贡之物，以牛马牲畜为多，如：
　　　甲辰卜設，贞：奚来白马。（《屯乙》三四四九。"奚"为方国名。《屯乙》七七四一云"癸丑卜亘，贞：王比奚伐巴。"则"奚"非仅入贡于殷，且曾助商殷王征伐巴方也）
　　　贞画来牛　贞画弗其来牛（《屯乙》六九六四，背有卜入壳）
（其他见于骨臼及甲桥之致贡纪录尤多，亦以牲畜为限）
亦有贡人者
　　　甲申卜亘，贞：臭氏夷。（《藏龟》一九六·三，此言臭地以夷人来献，臭即春秋之澳）
　　　丁丑卜争，贞：来乙酉祈用，泳来羌自元。（《双剑》四五，《续存》下二六五重。此言"泳"自"元"来羌人贡于殷王。按"羌"字鲁实先先生释为羊，见"殷历谱纠誖"）
亦有献城邑者，少见：
　　　乙卯卜宾，贞曰：氏（致）乃邑。（《燕大》一七三）
此辞未言何国所氏，然所贡至一邑之巨，岂割地求和之城下盟乎？
　　右为武丁用武于远夷方国之一斑，至所用兵力，据卜辞所载，以"三万"为最多，文云：
　　　癸卯卜扶……获□其三万，不……（《粹编》一一七一，"三万"二字合文）
其次为"一万三千"：
　　　辛巳卜，贞：登妇好三千，登旅万，呼伐……（《库方》三一〇，"三千"及"一万"皆合文，两造合计为一万三千人）
然而史籍所载，纣时动员之兵力，则在十万以上。详参"帝辛"本纪注三一。
　　据右所载已可见武丁时，商殷国力强盛之一斑。又据古籍所述，武丁非商殷极盛君王，其国力已如是之强，则成汤时雄霸九围之势，可想见矣。
　　《诗玄鸟》："邦畿千里，维民所止。肇域彼四海，四海来假，来假祈祈。景员维河，殷受命咸宜，百禄是何。"玄鸟诗所以祀武丁者。（见序及传）
　　《尚书大传》谓武丁内反诸己后，国力日盛，因之编发重译来朝者六国（文见上注⑩引）。然卜辞所载，武丁时远夷方国来贡者至多，当在数十之间，故此言"数十国"。
　　⑯《大戴礼·少闲》（七十六）："成汤卒崩，殷德小破；二十有二世，乃有武丁即位，开先祖之府，取其明法，以为君臣上下之节，殷民更服，近者说，远者至。粒食之民，昭然明视。"
　　⑰今本《纪年》（武丁注）云："王，殷之大仁也。力行王道，不敢荒宁，嘉靖殷邦，至于大小，无时或怨。是时舆地，东不过江黄，西不过氐羌，南不过荆蛮，北不过朔方；而颂声作，礼废而复起，庙号高宗。"
　　《墨子·内谏》："夫汤、太甲、武丁、祖乙，天下之盛君也。"

《孔丛子·论书篇》："公西赤曰：闻诸晏子：汤及太甲、祖乙、武丁，天下之大君。"

又《墨子》论贤三篇，极言汤及武丁之美政。谓其好尚贤人，大公无私。

《诗·商颂·玄鸟》序："玄鸟，祀高宗也。"传："高宗，殷王武丁，中宗玄孙之孙也。"武丁庙号高宗，亦见今本纪年及尚书无逸。

⑱今本《纪年》："武丁（在位）五十九年陟。"（亦见《后汉书》郎𫖮传注）

《尚书·无逸》："肆高宗之享国五十有九年。"

《御览》八三引帝王世纪，皇极经世及通鉴外纪等皆言武丁在位五十九年。

按《史记》未言武丁在位年数，而孙星衍《尚书今古文注疏》引谓史迁作"五十五年"，未明何据。又汉熹平石经据今文《尚书》、《汉书·五行志》、《论衡·气寿篇》、《刘向杜钦传》等皆言高宗之享国"百年"，此百年者，殆如《御览》所云"年百岁"，谓高宗百岁而陟，非在位百年也。

⑲武丁之法定配偶有二，曰妣辛、曰妣癸：

〔辛〕卯卜，贞：王宾武丁奭妣辛，羽日亡尤。（《前编》一·三七·四又同书一·一七·四亦有武丁奭妣辛记载）

癸卯卜，贞：王宾武丁奭妣癸……（《粹编》二九八，《京津》五〇八一重。

其他言武丁奭妣癸者约有《前编》一·一七·四，《后上》四·九又四·一〇等）

武丁配除上言之妣辛、妣癸外，陈氏复举《后编》上四·八，《京津》五〇七七（此二片称武丁）及《拾掇》二·二一五（此条称祖丁）谓尚有妣戊一配（《综述》四二七）。按右三片原书模糊不堪，《后编》"武丁"明而"妣戊"不明，《京津》则"妣戊"明而"武丁"不明，《拾掇》则"祖丁"及"妣"字皆明，惜妣旁一字已残，未知究属何字，陈氏据此等残片而遽谓武丁尚有一配"妣戊"，颇失臆测。

卜辞祭祀武丁，称呼有三，曰"武丁"，曰"父丁"，曰"祖丁"。父丁见于庚甲卜辞，祖丁则见于廪康卜辞。兹分述于左：

〔武丁〕

癸亥卜，贞：王宾武丁奭妣癸，羽日亡尤。（《后编》上四·一〇。同版见"康祖丁"）

其他言祭于武丁者尚有前编一·三七·四，粹编二九八，京津五〇八一等，皆与其妣同祀，另参前论武丁配部分。

〔父丁〕

丁未卜行，贞：王宾父丁岁牢亡尤。（《南北明》三五四）

甲子卜大，贞：告于父丁……（《佚存》八八一）

丁巳卜行，贞：王宾父丁，升岁……（《续编》一·三〇·一）

其它言祭于父丁者有《文录》三二六（大卜用"又"），《佚存》三九七（尹卜用"彡"）等。其庙则称"父丁宗"（《续编》一、二二、二及《南明》五八五）

〔祖丁〕

……㞢且丁、父甲。（《南北明义士》五九〇，同版见"兄辛"。此殆庚丁卜辞，"祖丁"必为"武丁"无疑。"父甲"为"祖庚"弟之"祖甲"）

......且丁大升，王其延父甲。(《南北明》五八八)

于小乙祈　于且丁祈　于父己祈　于父甲祈　(《粹编》二八六《缀》三一四。"祖丁"即"武丁"。"父己"即"祖己"，即契文之"小王父己"。"父甲"即"祖庚"弟之"祖甲"。此殆廪康卜辞。)

⑳《殷本纪》："帝武丁崩，子帝祖庚立。"

按武丁原有长子祖己（经史皆谓为武丁贤臣，误，参下祖己本纪注一），未立而卒，故改由次子祖庚即位。

原文出处： 原载《商殷帝王本纪》，香港，1958年11月。
作者单位： 美国洛杉矶加利福尼亚大学

山西平陆前庄商代遗址清理简报

李百勤

1990年平陆县开修东沿河公路,在坡底乡前庄村发现商代铜器,卫斯同志已作报道。运城地区文物工作站在铜器出土地点清理遗址六个探方,简报如下:

一 地形与地层

前庄位于平陆县城东40公里的坡底乡西寨行政村。遗址所在的黄河二级台地约1万平方米,东边十余米的悬崖下是石膏河,西、南两边20米的悬崖下为黄河,黄河边上的一级台地时有时无,古代行船的纤道依稀可见。遗址平台如同半岛,北边与陡峭的石崖相连,当时应是一个地形险要的山寨。这个遗址东距垣曲县古城镇洪庆观的商代古城址20公里。

沿河公路从遗址台地横穿而过并向下切挖10米左右,把遗址全部剖开。这个遗址文化性质单一,地层简单,第一层是覆盖层,浅黄色绵沙土,结构疏松,厚约40～300厘米。第二层即为商代文化层,文化层下是生土。

文化层根据堆积可分若干小层:

2A层:呈黄色绵沙土,结构紧密,厚0～90厘米,中间夹有青灰,遗址上分布较少。

2B层:灰土中夹杂红色土点,分布不普遍。

2C层:呈红色花土,土质坚硬,厚20～90厘米,是遗址普遍分布的一层。

2D层:堆积呈青灰色,厚0～50厘米,形成小块硬面,分布较少。

2E层:黄花土中夹杂黑灰土,土质坚硬,厚0～105厘米,含陶片碎骨较多,分布范围较小。

2F层:红烧土夹黑灰土,厚0～75厘米,结构疏松,含大量木灰、兽骨和陶片,分布较少。

2G层:黄花土夹灰点,土质坚硬,无包含物,厚60～75厘米。

整个第二层中,A、B、C、D小层均晚于E、F、G小层,但属连续性堆积。

二 文化遗迹

1、灰坑

H1：开口在F2下，距地表200厘米，坑深125厘米，平面呈圆形，南北160厘米，西南部被公路切去，剖面呈袋状。

H2：开口在F2下，断面宽175厘米，南部被切挖，坑深75厘米，底部呈锅底状。

2、房址

共清理房址五个，其中F2－F5皆受破坏，从地层看，都晚于2D层，皆为半地穴式建筑。F1（图四）四边轮廓清晰，平面不甚方正，东西长150厘米，南北长184厘米，门道向东，居住面比周围地面低6厘米。房内地面掺和白灰，经过拍打，较为坚硬，厚约15厘米。平面分布四个柱洞，洞1、洞2较粗，直径8厘米，深30厘米，洞底填有石子和陶片。洞3、洞4较细，直径4厘米，深15厘米，洞底也填有小陶片。柱洞壁皆是垂直的。房内地面上残留着大量草拌泥烧土块，应是房顶塌落下来的。F1中间未发现火塘，F3、F5中部发现清楚的火塘。

三 文化遗物

（一）陶器

1、大口尊，分三式：

Ⅰ式，2件，侈口，深腹，圜底。肩饰三道附加堆纹，上腹饰竖阴形纹，下腹饰绳纹。泥质浅灰色。口径50厘米，通高60.9厘米。

Ⅱ式，1件，喇叭形口，深腹，小平底。肩饰两道附加堆纹，上腹饰竖阴形纹，下腹饰绳纹，泥质褐色。口径42.2厘米，通高53.2厘米。

Ⅲ式，1件，侈口，肩部饰附加堆纹，下腹饰绳纹，底残，口径40厘米。

2、三耳瓮，分三式：

Ⅰ式，1件，泥质灰陶，圆唇，斜肩，深腹，平底，肩头附三个横贯耳。肩下饰三道弦纹，中腹上部饰一周云雷纹，中腹饰三组弦纹，下部饰绳纹。通高52.2厘米，肩径52.8厘米。

Ⅱ式，1件，标本T7005：2F：1，泥质灰陶，敛口，圆底，斜肩，深腹，平底，肩下附三个横贯耳。中腹饰四组弦纹，下部饰绳纹。通高60厘米，肩径52.8厘米。

Ⅲ式，1件，泥质灰陶，敛口，圆唇，斜肩，深腹，下腹较鼓，平底，肩部附三个横贯耳，耳中起脊。肩下饰两道弘纹，腹部饰四组弦纹，下部饰绳纹。通高43.2厘米，肩径42.6厘米。

3、瓿分两式：

Ⅰ式，1件，泥质黑陶，侈口，深腹，圆肩，圈足。腹部饰细雷纹、竖阴形纹。通高40.8厘米，腹径35厘米。

Ⅱ式，1件，泥质黑陶，高领侈口，斜肩，深腹，圈足。腹部饰一周细雷纹。通高29.2厘米，肩径30.4厘米。

4、鬲分四式：

Ⅰ式，1件，夹砂灰陶，侈口，唇外卷，深腹，低裆，小实足外撇。饰绳纹，通高22.5厘米，腹径19.5厘米。

Ⅱ式，1件，夹砂灰陶，侈口残，唇形不清，束颈，颈内有隔沿一周，袋足，饰绳纹，通高19.3厘米，腹径20厘米。

Ⅲ式，1件，夹砂黑陶，侈口，高足，饰绳纹，颈下与腹外侧皆附加堆纹脊，通高17.2厘米，腹径16厘米。

Ⅳ式，1件，侈口，深腹，实足肥硕直立，饰绳纹，通高21.2厘米，腹径19.2厘米。

5、罐分四式：

Ⅰ式，1件，泥质灰陶，盘口，直腹，平底，饰绳纹，通高33厘米，口径31.6厘米。

Ⅱ式，1件，直口，高颈，圆肩，深腹，凹底。上腹饰弦纹，通高35.6厘米，肩径24.2厘米。

Ⅲ式，1件，泥质灰陶，直口圆唇，束颈，斜肩。肩及上腹饰弦纹，下腹饰绳纹，通高33.4厘米，肩径32厘米。

Ⅳ式，1件，泥质灰陶，直口唇外卷，高颈，圆肩。颈饰凸弦纹，肩以下饰绳纹，肩部绳纹之上又饰两道凹弦纹。底部残，口径24厘米，肩径38厘米。

6、瓮，1件，口颈残，圆肩，深腹，小平底，周身饰网纹。残高42厘米，肩径42.6厘米。

7、簋，2件，直口，唇外卷，中腹饰云雷纹，下部残，口径32.4厘米。

8、盆，分二式：

Ⅰ式，2件，泥质灰陶，侈口，圆唇外卷，深腹，平底，上腹饰弦纹，下腹饰绳纹，通高27.8厘米，口径36.8厘米。

Ⅱ式，1件，泥质灰陶，喇叭形口，圆唇微敛，鼓腹，小平底，上腹磨光，下腹饰绳纹。通高22.5厘米，口径37厘米。

9、甑，1件，侈口，饰绳纹，底残，高21.6厘米，口径31.6厘米。

10、豆，1件，泥质灰陶，侈口，浅盘，高圈足。圈足中部饰两道弦纹。通高16厘米，口径26.7厘米，柄高8.6厘米。

11、觚，1件，素面黑陶，喇叭口，圈足，通高17.2厘米，口径11.6厘米，圈足底径9.4厘米。

12、器盖，1件，素面泥质黑陶，圆形，隆起，顶端有小柄，通高10.4厘米，直径33.3厘米。

13、网坠，2件，素面泥质黑陶，通长5厘米，径2.2厘米。

14、花纹印模，1件，似为饕餮纹半部，长6.6厘米，宽2.5厘米。

15、纺轮，4件，直径6厘米，厚1厘米。

16、陶环，若干残段，内扁外圆，肉部0.9厘米，厚0.7～1.2厘米。

17、异形陶片，2片，一器形为直口平唇，夹砂红陶，通体饰粗布格纹，厚1.2厘米。另一器形为直口平唇，夹砂红陶，饰细方格纹，厚1.2厘米。

(二) 石器

1、石杵，分两式：

Ⅰ式，1件，圆形有肩，石灰石磨制，通长10.5厘米，肩径6.2厘米。

Ⅱ式，1件，台柱形，上端为方椎，石灰石磨制，通高20.5厘米。

2、石镰，分二式：

Ⅰ式，2件，一弓背凹刃，黑色麻页岩磨制，尖部残，残长9.8厘米。另一弓背凹刃，黑色麻页岩磨制，尾部残，残长7厘米，背厚0.8厘米。

Ⅱ式，1件，弓背直刃，黑色麻页岩磨制，长10厘米，背厚0.9厘米。

3、石刀，1件，平背弧刃，中部有孔，黑色麻页岩磨制，半段残，残长4.6厘米，宽4.4厘米，背厚0.8厘米。

4、蚌镰，1件，尾部微残，长9厘米。

5、石器残段，1件，椭圆柱形，尾部扁平有孔，石英石磨制，前段残，残长4.1厘米，长径1.3厘米，短径1厘米。

(三) 骨器

1、骨锥，1件，尾端是自然骨节未作加工，尖端磨砺锐利，长10厘米，尾端4.4厘米，厚1.6厘米。

2、骨匕，1件，尾部有穿孔，洁白光亮，残长6.5厘米，宽1.3厘米，厚0.2厘米。

3、海贝，3枚，标长1.5厘米至2厘米，宽1.2～1.5厘米。

4、卜骨采集若干残块，皆牛骨，有凿有灼，均无刻辞。

(四) 铜器

1、针，1件，尾部无孔，长10厘米，尾径0.3厘米。

2、镞，1件，通长6厘米，铤长3厘米。

3、匕形器，1件，柄端饰镂空花纹，通长18.9厘米，柄长8.8厘米，宽1.3厘米，厚0.15厘米。

4、钘1件，錾残，残高5.6厘米，宽4.5厘米，尾端厚1.3厘米。

四 结 语

在晋西南已发现的考古学文化中，前庄遗址出土的器物与东下冯类型有着密切的渊源关系。前庄遗址的生产工具发现较多的是石镰、石斧、纺轮、网坠，这些都和东下冯出土的生产工具极为相似。前庄遗址的陶器与东下冯的陶器有明显的相承关系，前庄遗址的Ⅱ式及Ⅲ式大口尊、Ⅲ式罐（东下冯发掘报告作小口尊）、深腹盆、三耳瓮、深腹罐、折肩罐、陶豆、器盖等都继承了东下冯遗址第Ⅳ期的特征，只是器物的体量稍大一些。东下冯类型具有早期特征的器物，如单耳罐、蛋形瓮、盉等，在前庄遗址中找不到踪影。同时，前庄遗址出土了一些外地商代遗址曾出现的器物，如Ⅰ式大口尊、瓿、陶觚等。由此可见，前庄遗址的器形除少数与殷墟同类器物相似外，多数器物在殷墟找不到关系，这里除了地域不同的因素外，主要是时代差异的原因。前庄遗址早于殷墟，从器物组合整体来看，前庄遗址与二里冈同时。而二里冈明显分上、下两层,前庄遗址应与哪一层同时,从现在的材料看尚难以确认。

有关前庄遗址的国别与族属,可参考的历史文献并不多。《史记·殷本纪》:"武丁夜梦圣人,名曰说。以梦所见视群臣百吏,皆非也。于是乃使百工营求之野,得说于傅险中,是时说胥靡,筑于傅险。见于武丁,武丁曰是也。得而与之语,果圣人,举以为相,殷国大治,故遂以傅险姓之,号曰傅说。"这个故事富有传奇色彩,传说中的傅险、傅岩在平陆境内是无疑的。前庄遗址地势险要,如果以傅险而论,颇有推测之处。如果把前庄遗址出土的铜器联系起来思考,在这个具有深厚文化底蕴的地方,出现一位治国安邦的贤相就不足为奇了。前庄遗址的发现,在时代上、地域上都与傅说的族属应有密切联系。

前庄遗址的铜器是修路过程中群众挖出来的,未能用科学方法揭示更多的现象以供研究。我们清理的范围也较小,所获资料有限,对前庄遗址的认识,还有待今后做更多的工作和其他有关的发现。

原文出处: 原载《傅圣文化》2008 年第 6 期。
作者单位: 运城市文物局

山西平陆前庄商代遗址分析

张崇宁

在山西南部,特别是临汾、运城地区,早商时期遗址不算少,但早商的成群的青铜器不多见;晚商时期的遗址和墓葬,至今一处也没有发现。1990年初,在山西平陆县坡底乡前庄村发现了一批早商时期的青铜器①,可谓一次突破性的发现。这批铜器有一件方鼎、两件圆鼎、一件罍、两件爵。除爵外,其他几件体积都很大,其形制、纹饰、尺寸,皆可与1974年郑州市张寨南街出土的两件铜方鼎②,以及1982年郑州市向阳回族食品厂出土的一批青铜礼器相比③。

平陆方鼎俯视为正方形,四个边,长度均为50厘米,口边长略大于底边长,但差别不很明显,通高82厘米,宽平折沿,沿面上有两个圆拱形立耳,耳的横截面为凹槽形,槽内有一条凸起的脊,作"凹"状。腹内底部与四个空足相通。足的上端粗,下端细,平足底。上腹部有一周凸起的细线条构成的饕餮纹,四个腹面左右两边各有三行竖排的乳钉纹,下端有五行横排的乳钉纹。这些乳钉纹的排列很不规整,特别是下端两角,横排与竖排连接的地方更显杂乱。足的上部有一周细凸线饕餮纹,鼎腹外四角有明显的铸缝,腹内四角各有一块附加的角板,用以连接鼎腹的四壁,很像是先将四壁预先铸好后焊接到一起的作法。(本文绝无将焊接术提早到商代的意思)

张寨南街的铜方鼎被编作杜岭一号鼎和杜岭二号鼎,皆为口部边长大于腹底边长,器腹呈斗状,一号鼎横长为62.5厘米,纵长61厘米,通高为100厘米。足的形制、纹饰与平陆鼎一样,鼎耳也一样。杜岭一号鼎腹部饕餮纹带略宽于平陆鼎的纹带;每个角边的乳钉纹十分规整,立排为四行,横排为五行,在铸造方面,据介绍:"鼎腹是用壁外范八块(四壁中部四块,四个转角处又为四块)"④,似乎可看出竖排乳钉与横排乳钉衔接处的铸缝,此种现象在平陆方鼎上是看不出的。可见铸造方法是有区别的。

杜岭二号鼎,纹饰与一号鼎相同,但口部边长都是61厘米,也是一个正方形口,

---

① 卫斯:《平陆前庄商代遗址出土文物》,《文物季刊》1992年1期。
② 河南省博物馆:《郑州新出土的商代前期大铜鼎》,《文物》1975年6期。
③ 河南省文物研究所、郑州市博物馆:《郑州新发现商代窖藏青铜器》,《文物》1983年3期。
④ 同②。

这与平陆方鼎是相似的。二号鼎的高度为 87 厘米。

郑州食品厂的两件铜方鼎编号为 H1：2 和 H1：8。其中 H1：8 腹部足部也是细凸线饕餮纹，与平陆方鼎同样是口部边长略大于底部边长。外壁铸缝现象与杜岭一、二号鼎一样。H1：2 腹部饕餮纹为宽线条构成，鼎口边长明显大于底部边长，呈斗状，通高 81 厘米，"鼎身是由四块完整的外范铸成"①，这与平陆方鼎的铸缝现象一样。郑州这两处的方鼎无论铸法如何，凡鼎口边长相等者，腹壁都接近垂直，与平陆方鼎类似。凡口部边长不等者，腹壁皆有明显斜度，呈斗状。

大圆鼎，平陆共出土两件（原报告中所有的铜器均未编号，为叙述方便，暂将这两鼎编作：平 1 号鼎和平 2 号鼎），两鼎均为斜沿，双耳作拱形，外侧为槽状，槽内有凸起之脊，其中平 1 号的耳槽内为两道凸脊，平 2 号为一道，平 1 号口径小于腹径，腹径最大部位接近底部，腹壁微显斜直，圜底，锥状平底空足，腹上部为凸起之宽线条饕餮纹，足部为凸起之细线条饕餮纹，接近足底处有细弦纹三道。一耳与一足在一条垂直线上。俯视为"耳足四点配列式"。器身可见三条垂直铸缝通过足，但不包底，腹底有三角形铸缝，三足内侧各有两道垂直范缝与腹底三角形范缝相连，推测底范为一整块与鼎足长度相等的大范。

平 2 号，立耳部位的沿下有加强筋，口径小于腹径，最大径在腹中部，略偏低处，通高 70 厘米，圜底，锥状平底空足。上腹部有凸起之宽线条饕餮纹，足近底部有弦纹。耳与足为五点配列式，三外范过足不包底，腹底有三角形外范与足相连。

郑州食品厂也出大圆鼎一件，器形与平陆圆鼎相同，通高 77 厘米，腹部饕餮纹为凸起之细线条构成，足部为素面，"鼎身外壁铸缝明显，上腹部三块外范，下腹部三块外范，过足包底，铸缝在三足外侧中部"②。

罍和爵的形制在 1992 年 1 期《文物季刊》中已作介绍，此不复述。

在郑州食品厂的窖藏中也出土有罍 1 件，编号为 H1：5，器形大体上与郑州白家庄 M2：1 相同。平陆罍的口部、颈部与郑州食品厂 H1：5 相近，也与白家庄 M2：1 颈部相近，而腹部和圈足虽然不同于食品厂 H1：5，但与白家庄 M3：9 的腹、圈足是相同的。

这几处铜器虽然都有各自的特点，但总体上看，它们的共性还是主要的。更值得注意的是，在它们各自出土的地层和单位中都同时出土了相当数量的陶器，这为断定这几处铜器的时代提供了宝贵的依据。

平陆的这批铜器是在当地筑路时发现的，出土后随即被村民哄抢，后又被当地文物、公安部门进行追缴，失而复得。故其埋葬情况已无从考察。所幸，时隔不久运城地区文物工作站又在平陆前庄进行了发掘，在原出土铜器的地方清理的遗迹，有灰坑、房址。这里地层简单，耕土层下只有商文化层。"第二层即商代文化层，文化层下是生土。文化层根据堆积可分若干小层"，从上到下为②Ⓐ—②Ⓖ层，"但属连续性堆积"③，在

---

① 河南省文物研究所、郑州市博物馆：《郑州新发现商代窖藏青铜器》，《文物》1983 年 3 期。
② 同①。
③ 李百勤：《山西平陆前庄商代遗址清理简报》，《文物季刊》1994 年 4 期。

㉖中，也就是最下层，只出了一件"匕形器"。多数陶器出在㉗层中，其类型有大口尊、敛口瓮、折肩罐、瓿、盆等。

平陆出土的编号为T6001：2F：3的大口尊纹饰与二里岗的Ⅲ式大口尊H2乙：32一样，但器形略有区别，二器虽然在腹部都饰有垂直的以单凹线为界栏组成的长方块纹饰，颈都也都有附加堆纹，下腹部都是绳纹，但从整体器形上比较，二里岗大口尊H2乙：32腹部明显内收，呈喇叭状，有凹圜底。而平陆T6001：2F3大口尊从弦纹以下腹壁斜下，近乎直筒状，腹壁无弯曲度。与郑州二里岗H1：4式大口尊的腹体接近，但不如后者口部敞开的角度大，后者被邹衡先生定在二里岗期第三段Ⅴ组（详见邹衡《夏商周考古学论文集》，以下简称《衡文》）。平陆前庄的㉖层出土一件大口尊，编号为T5001：2C：1，口沿敞开的角度更小，从剖面图上看，口沿与腹壁的弯曲度也不大，底部为圜底，此器无论在郑州二里岗还是在垣曲商城都不见，其形体接近于郑州白家庄大口尊①，此器口沿短，敞开角度小，口径大约是体长的1/2，圜底，属于第三段Ⅵ组核。在《衡文》"商文化第一、二期断代标准陶器图"中可看出以后的第四段的Ⅶ、Ⅷ组中尊体越偏长，腹壁越近直筒状，鉴于此种发展规律，平陆的这两种大口尊应是由第Ⅴ组向第Ⅵ组或第Ⅶ组演变的一种过渡形式，似应将其置于第Ⅴ组到第Ⅵ组之间，或者干脆将其置于第Ⅵ组。

鬲在平陆前庄也有发现，在简报中②公布有四件，但T5001：2E：1是一件残甗，实际上只有三件鬲。标本H1：1应是一种翻缘鬲，斜沿，外缘有一定宽度，缘下端下折，但极不明显，粗绳纹，侧视整体接近正方形，上腹部不见同心圆，足外撇。另一件鬲，标本T5001：2D：1唇微上折，外缘基本上看不出上折痕迹，足根明显偏短。据介绍③，这两鬲的地层关系是："H1开口在F2下""F2—F5……都晚于㉗层"故两鬲为同一层位。经与《衡文》商文化第一、二期断代标准陶器图，结合其介绍作比较分析：H1：1鬲似应与第三段Ⅵ组同时，而T5001：2D：1则略接近于第四段第Ⅶ组。

在郑州张寨南街与杜岭一、二号铜方鼎同出一坑的陶器中④"能看出的器形有折沿鬲、长颈大口尊、假腹豆、短领瓮、折肩瓮、折沿砂质罐和盆、壶、簋、器盖、陶埙等"。作为同种器类，平陆前庄也有出土，从简报中所绘的图上看，张寨南街的陶器壁都偏厚，此现象也符合《衡文》描述的在Ⅴ组以后"陶壁一般较厚"的情况⑤。杜岭陶大口尊⑥的口沿和上半截腹壁也类似于平陆T6001：2F：3大口尊。

郑州向阳食品厂的铜器窖藏编号为H1，在此灰坑之上叠压有地层第五层，"第五层为商代二里岗文化层"⑦，出土有长颈大口尊、盆、瓮、折沿鬲、大口罐等。在简报的图五：1—4中只能看出盆、鬲、罐、瓮，这部分是属于第五层的器物。其中鬲的口

---

① 河南省文化局文物工作队第一队：《郑州白家庄遗址发掘简报》，《文物参考资料》1956年4期。
② 同①。
③ 同①。
④ 河南省博物馆：《郑州新出土的商代前期大铜鼎》，《文物》1975年6月。
⑤ 邹衡：《夏商周考古学论文集》，文物出版社，第110页。
⑥ 河南省博物馆：《郑州新出土的商代前期大铜鼎》，《文物》1975年6月。图二，2。
⑦ 河南省文物研究所，郑州市博物馆：《郑州新发现商代窖藏青铜器》，《文物》1983年3期。

沿特征属二里岗上层文化，但它更接近于嵩城台西商代遗址中Ⅴ式鬲F6∶49。而被H1打破的H4出土的遗物同样也属二里岗上层。H3同样开口于第五层下，其中出土的一件陶罕与郑州白家庄遗址第二层的斝近似①，这一层同出的鬲和大口尊在《衡文》中都被定在第三段第Ⅵ组中。

平陆铜器的出土地、地层单一，陶器都是商代二里岗上层的，在这种情况下，可以将这批陶器和铜器看作是共存的（虽然不是严格意义上的共存关系）。它们与郑州两处窖藏出土的器物应属于同一时期，即二里岗第三段第Ⅵ组，或者是介于第Ⅴ组Ⅵ组之间，这个时期是二里岗期接近尾声的阶段。

在这个阶段中出土的青铜器为数不少，从器形和铸造技术看，也趋于成熟。郭宝钧先生在《商周铜器群综合研究》中用器物的形制、纹饰、铸造方法给不同时期的铜器定了界标，在论及二里岗铜器群的圆鼎时提出："耳足四点配列式……是中商时期人们惯用的……这四点式也可说是中商时期器形的一个特点"。（所谓中商时期即指二里岗上层期）另外"采用'壁范过足包底法'，为此期特征之一"。随着新的发现，此种界标可能有些不太准确了。在平陆前庄发现的两个大圆鼎，平1号是"耳足四点式"，平2号则是"耳足五点式"，两鼎在铸造方法上都不是"三范过足包底法"，其底部的三角形范缝非常的明显。这种现象当初被认作"初现晚商时的风格，是一个新的变化"，并将其定在晚商铜器群，小屯铜器群，第二界标。但与这批青铜器同出一地的众多陶器已证明其仍属二里岗期。这种耳足五点式的器形和增加底范铸造铜鼎的方法可提早到二里岗上层期。

平陆前庄的这批铜器和陶器经与河南诸处器物的比较分析，其准确时代应定在二里岗期第三段第Ⅴ组到Ⅵ组之间，而更接近于第Ⅵ组。

原文出处：原载《三代文明研究（一）——1998年河北邢台中国商周文明国际学术研讨会论文集》，科学出版社，1999年8月。

作者单位：山西省考古研究所

---

① 河南省文化局文物工作队第一队：《郑州白家庄遗址发掘简报》，《文物参考资料》1956年4期。

商"先王"昭明之都"砥石"初探

——砥柱东部山区考古调查随想

卫 斯

一 前庄遗址重要发现向世人提出的思考

1990年初，位于山西省平陆县城东40公里、地近"砥柱"的平陆县坡底乡崖底村前庄自然村南端黄河边一个二级台地上，出土了一批商代早期珍贵文物。这批文物中有与举世闻名的郑州商城杜岭一、二号方鼎相媲美的青铜大方鼎、有商王室举行祭祀用的重要青铜礼器大圆鼎、罍和堪称商代乐器之最的大石磬。其中青铜大方鼎通高82、口径50厘米见方，腹面四周主饰带状乳钉纹、上部夹饰带状饕餮纹、空心柱状足，足高23.5厘米，也饰带状饕餮纹。青铜大圆鼎两件，一件高73、口外径47.5厘米；一件高70、口外径45厘米；腹部均饰带状饕餮纹夹乳钉纹。其中一号圆鼎足高27厘米，饰兽面纹。罍，通高37、口外径21厘米，平肩、"十"字形镂空圈足。颈部和腹部除饰阴线外，均有带状饕餮纹夹乳钉纹相饰。大石磬，通长101厘米、腰宽23厘米、厚4厘米、玉石质、颜色灰白。背中有一圆孔，孔径2.5厘米。表面光滑细腻，敲击音色极佳。这批文物中还有青铜爵、锛、陶鬲、纺轮、网坠等[①]。

1990年3月29日《中国文物报》第一版在显著位置以《山西平陆发现商代前期遗址》为题公布了这一发现，国内一些研究夏商史和商周青铜器的专家学者，先后有多人到此地进行考察。次年春，原运城地区文物工作站和平陆县博物馆对该遗址铜器出土地点进行了抢救性清理发掘，开探方6个，发掘面积达100余平方米。此次清理发掘的主要收获是：清理剖面呈袋状和底部呈锅底状灰坑2个、半地穴式房址5座。陶器有：大口尊、三耳瓮、瓿、鬲、罐、簋、盆、甑、豆、瓠、器盖、网坠、纺轮、陶环等；石器有石杵、石镰、石刀等；骨蚌器有：蚌镰、骨锥、骨匕、海贝、卜骨等；铜器有：针、镞、匕形器、锛等[②]。证实这是一处商二里冈时期文化遗址。

但时过十多年，关于前庄遗址出土的青铜礼器：大方鼎、大圆鼎、罍、爵和大石磬的归宿问题一直是一个谜。因为这批珍贵文物考古界公认是一批商王室祭祀所用的

---

① 卫斯：《平陆县前庄商代遗址出土文物》，《文物季刊》1992年第1期。
② 李百勤：《山西平陆前庄商代遗址清理简报》，《文物季刊》1994年第4期。

重要礼器。既然是王室所用重要礼器,那么究竟是商代那一个王或王室那一支在此祭祀、又为何将这批贵重礼器留在此地呢?此地会不会与历史上某一重要历史事件或人物有关呢?从前庄遗址北与陡峭的石崖相连,南、西两边二十余米外的悬崖下即为波涛汹涌的黄河,东侧有"石膏河"山涧流过,遗址北高南低,呈东西带状,总面积仅一万平方米的情况来看。有人推断:前庄遗址可能是一处商人祭祀遗址,前庄遗址出土的青铜重器等可能是商某王祭河之用器。① 那么,是商哪一个王跋山涉水、不畏艰险到如此偏僻的三门峡大峡谷中设坛祭祀呢?会不会有商哪一个王曾在此地或附近地区建过都呢?文献上没有明确记载。

二 砥柱以东地区的考古调查和"粮宿商城"的发现

继前庄遗址发掘之后,在砥柱(三门峡大坝)以东大祁(地名)沿河一带的二级台地上,因修路又陆续出土了一批商代文物。其中青铜器有:爵、斝、戈、刀等;石器有石斧、石锄、石刀等;陶器有网坠、陶环、尊、瓿、鬲等器物残片。大祁遗址出土的青铜爵与前庄遗址出土的两件青铜爵造型花纹完全一样,皆属商代早期的"杯体双柱爵"中的"平底宽体准分段式"爵。斝属"宽体分段平底式"斝,为商代中期遗物。戈属"有阑直内式、援宽而长,前锋钝尖、有上下阑、内作长方形、有穿",明显属商代早期遗物。② 至此,笔者开始对砥柱以东地区沿河一带进行考古调查。发现砥柱以东的大祁村路段,平陆东沿河公路所经之处,有三分之一路段开凿在黄河北岸的二级台地上。这些二级台地多为坡地,一般是北高南低,有些经过现代人的平整,原有面貌已经改变。台地的面积少者几亩,多者十几亩,形状也不规则。从公路下切部分的剖面看,曾零星暴露出一些商代灰坑、墓葬、半地穴式房子,以及夹杂有商代器物陶片的灰土层。虽然没有进行大面积勘探发掘,但可以肯定,在砥柱以东,前庄遗址以西的大祁段沿河一带大约1.5公里长的范围之内。大大小小的黄河二级台地上,在商代前期、中期都曾有过商人部落的居住或活动。粗略估计,这些台地原有面积的总和大约在5万平方米左右。但是,这些发现,并不足以解释前庄遗址出土的青铜重器的归属问题,那么在与前庄遗址东面搭界的粮宿村或其以东地区会不会有相同的发现或更重要的发现呢?

粮宿村:包括东粮宿、中粮宿、西粮宿三个自然村,总面积约45万平方米。西面(西粮宿村)与前庄遗址搭界,此处是三门峡谷中一块面积最大的黄河二级台地,是古代人类居住活动、栖息的理想之地。2003年1月12日,由笔者率领的7人考古调查小分队终于在距前庄遗址直线距离1.5公里的粮宿村东面——东粮宿村,发现了一座商代前期城址。后扩大调查范围,在距东粮宿以东约4公里的榆林(鱼林)村西南一台地上,又发现了一处面积约2万平方米,内涵十分丰富的商前期遗址。从而为解决前庄遗址出土的这批商王室重器的归宿问题提供了重要线索。

---

① 山西省考古所陶正刚先生到此地考察时说,前庄遗址出土的青铜器可能是商某王祭河之用器。
② 大祁遗址出土的戈与马承源先生主编:《中国青铜器》上海古籍出版社,1988年7月版,第48页图2相同,45页称此式戈为"有阑直内式"。

城址位居东粮宿村的中、东部。南濒黄河，北面靠山，东面临沟，西面与"中粮宿"为邻。城址北高南低，东西宽 200 余米，南北长 300 余米，总面积 6 万平方米以上。城垣现发现东、西、北三面。城垣北墙保存在地面上的长约 170 米，宽 6—12 米，残存高度 2—5.5 米。城垣北墙外侧被淹埋，现在可以看到的是已遭受人为破坏的北墙内侧。北墙内侧的西段有当地居民在墙体上直接开凿的窑洞，东段也有当地居民在墙体下部开凿的洞式羊圈。北墙的中部，从西往东约 60 米处有一宽 25 米的缺口，疑为北城门。出北门通往山顶的路壕大致还可以看出其基本轮廓，路壕底宽 5—7 米。深浅随地势，浅则五、六米，深则十几米。东城墙与西城墙在地面上几乎看不到。但由于该城址东面临沟，东城垣东北拐弯处临沟的一面，即墙的外侧，还可以清楚地看到城墙下部的夯土层及城墙走向。在城东南角临沟的一面，还可以时断时续地看出东城墙南段的下部夯土层。从城垣的西北角往南约 160 米处，在当地一居民窑院的崖眉上还保存有长约 3、厚约 2 米的城墙夯土层，实为城垣西墙留下的遗迹。由于财力所限，对该城址仅限于地面调查，未能钻探试掘，故整个城垣的情况还不十分清楚。南城墙在此次调查中未能发现。不过，从整个城址的地理形势来看，该城东面临沟，仍留有版筑痕迹，说明该城南面可能也有城墙，只是年代久远、沧桑变迁、不复存在罢了。

从当地居民在城垣北墙东段开凿的洞式羊圈洞壁剖面上看，墙体下面的生土基槽，口宽约 11 米，底略平，宽约 6.5 米，深约 1.4—1.5 米。基槽内夯土较松，夯层厚约 15 厘米。墙体比基槽稍宽，向上斜收。采用分段版筑，每段长约 2.3—2.7 米。夯层平且匀称，褐红色黏土与黄沙土质掺和，土质坚硬，孔隙很小，夯层厚 4—7 厘米，夯窝小而密集，圆形凹底，直径约 5 厘米。此外，在墙体的表面，其腰部还留有当年固定夹板拴绳楔榫留下的孔洞，其孔径一般在 6 厘米左右，深度未测。该城由于所处的地理位置特殊，笔者推断：其西墙外侧与中粮宿村之间的界沟，即为当年西墙外的护城壕。关于城墙的护坡未发现，城内的建筑布局因未勘探发掘尚不清楚。仅采集到少量夹砂粗绳纹灰、黑陶片和泥制灰、黑、红陶片。可以判定的器物有尊、鬲、盆、罐等，与前庄遗址出土的同类陶器基本一致。在城址内当地居民平整过的梯田高埝头剖面上，还发现了当时烧陶所留下的窑址遗迹和包含各种遗物的文化层。其厚度 0.5—2 米。

此次发现的东粮宿城址，虽然面积不大，筑城技术上既与河南偃师商城、郑州商城和湖北盘龙城有相似之处，又有不同之处，文化内涵与前庄遗址、榆林遗址基本一致，其年代当为商代前期无疑。据此笔者推断：东粮宿城址当年的主人就是前庄遗址出土的青铜器的主人。

三 "砥石"历史地望辩

《史记》载："自契至汤八迁。汤始居亳，从先王居作《帝诰》。"《荀子·成相篇》云："契玄王，生昭明，居于砥石迁于商。"对于商先王时期的八迁，王国维先生考证：1、契自亳迁居蕃一迁。2、昭明自蕃迁居砥石，二迁。3、昭明自砥石迁商，三迁。……8、汤始居亳，八迁[①]。他认为，契居蕃，在今山东滕县。对于昭明居砥石，他采

---

① 王国维：《观堂集林》卷十二《说自契至于成汤八迁》。

信丁山先生的考证结论。丁氏认为："砥石是由水和石济水而来，水即今河北元氏县南槐河"①。金景芳先生认为："昭明居砥石"的砥石为辽水发源处，即今辽宁省昭乌达盟克什克腾旗的白岔山②。顾颉刚先生云："昭明所居之砥石（见《荀子·成相篇》，疑近砥柱，在今陕州）"③。也有人对王国维和丁山对契居蕃和昭明居砥石之考证不以为然。指出："从商的先王契至汤已经迁徙过8次。所迁的都城有蕃、砥石、商、商丘、相土的东都和邺，而汤的都城则在亳，蕃在今山东滕县境。砥石据说在今河北宁晋、隆尧两县间。"继而又闪烁其词："以砥石置于宁晋、隆尧之间，亦只是根据文献考证的结果。"叹息："古史渺茫，也只能暂作悬案。"④

从目前来看，"昭明居砥石"，一般人都采信丁山先生的考证结论，对于金景芳先生的观点和顾颉刚先生的推测则很少有人问津，就连对夏商文化研究最具权威的学者邹衡先生，通过对河北漳河中游的邯郸、磁县地区的先商文化的研究也认为：今河北省石家庄以南、邢台以北一带即为契之子昭明迁居的"砥石"⑤。

实际上，顾颉刚先生的怀疑不是没有一定道理的。前几年，曾经使用过的山西省中学生乡土教材上说："商的始祖契到灭夏的汤共传14代，先后迁都8次，契的儿子昭明第二次迁都就在砥石，砥石就在平陆县东⑥。"由台湾中国文化研究所印行的《中文大辞典》"砥石"条说："砥石，地名，未详，或以为砥柱。"⑦《水经注·河水》云："砥柱，山名也。昔禹治洪水，山陵当水者凿之，故破山通河，河水分流，包山而过，山见水中若柱然，故曰砥柱也。三穿既决，水流疏分，指状表目、亦谓之三门矣。山在虢城东北，太阳城东也。"⑧ 平陆古为虞国，战国属魏，秦为河东郡所辖，汉为大阳县。砥柱在平陆县东这是不容置疑的，但砥石究竟在哪里，笔者支持平陆县东说和顾颉顾先生"疑近砥柱"的推测。为什么？如果单从字面上看，"砥石"与"砥柱"仅一字之别，其原因何在？砥，磨刀石也，砥柱实际上是砥石柱的简称。砥石作为地名来讲，有可能与"砥柱"同源，所以说砥石的地望极有可能就在今平陆三门峡大坝以东地区砥柱附近。准确一点讲，以东粮宿村为中心，砥柱以下的大补村以东、榆林村以西，这大约15公里范围之内沿河一带，就是昭明当年所居的砥石，"粮宿商城"便是"昭明之都"。

当然，笔者认为"粮宿商城"便是昭明之都"砥石"，不仅仅是因为"粮宿商城"地近"砥柱"，而是在"粮宿商城"附近发现了一批"商城主人"祭祀用的青铜礼器。而这批青铜礼器从规格上讲只有商王室才能拥有。从厚重程度上看，前庄遗址出土的

---

① 丁山：《由三代都邑论其氏族文化》，载《史语所集刊》第五本。
② 金景芳：《商文化起源于我国北方说》1978年，见金景芳网页。
③ 顾颉刚：《殷人自西徂东札记》、《甲骨文与殷商史》第三辑，上海古籍出版社，1991年8月版，249页。
④ 白寿彝主编：《中国通史》第三册，第二节《夏、商、周三代的都邑及其间的交通道路》。
⑤ 邹衡：《夏商周考古学论文集》第四篇：《论汤都郑亳及其前后的迁徙》，文物出版社，1980年10月版，第213页。
⑥ 山西省教育厅编写的中学生乡土教材，"历史"补充教材。1993年印行。
⑦ 《中文大辞典》第二十三册，"砥石"条。台湾中国文化研究所印行，364页。
⑧ 《水经注·卷四河水》，岳麓书社出版，1995年1月版，第60页。

商代大方鼎明显比郑州商城杜岭一、二号方鼎为早。虽然它们在器形上、花纹上有相似之处，但在重量上悬殊甚大。杜岭一号方鼎高 100 厘米，重 86.4 公斤；二号方鼎高 87 厘米，重 64.25 公斤。而前庄遗址出土的方鼎高 82 厘米，重不到 40 公斤（斯按：当时未测重，笔者掂量过，约 30 公斤左右）。从绝对年代上讲，前庄遗址出土的方鼎应属二里冈下层东西。但它是不是昭明居砥石时所用的呢？这一点恐怕不大可能，因为昭明所处的相对年代即相当于夏初，即距今 3900 年到 4000 年的样子，而二里冈下层的相对年代最多距今 3700 年。那么这些青铜器到底为谁所用呢？从上述材料来看，这些青铜礼器为"粮宿商城"主人所用是肯定的，但主人是不是昭明呢？笔者认为：在昭明时代，商人恐怕还造不出这样精美庞大的青铜器。这就是说，距今 3900 年前，当昭明携带早商部落从蕃（山东滕县）迁到砥石居住一段，又从砥石迁到商（河北漳河）一带后，他当年所率的早商部落仍有一部分留居砥石。当商汤王正式在中原地区建国安邦后，砥石这里的商部落作为商王公贵族先祖的直系后裔，理应享受王室的一切礼遇。所以说，商王室所用的重要礼器这里也有，王室经常举行的祭祀活动这里也同样举行。青铜大方鼎、大圆鼎、大石磬在前庄遗址的出土正说明了这一点。

那么当年昭明为什么要选择"砥石"来安营扎寨呢？这与这里有得天独厚的自然环境、地理条件是分不开的。当时这里不仅四季分明、雨量充沛、土地疏松、易耕易种、十分适合粟类作物的生长。而且在"昭明之都"的西边（现在的中粮宿村、西粮宿村）有广阔的土地可以耕种，从大祁、前庄到粮宿的北部垣顶：东西南北、纵横数十里、山上森林繁茂、山前草原广阔、野兽出没，鸟语花香。脚下河中有鱼、涧中有虾有蟹。这里野生植资源及动物资源十分丰富，是早期人类农耕、放牧、狩猎、捕鱼十分理想的生存、栖息之地。大家知道：早商部落的畜牧业十分发达，昭明的父亲契原居于黄河下游的山东滕县一带，至昭明才迁徙到砥石居住。当然，从地理形势上看，这里属峡谷深处，人迹罕至，交通不甚方便。但当时夏已在中原立国，四处扩大势力范围，对异族邦国皆采取征服的态度。尽管早商部落也是一支武力强悍的部落，但为了保存有生势力，避免与夏发生武装冲突，笔者认为：在迁徙砥石之前，昭明曾暗中派人到黄河中游一带进行过考察，最后便开辟这里为他的新建根据地。

昭明率部迁徙，文献记载为早商部落的第二次迁徙。他这种迁徙，不是迁都。因为成汤以前，商王朝（国家）尚未建立，其迁徙就没有迁都的含义，而只能视为商民族的移动。邹衡先生说："成汤以前的八迁，只能理解为商民族的八次移动，不能指定为某一地点，而只能大体确定某一地区。"[①] 笔者补充：成汤以前的八迁，无论是契自亳迁居蕃，还是昭明自蕃迁居砥石，或昭明又自砥石迁商，而只能视之为契之亲族的部分迁徙，即与契或昭明有血缘关系的部族的随迁，而绝不可能是整个商部落的大规模的迁徙。所以说这种迁徙，只能是他们亲族内部的小规模迁徙。因为大举规模的迁徙在当时的情况下是不允许的，是危及夏朝统治权力的。所以他们新开辟的根据地并没有像样的城池，其人口也有一定的限量。从"粮宿商城"遗址、前庄遗址、大祁遗址、榆林遗址的地形和现存的遗迹来看，都属于山寨性质。除"粮宿商城"之外，其

---

① 邹衡：《夏商周考古学论文集》，文物出版社，1980 年 10 月版，211 页。

他"山寨"并无寨墙，寨址都选择在三面临空、一面靠崖的黄河一、二级台地之上，每个寨子往北都有一条通往山顶或垣上的路，往南有一条路通往河边或涧边。即一条路是人们外出耕作、采集、狩猎、放牧的路。一条路是人们取水、下河捕捉鱼、虾、蟹的路。寨子只有北门和南门，不管是防止野兽袭击，还是抵抗外敌的人为进犯，其防御能力都是较高的。寨子内建有大小不等的房子，每个寨子可容纳一、二百人。"都城"内可能人多一些，估计当时随昭明迁徙砥石的人数不过五、六百人。至成汤在中原立国时，砥石的"商人"可能发展到千人以上。

至于说作为"昭明之都"砥石的标志性建筑"粮宿城"，在当时为谁所筑，这只能通过考古发掘所证实。目前笔者给出的判断是：此城始筑于昭明，但兴盛时期并非为昭明所居，前庄遗址出土的青铜礼器当为"粮宿商城"兴盛时期主人祭祀用的礼器。

四 "砥石"与商王室的关系

前面笔者曾经写道："砥柱以下的大祁（地名）以东、榆林村以西，这大约15公里范围之内沿河一带，就是昭明当年所居的'砥石'。""不仅仅是因为'粮宿商城'地近'砥柱'。而是在'粮宿商城'附近——前庄遗址、发现了一批'商城主人'祭祀用的青铜礼器，而这批青铜礼器从规格上讲，只有商王室才能拥有。"由此断言："这些青铜礼器为'粮宿商城'主人，即商王室直系后裔所用是肯定的。在昭明时代，商民族恐怕还造不出这样精美庞大的青铜礼器。这就是说，距今3900年前，当昭明携带早商部落从蕃（山东滕县）迁到砥石居住一段，又从砥石迁到商（河北漳河）一带后，他当年所率的早商部落仍有一部分留居砥石，当商汤王正式在中原地区建国安邦后，砥石这里的商部落作为商王公贵族先祖的直系后裔，理应享受王室的一切礼遇。"也许有人认为笔者的这种推断是错误的，但1996年2月在郑州商城西墙外发现的一个商王室重器窖藏，佐证了笔者的上述推断。

该窖藏共出土青铜器12件，其中大方鼎4件、罍2件、爵2、簋1件、戈2件、钺1件。奇怪的是4件大方鼎平面都作正方形，口沿两侧部位有竖立的两个环耳，腹下四角为四条直立的上粗下细的圆柱形足。在1号、2号鼎的腹身均饰有饕餮纹和乳钉纹。饕餮纹都作带状分布于鼎腹上部、乳钉纹饰于鼎腹的两个侧边和下部。3号、4号鼎的腹身外仅饰有带状乳钉纹，鼎足上部外侧饰三角纹。每件鼎的腹壁和足部都有烟熏痕迹。方鼎的高度依次为83、75、64、59厘米①（重量不详）。

有关专家认为：郑州商城西墙外发现的这批青铜器，虽是继郑州杜岭和回族食品厂之后发现的第三坑窖藏青铜器，但一次出土4件青铜大方鼎是前所未有的，而且每件大方鼎的大小高低都不一致，具有列鼎性质。为研究商代王室用鼎制度提供了丰富的实物资料。那么"砥石"一次出土三件大鼎又说明了什么呢？前面笔者已经介绍到：与大方鼎同时出土的还有两件大圆鼎，一件高73厘米，一件高70厘米，如果拿郑州商城西墙外发现的四件青铜大方鼎与"砥石"出土的一件青铜大方鼎和两件青铜大圆鼎作比较的话，应该说"砥石"主人与"商王"使用的重器毫不逊色，表明器物主人

---

① 《商王室重器在郑州重见天日》、《中国文物报》1996年4月21日第一版。

的身份和地位是一个级别。

关于前庄遗址出土的青铜大方鼎、大圆鼎的年代问题,有人对前庄遗址出土的铜器和陶器与河南诸处遗址出土的同类器物进行过比较分析,认为前庄遗址出土的这批铜器"其准确时代应定在二里冈期第三段第Ⅴ组到第Ⅵ组之间,而更接近于第Ⅵ组[①]。"笔者认为前庄遗址出土的大方鼎、大圆鼎应该与郑州商城西墙外出土的四件大方鼎的年代大体同时或略早,其铸造地应该在郑州。因为在前庄附近一带没有发现铜器作坊遗址,距离前庄遗址百里之内也无铜矿可采。笔者推断:前庄遗址出土的这批青铜重器是商王室分送给砥石某王爷享用的。"砥石"虽然地处偏僻的三门峡大峡谷,但由于具有特殊的历史地位,当时仍是一个与商王室保持直接联系的重要"故都"。这个"故都"的主人,在商定都中原以后,管辖的范围不仅仅是平陆砥柱以下的大祁以东至榆林村以西沿河一带,极有可能对其周围方圆百里的土地都进行兼管。据悉 2004 年冬,在砥柱以西的平陆县三门乡将窝村又发现了一件商代的晚期青铜爵(该爵现存平陆博物馆)。将窝村东距东粮宿村约 20 公里以上。生活在这一地域之内的人们,都有可能对"砥石"主人进行纳贡。"砥石"虽小,但它可能拥有奴隶制国家控制下的一切权力机构。当时这里不仅有商某王爷主政,而且有保护商某王爷财产、维护商某王爷尊严、对外防止入侵、对内防止叛乱的军队,大祁遗址出土的兵器戈、以及前庄遗址出土的大量的铜镞即说明这里拥有武装力量存在,从一定程度上讲,这里可能还设有监狱。

由此看来,粮宿商城当年绝非普普通通的山寨小城,而是一个与商王室保持密切联系的"要邑",它的废弃大约与郑州商城王都的兴衰有关。有关"粮宿商城"的调查材料尚未正式发表,作为一个学术课题来探讨,笔者期盼更多的专家学者去关心、去参与。建议有关部门把该城址的考古发掘计划作为"中国古代文明探源工程"来立项,想必随着考古工作的深入,"粮宿商城"真正面貌一定会呈现在世人面前。

原文出处:原载《傅圣文化》2008 年第 6 期。
作者单位:山西省社会科学院历史研究所

[①] 张崇宁:《山西平陆前庄商代遗址分析》,1998 年河北邢台·中国商周文明国际研讨会论文。

山西平陆前庄村商代遗址及青铜方鼎铸造的研究

陶正刚　范　宏

1990年初，山西省平陆县坡底乡前庄村群众在黄河北岸修建沿河公路时，发现商代二里岗时期古文化遗址。遗址坐落在前庄村南端，遗址脚下南边是波浪滔滔的黄河，东侧有山涧"石膏河"流入黄河。由于长年的水土流失，今日古文化遗址呈北高南低，顶小底大，东西带状。总面积约为1万平方米。遗址位于平陆县城西南约40公里，与河南省三门峡市隔河遥遥相望，位于三门峡谷黄河北岸的土丘陵台上。

王国维《水经注校》："（黄河）又东过陕县北……河北对茅城……茅戎邑也。河南即陕城也。昔周召分伯，以此城为东西之别。东城即虢邑之上阳也。（黄河）又东过砥柱间。砥柱，山名也。昔禹治洪水，山棱当水者凿之，故破山以通河。河水分流，包山而过，山见水中，若柱然，故曰砥柱也。三穿既决，水流疏分，指状表目，亦谓三门矣。山在虢城东北大阳城东也。"《陕州志》三门：中神门，南鬼门，北人门。惟人门修广可以行舟。三门之广约三十丈。《水经注校》："（黄）河水又东，沙涧水注之。北出虞山，东南迳傅岩，历傅说隐室前，俗名之为圣人窟。《十三州记》云：大阳县属河东郡，傅岩在其界，今住穴尚存。《孔安国传》傅说隐于虞虢之间，即此处也。……桥之东北，有虞原，上道东，有虞城……周武王以封太伯弟虞仲于此，是为虞公。《太原地记》所谓北虞也。……《春秋谷梁传》曰晋献公将伐虢，荀息曰：君何不以屈产之乘，垂棘之璧，假道于虞。……公从之……唇亡则齿寒，虢亡虞亦亡矣。"[①] 同时在黄河北岸修建的沿河公路时位于坡底乡前庄村商代二里岗时期古文化遗址以北还发现两处商代二里岗时期古文化遗址，仅仅是规模比前庄村商代二里岗时期古文化遗址小，也出土有小件青铜器戈、矛等。同时在河南陕县（今日的三门峡市）发掘虢国墓地出土了大批西周青铜器。综合上述各种情况，可以清楚地看到这个地区自古以来为人们所重视，政治、经济、宗教祭祀活动比较频繁。我们认为商代先民多次在三门黄河拐弯处进行宗教祭祀活动。平陆县坡底乡前庄村这个商代二里岗时期古文化遗址是多次进行宗教祭祀活动的地点之一，从而给我们留下了许多重要文物。

平陆县坡底乡前庄村群众修建沿河公路时发现商代二里岗时期古文化遗址，出土

---

① 王国维：《水经注校》，第129～135页，上海人民出版社，1984。

文物有青铜器饕餮纹方鼎1件、饕餮纹圆鼎2件、饕餮纹甗1件、饕餮纹爵2件、钬1件。细泥质灰色陶器绳纹鬲、甗、瓿、盘、盆、罐、纺轮、网坠等残片，还有石磬和有钻有凿有兆而没有刻字的甲骨片等。其中以青铜器方鼎、圆鼎、甗、爵、甗最为精美，方鼎、圆鼎器形大花纹优美可称为国宝级文物。特别是方鼎的铸造方法非常罕见，带有原始性。我们前往前庄村调查青铜器等出土文物时，曾经询问当时修公路的群众，群众回答说：修建沿河公路时，在这个地点青铜器是分两次出土的，第一次是两个圆鼎、一个甗和一个钬，位置靠上。第二次在其下面又有一个坑，挖出一个大方鼎，鼎内有两件爵。从两次出土青铜器的花纹和器形进行分析，这两批青铜器虽然时代都属于商代二里岗时期，但方鼎和爵属于二里岗早期，圆鼎和甗属于二里岗晚期。

青铜方鼎呈正方形，方鼎通高82、口径50×50、耳高14、腹深44、壁厚0.6、足高23.5厘米。口沿外折，方唇，沿面平直。上有一对直立于口沿上的圆拱形的竖耳，耳的外壁作凹槽状，凹槽内有三道圆拱形的凸棱弦纹。耳的内壁和侧壁均为素面。腹部直壁平底呈方形，上腹部有一周饕餮纹带，正中为一组，转角处由两侧面合成一组。一周共有八组饕餮纹。腹面四周主要设有乳钉纹，两侧边各为三行，下部为五行。鼎足上粗下细、空心圆柱体。每一个足的上中部饰一周饕餮纹。足底平直，内含泥心。方鼎的特点是花纹饕餮纹凸棱弦纹都是单线条，比较呆板。器形：方鼎的腹部长，长方形，而鼎足短矮，不成比例。

方鼎非常特殊，其铸造方法极其粗糙，富有原始性，犹似搭积木一样拼装合成在一起，由多范分体铸造。铜方鼎铸造时先铸造耳、足、口沿。腹部则先铸造四周四根转角立柱（边框），再铸造下横框，将四周四根转角立柱（边框）连接在一起，成方框架子。然后在铸造平底时，和鼎足联合，我们可在鼎的正面和内侧都能看到三次分铸，浇铸铜液多次重叠的情况。然后再铸造腹部正中的方块和正面的饕餮纹带和乳钉纹带，最后将口沿、立耳和鼎的整体合成浇铸在一起。由于工艺粗陋笨拙，范与范之间的缝子接合极不平整，高低不平，有漏液补铸、加固等痕迹。在口沿转角处怕铸接不坚固容易开裂，又增加了铸铜转角铸条。我们认为这是先人在铸造青铜器大件时的雏形，由于古代先民在铸造大件青铜器时，技术还不熟练，铸造工艺不完善，不懂得铸造大件青铜器的办法，所以先民在铸造这件大型青铜方鼎时具有许多原始操作的情况。

与郑州杜岭、辽宁喀左、江西新干出土的商代二里岗时期青铜大铜鼎相比较，山西平陆县坡底乡前庄村出土青铜方鼎显得更原始、更粗陋笨拙，这一点无论在铸造技术、器形、花纹上都是十分明显的。同时在方鼎中出土的两件青铜爵，流短、尾尖、柱短小呈钉状，平底，三条尖足较直，似钉状，颈腹交接处有单线条饕餮纹带，显得特别粗陋笨拙，富有原始性。时代与大方鼎相同。这三件青铜器的发现是非常重要的，是我国青铜器发展史上重要的一环、高度发展的中国青铜器的里程碑，也是罕见的十分珍贵的重要青铜文物，对我们研究中国青铜器的发展历史有着重要的意义。

原文出处：原载《2004年安阳殷商文明国际学术研讨会论文集》，社会科学文献出版社，2004年9月。

作者单位：山西省考古研究所

垣曲商城与商人经略晋南

——兼谈傅说相武丁

印 群

垣曲商城遗址①的发现曾引起学术界的巨大关注,随着发掘简报和报告等的发表,该商城的结构、年代等都日益明朗,不过有关当时兴建该城的具体用意及商人在晋南之经略问题则仍有继续探讨之必要。关于前者是众说纷纭、莫衷一是,而对于后者却往往是一笔带过甚至不予涉及。笔者拟在此就上述问题谈谈自己的看法,以就教于各位方家。

一 垣曲商城之基本状况与晋南夏、商势力之更替

晋南地区也称晋南盆地②,包括运城及临汾两个小盆地,运城盆地与临汾盆地分别位于晋南盆地的南部和北部。垣曲商城所在的垣曲县位于晋南运城地区的东南部,地处黄河北岸,由于有山脉环绕,所以属于相对封闭的地域。垣曲商城之形状为不规则方形,南北长度约为 400 米,东西距离约为 350 米,周长大约是 1470 米,总面积不少于 13 万平方米。

该城址是层层夯筑而成的方形城堡,有四面城垣,其平面形状略似梯形,在西墙之外还发现了一条护城壕与墙平行。城内的宫殿区是最重要的遗迹,包括 2 座夯土台基及围墙,在城址内的中部偏东。围着宫殿区的长方形的宫城墙,南北长度约为 88 米,东西宽度约为 50 米,该宫城是独立、封闭的。宫殿区面积大约是 4500 平方米左右,在城内总面积中约占二十八分之一,而居民区之范围大约是东西距离 250 米,南北则为 120 米,面积大约在 3 万平方米左右,在城内总面积里大约占四分之一,所以居于城中的人口并不为多。城内的南部是手工业分布区,有许多陶窑的遗迹,特别是二里岗上层时期的居多③。在整个垣曲商城内以二里岗上层与二里岗下层文化为主要的

---

① 《1988—1989 年山西垣曲古城南关商代城址发掘简报》,《文物》1997 年 10 期;《1991—1992 年山西垣曲商城发掘简报》,《文物》1997 年 12 期;《垣曲商城》,科学出版社 1996 年。
② 《晋南考古调查报告》,《考古学集刊》第六集第 1 页。
③ 中国国家博物馆考古部,《垣曲盆地聚落考古研究》第二章第 47 页,第四章第 401、402 页,科学出版社 2007 年。

文化堆积，二里岗上、下层文化不仅普遍存在于全城而且在分布上基本呈现水平状，极可能是该时期城中商人的主要活动面①。该城的遗迹以灰坑最多，沟壕与陶窑也有发现，在年代上大多是二里岗上、下层时期。在二里岗上、下层时期之遗迹里，属于二里岗上层的多于下层的，明显属于该城址使用时期之遗存。垣曲商城之商代遗存在文化面貌上与商文化的中心地带基本一致。

考古资料表明，发现于晋南地区的临汾市襄汾县陶寺城址曾是夏之"王都"。已发掘的陶寺城址早、中期城墙和早、中期的"王级大墓"，配上标志性的建筑，就使得作为"王都"的陶寺城址之聚落形态更完整，从而进一步明确体现了陶寺城址的社会形态与文明化的程度②。在晋南垣曲盆地相当于二里头文化晚期之阶段，盆地内聚落的数量急剧增加到了41处，这反映了夏人在这里的长期经营，该时期5万平方米以上的大、中型聚落达9处之多③。在历史文献中亦有关于临汾为尧都的记载。据《史记·秦本纪》载："十二月，益发卒军汾城旁。……晋、楚流死河二万人。攻汾城，即从唐拔宁新中……"关于汾城，《正义》："《括地志》云：'临汾故城在绛州正平县东北二十五里，即古临汾县城也。'按："'汾城即此城是也'。"《正义》又云："唐，今晋州平阳，尧都也。"④ 因此，考古发现和历史文献资料记载都表明晋南为夏墟。

近年来，通过对河南偃师二里头等遗址的反复认识，有一些学者通过测年技术对二里头文化的年代上限作出了判断，即二里头第一期之年代上限应该不早于公元前1750年⑤。还有一些学者对于二里头遗址历年来的相关考古发现作出了如下的评述：尽管在商或其他时期的人群里可能存在着有关夏人之口头传说，夏亦颇有可能曾是在商之前的一个重要政治实体，但作为一个王朝的夏之存在尚无法得以证实⑥。伴随着学者们对于豫西二里头遗址的质疑，晋南地区作为夏墟的地位日趋巩固。

相比之下，商人是来自东方的。《史记·殷本纪》："契卒，子昭明立。昭明卒，子相土立"⑦。《诗经·商颂·长发》谓："相土烈烈，海外有截。"郑笺云："截，整齐也。相土居夏后之世……其威武之盛，烈烈然，四海之外率服"⑧。由此反映出当时商人祖先之所在地不会离东方的大海太远。相土作为先商时期年代甚早的先公，既然能够勘定海外，据此可推断出该时期商人之地域不可能远在西方的关中地区。商人的居地非常可能是在东方的滨海一带，其声威方能够远震海外。通过王恒和王亥与有易之斗争，可断定该时期的商应是有易的邻国。王国维认为有易之地位于如今河北易水流域，因此商当时应该在今天的冀中或冀南。商汤之灭夏是由东朝西征伐的，夏也被称作"西

---

① 王月前、佟伟华：《垣曲商城遗址的发掘与研究——纪念垣曲商城发现20周年》，《考古》2005年11期。
② 《山西襄汾县陶寺城址发现陶寺文化大型建筑基址》，《考古》2004年2期。
③ 中国国家博物馆考古部：《垣曲盆地聚落考古研究》第四章第386页，科学出版社2007年。
④ 引自《史记》卷五。见《史记》第一册第214、217、218页，中华书局1982年第2版。
⑤ 张雪莲等：《新砦——二里头——二里冈文化考古年代序列的建立与完善》，《考古》2007年8期。
⑥ 许宏、刘莉：《关于二里头遗址的省思》，《文物》2008年1期。
⑦ 引自《史记》卷三。见《史记》第一册第92页，中华书局1982年第2版。
⑧ 引自《毛诗正义》卷第二十一——四。见《十三经注疏》上册，第626页，中华书局1980年。

邑夏"①。由此，晋南地区并非商人的发祥地。

到了商王朝时期，垣曲盆地聚落的数量则大幅度地减少，二里岗下层文化时期的与二里头文化时期的相比，减少的幅度将近四分之三②。根据考古调查，晋南地区的商代遗址总共发现有23处，其中在运城发现了11处，而在临汾则发现了12处③。以垣曲古城南关遗址为例，在该遗址的东南部，二里头文化晚期聚落的总面积大约为10万平方米，有天然的河流环绕于该聚落之东、南两面，还有人工挖掘的大型濠沟在聚落的西、北两面。也是在古城南关遗址之东南部，基本与二里头晚期之聚落的位置相重合，分布着商代二里岗下层文化到二里岗上层文化时期的城址聚落，商人所筑的这坚固夯土城址，形成了该时期城堡聚落之形态④。晋南商代城堡聚落形态的出现，折射出当时社会环境不和谐之程度，标志着冲突的加剧。

二 垣曲商城是武丁伐鬼方的军事战略基地

关于兴建垣曲商城之目的或为多重，但其主要目的应该予以明确。

有学者说兴建垣曲商城是为了防范夏遗民，是夏商文化冲突的产物。"当夏商文化冲突时，此三座商城（东下冯、垣曲、府城商城）得以建立；当夏商文化冲突消失时，此三座商城也就不复存在"⑤。垣曲商城之存在与防范夏遗民不能说没有联系，毕竟晋南是夏人的兴起之地。但这很难成为兴建垣曲商城的主要原因。首先，在垣曲商城遗址，二里头文化晚期的不少文化因素与商代二里岗下层存在着较明显的继承关系。其房址非常相似，都是圆形双间的半地穴式房屋，并分成内、外两室，中间有相连的通道。它们的墓葬形制都是长方形的竖穴土坑墓，没有葬具，而灰坑之形制和结构也颇为相像。至于其生产工具方面，皆以石铲及石镰和骨镞等为多。其陶器都以夹砂或者泥质灰陶和灰褐陶为主，在纹饰上，普遍使用的是绳纹。在二里头文化晚期和商代二里岗下层文化中，还存在着以深腹罐为主的共有器物等⑥。以上情况暗示出，这里商文化取代夏文化是逐步进行的，而不是急风暴雨式的突变。在正常情况下，这样的渐变过程遇到强烈抵抗的可能性应相对较小。据发掘者称，"在二里岗期遗迹中，二里岗上层多于二里岗下层……显然是城址使用期间的遗存"⑦。既然该城址使用期是以二里岗上层文化时期的遗迹为多，那么该时期距离商汤灭夏已经历时久远。考古学上的二里岗上层时期相当于殷墟文化第一期。考古学分期上的武丁时期分为早、晚期，分别属于殷墟一期晚段和二期早段⑧，即殷墟文化第一期偏晚阶段已进入武丁时期。从商汤到

---

① 王玉哲：《中华远古史》第169、170、184页，上海人民出版社2000年。
② 中国国家博物馆考古部：《垣曲盆地聚落考古研究》第四章第386页，科学出版社2007年。
③ 《晋南考古调查报告》，《考古学集刊》第六集第30页。
④ 中国国家博物馆考古部：《垣曲盆地聚落考古研究》第二章第47页，科学出版社2007年。
⑤ 程峰：《夏商文化冲突的产物——东下冯、垣曲、府城商城比较研究》，《华夏考古》2005年4期。
⑥ 《垣曲商城》第299页，科学出版社1996年。
⑦ 《1991—1992年山西垣曲商城发掘简报》，《文物》1997年12期。
⑧ "殷墟文化第一期偏晚阶段的年代约相当于武丁早期……第二期早段的上限可到武丁时代（约为武丁晚期）。"（引自中国社会科学院考古研究所编著的《殷墟的发现与研究》第38—39页，科学出版社1994年）

武丁，就商王的世系来看，中间经历了20位商王，依次为外丙、中壬、太甲、沃丁、太庚、小甲、雍己、太戊、中丁、外壬、河亶甲、祖乙、祖辛、沃甲、祖丁、南庚、阳甲、盘庚、小辛、小乙①。迄今为止，并无证据表明在经历了自商汤灭夏直到殷墟文化第一期乃至该期之偏晚阶段如此漫长世系的商王朝统治和夏、商文化的融合之后，夏遗民仍强烈敌视商王朝。既然不能证明至垣曲商城的主要使用时期商人与夏遗民及夏、商文化间的激烈冲突之存在，那么如果说像垣曲商城这样的军事基地在其主要使用期是着眼于防范夏遗民，这在当时的历史条件下显然不具备现实性，而考古遗存又表明该军事基地当时确实在被积极地使用着，这就反证出该时期该军事基地的主要使用价值并不在于镇压夏遗民。

还有学者认为修筑垣曲商城之主要因素是为了开采及掠夺铜矿，而且垣曲商城始终处于交通要塞的中心地位②，也便于运输。在聚落考古中，出于对自然资源的开采或掠夺而形成聚落，这种现象并不罕见，尤其是像垣曲商城这样的城堡型聚落。但如果说是为了铜矿资源，那么就必须证明当时商王朝对该地该资源进行过大规模的开采甚至初步加工，否则不能仅根据该自然资源的存在或只被少量开采过就推定当时的古代先民是为了开采该资源而居于该地的，亦不能说附近的古代城址就是为了获取该资源而兴建、存在的，更何况众所周知，晋南还有其他丰富的矿产资源呢。

由于北方所产之原料仅能冶铸出铅青铜，而大量的锡青铜之生产得依靠产自南方的铜、锡之大规模输入，所以垣曲商城附近的中条山一带基本上不会是商代青铜原料之主要产地，而且与铸铜相关的资料在垣曲商城内发现得非常少，无法形成足够的证据③。也就是说，迄今为止，并无确切证据显示垣曲商城一带是商朝铸铜业的重要原料来源。

笔者曾参加过河南安阳孝民屯商代铸铜遗址的发掘，该铸铜遗址的规模之大、工艺流程之细、产品之精美令人震撼。但在发掘时却未见冶铜的炼渣，反映出当时在该遗址是直接熔铸铜锭来铸造青铜器的，而那些数量应十分可观的铜锭之来源却不得而知。倘若垣曲商城真是商朝为获得铜矿资源而建，那么在该地或其附近应有数量巨大的炼渣，然而长期以来，学术界却并未在其相关考古资料中见到这个关键性的证据。因此，没有证据表明商王朝兴建垣曲商城的主要目的是为了铜矿资源。

原发掘报告认为，垣曲商城或为方国都城，或为军事重镇。所谓方国应该是独立于商王朝统治区以外之集团或者国家，垣曲商城并不具备方国文化之特征④。然而，为了慎重起见，我们在此还是先根据已发表的发掘报告，对考古资料进行具体、详细地梳理，从考古学上确认垣曲商城文化遗存之性质，然后再据此对该城址是否为方国遗存予以进一步认定。

关于垣曲商城的二里岗下层文化遗存之面貌，原发掘报告指出："垣曲商城的二里

---

① 引自《史记·殷本纪》。见《史记》第一册第95—102页，中华书局1982年第2版。
② 董琦：《环境选择——垣曲商城遗址研究之四》，《考古与文物》1999年6期。
③ 王睿：《垣曲商城的年代及其相关问题》，《考古》1998年8期。
④ 王睿：《垣曲商城的年代及其相关问题》，《考古》1998年8期。

岗下层文化遗存与豫西地区商文化遗存的面貌十分接近……垣曲与豫西的二里岗下层文化无论是遗迹还是遗物均存在着十分明显的共性，它们的共同因素在其文化内涵中占主体地位"①。而对于垣曲商城二里岗上层时期的遗存，原发掘报告认为："二里岗上层时期垣曲的文化面貌与豫西更趋接近……两地表现了极大的一致性"②。至于垣曲商城文化遗存的性质以及二里岗下层文化遗存与上层文化之关系，原发掘报告说："垣曲商城的二里岗期文化应属商文化范畴，垣曲地区应为商人直接控制之地……商人的统治区域以豫西为中心，向北已越过黄河到达晋南垣曲一带……二里岗下层与上层相比，其文化内涵中的主要因素基本一致，文化上的承袭性十分明显……这是由于它们同属商文化，在年代上又直接相接的缘故"③。既然垣曲商城二里岗下层与上层文化遗存之间文化属性相同，年代相接，与豫西商文化的一致性极大，即在文化面貌上与商人统治区之中心地域十分相同，那么该城址显然不具有独立的文化特色，当然属于商王朝文化之范畴。鉴于垣曲商城的文化面貌属于商王朝文化，那么该城址当非方国遗存，更非方国之都。

垣曲商城地势险要，城址位于三面环水之高台地上，筑于其西南城垣的双道夹墙，形成了最早的城门瓮城④。1988—1989 年垣曲商城所发掘出的 11 座商墓中，除了 3 座为儿童墓之外，其余的 8 座是成人墓。在这 8 座成人墓里，就有四座墓内的骨架不全，骨架不全者竟达一半⑤，骨架不全者通常是肢骨缺失。在该城址的考古发掘过程中，曾二次发现有铜镞嵌于乱葬坑中的人之胫骨和颈椎骨上，由此暗示出当时军事冲突之激烈⑥。原发掘报告说垣曲商城是用"以抵御西北方向外来势力的侵犯而修筑的"⑦，然而并无材料来证明这所谓西北方向外来势力的客观具体之存在。毋庸置疑，垣曲商城是迄今所见商王朝在晋南最大的军事据点，但修筑这个军事基地的战略意图又是什么呢？原发掘报告又说："垣曲商城很可能是商王朝踞守黄河天险的一座军事重镇"⑧，既然垣曲商城这里是险要的军事重镇，又显然处于当时商王朝的前沿地带，其主要功能还应从商王朝对外部敌对势力之攻防来探寻，这方面的作用才能成为该城的主要功能。

作为军事战略基地，它具体的攻防目标显然取决于其所处的战略位置。但若垣曲商城仅是为了抵御侵犯而踞守黄河天险，那为何不撤到有天险之隔的黄河南岸？位于黄河北岸的垣曲商城军事基地不但自身无法有效地利用其身后的黄河天险，而且这道天险之存在等于是切断了其后路，使其易于在战争中陷入绝境。由此可见，垣曲商城其实更像一个用于向前进攻的桥头堡，与其认为它是为了防御并未得到证实的西北方

---

① 《垣曲商城》第 289 页，科学出版社 1996 年。
② 《垣曲商城》第 295 页，科学出版社 1996 年。
③ 《垣曲商城》第 276、300 页，科学出版社 1996 年。
④ 王月前、佟伟华：《垣曲商城遗址的发掘与研究——纪念垣曲商城发现 20 周年》，《考古》2005 年 11 期。
⑤ 中国历史博物馆考古部：《1988——1989 年山西垣曲古城南关商代城址发掘简报》，《文物》1997 年 10 期。
⑥ 王睿：《垣曲商城的年代及其相关问题》，《考古》1998 年 8 期。
⑦ 《垣曲商城》第 276 页，科学出版社 1996 年。
⑧ 《垣曲商城》第 276 页，科学出版社 1996 年。

向外来势力之侵犯，不如看看垣曲商城之面对者中有无当时客观存在的敌对势力，而历史文献资料记载表明垣曲商城所面对的恰是商王朝的劲敌"鬼方"之所在。关于"鬼方"及武丁伐"鬼方"，历史文献中屡有记载。《诗经·大雅·荡》载："文王曰咨，咨女殷商……覃及鬼方"①；《周易》载："高宗伐鬼方，三年克之"②；《周易》又载："震用伐鬼方，三年有赏于大国"③ 等。这里的"高宗"即武丁。震即沚伯，其地盘靠近危方，而"鬼方"则是与"危方"并称的，因此"鬼方"亦应该在晋西南一带，所以武丁才命令震去征伐"鬼方"④。由于古时可以通用之缘故，隗、怀皆为鬼姓。周武王把唐叔分封在夏墟并封给他怀姓（鬼姓）九宗，也反映出"鬼方"的地域应该是在晋南，故此商殷时期的"鬼方"大体应位于晋南⑤。《国语》："当成周者，……西有虞、虢、晋、隗、霍、杨、魏、芮；……则皆蛮、荆、戎狄之人也"⑥。可见当时隗（鬼）仍在成周即洛邑之西。综上所述，关于武丁时的"鬼方"在晋南之判断，当为不谬。

作为商王朝强劲对手的"鬼方"，受到了高宗武丁之征伐，而武丁伐"鬼方"的结果是"三年克之"⑦，可见其胜利来之不易，反映出"鬼方"对商王朝的威胁之大和与"鬼方"作战之艰难。而纵观商朝武丁时期之卜辞，很少有关于"鬼方"的记述。商王朝与"鬼方"之敌对，一直持续到商朝末年⑧，并非仅在武丁时期。实际上直到西周，"鬼方"的势力仍不容忽视，如《左传》定公四年载："分唐叔以……怀姓九宗……命以唐诰，而封于夏虚。启以夏政，疆以戎索"⑨。商代晋南应是商与"鬼方"的军事交战区，垣曲商城当是商王朝出击"鬼方"的军事战略基地。武丁（高宗）伐"鬼方"用了三年，应该是基本解除了"鬼方"的威胁，所以致使武丁时的甲骨卜辞中，对"鬼方"的记载颇少了。"高宗伐鬼方"并非是由于仅在武丁当时"鬼方"才对商王朝有威胁，而是由于武丁时期在傅说等的辅佐下，商王朝国力强盛（详见下文），有足够的力量进击"鬼方"，以解除或基本解除其威胁。

三 垣曲商城与傅说相武丁

垣曲商城"始建于商代二里岗下层并延续使用到二里岗上层时期"⑩。在垣曲商城之使用期，商王朝在晋南有垣曲商城这样强大坚固的军事基地，反映出其当时力量之强盛。在垣曲古城南关商代城址，商代二里岗下层到二里岗上层文化时期之城址聚落在位置上和二里头晚期的聚落是基本上重合的，该时期的城堡聚落形态体现于坚固的

---

① 引自《毛诗正义·大雅·荡之什》。见《十三经注疏》上册，第553页，中华书局1980年。
② 《周易·既济九三》。见《十三经注疏》上册，第72页，中华书局1980年。
③ 《周易·未济九四》。见《十三经注疏》上册，第73页，中华书局1980年。
④ 李学勤：《殷代地理简论》第75页，科学出版社1959年。
⑤ 陈梦家：《殷虚卜辞综述》第275页，科学出版社1956年。
⑥ 引自《国语》卷第十六，《郑语》。见《国语》下，第507页，上海古籍出版社1978年。
⑦ 《易经·既济九三》。见《十三经注疏》上册，第72页，中华书局1980年。
⑧ 王玉哲：《中华远古史》第375页，上海人民出版社2000年
⑨ 引自《春秋左传正义》卷五十四，第433页。见《十三经注疏》下册，第2135页，中华书局1980年。
⑩ 《垣曲商城》第324页，科学出版社1996年。

夯土城址上①。与二里头文化时期的晋南聚落相比，垣曲商城显示出了商朝的军事威慑力以及商王朝对该地区的重视与经营。

通过调查，在晋南盆地的范围内有二十多处可认定之商代遗址，以二里岗文化时期的居绝大多数。仅曾于调查范围以北之洪洞永凝堡见过相当于殷墟三期的陶鬲，而在临汾以南，除了三处相当于殷墟一期的遗址以外，再没有发现其他晚商的遗存。早在先前即1959年的那次调查时，调查者即已察觉了该问题，所以不可能是工作之疏漏，而是存在于晋南盆地的一个特定历史现象②。上述情况表明武丁时期一过，商人应基本上从临汾以南之地区撤退了，所以调查者于临汾以南就再没发现晚于大司空村Ⅰ期（殷墟一期）之商遗存。更重要的是，调查者是在不只一次的调查中发现这个问题，并排除了工作疏漏的可能性，还把该现象定性为该地区的一个特定历史现象，因此更凸显出其并非偶然现象，而是具有一定规律性的客观现象。

《史记》载："帝武丁即位，思复兴殷，而未得其佐。三年不言，政事决定于冢宰，以观国风。武丁夜梦得圣人，名曰说。以梦所见视群臣百吏，皆非也。于是乃使百工营求之野，得说于傅险中。是时说为胥靡，筑于傅险。见于武丁，武丁曰是也。得而与之语，果圣人，举以为相，殷国大治。故遂以傅险姓之，号曰傅说。……武丁修政行德，天下咸欢，殷道复兴。"③。武丁在位时间长达59年④。关于傅说，在《庄子》、《孟子》等许多先秦文献上也都有提及。《孟子·告子下》："舜发于畎亩之中，傅说举于版筑之间，胶鬲举于鱼盐之中，管夷吾举于士，孙叔敖举于海，百里奚举于市……"⑤。《庄子·大宗师》中说："傅说得之，以相武丁，奄有天下。乘东维，骑箕尾，而比于列星"⑥。就年代而言，垣曲商城二里岗上层文化时期的遗存是多于二里岗下层文化时期之遗存的⑦，既然如此，二里岗上层文化时期的遗存显然是该商城内最丰富的商代遗存。前文已述，考古学上的二里岗上层时期与殷墟文化第一期相当，而殷墟文化第一期之偏晚段已属于武丁时期。既然武丁以傅说为相是在武丁即位三年后，所以应属于武丁早期，也就是在殷墟一期的晚段。如此，历史文献上所载的傅说相武丁时期与考古学上的垣曲商城之主要使用期存在着可资对应的空间。

在晋南地区所发现的总共23处商代遗址中，二里岗期的有20处，其中有9处是单纯的商文化堆积。在这9处遗址中间，面积最小的为5000平方米，最大的则为64000平方米，大多是在10000平方米以下⑧。所谓"傅说相武丁"揭示出武丁时商王朝的强大国力是与傅说之协助密切相关的，而使用至二里岗上层时期（殷墟一期）的晋南垣

---

① 中国国家博物馆考古部：《垣曲盆地聚落考古研究》第二章第47页，科学出版社2007年。
② 《晋南考古调查报告》：《考古学集刊》第六集第40页。
③ 引自《史记·殷本纪》。见《史记》第一册第102—103页，中华书局1982年第2版。
④ 中国社会科学院考古研究所：《殷墟的发现与研究》第170页，科学出版社1994年。
⑤ 引自《孟子注疏》卷十二下。见《十三经注疏》下册，第2762页，中华书局1980年。
⑥ 引自《庄子集解》卷二。见《诸子集成》第四册之《庄子集解》第四一页，河北人民出版社1992年。
⑦ "在年代上，二里冈上层文化时期遗存又多于二里冈下层文化。"（引自王月前、佟伟华著《垣曲商城遗址的发掘与研究——纪念垣曲商城发现20周年》，《考古》2005年11期）
⑧ 《晋南考古调查报告》，《考古学集刊》第六集第30页。

曲商城作为出击"鬼方"的重要军事基地,即是当时商王朝国力之强盛的一种外在表现。考古工作表明,从商代二里岗下层文化时期之晚段起到二里岗上层文化的时期,在商人所修筑的垣曲古城南关城堡遗址以外之周围地带,基本上没发现有二里岗期的遗迹存在[①]。垣曲商代城堡聚落无可置疑地体现了浓厚的军事氛围,而城堡之外的周围地区又基本未见有二里岗期的遗迹,更反映出垣曲商城聚落的整体和谐性远逊于其单调的军事性,而对于垣曲商城这种性质较单一的聚落而言,既然周围明显缺少能作为依托的同时期的小聚落群,也就使其难以在晋南一带形成能互相补充的和谐的浑然一体之多层次聚落群,昭示出其底蕴尚不够深厚,这也为临汾以南未见殷墟一期以后的商遗存之现象即商人势力的撤退埋下了伏笔,而这种退却本身也暗示出商人对晋南之经略亦告一段落。

原文出处:《先秦史研究动态》2008年第2期。
作者单位: 中国社会科学院考古研究所

[①] 中国国家博物馆考古部:《垣曲盆地聚落考古研究》第二章第47页,科学出版社2007年。

全国首届傅圣文化学术研讨会情况总结

杨善群

在本次傅圣文化研讨会期间，与会的各位专家结合各自的研究，从傅说在甲骨文中的记载和出土文献的证明、傅圣文化遗存、傅圣的伟大思想和圣人地位三个方面进行了详细、深入、细致的论述，使傅圣文化研究取得了丰硕的成果：

李学勤教授的《试论楚简中的〈说命〉佚文》，首次从出土文献中发现傅说的记载，并考证出"傅鸢"就是傅说，郭店楚简所谓《成之闻之》里的《诏命》既《说命》佚文的结论。

王贵民教授的《傅说的传奇性与历史性》，考证了古籍中记载傅说事迹的内容变化由抽象到具体，是不同时期学者思想的反映；甲骨文中的"甫"字有许多活动与傅说相印证，有学者据之深入探求其活动区域，与山西平陆傅岩的方位比较符合；《国语·楚语（上）》的一些语言为商代的文学语言，与《尚书·微子》篇的语言相类似，表明《楚语》记述和《说命》的记载有可信性；傅说从奴隶到宰相的经历看似传奇，但符合马克思主义理论和古代历史实践。

魏嵩山教授《傅说与巅軨坂道的修筑》，考证了今平陆县境内的巅軨坂道，是由傅说在当胥靡时主持修筑的，是我国最早修筑的人工道路，为当今世界上仅有的宝贵的文化遗存。此外，傅岩、傅说故居圣人窟、傅说墓、傅相祠等，皆有很高的历史价值，应当很好地保护、研究和开发。

杨善群教授的《古文〈尚书·说命〉与傅圣事迹研究》，从《说命》的真实性、珍贵价值和治国思想三大方面考证了在孔子之前700多年的圣人傅说，有着一套相当完整严密的治国思想。这些思想不仅在当时切合实际，对武丁时期商朝的复兴起着决定性的作用，而且在今天看来仍有其明智、合理的一面，对如何治理好国家有积极的借鉴意义。同时指出，《尚书·说命》语言简练、层次清楚，其中包含着许多格言、成语、大量的比喻。完全可以肯定，古文《尚书·说命》三篇是真实、细致、生动、优美的传统作品，其珍贵的价值在古代历史上不可多得，宋代以来有些学者判其为"伪书"的错案必须纠正。

张永山教授的《傅岩与商代兵要地理》，论证了傅说隐居的傅岩、傅说主持修筑的道路巅軨坂道均是用兵要道，对于商王朝保卫国家、开拓疆土非常的重要。

郑杰祥教授的《傅说的历史功绩》论证了傅说在商王朝复兴中的重大贡献，又从音韵、字义、事迹等方面探讨，认为甲骨文中的"毕"，又称"小臣毕"就是傅说，为甲骨文中寻找傅说事迹又开辟了一种新说。

罗琨教授的《"惟甲胄起兵"与中国古代军事思想传统》论证了傅说的谏词"惟甲胄起兵"，反映了傅说的慎战思想，这种慎战思想已经贯彻到武丁的军事行动中。以甲骨文为例，武丁每次用兵前，都要多次占卜，十分慎重，采取刚柔相济、止战为武的策略。这种思想到春秋时，在楚庄王身上和孙子兵法中得到了进一步的发展。

刘桓教授的《关于傅说的考证问题》论述了傅说事迹在商代甲骨文中有无记载的问题，依据甲骨文学者丁山先生《商周史料考证》，找出"菁华"三见的"梦父"即是傅说。"梦父"是傅说死后的尊号，"甫"在甲骨文中是傅说的生称，与武丁关系密切，从事多种政事活动。

郭永琴、潘庆梅两位学者的《古文〈尚书·说命〉篇今注今译研究》，详细比较各家注释的优劣，重新编成新注，为了解《说命》的事实、思想提供了方便。其译文因篇幅所限，没有讲解和公布，待将来编论文集时作为附录刊印，亦为宣传傅说事迹和思想的一大善事。

傅增明教授的《品读〈尚书·说命〉的创新精神》让人耳目一新。《说命》上篇包含了殷高宗的人才评价机制和人才寻访方式的创新、工程科学技术创新、殷高宗纳谏方式等三个创新；中篇包含了五个创新：地方管理制度的创新、政府行为学的创新、危机管理机制创新、国家祭祀礼仪创新、哲学思想创新等；下篇则从教育子女方式创新、教学观创新、殷高宗治国价值观创新三个方面展开论述，十分精彩、新颖。

柳河东副会长的《儒学五期说与傅说在儒家文化中的历史地位》论述了儒学中必须包含尧舜、夏商周萌发时期儒学，儒家道统中不能没有傅说，傅说在儒学启蒙期的贡献、历史地位及现代价值三大问题。

宫长为教授的《有关傅圣文化研究的几个问题》从有关傅说其人其事、有关古文《尚书·说命》篇的探讨、傅圣文化的定位三个方面论述了傅圣文化，认为，傅圣文化是以傅圣思想为核心的中国上古时期最具有代表性的文化。它的内涵不仅包括傅说思想学说，相关的史事，还应该包括历代歌颂、纪念、文物遗迹等。它的外延涉及武丁王朝以及殷商晚期的方方面面，乃至整个中国上古文明史。

这次研讨会虽然时间很短，仅有一天时间，但各位专家从不同方面所作的研讨，使傅圣文化的挖掘、研究和弘扬取得了长足的进步，十分成功。今后，各位专家将结合本次研讨会的成果，在各自的领域不断探求，把傅圣文化的内涵充分挖掘出来，使傅圣文化不断发扬光大，为弘扬中华文明作出贡献。

原文出处：原载《傅圣文化》2007年第4期。
作者单位：上海社会科学院历史研究所

全国第二届傅圣文化学术研讨会综述

蔡运章

2008年9月26—27日由中国先秦史学会、山西省社会科学院古代文明研究中心、世界傅氏宗亲联谊总会和山西平陆县人民政府共同举办的"全国第二届傅圣文化学术研讨会",在平陆县委、县政府的精心组织和安排下于平陆宾馆顺利召开。这是傅圣文化研究和平陆县文化建设的一件大事!

我们知道,西方人信奉上帝,中国人崇拜圣人。傅说就是商代后期被尊为"圣人"的著名人物。他因辅佐商王武丁实现商朝"中兴"的大业而彪炳史册。傅圣文化是中国传统文化宝库的珍贵遗产。这次大会有来自全国二十多个省、市、自治区从事先秦史和文物考古研究的专家、学者(其中包括中国先秦史学会的顾问和理事22名)以及傅氏宗亲代表80余人,共收到学术论文50余篇。大家经过两天紧张而热烈的参观考察和学术讨论,围绕着傅说事迹及其相关问题,展开全面、深入地研究和探讨,取得了重大的学术成果。我受大会组委会的委托,谨对这次大会的学术成果,谈几点粗浅的看法。

大会期间中国先秦史学会秘书长宫长为代表中国先秦史学会理事长、著名历史学家李学勤先生宣读论文,上海社会科学院历史研究所杨善群研究员、南京大学历史系范毓周教授作了专题讲演。傅圣文化的内涵丰富,涉及面广。大家讨论的问题概括起来,主要有五个方面:

一 《说命》三篇的再认识

《尚书·说命》是记载傅说事迹和治国思想的珍贵文献。众所周知,今传本《说命》三篇属于古文《尚书》。自宋代以来,因受疑古思潮的影响,《说命》三篇被朱熹、阎若璩诸儒判为"伪书",致使"迄今学人多不敢征引利用"。这次大会上,杨善群、黄怀信等先生"广征博引",指出阎若璩诸儒"关于《说命》之伪的具体证据","皆属似是而非的伪证",是"完全经不住推敲"的。因此,他们认为包括《说命》三篇在内的今文和古文《尚书》"都是先秦保存下来的文献"。"《说命》三篇是古文中的精品佳作,具有极高的学术含量与借鉴价值",因而显得"弥足珍贵"。朱彦民先生认为,《尚书·说命》"引喻'若作酒醴,而惟曲蘖'确实反映了那个时代的特征。这从一个侧面证明《说命》一篇并非空穴来风,其作为史料的可信性极高"。这些问题的提出,引起与会学者的广泛关注和热烈讨论。然而,对这个重大的学术问题,在这次会议上尚有不同的看法。杜勇先生指出,东汉权威学者郑玄、王逸已指出《说命》属"佚篇","今传古文《尚书·说命》是伪作而非真书"。要翻这个千百年来形成的学术大案,需要拿出更多、更重要的证据。常耀华先生指出,今传本《说命》"惟说命总设百官",进王"奉若天道,建邦设都"云云。"所谓天道,是周人的观念,与商代的傅说实不相干。""所谓傅说进言高宗武丁法象天官之说实系后人比附,断不可信"。多数学者认为,《说命》三篇真伪问题的解决,涉及如何正确评价"疑古思潮"、如何正确评价包括《说命》在内的古文《尚书》等重大学术问题,不是一两篇文章、一两次会议能够解决的。这需要更多的学者今后作出长期的努力,才得出较为科学的结论。

二 傅说史料的新发现

我们知道,多达十万片的殷墟甲骨卜辞,有将近一半都属于商王武丁时期的遗物。傅说既是武丁时期的执政重臣,他的事迹在殷墟甲骨文中应是"有踪迹可寻"的。因此,有不少学者都对"甲骨文中的傅说"进行了专门探索,取得了可喜的成果。主要有两种说法:刘恒、曹定云、王贵民等学者支持丁山先生《商周史料考证》所说卜辞"梦父"就是傅说的先见,认为卜辞中的"'甫'就是寻找已久的傅说","所谓傅说者就是甫氏之君"。因"甫"与"傅"相通,"甲骨文中有关'甫'为人名、为地名的记载,与傅说的事迹和傅地的地理位置基本相合,应是'甫'为'傅'的有力佐证"。郑杰祥先生认为"傅与毕二字音同义近","殷墟卜辞所记的'毕',又称之为'小臣毕'"。而"商代的'小臣'是一种很重要的官职","'国之大事,在祀与戎',小臣毕常常受命祭祀神祖和征伐敌人"。因此,"卜辞中的小臣毕很有可能就是文献所记的傅说"。这些见解虽然尚有分歧,但却为傅说事迹的深入研究,开拓了新的思路。

特别重要的是,著名学者李学勤先生指出,《上海博物馆藏战国楚竹书》(五)中《竞建内之》篇所载的"'傅鸢'就是傅说"。而郭店楚简《成之闻之》篇所引的"《诞命》曰:'允师济德'","《诞命》以音转读为《说命》,所引是《说命》佚文"。"'允师济德'意云信于众而成德,文句古雅,与《尚书》其他篇和谐"。这些精辟见解受到与会学者的高度评价。

三 傅说出身"胥靡"说质疑

古史记载傅说为"殷之胥靡"而"筑于傅岩"。也就是说,傅说是殷朝从事版筑的刑徒或奴隶。这种传统说法受到与会学者的质疑。刘宝才先生指出,傅说初见武丁时就提出治理殷朝的大政方略,被武丁称赞为"果圣人也"。这说明傅说具有很高的文化素养和政治才能。必须指出的是,当时"占总人口百分之九十的奴隶和平民都是文盲"。傅说若出身奴隶的话,是很难有机会受到良好教育的。同时,治理国家的政治才能,也需要一个历练的过程。这说明傅说不可能出生于奴隶家庭。因此,杜勇先生赞同孔安国"说贤而隐"的说法,认为"傅说是隐士而非奴隶"。韩江苏先生进一步认为,傅说有可能属于武丁以前因"九世之乱而沦落为胥靡或刑徒"的旧贵族。所谓

"武丁夜梦得圣人",只不过是武丁在"起用"身份低微的傅说时,为"摆脱旧贵族势力对王权的羁绊"而施展的一种政治"幌子"。这些见解都是颇有道理的。

四 傅说的事迹和治国思想

许多学者依据《说命》佚文以及《国语》、《墨子》、《庄子》、《史记》、《尚书序》等可靠文献,对傅说的事迹和治国思想进行探索。钱宗范先生认为,我国的版筑技术很早就已产生,傅说应是"版筑技术的实践者和发展者"。他既是"尚贤传统的开拓者","德治思想的倡导者",也是"通过勤劳磨炼成才的范例"。孙敬明先生指出,傅说"对古代版筑技术的总结与发展",对中华"传统土木建筑"技术"有着突出的贡献"。傅华先生认为,"傅说对'视学养老'的提倡和推行,是孝道文化发展的一个重要环节"。"孝道文化奠定了中华民族传统伦理道德的基础",促进了家庭的和谐和社会的稳定。我们要"弘扬傅圣文化,建设和谐社会"。张广志先生指出,傅说的治国之道内涵丰富,它包括"举贤纳谏"、"刷新吏制"、"谨慎务实"、"师古修德"、"崇尚实践"诸多方面。裘士京先生指出,武丁"梦得"傅说,说明商周时期"选贤任能"的古风犹存。范毓周先生指出,傅说的事迹和传说具有深远的影响,早在战国时期的《庄子》就把傅说视为"箕尾而比列星"。由此可见傅说在古人心目中的重要地位。今天,我们深入发掘傅圣文化的内涵,弘扬傅圣文化精神,不仅有重要的历史意义,更有着积极的现实意义。

五 傅说故里和傅说文化

平陆位于晋、豫、陕三省文化的交界处,北依中条,面临黄河,东西狭长120余公里,战略地位非常重要。宫长为先生认为:"平陆作为傅圣故里,不仅有历史文献和考古文化的依据,而且还有历史文物和民间传说的证明。"蔡运章先生指出,平陆的历史文化底蕴丰厚,境内分布有大量旧石器和新石器文化遗存,特别是在平陆县东黄河北岸发现商代中期的前庄遗址,面积约1万平方米,出土有卜骨、大口陶尊以及形体硕大的青铜圆鼎和青铜方鼎。这里还有傅说庙、傅说墓及傅说隐居处等文物遗迹。诚如李学勤先生所说"由此产生、发展的傅圣文化,有其深厚的历史根基和鲜明的时代背景"。孟世凯先生指出,我国许多历史文化名人的故里和文物遗迹都存在着争议。而"傅说故里在平陆","平陆是傅圣文化的发祥地",成为与会学者的共识,大家没有争议。这是非常珍贵的文化遗产。我们希望平陆县委、县政府要组织力量,对分布在平陆境内有关傅圣的文物遗迹及传说,进行科学、全面的调查和保护。并在此基础上请有资质的权威部门,对傅圣文化资源做出高水平的规划方案。也就是说,要对傅圣文化资源作出统一规划、分期实施,争取尽快把平陆建设成为全球傅氏宗亲寻根谒祖的圣地。我们相信在平陆县委、县政府的领导下,在平陆人民和傅氏宗亲的大力支持和共同努力下,这个"文化兴县"的战略目标一定会实现。我们祝愿平陆的明天会更好!

原文出处:原载《先秦史研究动态》2008年第2期。
作者单位:河南省洛阳市第二文物工作队

附录

（一）文献简帛资料

有关傅说的事迹，见于先秦、两汉历史文献，包括新近出土的简帛之中。今略加梳理，以备考索。

《周易·既济》篇九三爻辞云：

  高宗伐鬼方，三年克之，小人勿用。

《尚书·高宗肜日》篇云：

  高宗肜日，越有雊雉。祖己曰："惟先格王，正厥事。"乃训于王，曰："惟天监下民，典厥义。降年有永有不永，非天夭民，民中绝命。民有不若德，不听罪，天既孚命王厥德，乃曰'其始台？'呜呼！王司敬民，罔非天胤，典祀无丰于昵。"

《尚书·无逸》篇云：

  其在高宗，时旧劳于外，爱暨小人。作其即位，乃或亮阴，三年不言。其惟不言，言乃雍。不敢荒宁，嘉靖殷邦。至于小大，无时或怨。肆高宗之享国五十有九年。

《诗·商颂·玄鸟》篇云：

  商之先后，受命不殆，在武丁孙子。武丁孙子，武王靡不胜。龙旂十乘，大糦是承。邦畿千里，难民所止。肇域彼四海，四海来假。来假祁祁，景员维河。殷受命咸宜，百禄是何。

《诗·商颂·殷武》篇云：

  挞彼殷武，奋伐荆楚，罙入其阻，裒荆之旅。有截其所，汤孙之绪。

《国语·楚语上》篇云：

  （白公）对曰："昔殷武丁能耸其德，至于神明，以入于河，自河徂亳，于是乎三年，默以思道。卿士患之，曰：'王言以出令也，若不言，是无所禀令也。'武丁于是作书，曰：'以余正四方，余恐德之不类，兹故不言。'如是而又使以象梦，旁求四方之贤，得傅说以来，升以为公，而使朝夕规谏，曰：'若金，用女作砺；若津水，用女作舟；若天旱，用女作霖雨。启乃心，沃朕心。若药，不瞑眩，厥疾不瘳。若跣，不视地，厥足用伤。'若武丁之神明也，其圣之睿广也，其智之不疚也，犹自谓未乂，故三年默以思道。既得道，犹不敢专制，使以象旁求圣人。既得以为辅，又恐其荒失遗忘，故使朝夕规诲箴谏，曰：'必交修余，无余弃也。'"

《墨子·尚贤中》篇云：

  傅说被褐带索，庸筑乎傅岩，武丁得之，举以为三公，与接天下政，治天下之民。

《墨子·尚贤下》篇云：

  昔者傅说居北海之洲，圜土之上，衣褐带索，庸筑于傅岩之城。武丁得而举之，立为三公，使之接天下之政，而治天下之民。

《孟子·公孙丑上》篇云：
　　武丁朝诸侯，有天下，犹运之掌也。
《孟子·告子下》篇云：
　　傅说举于版筑之间，胶鬲举于鱼盐之中。
《庄子·大宗师》篇云：
　　傅说得之，以相武丁，奄有天下，乘东维，骑箕尾，而比于列星。
《楚辞·离骚》篇云：
　　说操筑于傅岩兮，武丁用而不疑。
《荀子·非相》篇云：
　　傅说之状，身如植鳍。
《吕氏春秋·重言》篇云：
　　高宗，天子也。即位谅闇，三年不言。卿大夫恐惧，患之。高宗乃言曰："以余一人正四方，余唯恐言之不类也，兹故不言。"
《吕氏春秋·求人》篇云：
　　伊尹，庖厨之臣也；傅说，殷之胥靡也。皆上相天子，至贱也。
《淮南子·泰族训》篇云：
　　高宗谅闇，三年不言。四海之内，寂然无声。一言，声然大动天下，是以天心呿唅者也。
《史记·殷本纪》篇云：
　　帝小乙崩，子武丁立。帝武丁即位，思复兴殷，而未得其佐。三年不言，政事决定于冢宰，以观国风。武丁夜梦得圣人，名曰说。以梦所见视群臣百吏，皆非也。于是乃使百工营求之野，得说于傅险中。是时说为胥靡，筑于傅险。见于武丁，武丁曰："是也。"得而与之语，果圣人，举以为相，殷国大治。故遂以傅险姓之，号曰傅说。
　　帝武丁祭成汤，明日，有飞雉登鼎耳而呴，武丁惧。祖己曰："王勿忧，先修政事。"祖己乃训王曰："唯天监下，典厥义，降年有永有不永，非天夭民，中绝其命。民有不若德，不听罪。天既附命正厥德，乃曰其奈何。呜呼！王嗣敬民，罔非天继，常祀毋礼于弃道。"武丁修政行德，天下咸驩，殷道复兴。
《史记·鲁周公世家》篇云：
　　其在高宗，久劳于外，为与小人，作其即位，乃有亮闇，三年不言，言乃讙，不敢荒宁，密靖殷国，至于小大无怨，故高宗飨国五十五年。
《史记·燕召公世家》篇云：
　　在武丁时，则有若甘般，率维兹有陈，保乂有殷。
《尚书大传》篇云：
　　武丁祭成汤，有飞雉升鼎耳而雊。武丁问诸祖己曰："雉者野鸟也，不当升鼎。今升鼎者，欲为用也，远方将有来朝者乎？"故武丁内反诸己，以思先王之道。三年，编发重译来朝者六国。
　　孔子曰："吾于《高宗肜日》，见德之有报之疾也。"

武丁之时，桑谷俱生于朝，七日而大拱，武丁召其相而问焉。其相曰："吾虽知之，吾不能言也。"问诸祖己，曰："桑谷，野草也。野草生于朝，亡乎！"武丁惧，侧身脩行，思昔先王之政，兴灭国，继绝世，举逸民，明养老之礼，重译来朝者六国。

《说苑·君道》篇云：

高宗者，武丁也。高而宗之，故号高宗。成汤之后，先王道缺，刑法违犯，桑谷俱生乎朝，七日而大拱。武丁召其相而问焉，其相曰："吾虽知之，弗得言也。闻诸祖己：桑谷者，野草也。而生于朝，意者国亡乎？"武丁恐骇，饬身修行，思先王之政，兴灭国，继绝世，举逸民，明养老。三年之后，蛮夷重译而朝者七国。此之谓存亡继绝之主，是以高而尊之也。

《潜夫论·五德志》篇云：

扶都见白气贯月，意感生黑帝子履，其相二肘，身号汤，世号殷。致太平。后衰，乃生武丁。即位，默以不言，思道三年，而梦获贤人以为师。乃使以梦像求之四方侧陋，得傅说。方以胥靡，筑于傅岩，升以为大公，而使朝夕规谏，恐其有惮怠也。则敕曰："若金，用汝作砺；若济巨川，用汝作舟楫；若时大旱，用汝作霖雨。启乃心，沃朕心；若药，不瞑眩，厥疾不瘳；若跌，不视地，厥足用伤。尔交修余，无弃。"故能中兴，称号高宗。

《说文解字》夏部云：

夐，营求也。从夏从人，在穴上。《商书》曰：高宗梦得说，使百工夐求得之傅岩。岩，穴也。

《水经·河水四》篇云："河水又东，沙涧水注之。"其注云：

北出虞山，东南迳傅岩，历傅说隐室前，俗名之为圣人窟。《孔安国传》傅说隐于虞虢之间，即此处也。傅岩东北十余里，即巅軨坂也。《春秋左传》所谓入自巅軨者也。有东西绝涧，左右幽空，穷深地壑中，则筑以成道，指南北之路，谓之为軨桥也，傅说傭隐止息于此，高宗求梦得之是矣。

今本《竹书纪年》云：

小乙

　　名欽。

元年丁酉，王即位，居殷。

六年，命世子武丁居于河，学于甘盘。

十年，陟。

武丁

　　名昭。

元年丁未，王即位，居殷。

命卿士甘盘。

三年，梦求傅说，得之。

六年，命卿士傅说。

视学养老。

十二年，报祀上甲微。
　　二十五年，王子孝己卒于野。
　　二十九年，肜祭太庙，有雊来。
　　三十二年，伐鬼方。
　　次于荆。
　　三十四年，王师克鬼方。
　　氐、羌来宾。
　　四十三年，王师灭大彭。
　　五十年，征豕韦，克之。
　　五十九年，陟。
　　王，殷之大仁也。力行王道，不敢荒宁，嘉靖殷邦，至于大小，无时或怨。是时舆地东不过江黄，西不过氐羌，南不过荆蛮，北不过朔方，而颂声作。礼废而复起，庙为高宗。

《郭店楚墓竹简》《成之闻之》云：

　　闻之曰：古之用民者，求之于己为恒。行不信则命不从，信不著则言不乐。民不从上之命，不信其言，而能念德者，未之有也。故君子之莅民也，身服善以先之，敬慎以守之，其所在者入矣，民孰弗从？形于中，发于色，其诚也固矣，民孰弗信？是以上之恒务，在信于众。《诏命》曰："允师济德。"① 此言也，言信于众之可以济德也。

《上海博物馆藏战国楚竹书》(五)《竞建内之》云：

　　昔高宗祭，有雊雏于彝前，诏祖己而问焉，曰：是何也？祖己答曰：昔先君格王，天不见害，地不生孽，则祈诸鬼神曰：天地明弃我矣。近臣不许，远者不谤，则修诸乡里。今此祭之得福者也。请量之以益汲。既祭之后，焉修先王之瀍。高宗命傅鸢（说）量之以祭。既祭，焉命行先王之瀍，发故助，行故籍；废籍者死，弗行者死。不出三年，狄人之附者七百邦。

《清华简》有《傅说之命》。

（二）历代诗词选萃

　　傅说作为一代名相，历代歌诵傅说的诗词，从屈原、曹植、陆机到李白、杜甫、白居易，乃至唐宋八大家、元明清时贤，上至天子，下至平民，都留下了大量的千古佳作。今以题傅岩、傅相祠、傅相庙等相关遗迹为文，选录如下：

古圣帝名贤画赞·武丁迎傅说（节选）
北周·庾信

虞田路断，碎涧泉飞。

---

① 《诏命》即《说命》，详本书李学勤文。

躬劳版筑，有弊韦衣。
贤臣入梦，天赐无违。
千岩之下，遂得同归。

春日登陕州城楼（节选）
唐·李世民

迹岩劳傅想，窥野访萃情。
巨川可以济，舟楫伫时英。

登河北城楼作
唐·王　维

井邑傅岩上，客亭云雾间。
高城眺落日，极浦映苍山。
岸火孤舟宿，渔家夕鸟还。
寂寥天地暮，心与广川闲。

傅　岩
唐·胡　曾

岩前版筑不求伸，方寸那希据要津。
自是武丁安寝夜，一宵宫里梦贤人。

傅岩晓霁
明·王　翰

云过西山宿雨牧，霏霏空翠泼双眸。
清流抱涧鸣沙迹，白鹭依林下蓼洲。
野庙丹青从古写，空山版筑至今留。
年年民庶思霖雨，犹向高岩祠下求。

题傅岩五首
明·闵　槐

咏砺

虎踞龙盘近水隈，年年风雨专莓苔。
寻常过客应无数，谁信君王用汝来。

咏舟楫

殷家相业未全收，岩下余光尚可求。
不见茅津渡口上，至今犹有济川舟。

咏霖雨

岩下当年此卧龙，行云无处觅神踪。
梦来还作商家雨，不比巫山十二峰。

咏曲蘖

一卣春风寿武丁，商家曲蘖解通灵。
后来何处传糟粕，醉例朝歌唤不醒。

咏梅

相思一夜美人来，恍惚如花梦里开。
惊起写真问颜色，清荣原是傅岩梅。

谒傅相庙
明·舒 迁

金阙梦回千里外，傅岩人在版涂中。
精神到此得良弼，事业中兴配祖功。
古伯笼烟苹藻地，清波落涧圣人风。
如何万载长似夜，醒眼谁曾问鲁东！

傅岩版筑
明·尚维持

墉筑蓬蒿里，谁云有蛰龙。
三篇原道脉，一梦得尘容。
残草颓墙合，荒台旧杵封。
人传贤相里，岩上挂长松。

傅 岩
明·邢云路

傅野空山里，荒祠不记年。
断碑封碑藓，古木老苍烟。
庙貌今犹肖，岩阿道自悬。
三篇藏石室，天子正思贤。

傅 岩
明·初 杲

尚质衣冠俨不凡，阴阴祠屋锁松杉。
旁求不是高宗梦，千古哪知有傅岩。

傅 岩
明·初 杲
一杵甘中道，三篇发至文。
帝昭良弼梦，山绕故园坟。
古庙临荒涧，秋林尚碧云。
河声呜咽处，千古独怀君。

渡茅津
明·薛 瑄
舟人摧棹渡茅津，南上崇冈感慨频。
昨日犹为故里客，今朝又作异乡人。
风霜凄冷关山晓，草木凋残岁月新。
却愧傅岩操筑老，不应如我久征尘。

傅 岩
明·吕 楠
地能脱俗亦超凡，庙有千松及万杉。
墙堵分明非旧筑，至今犹号圣人岩。

傅岩铭
明·吕 楠
赫赫汤德，如日不灭。
滔滔商祚，如海不竭。
发祥播气，世祚圣哲。
国诞武丁，野生傅说。
说始胥靡，武丁即祚。
德通神交，忽梦如悟。
若帝导我，期於颗素。
有无之间，邂逅相遇。
宵衣而起，爰得其人。
貌符心冥，如旧君臣。
飞龙在天，山川出云。
感激自致，其间无因。
舍筑傅岩，脱然鹏升。
作霖时和，奋楫川程。
金任吾砺，木从吾绳。
君何言哉？殷道中兴。
元恺攀尧，微舜谒阶。

阿衡干汤，抱鼎徘徊。
会合之际，厥惟艰哉！
何如梦中，天授神开。
惟贤是登，道贵特达。
匪次勿用，才其雍遏。
高宗得说，乃有恍惚。
揭铭摛光，万古不没。

傅　岩
明·刘　翀
傅岩居甚迩，蚤已读高文。
涧水依清庙，山林有古坟。
丹葵倾白日，甘雨洗浮云。
数载身游宦，梦魂常在君。

谒傅相庙
明·喻　时
庙向集津起，像从五岳分。
帝家梦天表，相国在河濆。
人去传青史，山空留白云。
潺潺圣人涧，千古蹑清芬。

谒傅相祠
明·余　光
商相荒祠俯大河，条山野壑暮云多。
长川渺渺山舟杳，条麓悠悠帝梦过。
徙倚幽岩寻筑迹，独磨古碣听樵歌。
旁求邈邈嗟无及，何日丹青照碧萝。

傅　岩
明·陈凤梧
中条山麓大河阳，商相巍巍有寝堂。
一代良臣真帝赉，三年思道本谦光。
已纾霖雨苍生望，尚忆盐梅鼎鼐香。
治学三篇垂训典，直将遗绪接虞唐。

傅岩行
清·冯遵祖

圣人涧，君臣一梦幻。
傅岩当日版筑中，贫贱坎壈多忧患。
生人何必取科第，富贵那须从仕宦。
君不见，鼓刀垂钓皆贤者，冗冗鱼龙谁可辨。
一旦取之入卿相，心腹股肱畴能间！
吾读《说命》三篇文，当时入告首从谏。
其言布帛与粟菽，师古从绳无敢慢。
遂令殷道致中兴，伊傅之名异管晏。
嗟乎！痛哉！吾今来，萧萧往烈安在哉？

傅 说
清·汤文潞

直骑天上宿，曾画梦中形。
允洽台衡任，能兼保傅名。
遇原符吕沿，动更迈巫咸。
钓渭曾占卜，耕莘亦载芟。
木曲从绳正，梅盐入鼎咸。
细写形惟肖，傍求象不凡。

傅说岩
清·杜 滨

中条之南缪辕宇，西绕长河东砥柱。
奇气磅礴异人出，丹青庙看龙蛇古。
古迹题名是傅岩，山水纡曲郁筠杉。
两岩欹斜倚虚寝，几层古磴云为缄。
忆昔恭默思台辅，精诚呼吸格天祖。
良弼虽云赉梦中，分明指示胥靡伍。
因知帝德茂渊冲，置诸左右坐论崇。
君臣共济承休命，朝夕纳诲亮天工。
三篇中兴六百运，前驾虺诰后伊训。
宪天师古皆典谟，山留精爽对扬近。
猗欤审形作合殊，际会云龙古所无。
旁求有象莫疑幻，俎豆千秋此大儒。
儒者从来重出处，往往又复励险阻。
谁与箕星骖并追，账望云泥自凝伫。
吁嗟乎：

人生为舟楫兮为霖雨,当年迍邅亦如此。
俗眼多白安足论,眼中之人版筑里。
君不见莘野耕兮渭水钓,一朝崛起同照耀。

傅说岩
清·孙谔

神龙不终晦,丹凤自来仪。
风云有殊遇,梦寐常通之。
缅彼殷贤相,生于河之湄。
栖迟岩谷里,操作不敢辞。
当其版筑时,无异众人为。
一旦入帝梦,出为万乘师。
一德佐中兴,四海表端揆。
三篇傅说命,高文日月垂。
生为盐梅佐,死分星宿辉。
精气归天上,万方仰尾箕。

傅 岩
清·杜汝愚

中兴商道仰高宗,旱后为霖赖有公。
一夕梦天良相业,三篇书绍哲王风。
阶前水抱幽岩绿,檐外花侵旧版红。
瞻拜何劳望箕尾,肖形还与昔时同。

牧伯言公肇筑傅岩书院
置善田嘉惠邑人士敬赋
清·杜若拙

良弼何年赉,傅岩千古仰。
岩下有清涧,文波流潆泱。
使君文学裔,经术裕畴囊。
银符映青鬉,所至棠荫长。
福星再照晋,河东仍旧壤。
行部来虞坂,绵邈动遐想。
翘首版筑人,神契何假象。
谋始崇俎豆,筑宫度寻丈。
肖形千载下,牲筵肃奉享。
受厘列俊民,台廪继五党。
惟兹播莪棫,秀苗皆得养。

春雷送好雨，感物何其爽。
魏俗变葛屦，儒风概倜傥。
学海近溯河，宿陋资涤荡。
学山严峻峙，富才凌筱荡。
风云俨德适，济济入珊网。
逊敏勤懿训，追琢金玉晃。
勉旃是则效，霖雨民获仗。
寿考咏作人，我公洵无两。
下邑追武城，弦歌绵遗响。

（三）百年论著目录

本索引收入海内外近百年以来，有关傅圣文化及其相关问题的论著目录。今按照时间或内容分次，仅供参考。

一、论文

释寱 / 丁　山　《中央研究院历史语言研究所集刊》第 1 本第 2 分，1930 年。

殷本纪研究 / 王晋祥　《厦大周刊》第 10 卷 10 期，1930 年 11 月。

甲骨文断代研究例 / 董作宾　《中央研究院历史语言研究所集刊》外编第 1 种，《庆祝蔡元培先生六十五岁论文集》上册，1933 年 1 月；又《中央研究院历史语言研究专刊》之五十之附册，1965 年；又收入《董作宾学术论著》一书，台北世界书局，1962 年；又 1967 年再版；又收入《董作宾先生全集》甲编 2 册，台北艺文印书馆，1977 年 11 月；又收入刘梦溪主编《中国现代学术经典·董作宾卷》一书，河北教育出版社，1996 年 10 月。

卜辞时代的文学和卜辞文学 / 唐　兰　《清华学报》第 11 卷第 3 期，1937 年。

殷人占梦考 / 胡厚宣　《甲骨学商史论丛》初集第三册，成都齐鲁大学国学研究专刊，1944 年。

甲骨文断代研究的十个标准（上、中、下）/ 董作宾　《大陆杂志》第 4 卷第 8、9、10 期，1952 年 4、5 月；又收入《大陆杂志》语文丛书第 1 辑第 3 册，1963 年。

史记殷本纪及其他纪录中所载殷商时代的史事 / 屈万里　台湾大学《文史哲学报》第 14 期，1965 年 11 月；又收入《屈万里先生文存》第二册，台北联经出版事业公司，1984 年。

殷商"中兴名相"傅说 / 王志超　《运城师专学报》1993 年第 3 期。

版筑并非傅说发明 / 况　牛　《运城日报》1994 年 12 月 13 日第 4 版；又收入《卫斯考古论文集》一书，山西古籍出版社，1998 年 7 月。

傅说发明版筑之术功不可没——与况牛同志商榷 / 政　清　《平陆报》1995 年 1 月 30 日第 3 版；又收入《卫斯考古论文集》一书，山西古籍出版社，1998 年 7 月。

傅说发明版筑没错 / 黄　犇　《平陆报》1995 年 1 月 30 日第 3 版；又收入《卫斯考古论文集》一书，山西古籍出版社，1998 年 7 月。

对《版筑并非傅说发明》一文的质疑 / 平陆县重建傅相祠筹备处、平陆县城关镇圣人涧村委会 《平陆报》1995年1月30日第3版；又收入《卫斯考古论文集》一书，山西古籍出版社，1998年7月。

版筑之父不容歪曲 / 刘羽飞 《平陆报》1995年1月30日第3版；又收入《卫斯考古论文集》一书，山西古籍出版社，1998年7月。

版筑是傅说发现的吗？/ 况 牛 《山西日报》1995年2月4日第4版；又收入《卫斯考古论文集》一书，山西古籍出版社，1998年7月。

卜辞傅说事迹考 / 詹鄞鑫 载于《学术集林》卷七，上海远东出版社，1996年4月；又刊于《傅圣文化》第2期，2005年11月；又收入《华夏考——詹鄞鑫文字训诂论集》一书，中华书局，2006年12月。

再论版筑并非傅说发明——敬答政清、刘羽飞诸位 / 卫 斯 收入《卫斯考古论文集》一书，山西古籍出版社，1998年7月。

傅说在平陆的遗迹及傅说的历史功绩 / 卫 斯 收入《卫斯考古论文集》一书，山西古籍出版社，1998年7月。

亘古一圣傅说 / 王安溟 《文史月刊》2004年第7期；又刊于《傅圣文化》试刊号，2005年8月。

中华文明的奠基人——傅说 / 平陆县傅氏宗亲联谊办公室 《傅圣文化》试刊号，2005年8月。

傅说的传奇性和历史性 / 王贵民 《傅圣文化》第4期，2007年7月。

傅说的历史功绩 / 郑杰祥 《傅圣文化》第4期，2007年7月。

关于殷代武丁的辅弼之臣傅说的考证 / 刘 桓 《傅圣文化》第4期，2007年7月；又刊于《先秦史研究动态》2008年第2期；又收入《甲骨集史》一书，中华书局，2008年10月。

傅说与巅𫐄坂道的修筑 / 魏嵩山 《傅圣文化》第4期，2007年7月。

试论武丁时殷商社会的特点和傅说的历史贡献 / 钱宗范 《先秦史研究动态》2008年第2期。

从版筑刑徒到辅弼重臣——关于傅说的几个问题 / 范毓周 《先秦史研究动态》2008年第2期；又刊于《学习与探索》2009年第1期。

说儒 / 胡 适 《中央研究院历史语言研究所集刊》第4本第3分，已收入《胡适全集》一书，安徽教育出版社，2003年9月。

论甲骨文中所见的儒 / 徐中舒 《四川大学学报》1975年第4期；又收入《徐中舒历史论文选辑》一书，中华书局，1998年9月。

《说命》三篇注释 / 王安溟 《傅圣文化》第2期，2005年11月。

试说楚简中的《说命》佚文 / 李学勤 《傅圣文化》第4期，2007年7月；又刊于《先秦史研究动态》2008年第2期；又刊于《烟台大学学报》2008年第2期；又收入《文物中的古文明》一书，商务印书馆，2008年10月。

古文《尚书·说命》篇今注今译研究 / 郭永琴 潘庆梅 《傅圣文化》第4期，

2007 年 7 月。

古文《尚书·说命》与傅圣思想研究 / 杨善群　《傅圣文化》第 4 期，2007 年 7 月；又刊于《晋阳学刊》2007 年第 1 期。

"惟甲胄起兵"与中国古代军事思想传统 / 罗　琨　《傅圣文化》第 4 期，2007 年 7 月。

品读《尚书·说命》的创新精神 / 傅增明　《傅圣文化》第 4 期，2007 年 7 月。

中国历史上最早的"圣人"——傅说 / 杨善群　《先秦史研究动态》2008 年第 2 期。

《说命》考信 / 黄怀信　《先秦史研究动态》2008 年第 2 期。

古文《尚书·说命》真伪与傅说身份辨析 / 杜　勇　《先秦史研究动态》2009 年第 2 期；又刊于《天津师范大学学报》2009 年第 5 期。

由《尚书》兑读而比较伊尹与傅说 / 孙敬明　《先秦史研究动态》2008 年第 2 期。

探索傅说文化对中华文化的奠基作用 / 王正风　《傅圣文化》第 3 期，2006 年 5 月。

漫谈傅圣文化 / 张明堂　《傅圣文化》第 3 期，2006 年 5 月。

傅姓来源及发布 / 傅昌志　《傅圣文化》第 2 期，2005 年 11 月。

对宗亲联谊有关问题的思考 / 傅增楷　《傅圣文化》第 3 期，2006 年 5 月。

从高宗谅阴谈到武丁父子们的健康 / 董作宾　《中国青年》第 7 卷 2、3 期，1942 年 9 月。

《尚书·高宗肜日》疏议——兼论商朝武丁时期的"殷道复兴" / 杨文山　《河北师大学报》1983 年第 4 期。

高宗"亮阴"与武丁之治 / 李　民　《历史研究》1987 年第 2 期。

试论商王武丁 / 彭邦炯　《中州学刊》1987 年第 3 期。

武丁复兴与农业生产 / 刘学顺　《郑州大学学报》1991 年第 3 期。

武丁 / 胡厚宣　《中国大百科全书·中国历史》，中国大百科全书出版社，1992 年 4 月。

商代武丁长寿原因探析 / 陆惠良　《学术月刊》1993 年第 4 期。

武丁王位继承之迷——从殷卜辞的特殊现象来做探讨 / 蔡哲茂

上博藏竹书所载殷高宗政令及相关问题 / 刘信芳　《中国历史文物》2006 年第 5 期。

从上博简《竞建内之》所引商史事看经学在战国时期的传承 / 高婧聪　《管子学刊》2010 年第 1 期。

商代职官研究 / 张亚初　《古文字研究》第 13 辑，中华书局 1986 年 6 月。

商朝官制及其历史特点 / 王贵民　《历史研究》1986 年第 4 期。

由西周三公说到武丁时期的傅说 / 宫长为　《傅圣文化》第 4 期，2007 年 7 月。

傅岩与商代兵要地理 / 张永山　《傅圣文化》第 4 期，2007 年 7 月。

从"若作酒醴，尔惟曲蘖"说到商代饮酒及其酿酒业 / 朱彦民　《先秦史研究动态》2008 年第 2 期。

学圣哲开学术先河、扬圣德著河山风采——史念海为傅圣故里而所的三篇书序 / 傅　珉　《傅圣文化》第 5 期，2007 年 8 月。

山西平陆发现商代前期遗址 / 卫　斯　《中国文物报》1990 年 3 月 29 日。

山西出土一批商代文物 / 卫　斯　《人民画报》1990 年第 8 期。
平陆县前庄商代遗址出土文物 / 卫　斯　《文物季刊》1992 年第 1 期。
平陆县前庄商代遗址清理简报 / 李百勤　《文物季刊》1994 年第 4 期；又刊于《傅圣文化》第 6 期，2008 年 3 月。
前庄遗址的历史地望及相关问题 / 卫　斯　收入《卫斯考古论文集》一书，山西古籍出版社，1998 年 7 月。
山西平陆前庄商代遗址分析 / 张崇宁
山西平陆前庄方鼎的历史归属与年代问题 / 卫　斯
山西商代前庄遗址又有新发现 / 周有安　《中国文物报》，2000 年 6 月 18 日第 1 版。
山西平陆前庄村商代遗址及青铜方鼎铸造研究 / 陶正刚　范　宏　《2004 年安阳殷商文明国际学术研究会论文集》，社会科学文献出版社，2004 年 8 月。
山西商以前及商代特磬的调查与测音分析 / 项　阳　《考古》2000 年第 11 期。
商"先王"昭明之都砥石初探 / 卫　斯　《傅圣文化》第 6 期，2008 年 9 月。

近百年来的甲骨学研究 / 王宇信　《炎黄春秋》增刊《炎黄文化研究》第 3 期，1996 年 12 月；又韩国《人文科学》第 75 辑，1996 年 6 月。
近百年来的殷墟甲骨文研究 / 朱凤瀚　《历史研究》1997 年第 1 期。
殷墟甲骨文研究百年回顾与展望 / 曹定云　《社会科学战线》1997 年第 4 期。
甲骨学一百年的回顾与前瞻 / 李学勤　《文物》1998 年第 1 期。
甲骨文研究的历史、现状与未来展望 / 范毓周　《史学月刊》1999 年第 1 期。
中国古代研究一百年 / 李学勤　《人文杂志》1997 年第 5 期。
先秦史研究的百年回顾与前瞻 / 沈长云　《历史研究》2000 年第 4 期；又收入《先秦史》一书，人民出版社，2006 年 6 月。
历史长河中的傅说（一）——经史子集中的傅说 / 王　辉　搜集整理　《傅圣文化》第 5 期，2007 年 8 月。
全国首届傅圣文化研讨会研究情况总结 / 杨善群　《傅圣文化》第 4 期，2007 年 7 月。
全国第二届傅圣文化研讨会学术综述 / 蔡运章　《先秦史研究动态》2008 年第 2 期。

二、论著

新殷本纪 / 丁　山　《史董》第 11 册，1940 年。
殷虚卜辞综述（考古学刊甲种第二号）/ 陈梦家　科学出版社，1956 年 7 月；又日本东京大安书店翻印本，1964 年 10 月；又台湾大通书局翻印本，1971 年；又中华书局重印本，1988 年。
古代殷帝国 / ［日］贝塚茂树　日本东京みすず书房，1957 年 12 月；又收入《甲骨文献集成》第 22 册，四川大学出版社，2001 年 4 月。
商殷帝王本纪 / ［美］周鸿翔　香港 1958 年 11 月；又收入《甲骨文献集成》第 20 册，四川大学出版社，2001 年 4 月。
商周史料考证 / 丁　山　龙门书局，1960 年 3 月；又中华书局 1988 年 3 月；又收入《甲骨文献集成》第 22 册，四川大学出版社，2001 年 4 月。

《史记今注》（一）／屈万里　劳　榦　台北中华丛书委员会，1963 年。

殷本纪汇注／丁山注　杨天宇、程有为、郑慧生校补，开封师院油印本，1978 年；又收入《甲骨文献集成》第 24 册，四川大学出版社，2001 年 4 月。

先秦文史资料考辨／屈万里　《屈万里先生全集》第 4 册，台北联经出版事业公司，1983 年。

夏商周史话／黎　虎　北京出版社，1984 年 2 月。

中国上古史待定稿·殷商编／中央研究院历史语言研究所中国上古史编辑委员会编刊，台北，1985 年。

夏商史探索／李　民　河南人民出版社，1985 年 9 月。

夏商史话／孟世凯　中国青年出版社，1986 年；又《中国小通史·夏商》，中国青年出版社，1994 年 12 月。

夏商史稿／孙　淼　文物出版社，1987 年。

商史探微／彭邦炯　重庆出版社，1988 年 5 月；又收入《甲骨文献集成》第 24 册，四川大学出版社，2001 年 4 月。

殷商史记／严一萍　台北艺文印书馆，1989 年 8 月；又收入《严一萍先生全集》甲编第七函，台北艺文印书馆，1990 年；又收入《甲骨文献集成》第 23 册，四川大学出版社，2001 年 4 月。

殷商社会生活史／李　民　河南人民出版社，1993 年 8 月。

夏商史研究／丁　骕　台北艺文印书馆，1993 年 9 月。

夏商社会生活史／宋镇豪　中国社会科学出版社，1994 年 9 月；又再版本 1996 年 1 月；又 2005 年 10 月版。

卫斯考古论文集／卫　斯　山西古籍出版社，1998 年 7 月。

商代文明／[美]张光直著　毛小雨译　北京工艺美术出版社，1999 年 1 月。

甲骨学一百年／王宇信、杨升南、孟世凯、宋镇豪、常玉芝　社会科学文献出版社，1999 年 8 月。

傅说其人及其历史传说（山西历史文化丛书第 9 辑）／王志超　山西人民出版社，2003 年 8 月。

亘古一圣傅说／王安溟　吉林文史出版社，2005 年 4 月。

商史与商代文明／孟世凯　上海科学技术文献出版社，2007 年 4 月。

商代史（十一卷）／宋镇豪主编　中国社会科学出版社，2010 年 8 月。

三、存目

傅说事迹考略	蔡运章
傅说"奉若天道"说考辩	常耀华
从傅字之谈傅说	曹淑琴
由傅说传说谈远古传说对史学研究的意义与价值	陈　虎
巅岭坂古道考	陈隆文

试论"视学养老"与中国的孝道文化	傅　华
浅谈傅圣文化与平陆	傅　珉
傅圣文化略说	宫长为
甲骨文中的傅说	郭胜强
傅说传略	韩江苏
傅圣文化的保护与利用的思考	郝良真
浅论商代宗法制度的基本特点	何海龙
武丁中兴的历史贡献与历史成因	李健民
傅说治政思想刍议	李学功
试论傅说产生的历史背景	李雪山
傅说视学养老考辨	李　岩
"版筑"南传与客家土楼	林卫国
傅说和殷商之南土	刘彬徽
傅说的教育思想	刘冬颖
《尚书·说命》篇与傅说	刘国忠
神秘文化在构建中国古代和谐社会中的作用	刘俊男
古虞国考述	彭邦本
傅说与古代选贤任能刍议	裘士京
说甲骨文中的"今来干支"	孙亚冰
圣人傅说的文献梳理	王达钦
论傅说的历史贡献和历史地位	王志超
《牧誓》与商史研究	卫崇文
古虞城与虞国的历史变迁	魏嵩山
傅说研究中的几个问题	魏建震
打造傅圣文化核心旅游区之浅见	项一中
傅说与先秦诸子百家思想的起源	徐心希
商代三公制与傅说其人	徐义华
以傅姓文化为纽带拓展平陆旅游经济新发展	徐日晖
武丁年代的确定对古史研究的意义	殷玮璋
略论黄帝铸鼎及平陆前庄村所出铜鼎	张　翀
中国古代铜器蛙纹研究	张德良
傅说二题	张广志
古虞国的历史与文化	张培莲
晋西南地区的先秦文化	张之恒
殷墟甲骨文中的"妇"	赵　鹏
论《古文尚书·说命》的文化影响	赵瑞民
殷墟卜辞"小臣"与商代傅说	郑杰祥

（宫长为整理）